Public Man, Private Woman ▪ Jean Bethke Elshtain

西学

源流

公共的男人，私人的女人

社会和政治思想中的女性

〔美〕让·爱尔斯坦　著

葛耘娜　陈雪飞　译

图书在版编目（CIP）数据

公共的男人，私人的女人：社会和政治思想中的女性／（美）让·爱尔斯坦著；
葛耘娜，陈雪飞译. 一北京：生活·读书·新知三联书店，2019.7
（西学源流）
ISBN 978 - 7 - 108 - 06421 - 9

Ⅰ.①公…　Ⅱ.①让…②葛…③陈…　Ⅲ.①女性主义－研究
Ⅳ.① C913.68

中国版本图书馆 CIP 数据核字（2018）第 274673 号

责任编辑　钟　韵
装帧设计　薛　宇
责任校对　龚黔兰
责任印制　宋　家
出版发行　**生活·讀書·新知** 三联书店
　　　　　（北京市东城区美术馆东街 22 号 100010）
网　　址　www.sdxjpc.com
图　　字　01-2018-0415
经　　销　新华书店
印　　刷　北京市松源印刷有限公司
版　　次　2019 年 7 月北京第 1 版
　　　　　2019 年 7 月北京第 1 次印刷
开　　本　880 毫米 × 1230 毫米　1/32　印张 14.25
字　　数　342 千字
印　　数　0,001 - 7,000 册
定　　价　49.00 元
（印装查询：01064002715；邮购查询：01084010542）

总序：重新阅读西方

甘阳　刘小枫

　　上世纪初，中国学人曾提出中国史是层累地造成的说法，但他们当时似乎没有想过，西方史何尝不是层累地造成的？究其原因，当时的中国人之所以提出这一"层累说"，其实是认为中国史多是迷信、神话、错误，同时又道听途说以为西方史体现了科学、理性、真理。用顾颉刚的话说，由于胡适博士"带了西洋的史学方法回来"，他们那一代学人顿悟中国的古书多是"伪书"，而中国的古史也就是用"伪书"伪造出来的"伪史"。当时的人好像从来没有想过，这胡博士等带回来的所谓西洋史学是否同样可能是由"西洋伪书"伪造成的"西洋伪史"？

　　不太夸张地说，近百年来中国人之阅读西方，有一种病态心理，因为这种阅读方式首先把中国当成病灶，而把西方则当成了药铺，阅读西方因此成了到西方去收罗专治中国病的药方药丸，"留学"号称是要到西方去寻找真理来批判中国的错误。以这种病夫心态和病夫头脑去看西方，首先造就的是中国的病态知识分子，其次形成的是中国的种种病态言论和病态学术，其特点是一方面不断把西方学术浅薄化、工具化、万金油化，而另一方面则又不断把中国文明简单化、歪曲化、妖魔化。这种病态阅读西方的习性，方是现代中国种种问题的真正病灶之一。

新世纪的新一代中国学人需要摆脱这种病态心理，开始重新阅读西方。所谓"重新"，不是要到西方再去收罗什么新的偏方秘方，而是要端正心态，首先确立自我，以一个健康人的心态和健康人的头脑去阅读西方。健康阅读西方的方式首先是按西方本身的脉络去阅读西方。健康阅读者知道，西方如有什么药方秘诀，首先医治的是西方本身的病，例如柏拉图哲学要治的是古希腊民主的病，奥古斯丁神学要治的是古罗马公民的病，而马基雅维里史学要治的是基督教的病，罗尔斯的正义论要治的是英美功利主义的病，尼采、海德格尔要治的是欧洲形而上学的病，唯有按照这种西方本身的脉络去阅读西方，方能真正了解西方思想学术所为何事。简言之，健康阅读西方之道不同于以往的病态阅读西方者，在于这种阅读关注的首先是西方本身的问题及其展开，而不是要到西方去找中国问题的现成答案。

健康阅读西方的人因此将根本拒绝泛泛的中西文明比较。健康阅读西方的人更感兴趣的首先是比较西方文明内部的种种差异矛盾冲突，例如西方文明两大源头（希腊与希伯来）的冲突，西方古典思想与西方现代思想的冲突，英国体制与美国体制的差异，美国内部自由主义与保守主义的消长，等等。健康阅读者认为，不先梳理西方文明内部的这些差异矛盾冲突，那么，无论是构架二元对立的中西文明比较，还是鼓吹什么"东海西海，心理攸同"的中西文化调和，都只能是不知所谓。

健康阅读西方的中国人对西方的思想制度首先抱持的是存疑的态度，而对当代西方学院内的种种新潮异说更首先抱持警惕的态度。因为健康阅读西方者有理由怀疑，西方学术现在有一代不如一代的趋势，流行名词翻新越快，时髦异说更替越频，只能越表明这类学术的泡沫化。健康阅读西方的中国人尤其对西方学院内虚张声势的所谓"反西方中心论"抱善意的嘲笑态度，因为健康阅读者知道这类论调虽然原始动机善良，但其结果往往只不过是走向更狭隘的西方中心论，所谓太阳底下没有新东西是也。

　　希望以健康人的心态和健康人的头脑去重新阅读西方的中国人正在多起来，因此有这套"西学源流"丛书。这套丛书的选题大体比较偏重于以下几个方面：一是西方学界对西方经典著作和经典作家的细读诠释，二是西方学界对西方文明史上某些重要问题之历史演变的辨析梳理，三是所谓"学科史"方面的研究，即对当代各种学科形成过程及其问题的考察和反思。这套丛书没有一本会提供中国问题的现成答案，因为这些作者关注讨论的是西方本身的问题。但我们以为，中国学人之研究西方，需要避免急功近利、浅尝辄止的心态，那种急于用简便方式把西方思想制度"移植"到中国来的做法，都是注定不成功的。事实上西方的种种流行观念例如民主自由等等本身都是歧义丛生的概念。新一代中国学人应该力求首先进入西方本身的脉络去阅读西方，深入考察西方内部的种种辩论以及各种相互矛盾的观念和主张，方能知其利弊得失所在，形成自己权衡取舍的广阔视野。

　　二十年前，我们曾为三联书店主编"现代西方学术文库"和"新知文库"两种，当时我们的工作曾得到诸多学术前辈的鼎力支持。如今这些前辈学者大多都已仙逝，令人不胜感慨。

学术的生长端赖于传承和积累，我们少年时即曾深受朱生豪、罗念生等翻译作品的滋润，青年时代又曾有幸得遇我国西学研究前辈洪谦、宗白华、熊伟、贺麟、王玖兴、杨一之、王太庆等师长，谆谆教导，终生难忘。正是这些前辈学人使我们明白，以健康的心态和健康的头脑去阅读西方，是中国思想和中国学术健康成长的必要条件。我们愿以这套"西学源流"丛书纪念这些师长，以表我们的感激之情，同时亦愿这套丛书与中国新一代的健康阅读者同步成长！

2006 年元旦

献给我的父母

保罗·G.柏斯克和海伦·林德·柏斯克

他们教导我，生活经常有一些好笑的事情，
但生活是非常严肃的，不能漫不经心地对待，
也不能对它有什么不敬。

献给我的孩子

舍莉，海蒂，詹妮，以及埃里克

这几个月中，宝贝们制造噪音，
有时也产出智慧，二者他们都慷慨地与我分享。

第二版献辞

献给小厄恩斯托·科特斯和位于西南部的得克萨斯工业区基金会，
是他们帮助我去理解我所写下的东西。

子孙后代们可能会了解到，我们并没有由沉默让事物都像在梦里那样来去匆匆。

——理查德·胡克

目 录

第二部分

公共与私人的当代图景：指向女性与政治的批判理论

前言

关于思考和不快

> 一个人必须能够倾己之力去获得一种判断力，否则他就会变成我们维也纳人所说的逆来顺受的可怜虫［*a guten Potschen*］。
>
> ——弗洛伊德

关于哲学的活动和哲学家的志业，路德维格·维特根斯坦在给他的朋友和学生诺曼·马尔科姆［Norman Malcolm］的信中写出了如下观察："你是知道的，"维特根斯坦写道，"我明白，要**充分地**思考'确定性''可能性''感知'等问题很难。但是，如果有可能的话，真正诚实地去思考或**设法**去这样思考自己的人生或其他人的人生便更难。问题是思考这些事情并不令人激动，而常常是完全令人不快的。可如若它令人不快了，它就是**最**重要的。"[1]《公共的男人，私人的女人》就是一本令人不快的书。它有意如此。在接下来的篇幅中，作为一个十五年来深受女性主义运动影响的政治理论家，我将从自己的优势出发，努力"真正诚实地"去思考。维特根斯坦是对的：如果是指表面上的刺激，那么"真正诚实地"思考并不会令人感到激动；相反，这是艰苦的，它

---

[1] Norman Malcolm, *Ludwig Wittgenstein, A Memoir*, p. 39.

使人冷静，有时又令人灰心，而且总是很艰难。我对维特根斯坦的这种信念亦有同感，即真正的思考是一种"消化"形式，是对沉思的原始材料进行几乎逐字逐句的吸收，并通过这些材料来工作。思考，作为一种消化，或者作为一种通向自我认识的旅程，都不是那么容易的。然而这个过程却无从回避，并没有捷径来做概念上的澄清，而且在讲述政治论题中公共与私人的故事时，我已然尽力不去走什么捷径。

xii

如果我的路径对读者来说太过迂回冗长了，那么我希望读者们能有耐心。公共与私人问题的发展足迹并不像现代的高速公路那么笔直、平坦、平淡无奇。相反，这里有曲折和出人意料的转弯，会折回到更早的阶段，有猛烈的甚至危险的跌撞，有可能进入死胡同、走弯路，而且目的地也不确定。然而必须如此，因为当谈论公共和私人时，我们是在讲述人类如何为自己和他人构建、指引、安排，以及想象人生。我开始研究古今以来的公私问题时，有一个视角在很大程度上要归功于卢梭的一个观点，即想要把政治从道德中分离出来的思想者永远都不会理解政治或道德。我是拒绝把政治从道德中分离出来的，并希望能对二者都有所理解。我把我们时代中政治想象的任务视为对人类真实处境及其危险和可能性的尽可能诚实的证明。在培养我的基督教传统之中，这一过程被称为"举证"。举证的人替社会中那些失语的、被忽视的、被虐待的或者不为人察觉的成员说出他们的不满。见证人则为那种苦难提供理由，由此那些失语的人可能会找到一种声音，呼唤正义，要求被正视。见证人是和平的破坏者，这就好像，如果批判是政治论题的目的，那么政治论题就必须令人不安地打破官方那种无知的、人为的平静。举证的过程并不是无情地剥光一切社会形式，而是一种尽管不失坚决却比较温和的行动，它解开死结、去除混沌、冲刷迷层，并且沿途在每一点上提供道德和政治的判断。

我为这本书开了许多次头，尝试了用各种不同的方式来书写，也试着用了各种语气来表达。每一次的再思考和再努力都给予我勇气，让自己更加尖锐地看待问题，也让自己思考和行动的"源泉"围着公私主题转动时更能激发灵感，并且少受前者影响。我并没有擅自把自己的努力与我们那个让人伤脑筋的先辈——让-雅克·卢梭相比，我接受诺曼·雅各布森有关卢梭连接个人与政治的观点。他写道：

> 我想要……说明的是，卢梭政治理论中正式关注的内容也是个人的深切关注。忽略这一关系就是忽略了存在于所有强有力的政治思考中的一个至关重要的维度。因为在一切伟大的政治理想家看来，天才人物就是要把那些私人所关心的变成公共的关注，把内心比较特殊的、异质的词汇转换为公共的语言，以期获得公共的解决，而这种解决方法可能随后又内化于我们每个人。检验一种政治理论品质的可靠方法是看它的普遍性，也就是说，对于引发个体灵魂烦恼的问题的陈述，每个人能在何种程度上做出回应。换句话说，伟大的思想家经受的不安是与时代相同的，并且有勇气和能力把这种不安转化为公共的语言，希望为那些曾经被认为是私人的痛苦找到政治的疗法。[1]

会有读者因我对西方传统伟人祠中个别思想家的处理而困扰。

xiii

---

[1] Norman Jacobsen, *Pride and Solace: The Functions and Limits of Political Theory*, pp. 100-101.

有些人可能还认为，在我考察那些"伟人"的同时，还用同样认真和细致的态度去分析当代的女性主义，这是不明智的。另一方面，关于"父权制理论家"不管怎样都应该被给予同情心的做法，会有女性主义读者不信服。如果有这两种批判出现，我并不会感到吃惊：我们每个人都希望有人能成为批判的对象，但不是我们自己、不是我们所倾向的那些思想家或所献身的传统或运动。

有一点告诫要说明：那些首要关心是要用思想立刻来激发行动的读者将发现，《公共的男人，私人的女人》一书对于激发即时的行动并无帮助，建议他们还是去别处寻找吧。我的探讨的确可以成为检验反思的试金石，此种反思最终会变成受道德关怀和自制所指引的政治行动的基本特征。事实上，我所暗示的那种自我揭示，作为一种道德律令，会要求有特殊的行动。不过，这是一种不含**怨恨**之心的行动，怨恨对我们这个世纪的政治来说是极为致命的。听听牧师和神学家的话吧，朋霍菲尔〔Dietrich Bonhoeffer〕在他后来被盖世太保杀害的监狱里写道："各处的人们都从公共争论中消失，逃入私人**美德**的避难所里。然而，任何这样做的人都必须对他周围的不正义闭口不言、视若无物。只有以自我欺骗为代价，才能摆脱由他**负责任的**行为所带来的污点。"〔1〕

本书把两个日常用语——"公共的"和"私人的"作为概念的棱镜，通过它们可以折射出从柏拉图至今的、关于女人与政治的故事。我并没有揭示或发现一个最终的真理〔Ultimate Truth〕，也没有构造出一个阿基米德支点以架构、引导和解决所有未来的问题。相反，我在暗中追寻**意义**〔meaning〕那些难以琢磨的踪迹。我所说的意义，不仅是对分析者或观察者而言，从一个必然

xiv

---

〔1〕 Dietrich Bonhoeffer, *Letters and Papers from Prison*, p. 27.

迥异而且是疏离的有利位置所看得到的意义，而且是关于他们自己行动和生活世界之主题的意义。像公私这样的概念约束且丰富着日常的生活和活动。我们每个人都被塑造，以适应一种生活方式，并且为一种生活方式所塑造，这种生活方式中，公私的形式是与基本观念和惯例的法则联系在一起的，或者体现于其中；而这种生活方式要么增进或扭曲了我们有目的的行动的能力，要么加强或剥夺了我们去爱和去工作的**权力**［potentia］。随后，我从日常语言的资源出发，通过揭示其他人可能错过或忽视的隐含意义、微妙差异，对模糊之处进行批判。在重新思考那些不假思索而坚持的观念和概念的过程中，我们从不太重要的观念中筛选出更加重要观念的能力便得到了加强。慢慢地，当我们开始更加条理分明地叙述各种行动、关系、理由和激情之间的联系时，自我认同［self-identities］作为积极的、承担意义的和创造意义的动因也得到了加强。这些考虑促成我写下了"导论：公共与私人规则"。

在第一部分"西方政治思想中的公共与私人形象"中，我考察了从柏拉图到马克思以来的关于公共和私人区分而聚集起来的形象和主题。对女人而言，这个问题并非她们简单地被排斥到政治参与之外，而是这种排斥是在何种条件下发生的。为什么对男人与女人、公共与私人、个人与政治会有各种各样的设想，其原因很多——有人假设有些普遍真实、无所不在、到处弥漫的厌恶女人的冲动能够解释一切，这是过分简单而且错误的。固然，我的考察会揭示出厌女症，但是我还发现，在那些把构想政治共同体和建构一种政治秩序变成其任务的人中，有一部分人会对有关男女、公私的公认观念感到烦扰、迷惑甚至恼火。我希望他们抗争的感受能够在我对这个问题的重述中显现出来。

我对第一章到第四章中的思想家或者思想学派都做了考察，

这或是因为在任何对西方政治思想的记述中他们都是不可回避的，他们在这一事业中的地位如此"核心"，如果遗漏了他们就太过分了；或者是因为某个思想家尽管并非多么具有开创性，然而却在他那个时代范围里发挥了巨大的影响力。我并没有去搜寻我所考察的文本中每个涉及女人的地方，这么做会是乏味而沉闷的。相反，我考察了理论界定的要点，如果没有这些观点，理论家所做的就会面目全非。我并不赞成这样一种观点：一套完整的解释逻辑可以因单一的、不连续的驳斥性或诅咒性的证据而被抛弃。此外，我们现在有如此多的作品，它们充满了多年来男人们发出的镇定自若的、男性至上主义的声音，这些足以使我们在即将来临的岁月中继续愤怒和痛苦。理论家必须被**当作**理论家来理解，并作为理论家而受到批判，其首要原因是政治理论是有着特殊目的的一种特殊行动。谴责或是赞美一个理论家而忽视其思想，这都不是理论上思考的途径。从另一方面来看，作为某种思想的鼓吹者，在［*in*］思想中忽视思想家是在继续另一种曲解，因为人们不可避免地由一个人的作品而被带入到这个人所处的情景之中。因此，去判断一种思想就是通过某种至关重要而且深入的方法对这个思想家做出判断。对我而言，这些证据足以让人心绪不宁，足以从许多例子中做出严格的判断。

在第二部分"公共与私人的当代图景：指向女性与政治的批判理论"中，理论家和政治思想关注的任务，是对竞相出场的女性主义观点进行批判性的评价。在第五章"女性主义对政治的探索"中，我的目的之一是勾勒出个别女性主义解释逻辑与其对个人及政治的影响之间的内在联系。女性主义者也被公共—私人这个难题所困扰：实际上，这正是女性主义者所做工作的核心内容。因为，至少在美国，女性主义的思想很少与西方的政治话语联系在一起，所以它经常重复一些老生常谈。但是，在另外一些场合，却显现出颇具想象力的、大胆的背离。最后一章的目的和所做的证明是要实现一些承诺，读者发现那些承诺散落于我对其他思想家的批判性评价中，也就是说，读者会发现：我将用某种新的方式来重新构建那些困扰其他人的问题。最后给出的是一系列互相关联的尝试性构想。这些构想中有一些像生活本身那样，其边缘是参差不齐的，就我们公共的和私人的痛苦而言，我们能对它做些什么，或者我们应该忍住不去对它做什么？我从没有忽视这样一个事实：我提出的问题和陈述可能对现实中的人们产生影响。政治理论并不是关于如何制造最有效率的涡轮发动机的理论，也不是关于建造最光滑的摩天大楼的理论，或者是关于建造最为巨大的火箭飞船的理论。它是关于人们如何过他们的生活，如何在醒着的每一天创造和再创造意义的理论。谦逊似乎是最好的姿态，以此去着手解决一些问题，这些问题的答案可能会增进人类的意义，抑或进一步耗尽我们寻求意义的能力。

很多年来，朋友们、同事们以及家人给予我批评、建议和支持。我想对这其中的一些贡献表示感谢。

后来布兰迪斯大学的政治学教授乔治·阿姆斯特朗·凯利〔George Armstrong Kelly〕在当时主持了一个相当另类的项目，其中我的论文是《女人和政治：一种理论分析》，那是我写这本书的开始。没有他慷慨地向我敞开他自己的时间和卓越的洞察力，我就不可能有机会坚持下去。在艾摩斯特市马萨诸塞大学的朋友和同事威廉·E. 康诺利〔William E. Connolly〕详细地阅读了本文的第一稿。他敏锐地进行了批评而且他无法容忍混乱的思考，这些都帮助我精简了论证。剑桥、马萨诸塞和波士顿精神分析学会已故的威廉·E. 宾斯托克〔William E. Binstock〕博士阅读了本文较早版本的整个手稿，并逐章一丝不苟地提出了批评。他个人的精神分析理论知识，加上他要将理论微妙而富有成果地应用到政治和社会思想中的愿望，都是赋予我勇气的永恒之源。斯坦福的那奈尔·基欧汉〔Nannerl Keohane〕阅读了手稿，我采纳了她以及编辑桑福特·撒切尔〔Sanford Thatcher〕的许多批评和建议。伊莱·萨冈〔Eli Sagan〕十分慷慨地为我提供了见解和道德上的明晰性〔moral clarity〕。罗伯特·包罗·沃尔夫〔Robert Paul Wolff〕、琼·兰迪斯〔Joan Landes〕和德尔福·M. 诺顿〔Theofore M.

Norton]也给予了我建议和鼓励。

我的丈夫埃罗·L. 艾尔斯坦[Errol L. Elshtain]提醒我注意一些文章，他担负了大量的复印工作，帮我选择和缩减书目，帮我校对，并且陪我一起度过了那段焦虑沮丧的日子。维维安·戈德曼[Vivian Goldman]负责打字，他把手稿当作一种充满活力的声音和活泼的朋友。保罗·R. 弗雷舍曼[Paul R. Fleicshman]不仅帮助我思考言辞和重新发现关于拥有一项天职意味着什么和作为一个证人意味着什么，而且在思考沉默方面都起到了特殊的作用。

两年中，我同一群都住在波士顿或波士顿附近、有着相似不满的女人一起，分享了发现自我和发现他人的令人兴奋、令人烦心和持续不断的过程，这个过程被称为意识提升[consciousness-raising]。在精神和自我认同的道路方面我受惠于她们。我要特别感谢苏·米勒[Sue Miller]和以斯帖·斯格特[Esther Scott]，她们和我一起组成了原来那个意识提升小组的"研究生"留守小组。我们亲自去参加心灵和精神的集会，不过我们原本应该去得更频繁一些。

对乔安娜[Joanne]，最好的朋友和开心果，我要说：在这么多年后，你仍然是了不起的。

在马萨诸塞大学经济学系的同事简·汉弗雷斯[Jane Humphries]是人们所能想象到的最好的酒吧同伴。我们一起应付了许多霉运，而且仍然保持着精神上的完整无损。

最后，虽然我已经在献辞中感谢了我的孩子们，感谢他们整天热热闹闹地来到我面前，但是我必须加上下面这几句：我要感激舍莉[Sheri]、海蒂[Heidi]、詹妮[Jenny]和埃里克[Eric]，确切地讲是**因为**，不管《公共的男人，私人的女人》与被人们称为**实际的生活**在其凌乱而具体的特殊性方面保持了多么深厚丰富的联系，在我忙于这本书的时候，我眼睛看着他们，耳朵听着他们，心里想着他们（不管怎样，他们不会接受沉默的禁令）。要特别感谢詹妮，1980 年夏，她出色地帮助我进行了参考书目和引文的校对。

关于体例的一点说明：因为我的参考书目详尽而完整，所以我简化了在注释中的参考引用，注释仅仅包括作者、标题和页码。出版地、出版社和出版日期可以在篇末参考书目中找到。

一本写了好几年的书就像一条缝补拼凑的被子。这就使得错误、疏漏、重复，以及我小学老师所斥责的"马虎错误"都在所难免。我希望这样的失误少之又少，但如果一旦有这样的错误，我自己负全责。

公共与私人规则

> 人在哪里探险，必定要讲哪里流行的话。
>
> ——弗洛伊德

> 为说话而说话，却毫无思想而言，这是多么可悲啊。但是一切都被视为理所当然……*
>
> ——鲍勃·迪兰

　　人们在谈论公共与私人，受到想象或一些现实图景的召唤时，总会有些许畏惧，维特根斯坦可能会说，这些图景让我们着迷，或者在伟大的祖先们第一次描绘这些图景时我们就被吸引住了。不管怎样，正如世人所知，祖先们留下了西方政治思想这一遗产。我要用一种历史的、解释性的和化约的方法写下我的想法，进而我可以将公共和私人这两个核心概念，与一些相关的观点和解释联系起来，比如人性、语言与行动的理论以及多元价值、家庭生活和政治生活的目的。而这一做法是以一种认识论为基础的，也就是把概念和意义的分析作为理论探究的核心，思考在道德视野最重要的位置人之为人的所在，并且把政治在人类活动中的优先

性作为考量政治思考的标准。

　　尽管本书的第一部分是粗略地按时间顺序来写的，但读者不要期望我在追溯公共与私人两个概念发展史的时候，能呈现一个整齐划一和前后相继的过程。相反，读者会发现一种传统，在这一传统中，各种思考问题的方法"百家争鸣"，这些方法围绕着公共和私人两个概念组成了一些象征形式。如约翰·冈纳尔［John Gunnell］所说，正是这一传统在这世界上指引着我们。[1]我认为不少思想家在两种意义上区分了公共范畴和私人范畴，其一是作为一种对社会现实的描述，其二是作为一种理论的、道德的和政治的迫切需要，而后者是他们全部思想的关键。或者是由于简单地假设了一些领域存在，进而也就认为不值得再啰唆了，或者是因为他们的视角要求那些不同寻常的基本观点服从于另外的一些概念和符号，于是公私的概念便退回到分析其他问题的背景之中。我们还会发现另外一些观点，比如，坚持要把私人世界完全整合到一个包罗万象的公共舞台上，这个舞台是完全政治化的；强烈要求把公共领域私人化，这将伴随着政治沦落到它的标准、理想和目标之下；或者对这两个领域进行严格的二分，把私人领域作一种工具性理解，把它作为公共生活的必要基础，但认为它对人类的行动而言价值比较小；最后，还有人主张保留公共领域与私人领域的边界，但要重新划分这个边界，分别对二者加以保护，并且实现一种社会重建的理想。

　　引出这个问题之后，我意识到，公共和私人这两个词都是很难把握的概念，所以，我们必须对它们做实际的考察，将之放入具体的历史和特定的理论中去。在进入对这两个概念的深入探讨

---

［1］　John G. Gunnell, *Political Theory: Tradition and Interpretation*. 见第五章（pp. 131-161）的论述。

前，我想提醒的是：要想完整地论述公共范畴与私人范畴需要用一生的时间，因此，我的目标并没那么大。我将梳理过去和现在关于这一划分的含义，这种划分体现在公共世界及其相对的社会生活领域的关系上，一般认为前者是政治的，而后者是私人的，往往指家务或家庭。对公共和私人的描述与以下几个要素相联系：道德主体的观点，对人类能力、行为、美德与卓越性的评价，对其他社会组织模式的目标的判断。这种联系即便是隐讳的，却也是必然的。读者很快会发现：判断公共与私人两个领域各自所扮演的角色和价值的方式，将引出思想家对女人的态度。还有一种可能，是思想家把对女人的看法作为一个基础，这将有助于引出他接下来对公共领域和私人领域的判断，以及他关于这两个领域的暗示和评价。不过很难说，在这个问题上，个人的和理论的迫切性会驱使着思想家走到上述哪条路径上去。

尽管公共和私人是两个常见词，但是人们会发现，关于二者各自的含义，及其在一个社会内部和不同社会之间的应用范围等问题还存在着普遍分歧。布赖恩·费伊［Brian Fay］认为公共领域和私人领域是两组基本观念，用于建构所有已知的生活方式，并给予这些生活方式及存在于其中的个人以秩序。公共领域和私人领域作为一组孪生的力场，有助于为个人或团体建立道德环境，有助于规定什么才是合适的或有价值的行动，有助于为人类的行动划定边界——特别是在诸如剥夺人的生命、规范两性关系、公示家庭义务及政治责任等领域。公共范畴和私人范畴存在于意义和暗示交织的网中，它与另外一些基本概念相联系：自然与文化，男性与女性，以及每个社会"对于工作的意义和作用的理解，对自然的看法；……每个社会关于行动者［agency］的定义；有关权威、共同体、家庭的观点；关于性的观念；对上帝的信仰、对死亡的看法等等"〔1〕。公共领域与私人领域的内容、意义和范围因维持每个社会存在的紧迫性问题的不同而不同，而且还因下列因素而异：在其标准的意义上，每个社会政治生活的美德或私人生活的价值，就个人或群体而言，是丰富还是枯竭。

任何思想或概念本身都不是孤立的。还有学者可能会通过追溯历史上关于自然与文化含义的变迁，来探究同样的问题——有关女人和政治的问题。关键在于，一些基本的概念构成了社会中主体间共有的领域。主体间性〔intersubjectivity〕是个让人难以捉摸的词，涉及思想、符号、概念，这些东西不仅是可以分享的，而且分享会引起共鸣，不论是在显白的层面还是在隐蔽的层面，它都有助于构建出一种生活方式。在一个主体间分享的概念中，每个社会参与者的含义都是独特的，它与任何其他特定个体的含义明显不同，不过我们必须给出共享含义的范围。维特根斯坦认为，当我们第一次"开始相信某些事情的时候，我们相信的并不是单独的一个命题，而是一个由许多命题构成的完整体系（光是逐渐照亮整体的）"。〔2〕类似地，当我们学着用一个概念的时候，特别是作为生活方式一部分的基础性概念，我们并不像断断续续的"语言学行为"那样不做任何联系地对待它，而会涉及其他概念和一些用于比较的词汇。

公共领域和私人领域的区分既不是偶然的也不是附带性的，可能除了那些最简单的社会以外，它是所有已知社会的根本秩序原则（即使在原始社会，社会的迫切问题也是以禁忌和羞耻观念为基础的，如果我们去深入了解那些可以示人的和被获准的行为，

〔1〕　Brian Fay, *Social Theory and Political Practice*, p.78.
〔2〕　Ludwig Wittgenstein, *On Certainty*, ed. G. E. M. Anscombe and G. H. von Wright, p. 21e, par. 141.

以及那些在暗处进行和被认为是不纯洁的行为，也能发现其中隐含了某种行为秩序）。不管向意义交错的社会之网施加影响是不是一个明确的目标，但是，对处于一个特定语言共同体的生活方式核心的概念范畴，我们都不可避免地要仔细加以分析和评判。各种观念存在于更为广阔的社会网络里，我们从中提取一二来仔细打量，可是一旦这样做了，我们便是在质疑那些已有的观察问题的方法。所谓的概念造反者，是明确要把一种历史上形成的语言游戏的边界推向她所见到而别人可能见不到的地方，她的处境与维特根斯坦的"不快乐的狮子"相似，"他一开口讲话，我们谁都理解不了"。[1]可是没人愿意对着空无喊叫。我认为避免这种命运的最好办法，是让我们来探讨理论的要求和概念性批判的困境，并以此作为讲述这个有趣故事的基础。故事已经开始了，下面我将转到公共领域与私人领域的思想渊源上来。

关于公共与私人的思考

对一条变形虫〔amoeba〕来说，既不存在边界，也没能力、没必要去划定边界。一条变形虫在流质的世界里蠕动，却不在意如何以及为什么这样生活，我们不能说它栖息于泾渭分明的公共

---

[1] Ludwig Wittgenstein, *Philosophical Investigations*, trans. G.E.M.Anscombe, p.223e. 维特根斯坦认为，这是由于人们从自己的语言游戏进入到了他们语言游戏之外的世界，在前者之中人们看到的彼此几乎是透明的，而到了后者中人们就看不透对方了，要么是理解他们有困难，要么根本就无法理解他们。维特根斯坦的目的在于做出一种彻底的澄清，从而消解掉所有的哲学问题（*Philosophical Investigations*, p.51e, par. 133）。然而，这种澄清常常被证明是靠不住的。

领域和私人领域之中。而作为一种社会性动物，身体庞大的鲸类
则很复杂，也有点儿不可思议。它们畅游在大海中，似乎还会划
定地盘，它们各种各样的行为对于生存下去都是必需的，并且显
示出了鲸类的社会性。鲸类有自身的社会系统，包括交配、繁殖、
养育、保护幼鲸以及共同防御外敌。鲸类经常小心翼翼地发出嗒
嗒声，或尖利的声音，或是一些复杂的响声，通过这些，它们往
往可以跨越非常远的距离相互交流。它们传递信息，从而能够精
确地告知对方食物在什么地方以及它们自己的位置，警告同伴有
危险迫近，宣布它们生下了小鲸，表达它们的哀伤，为鲸群引路，
以及我们陆上哺乳动物所知的一切信息的传递，它们简直就是在
相互低语。基于它们生活在水中这一环境的特点，它们在生物学
上的局限和潜能，以及它们那不可思议但却很有限的交流能力，
我们很难由此认为鲸类有公共领域和私人领域，也很难辨别它们
的行为中哪些属于公共领域、哪些属于私人领域。鲸类的确在不
少方面与我们类似：它们选择终生的伴侣（当然，这一点在我们
人类身上越来越少见了），对同伴忠诚，有关系紧密的家庭组织，
有与同类交流的需要。但是很难把鲸和我们归于一类，因为我们
这种生物在不同的社会场合会有不同的行为、扮演不同的角色。

　　假设我们转向在进化方面离我们最近的高级灵长类动物，如
果抛开那些非自然的，而且常常是非人性的实验室设备来观察它
们，我们会发现：它们有一种复杂且处在形成之中的社会秩序，
这种社会秩序由一组组男性支配的家庭、血族关系构成；有初步
的劳动分工，主要基于生理特性和生存需要来划分；有对领地现
实而清晰的认识；有抑制不住的需要，想去探察它们的栖息地。
但是我们没有看到任何一个社会性的黑猩猩群体召开高层的政治
会议，或通过投票选出下一任雄性首领，决定是否接收、驱逐或

攻击它们群体的闯人者。[1]统治权以一种千百年不变的方式流转着：后起的竞争者用攻击性的行为挑衅这个团体的雄性首领，这个首领要起来应对挑战，而且它们仪式化的争斗有着一套清晰的胜负标准。黑猩猩的母子关系的确富有意义，但如果把对"意义"的理解与牢固而真切的感情纽带联系起来，那么它既算不上一种私人关系，也没有经过有意识的安排。它们在固定的发情期里本能地分泌出荷尔蒙，受孕本身只是在荷尔蒙激发下而进行某次行为的结果。而且，雌猩猩和小猩猩的亲密关系也是在产生了特定的内分泌之后才被激发出来的。雌猩猩没有反射能力，因为它没有充分展开的前脑，而人类的前脑可以对神经内分泌的刺激做出各种反应。黑猩猩使用工具，但不同的是，它们没办法将越来越复杂的技巧代代相传。我们更找不到法律、宗教、艺术、语言，这些层层叠叠交织在一起被我们称为文化的东西。

要区分公共领域和私人领域，至少首先要有共同的语言和传统，以及一些足够复杂的人类主体，进而他们能通过一些思想范畴在眼前的世界中给自己定位，在这些思想范畴中可以进行比较、对比，还能在事物之间建立某些联系。看来人类是唯一不仅使用语言而且能够创造和更新语言的生物，他们积极地创建政治社会，通过众多正式或非正式的渠道将传统代代相传，在社会中把彼此归类为家庭成员、亲戚、邻居、同事、公民或者仇敌。当然，这些还仅仅是我要讲的故事的开头。在对待一些基本的观点时（这里我强调的是一些**基本的**［basic］方面），我们首先要认识到，人类不仅是有罪的而且是有羞耻心的。也就是说，人们特定的一

─────────

[1]　如果我们把政治简单地看作一个群体控制另一个群体的逼迫或强力，那么黑猩猩群中的确有些非常像政治的东西，正像简·古道尔的著名 *In the Shadow of Man* 中指出的那样。但是，我并不同意这样定义政治。

些行动或想法引起了某种特别的情绪。羞耻以及让人感到羞耻的经历萦绕着我们，它的作用，它所蕴含的情感和欲望都需要表达出来，并且需要某些象征性的形式，需要用文明的面纱遮盖起某些行为和我们自身的某些侧面。正如在光天化日之下参加公共活动时，我们会明显地或习惯性地展露自己的某些侧面一样，我们也会隐藏自己另外一些侧面。[1]

我接下来要论及的一系列伟大思想家是西方政治传统的代表，他们或隐晦或显白地以某种形式论述，展开了对公共和私人两个概念范畴的区分。公共和私人作为概念范畴，关注着人类生活，构建着人类社会生活中各种各样的行为、目标和维度，并赋予它们秩序。这些能够引起共鸣的观念是一些人们能深深体会的本能，而人类最珍视的梦想、最疯狂的计划，人们的激情与偏见、需要与兴趣、恐惧与犹豫、勇气与价值都蕴藏其中。出自伟大而具代表性的思想家之手的作品很有趣，不仅是他们认为的有价值的、必要的和机智的发现是有意思的，而且他们竭力放到视野之外的那些东西也颇引人注意。在我即将考察的思想家中，虽然很少有人感到必须先解释或思考一下为什么会出现公—私的划分，但他们每个人都似乎感到有责任做出证明和解释，尤其是对那些在他们时代中出现、维持社会向前发展的公—私划分。他们要么为这种划分辩护，要么把它作为自己观点的反例。

现在问题很简单：既然人类有能力构建社会组织、会创新、能想出并实现各种价值与目标，便在历史发展的某一刻开始划分出两种活动，一种是公共活动，另一种是涉及一人或多人却不发

---

[1] 弗洛伊德对羞耻出现的思考是很吸引人的，我借用并且扩展了他的论述，见 *Civilization and Its Discontents*, Standard Edition, vol.21, pp.99-100。参汉娜·阿伦特在 *Human Condition* 中对"可耻"的论述。

生在公共舞台上的活动。人类共同的社会存在数个世纪前就有了，事实上，我们现在知道的至少已经有三百万年了，而且在公元前15世纪，就产生了稳定的政治语言。前政治的社会生活是一种有组织的、遵循仪式的家庭生活。我们的祖先——那些猿人或原始人，构建了血亲关系、部落、氏族以及部族。他们有社会组织，但却没有可以称得上是政治的活动。群体是按血亲关系、性别和经济上的需要聚集起来的，由那些口传历史中保存下来的共同记忆联系着。家庭的人和社会的人先于政治的人，即亚里士多德的**"政治动物"** [*zoon politikon*]，这种演进既发生于生物进化的过程中也发生在人类的历史中。如果初级的社会形式中没有政治生活这样的公共生活，还谈何私人领域呢？人们原初要有所掩藏的方法本身并不能构成私人领域，但可以解释成一种私人规则，或进一步讲，可以理解为一种受个人迫切需要驱使的社会规则。在更广阔的社会生活中，私人领域是概念上划清界线、社会上占主导地位的一种维度，但要是没有某个公共世界立于对面，就不存在私人领域。透过公私概念这个棱镜去看那些游牧部落的生活只会引向时代的错位，会认为原始人受生物的和社会的两种力量驱使，使用工具、狩猎、采集，可是这组概念会扭曲他们实际的生活，同时也让我们看不清自己的世界。

　　我在理论上的思考将公私基本概念的缘起放在了原始的人类社会环境中。但是，不能在任何意义上把这些特点简单地看作是政治的，因为政治还有另外的区分。人类一旦将自己区别于自然世界、物理世界中的其他物体，就开始视自己为命运的操控者，也就出现了安顿社会存在秩序的需要，而且是以更加概念化、更加主动的方式进行的。社会生活的概念组织必然包含用于比较和对比的词汇。最初用来比较的词语，如大与小，明与暗，这些为更加抽象、复杂的区分提供了语言学的基础。不过，这些保持语言一贯性的努力都要在每个儿童那里重新开始，儿童必须通过自己的思考和观察来独立发现正确的范畴。[1]

　　人类已经把他们的生活分解并将继续分解为公共和私人范畴中的一个或更多扑朔迷离的变量。这类分解包含了对女人和政治的暗示。想给女人世界带去改变的一些人宣称：正是因为这些分解出现在历史过程中，所以说明在我们身上压着一块专断的、与文化相关的人造物，而它只存在于习俗的层面，大概我们足够理智和大胆的话，就可以抛弃它。另一些人也许有着相似的目的，他们认为公共和私人的观念很复杂，既是自然形成的，又是约定俗成的，因而是在最深层与必然性联系在一起的。他们还认为公共和私人的观念是社会生活本身的前提和构成性特征。无论最后人们如何看待这个令人疑惑的问题，在西方传统中，公共和私人的观念明确地成为了政治理论的基础之一。我将简要地追溯希腊生活中这些规则的缘起，并思考在公私领域之分的基础上产生了什么。

希腊人与政治的诞生

　　荷马时代出现了一种前哲学的，却越来越哲学化的词汇，这种词汇经历了从前古希腊时代到古希腊时代的转变，回应了社会现实的变化，成为一种对未来紧迫问题的预言。那时，至少在识

---

[1] 见 Sigmund Freud, "On the Sexual Enlightenment of Children", Standard Edition, vol.9, pp.134-135，弗洛伊德解释了他认为的儿童认识的驱动力。

字的特权阶层那里已经有了对**自然**［*physis*］与**习俗**［*nomos*］*明确的区分。只有保证了自然与习俗两个基本概念的区分，才可能、才值得而且才有必要在习俗范畴当中做更复杂的区分。[1]请牢记：关于权威、性欲、上帝、死亡、男人与女人的观点交织在一起，它们构成了古希腊人生活的表里。**城邦**［the *polis*］是希腊人对文化现象区分和归类的结果，是组建起来的国家，它与私人领域的**家庭**［the *oikos*］相对。

尽管我在第一章探讨柏拉图和亚里士多德时，将详细叙述古希腊公共与私人领域的规则，不过现在我们先在一些问题上有个定位也很重要。首先，发生在城邦中的并作为**城邦之为城邦**［the raison d'être of the *polis*］的行为与关系，被界定为自然与必然领域之外的存在。[2]其次，尽管**城邦**的自由空间在必然性之外，但是，它与存在于私人领域的那些行为有一种**必然的**联系，而私人领域在希腊人看来属于不自由的范围。家庭是一种类似于生产和再生产的领域。而政治的和自由公民的公共世界，从概念上和结构上都依赖于必然的世界，并且那些有力的、来自公共领域的声音系统地降低了这个领域的等级，其中就包括柏拉图和亚里士多德的声音。

首先要选择一类能够进行对比和比较的词汇，这类词汇可以区分哪些是公开的和显露的，哪些是隐藏的和遮蔽的，哪些是自

＊　此处 nomos 被作者翻译成英文 culture，为了适应通常对 nomos 的中文译法，此段将 culture 统一译为"习俗"，而不是"文化"。——译者注

〔1〕　在这些问题的处理上，最一流的是沃林的 *Politics and Vision*。麦金太尔［Mac Intyre］的 *A Short History of Ethics*，把政治词汇的出现作为他对道德叙述关注的一部分。

〔2〕　有意思的是，亚里士多德曾试图将这种完善建立起来的区分模糊化，从而保持城邦的完整，或从某种意义上说，保持"自然"的城邦。

由的，哪些是被决定的和不自由的。接下来才有可能将社会一分为二，一个是政治的公共世界，另一个是家庭关系和经济关系构成的私人世界。令人惊叹的是，那些古希腊社会中隐藏起来的、私人化的事情，政治思想家在对古希腊社会的论述中也同样避而不谈。他们不仅把公共和私人范畴，还把许多注入这两个范畴中的原创内容带到了之后的时代。在古希腊人出于自身考虑而展开的意识形态变形背后，古希腊厌弃女人、推行帝国主义、利用奴隶等特点就被掩盖了起来。[1] 当然，这些是古希腊对公共与私人领域发展贡献中不那么光彩的一面。

13　　　把政治看作行动的一种形式，它是那些具有主体力量的个人在世界之中和对世界采取的行动，而不是动物的行动，因为对于动物来说，事情不过是自行发生了而已，这种看法是一项杰出的成就，而它不可避免要与公私的划分联系起来。"自然人"眼中的自己和其他对象是等同的，猿人没有意识到：自己是一种在众多对象的世界中偶然获得了力量的存在。如果在这个世界上任何主体的需要都是不可想象的话，那么人类就听任自己屈服于命运，就是在透过一个不可思议的思想棱镜看世界，可能在这一棱镜中，反复无常的力量最多不过是受到了安抚或哄骗而已。经常拒绝确定的区分、推断以及对因果关系描述的并不是书面语言，而是一

―――――――

〔1〕 例如，古希腊人，尤其是雅典人生活的一个核心特点被后来大多数的历史学家和政治思想家们忽略了，这个特点构成了古希腊人同性恋、厌弃女人与相关主从地位之间的关系。历史学家 K. J. 多弗写的《古希腊人的同性恋》最近在这个问题上打破了学界的沉默。他记载了在古希腊人的生活中，对女人及与女性发生性关系不齿的现象相当普遍，"男性要是违反了某些法定的性爱'规则'，就等同于脱离了男性公民的等级，把自己与女人及异邦人归为同类"。那个任凭摆布的男性"由于在性行为上把自己等同于女人，而放弃了他作为男性公民的身份"（p. 103）。

点都不复杂的、大量来自口语的语言资源。在各个语言系统之间存在定性的区分，有的语言系统设定了主体规则，有的则没有。

当有种信念即"男人确实控制了其生活的一部分"出现以后，对"成为人这一范畴的成员（或者这个范畴中的男性分支）是什么含义"所做的修正也随之而来，或者说这一修正与此信念是相连的。于是，有必要更准确地描述已经发生变化的人类的现实和可能性。人类获得部分的自主性，即从自然决定论的遮盖中显露出来，这意味着：自此以后，在看待单独的个人时，可以说他／她值得称赞还是该受责备。如果与从岩石上奔腾而过的水流对其翻滚和飞溅所负的责任相比，一个人对于他的过往并不需负更多责任的话，那么在这样的世界里，无论是称赞还是责备就都没有任何意义了。一个主体，正如一个值得称赞或可能受到指责的人一样，其内部都包含了一种存在者的形象，这一存在者通过独特的方式行事，以达到既定的目标，而且必然反思自己、思考他者以及他自己的世界。随着这个世界中越来越多的对象通过这项标准或那项标准变得能够被划分，思想的复杂性也在急剧增加。但是，按照这种思路，一些奇怪的事情就出现了：并非所有人的思想都能够或者（他们认为）应该被称为公共话语。话语与思想并没有吻合。正如人类的各种社会行为和性行为都是隐秘进行的一样，只有一部分人们想过的东西会被实实在在讲出来。

14

私人的沉默，公共的声音

男人的公共话语出现在象征着卓越的公共领域——城邦中。

尽管他私人的话语与必然性相联系，也是社会性的，但这种话语出现在家庭中，没有公共的影响力。（另外，如接下来的第一章所述，柏拉图为哲学话语提供了一个特定的男性之间私人社会关系的框架。）这就指向了部分自主的却与人类话语范围相联系的一些层面，实际上这些层面早已蕴含在其中了。什么合适说，什么是合适发表出来的问题要依情境而定，即讲话的地点、讲话的对象以及讲话的原因，这个问题的出现甚至不能作为一种礼节规则〔rule of etiquette〕，而是作为一种公共—政治的、社会的、个人的，甚至宗教的或神话的规则，而这些规则只对上帝、傻子、疯子、非常大胆的人或年老年幼的人是例外的。

同样，话语有的时候是公共的，有的时候是私人的。有些人类主体被限制在话语的私人领域中，在希腊社会这主要指奴隶和女人。真正公共的、政治的话语是自由的男性公民所独享的。女人和奴隶都不是公共的存在者，他们对当时的公共问题都保持沉默。他们的话语在行动的名册中被剪切掉了：空气中充满了这些话语，并且还在空气中回荡了一段时间，然后，这些话语却从官方的记忆里褪去了，没人记录下来，也没人用公共的形式把它表现出来。[1]

15　有一个问题出现了：那些被拒绝的，到底是不是一种公共角色和公共声音？这个问题的答案将会引出另一个问题：人们所发现的人性的基础是什么，是什么对这个教化我们的讲坛起了决定

---

〔1〕 那些为有势力的女人所提出的主张并不能打动我，那些女人通过她们的私下行为影响着公共的男人，在雅典的社会中，这种主张经常是为高级妓女〔the hetaira〕、官妓或是地位很高的妓女而炮制的。这样，私人的话语传递给男人，并且得到了公共化，尽管它使用了一种间接的公共影响力，但始终还是私人的话语。如果这种"男人身后的女人"想要进入公共舞台，用自己的声音讲话，那么她们将受到周遭的嘲弄、讥讽和谴责。

性作用？这个问题的答案要根据人们如何评价沉默而定：人们是否假设沉默的人由于天性或角色所限而无话可说，或者人们是否认为，关于人类生活的意义，沉默的人可能有很多话要说，但是他们的思想和反省从公共言论中被剥离了。那些或明或暗地受到权力压制而变得沉默的人，并不是无话可说，而是没有公共的声音和空间让他们说出来。

当然，年复一年强加的无为和公共沉默扼杀了新生的思想，压抑那些尚未说出的话语，因此，使得个人陷于反思，反思自己是什么类型的存在者，这种反思被视为是第一位的。但这并非问题所在，它是关于沉默、人类主体，以及公私特性的问题。这些思考在字里行间的潜台词正是意义丰富的言语的本质所在。对于我们谈到个人，或者人类尊严，或者道德目标时我们都理解了什么，这些问题才是最根本的。对我们之所以为人的问题来说，如何将那些必要而且是本质性的行动与那些虽然吸引人却并非本质的行动区分出来才是关键，后者不过是方便为之罢了。

西方有史以来，女人在公共话语的舞台上都是一个沉默的群体，所以，她们对这些事情的观点以及她们在教化过程中的角色，要么被视为是想当然的，要么与男性所从事的具有公共性和政治性的活动相比，在重要性和荣誉方面都被放在了次要位置。女性的声音被消除掉了，部分原因在于：是什么界定了她们，以及她们不可避免地和什么相联系——性欲、生育、人体（不洁和禁忌的化身，依赖、无助和脆弱的形象），而这些都从政治话语中被抹掉了。为什么呢？因为在某种程度上，政治费尽心思地抵御着私人领域的拖拽，抵御着家庭事务的诱惑，并且防止唤醒女性的权 *16*

力，这是一种巧妙而复杂的防范。[1] 接下来要问的不仅是政治的目的何在，还有政治在致力于防御什么。这个问题最好透过公共与私人这副棱镜来寻找答案。用公共和私人作为概念上的试金石，我将从追溯那些思想家有力的、公共的言说开始，他们的观点将有助于我们确定政治是什么，这其中还隐含了政治不是什么，以及我们对此是怎么思考和感受的问题。

---

[1] "防御"［defense］或者"抵御"［to defend against］不能被构建成一种有含义的神经过敏，因此不能使用缩略语。在精神分析的观点中，对防御机制的范围、特性和实际的动力都有持续的争论。正如我在此处用防御一词那样，它包含了一套想法，而为了对付已经察觉到的威胁和危险，必须避开这套想法。在哪一点上这种防御变成了破坏性的造假和对事实的扭曲？重要的是，这种防御没有变成一种建设性的手段，来应对内外的现实，而这将始终是理论争辩和道德判断的素材。

第一部分 西方政治思想中的公共与私人形象

我们知道，死者是最强大的统治者……

——弗洛伊德

第一章 被发现与受到赞扬的政治：柏拉图与亚里士多德时刻

　　……这并不仅仅是关于某个问题的争论，而关涉一个人该如何生活。

　　　　　　　　　　　　　　　　　　　　——柏拉图

　　对卓越生活的思考揭示出：最高贵的、充满生命力的人以荣誉为幸福，因为，大体上说，这就是政治生活的目的。

　　　　　　　　　　　　　　　　　　　　——亚里士多德

　　导论中，我以一个逗趣的、颇具煽动性的注释作结，我认为，政治，包括那些从柏拉图时代到我们这个时代的关于集体生活和规范的理想类型，都绝不是简单地或排他性地赞同某些事物，它是很复杂地在抵御其他一些事物。读者是否应该对这种主张吹毛求疵，或者是否应该因预期到一种对亚里士多德和马基雅维利不切实际的心理分析而战栗呢？不过请放心，虽然我不会对思想家进行心理分析，但我会依此对他们进行批判性的剖析。批评是阐释性活动的基础，这样就如同构成整体的一块块比萨，可以把许多问题放在一起，比如一个人他赞扬什么而谴责什么，他想要什么而惧怕什么，他羡慕什么而憎恶什么，他期望什么而厌弃什么，他听取哪些声音而压制哪些声音。在有些要点处，思想家含糊其辞，或是模糊自己的立场，或者用微弱不足的论据来为之辩护，正是在这些地方，批判的过程呈现出最强的说服力。这暗示了他正在避开某些想法、恐惧和欲望，它们与他所发现的对自己的看法、他对社会的见解或他对世界的理解水火不容。[1]

20 神圣的柏拉图，回到地上

与西方政治传统中其他任何思想家相比，柏拉图的思想已然得到了更多的分析、阐释、批判和赞美，所以，要说在这么晚近的时候还有什么新鲜有趣的说法，人们会感到很惊奇。但是，怀疑消散了，当人们进入柏拉图的世界时，会交替地发现他如此易懂、恼人、高贵，却又令人恐惧。尽管我会在第五章详细地探讨这个问题，但是在当代女权主义思想家中，还有些人在单一的、总的标题下面安排人类生活的一切。这些女权主义作者并不把柏拉图作为其思索的灵感加以引用，但是，他的东西仍然保留了思想的主体，它包含了最持久和意义最深远的政治表达，这种表达是一种整体的审美秩序，正如柏拉图所描绘的那样。我将从公共—私人这副棱镜所提供的视角，来展开论述这一秩序的特性。这就使得柏拉图思想的一些维度在某种解决方案中突现出来，这种解决方案比其他方案更加大胆。人们会问：有什么公共的或私人的紧迫目标或目的，赋予了他那些文本以生命？公共与私人是他关注的核心问题吗？公共话语和私人话语的特性是什么？在解决这些疑问以及相关问题之前，

---

〔1〕　比如，参见伊莱·萨冈〔Eli Sagan〕在 *The Lust to Annihilate: A Psychoanalytic Study of Violence in Ancient Greek Culture* 中关于修昔底德的探讨（pp.166-194）。

有必要先直接了解一下柏拉图方法的梗概，首先要照顾到那些可能对他理论表达的范畴不太熟悉的读者，其次是因为哲学与政治学的范畴和解释在柏拉图的著作中完全缠绕在一起，彼此区分不开。

柏拉图如何以及为什么会像他所写的那样去划分现实呢？他在《政治家》中强调，人们"必须只是在特定形式间的分裂处进行划分"，但他认为生活世界中的许多可见与不可见的划分是草率而不正确的。[1]柏拉图以为，单凭他的范畴人们就能获得或掌握最高的现实，即一个形式不可见的世界 [a world of invisible Forms, the *eidē*]，它存在于历史和时间之外，只有明智之士才能予以说明。他评论道："……一个人企图通过讨论——**通过论据，而不是用任何感官***——来获得每个事物的本质 [itself that *is*]，并且在他通过智识领会那些本身是善好的东西之前并不放弃，此时，他就达到了可理解的领域的终点，正如我们比喻中的那个人后来到达了可见世界的尽头一样。"[2]在柏拉图的体系中，最高的知识是一种抽象的、哲学知识的形式，原则上，对于大多数人类来说是无法获得的。他不接受其他形式的知识，认为那些是愚蠢的、不足的、简单化的，甚至是危险的（我将回到这一点上），特别是如果这些选择来自情感或者激情，而不是来自"智识本身"。[3]

对柏拉图来说，单单灵魂本身 [*logistikon*] 就有一个显著的

21

---

[1] Plato, *Stateman*, ed. Martin Ostwald, trans. J. B. Skemp, p. 11.
　*　本书引用文句中的粗体均系作者所加。——译者注
[2] Plato, *The Republic of Plato*, trans. Allan Bloom, Book 7, 530c-520d.
[3] 弗洛伊德认为，哲学经常"因为高估我们逻辑运用的认识论价值，而偏离了它的方法"，可能柏拉图也有类似弗洛伊德这样的想法。Sigmund Freud, *New Introductory Lectures on Pyscho-Analysis*, Standard Edition, vol. 22, pp.160-161。参 Mary Midgley, *Beast and Man: The Roots of Human Nature*, p. 44，她写道："害怕感觉、轻视感觉构成了一种非理性的偏见，而这已经被构造到欧洲理性主义的结构中去了。"

同一性［identity］，灵魂（在他看来）是人类言说能力的核心所在。为了达到**形式**［the eidē］，即那些永恒的形式［Forms］和颠扑不破的真理，需要有一种特殊类型的、抽象的辩证法。一个人凭借**意见**［with doxa］从表象的世界开始，日复一日地把知识组织起来；这个范围必须被超越，有新的东西进来，然后通过**正确的意见**［orthe-doxa］加固实体，有机地组织知识，直到最后，在经过了艰辛的智力和体力训练之后，这个人才获得了**知识**，即关于形式的真知。[1] 在柏拉图于"话语中"创造的理想国家里，那些获得最终知识的人被给予了巨大的权力。[2]

　　未进入柏拉图世界的人可能会惊奇，为什么柏拉图希望超越日常的现实，把他的时间花在超越语言之真理［extralinguistic Truth］的纯净领域中。我们知道，柏拉图鄙视他那个时代的政治，而且他试图创造另一种政治秩序的多次尝试都失败了。我们还知道，柏拉图横眉冷对这个政治体系，正是这个政治体系把他最尊敬的人，一个最正义、最正直的人——苏格拉底，判处了死刑（一次雅典的民主集会把苏格拉底判了死刑）。如此对待这世上的正义之士让柏拉图很气馁，他要创造一个世界，在这个世界里，不仅可以保护正义之士，避免他们在卑鄙之人的暴政下被逼上绝路，而且在其中，那个正义之士，以及其他与之同类的人能够掌握绝对的权力。由关于形式的知识所赋予的权力，这对于规定他者的存在来说，是可以自证的。柏拉图会绝对地消除那些导致（他认为，这是不可避免的）社会混乱无序的争辩和争论。他会带

---

〔1〕　参考 Bennett Simon, "Models of Mind and Mental Illness in Ancient Greece: I. The Plato Model," *Journal of the History of the Behavioral Sciences*. pp.398-404。

〔2〕　詹姆斯·格拉斯［James Glass］提到，柏拉图"去神秘化，但是在他去神秘化的过程中，他把一些其哲学论辩背后的驱动力神秘化了"（与作者的私人交流）。

着终极真理所提供的确信和结论来这样做。真理得胜了，那些来自不同声音的不和谐音所带来的喧嚣才能终止。

下面，我会多讲讲柏拉图为达到秩序与正义所采取的手段，但是之前的一个问题对它本身是有所提示的。如果柏拉图受到刺激要去建立他的理想城邦，部分原因是他那个时代政治的重要性完全被降低了，那么，对于一个在完全非正义的秩序中了解真理的正义之人来说，这又是如何可能的呢？柏拉图提醒我们，他最高的目标并不是首要地去创造一个完全正义的体系，而是要去拯救少数好人的灵魂，他以此来期待人们产生这样的疑问。如果后一个目标实现了，那么他推论中的目标很可能紧随其后。苏格拉底说："……这并不仅仅是关于某个问题的争论，而关涉一个人该如何生活。"[1]

柏拉图认为，一个好的社会能提供有道德的环境，尽管对这个一般规则他也允许有例外，但是，在其中好人会得以保存。然而，什么类型的社会是善的，或者说，什么类型的社会能够成为人类德性的模板？为了检验这个问题，柏拉图和他之后的亚里士多德都提到：**自我** [the *idion*] 或私人很重要，它与公共的或者共有的相对，但在希腊生活中的地位要低得多。与城邦或属于城邦并且参与城邦事务的公民相比，私人或者**自我** [*idiot*] 在意志、善良、理性和价值方面的层次都要低。如果他的公共世界正在衰落，一个本该是正义的人，不可能像一双脚迅速踏进一双旧拖鞋那样，在公共秩序井然的世界中一下子钻入某处壁龛。家庭的隐匿也不可能对一项关于正当的研究有所帮助。相反，一个或者一些将成为正义之士的人（对柏拉图来说，他们总会是少数）必须

---

[1]　*The Republic*, Book1, 351a-352d.

从一种特殊类型的、私人的对智慧的探索开始，把智慧当成一种对个体灵魂的疗方。然后，那些少数人，他们已经获得了真正的知识，就作为医生再来医治社会的公共疾病。除了所有这些，另外再排除无知、混淆、自私欲求的诱惑、爱欲的刺激，一个正义的人也许会"过一种私人的生活，因为，没有政治制度……善的生活也是可能的，它并不像其他生活方式那样依赖于城邦中的统治……"[1]正义之人可以脱离正义的城邦而存在，但是反过来则不成立：至少如果没有一些正义之人，正义的城邦是无从存在的。

柏拉图断言，在一个被降低了的公共世界里，对正义进行一种非公共性的追求可能是种优良的生活，柏拉图好像搞混了事物所具有的希腊式的秩序。在他看来，在那些情况下，如果某种私人生活成为人们所偏爱的生活，实际上就成了最终公共正当和正义的发源地，人们可能推测，女人，那些被定义为私人存在者的群体，将享有得到改善了的尊严，并享有处于事务全局中的地位。唉，这对柏拉图来说并不是一个能承接下来的结论。对于在城邦之外创造和维持善的人来说，柏拉图所要求的并不是一个家庭的私人世界或家庭住所［oikos］，其中妇女、孩子、奴隶和仆人负责日常的生产和维持生命本身的再生产，但是，会饮代表了另外一种私人空间，这是男人的讲坛，内容包括哲学谈话、教学法和社会性的亲密关系，后者对柏拉图的对话来讲，是戏剧的背景［the

---

〔1〕 见阿兰·布鲁姆［Allan Bloom］译 *The Republic* 中的 "Interpretive Essay"（p. 415）。参见苏姗·莫尔勒·奥金［Susan Moller Okin］在 *Women in Western Political Thought* 一文中对柏拉图和布鲁姆的处理。而在冈纳尔［Gunnell］的 *Political Theory: Tradition and Interpretation* 中有种种对柏拉图的"进路"，这种"进路"颇具煽动性。

dramatic mise en scène]。会饮的主角包括年长而有智慧的老师——苏格拉底是最著名的一个例子，以及一群讨教的人，后者通常是年轻的男性。这些男人参与到私人的（也就是说，从政治意义上讲并不是公共性的）哲学谈话中，这种谈话的目的是获得真理，并且获得一个正确安顿的灵魂。 *24*

　　对柏拉图来说，家庭的私人话语缺少散文或者诗歌的形式，所以它是没有含义的——不成形的、混乱的、易逝的，是一种意见的话语。那么家庭的话语既不会是英雄般的（苏格拉底提醒我们，"最初记载的是那些留下话语的人"）[1]，也不会进入探索智慧的过程，而对话中那些出自男性之口的、私人的、哲学的话语所寻求的却正是智慧。柏拉图时代的女人被排除在政治之外，这是关于社会秩序和历史传统的事实。但是，当一个好的社会不存在时，她们要积极地成为一个好人还是受到了阻止。柏拉图在寻求一种替代方案，用以理解什么是真正的人（假设在一个特定的政治秩序中），作为一个真正的人，"他发展了自己作为男人的人性，并且能够参与到人的、政治的和战争的最高活动中去"。[2] 要变成柏拉图定义的那种善，一个人必须能成功地战胜和征服厄洛斯[Eros]这一最危险的欲望，并且通过严格的训练，来升华他对智慧那种纯洁而属于精神的、爱的冲动。所有这些夜晚，人们聚集起来讨论，目的不仅仅是吸收智慧和接受老师苏格拉底的教诲，而且作为通向智慧之途的一部分，也是为了管制同性恋的欲望，这种欲望在年长者中间的年轻人那里总被唤醒。柏拉图在向冲动投降的问题上，从未退让过。相反，一个人必须通过掌控那些充

---

〔1〕　*The Republic*, Book2, 366-367a.
〔2〕　*The Republic*, Bloom ed., notes to Book 1, p.441.

满诱惑的情形，让自己摆脱"不必要"的欢愉，因为这对追求真理都是有干扰和具有破坏性的。当一个人清醒时，他必须成为自己行动的主人；当一个人沉睡时，为了挡住那些肮脏的欲望，他必须做那些梦中想法的主人，那些肮脏的欲望"……在灵魂（所有这些都属于对它思虑、驯服和支配的部分）休息时，就会苏醒，当兽性的和野性的部分从吃喝中得到满足以后，睡眠就变得不安定了，这些欲望冲出睡眠，想要去满足它的本性。你们知道，在这样的状态下，它无所畏惧，好像从所有的羞耻和审慎中释放出来，获得了解脱。而且它根本不避讳与一位母亲或其他任何人发生性关系，无论是人，是神，还是兽"。[1]

男人的梦并没有让柏拉图感到吃惊，因为这些梦提供了额外的证据，表明人性总的来说是很脆弱的，它受到欲求与渴望的反复撞击。柏拉图发现有一种人最具攻击性，那就是民主政治中的人。在柏拉图看来，这种人是受激情支配的动物，通过规训和教育他并没有学会如何掌控这种激情。在大量释放荷尔蒙的时候，他会抛下公民的责任，为了自私的追求而腐化城邦。如果他幸运的话，这种激情会随着他年龄的增长而衰退。但同时，他会把事

[25]

---

[1] *The Republic*, Book 9, 571a-571d. 在《理想国》的对话中，多处提到羞耻，这表明，这个概念对希腊人来说，有着广泛认同的含义。比如：当一个体面的人"独处"时，他"敢于说出那些使他感到羞耻的事情，而如果有人在听的话……"（Book 10, 602d-604b）。在一个对笑话的讨论中，柏拉图指出，一个人可能"羞于"自己造一些笑话，却非常喜欢"在私下里的喜剧模仿中与别人分享"（Book 10, 606b-608c）。与希腊人所引述的一点不同是，他们有能力在适当的环境下，包括体育比赛和群体训练中裸体走动，却并不感到伤风败俗["shameless"]，他们把这作为自己高于"野蛮人"的一点证据（Bloom's "Interpretive Essay,"p. 458）。有趣的是，希腊人解除了爱欲的危险，爱欲需要克服面对自己和他人裸体的羞耻感。显然，如果与传统和社会规则相连的羞耻感，没有内在化为一种心理的和社会的不可抑制的反应，那就没什么需要克服的了。

情弄得一团糟，并破坏或削弱所有柏拉图所珍视的东西。柏拉图强调，对民主、自由和自由言论充满自豪的夸耀与"在其中准许人们为所欲为"[1]是同义的。民主政治中的男人通过"虚假而狂妄的言语和意见"[2]诱导青年误入他的歧途。

民主政治中并没有真实或有意义的话语，被归为私人领域的那些人沉默不语，无知者喋喋不休。苏格拉底说："我的朋友，多数人的自由达到了极点……**此时，在这样的城邦中，那些买来的奴隶，无论男女，他们的自由都不比他们买主拥有的自由少。而且我们几乎都忘记提起法律对女男之间关系上平等与自由规定的范围有多大了。**"[3]显然，对柏拉图来说，这种社会秩序和得体的颠覆是令人反感的，这也成为反对民主政治的又一个提示。民主政治中的人与柏拉图式的好人不同，他并不在意自己多么完全地沉浸于更低层次的快乐中。事实证明了这一点，这些人——做了一些苏格拉底"不会允许那些我们声称在意的人以及那些必须自己成为好人的男人去做的事情"，他们去"模仿女人"，而且还堕落到去模仿"那些有奴性行为的奴隶、女人或男人"。[4]

然而，柏拉图不愿意变得缺乏信心，因为在任何城邦都存在"更为正派的少数"，他们可以掌管自己的欲望。这个"最小的团体"享有"应该被称为智慧"[5]的唯一知识，一个城邦才可能从中

26

---

[1]　*The Republic*, Book 8, 555d-557d.

[2]　*The Republic*, Book 8, 559-561c.

[3]　*The Republic*, Book 8, 561c-563c.

[4]　*The Republic*, Book 3, 395c-397c. 即使那些捍卫柏拉图的女权主义者（除了《理想国》第五卷中著名的论证以外）也必须从中看到，在柏拉图那里有把"模仿女人"等同于堕落的趋势。读者应该注意到，在柏拉图的上下文中，"模仿女人"并不意味着扮演女人的家庭角色或者穿上女性的衣服，而是在同性交合中，摆出被认为带有"女人气"的顺从姿势。

[5]　*The Republic*, Book 4, 428a-429d.

崛起，尽管"今天没有一个城邦的境况与哲学的本性相称"。[1]就
目前而言，"好的城邦只存在于话语之中"；它可以在话语中被创
造出来，而且我们观察城邦成长的同时，"还可以看到正义与不正
义的产生吗"？苏格拉底这样沉思着。[2]柏拉图那个基础存在于
话语之中（"我不认为它存在于世界的任何地方"）的城邦，只有
对少数好人是可能的，他们自己就能够知晓，从而在他们自身的
范围内、在他们所洞见的基础之上，建立一个城邦。[3]

27　　好人，爱智之人，他们产生于私人谈话的过程，在这种谈话
中，女人和较少的几种男人被排除在外。私人的—哲学的话语是
散文体的对话，将目标指向真理，而不是含义。对柏拉图而言，
理解人类话语的关键，与其说是它至少对一个社会多数的参与者
而言是意义丰富或有含义的，不如说它可以作为获得一种最终真
理的工具，而这一真理在历史上并未被讲出来。女人被排除在这
个崇高的过程之外，这被过于简单地归因于雅典人厌弃女人，以
及社会结构和安排中包含了这种因素。但是，正如我接下来要讨
论的，我们知道，出于纯粹**抽象**论证的目的，柏拉图有能力反驳
他那个时代的偏见。他把女人排除在智慧的探索之外，这不仅可
以由柏拉图所指向的真理的特殊**本质**来解释，还可以由智慧探索

---

[1] *The Republic*, Book 6, 496a-498b.

[2] *The Republic*, Book 2, 367a-369b.

[3] *The Republic*, Book 9, 592a-592b. 柏拉图补充道："它是现在还是将来在某处存
　　在，都没关系。"或者比较：
　　"那么，这样呢？正如我们所言，难道我们不是在话语中构造善的城邦的
　　模板吗？"
　　"当然如此。"
　　"你认为，如果我们不能证明有可能建造一个描述中那样的城邦，我们所
　　说的就没那么好了吗？"
　　"当然不是。"他说道。[Book 5, 371d-373d]（原注有误，应为[Book 5,
　　471d-473d]。——译者注）

发生的社会环境，包括这个社会环境所允许的老年男子与年轻男子之间的同性恋情感来解释。这是一种特殊的同性恋风气，在一个充满对女人，特别是对母亲恐惧和反感的社会中成型，这种风气融合了我们所说的柏拉图式的形而上学。

苏格拉底总是出现"在一种带有强烈同性恋氛围的环境中；……苏格拉底的年轻朋友普遍地（有人会说，通常情况下）都与小伙子相爱，而且他完全接受这些关系"。[1]据说苏格拉底本人"看到年轻的小伙子时"[2]，也会怦然心动；然而，对于所有这些对话中热切的渴望、卖弄式的叹息，甚至逃跑、愠怒以及流泪等情况，苏格拉底都用来说明拒绝爱欲是达到约束爱欲的途径。[3]苏格拉底认为，人必须靠理性的原则控制身体的要求。真理不可见的奇迹远胜于尘世间性爱的可见欢愉；因此，所有性交的形式，特别是异性这种类型，使灵魂丧失了追求更高目的的能力。在同性性爱的一对男人中，**爱者**［erastes］或处于主导地位的年长伴侣，把自己强加给他的**被爱者**［eromenos］或年少顺从的伴侣，他在这种不当的性爱中，证明这是对真理得到升华的一种追求。另一方面，不幸的**被爱者**受到严厉的惩罚，"由于破坏了合法性爱的规则……（他）把自己与女人和外邦人归类到一起"，并且必须

────────

〔1〕　Dover, *Greek Homosexuality*, p. 154.

〔2〕　*Ibid.*, p. 160.

〔3〕　请读者参阅《会饮篇》(*The Symposium*, trans. Walter Hamilton)，这是柏拉图显露其理想中非实体性的厄洛斯的几篇对话之一。柏拉图指出（pp. 46-47）"另一种源于属天的阿佛洛狄忒的情爱就不同了，**一方面其血缘中没有女性**，而只是源于男性，而且另一方面其更为年长，因此能够免于荒淫无度［wantonness］。因此那些受其感发的人会转而爱男性，并且把男性视为自然就比较强壮且更为理智的存在"。据称，男人之间高层次的爱所孕育的精神"子嗣"，"不仅更美，而且超过了有朽的存在所孕育出的人类后代，比起肉体之欢过后而来的后代，每个人会更喜爱这样的子嗣"（p. 91）。另见 Philip E. Slater, *The Glory of Hera*, esp. pp. 4-14。

放弃"他作为男性公民的身份"。[1]也就是说，过于热切地允许或寻求性交的年少伴侣是蒙羞的，并"被女性化"了，而且必须自愿地放弃或者被强力剥夺他作为一名公民的公共身份。

我们很容易知道为什么女人不能冲破这些高度被控制的层面，包括神秘化、仪式性和僵化的社会习惯，这些依次穿越了教育、哲学、政治和男色的诱惑。而相对更难看到、探讨起来更加冒险的，是受到约束的爱欲，这是没有屈服于一系列同性诱惑的结果，也正是柏拉图哲学的基础。很清楚的是，柏拉图贬低异性的性爱，而且要把人类的繁衍降低到人类与野兽以及一切"低等的"、理性之下的存在所共有的层次。[2]在维持生命本身所必需的异性性行为中，并没有对最终真理的暗示；但是，这种暗示却可以、也的确出现在这样一个背景中，年轻男子的美可以刺激老师——苏格拉底，去达到约束爱欲思想的最高境界。把苏格拉底的男性敬慕者和可能的情人定义为柏拉图式智慧的婢女好像并不太适合，但是我也想不出有什么相当的男性化的措辞。被排除在公民身份之外，被托付给了必然性——而且是可鄙的必然性领域、在爱欲的领域被打败或被瓦解，因此希腊的荣耀对雅典女人来说，并不像

29

---

[1] Dover, *Greek Homosexuality*, p. 103. 以下的一小段对话来自 *The Republic*, Book 3, 403a-404d。

　　"那么，这种欢愉一定与爱相去甚远，而且方式正确的爱人和爱或被爱的小伙子一定不会与此为伍，是吗？"

　　"宙斯明鉴，是啊，苏格拉底，"他说道，"这种欢愉一定与爱相去甚远。"

　　"既然这样，那么，你将为正在建立的城邦设立一部法律：爱人可以像父亲对待儿子那样，亲吻、陪伴、抚摸被爱者，如果爱者说服被爱者，要出于合理的意图。但是，至于剩下的形式，他与喜欢的人交合将会是：他们的关系永远都不会比这样走得更远。否则，他将受到谴责，谴责他在合理的事情上缺乏音乐教养、没有经验。"

　　"正是如此。"他说道。

[2] Dover, *Greek Homosexuality*, p.163.

后来对来自遥远海岸的拜伦那样显得如此醒目。

但是我们不能就停在这里，因为还会有这样的问题：尽管如此，当柏拉图允许少数优秀的女性成为他理想城邦的护卫者时，他就没有对智慧的源泉稍加研究，没有表现出至少是部分地有所弥补（如果不将他那个时代厌女症这个污点一起冲刷掉的话）吗？包含在这个问题中的观念被人们广为接受，但是对它应该有认真的限定。[1] 为了解释我提出的异议，有必要进行简要地重建并粗略地勾勒一下柏拉图"存在于话语中"的理想国家，正如我所做的那样，请读者不要忘记：柏拉图的《理想国》是对话的一种形式，这种对话出现的背景不仅**排除**了女人，而且还**包括**了男人间的支配与服从的关系。我的意思并不是说因此我们就可以立即不去考虑那个对话，而是我们要提醒自己：所有人类话语都是在特定的时间、地点和人群中出现的，他们中有的人留下了书写的记录，记述了他们自己和其他一些对我们保持沉默的人。柏拉图式的话语不能免于对历史特殊性的考虑，也不能忽略部分建立在这种考虑之上的判断。这意味着一个人对柏拉图论证的最终判断必须涉及这样的问题：是否通向形式［the eidē］的过程受已有的大量结论影响，以及通过什么重要的而不是细枝末节的方式抵达形式？会饮真的允许不受强制的交流并对智慧进行不受激情影响的探索吗？或者是否存在隐蔽的限制在发挥作用，这些限制有消声的作用，阻止某些特定的问题被提出来，并且扭曲其他一些

30

---

［1］　见 Bloom's "Interpretive Essay" in *The Republic*, p.410。我并非没意识到布鲁姆［Bloom］在各种其他信念中所表达的此种观点，即人们必须像对待一部讽刺性对话的杰作那样接近《理想国》；然而，人们可以不去讽刺柏拉图的结论，而欣赏他的反讽。我正在继续这样的假设：《理想国》应该，事实上是必须，认真地加以对待，因为一些冲突激发了柏拉图去寻求充满戏剧性的解决方法，而这些冲突在我们自己这个纷乱的时代仍然存在。

问题？为了保持一个安全且恭敬的距离，我们不愿意向柏拉图提出这样的疑问，这也许说明我们谁都不希望把神圣的柏拉图降低到尘世上来。

关于柏拉图的理想国，"在那里，具有公共精神的男人为了共同的利益进行统治"，可以说，它的产生需要对社会进行剧烈的"外科手术"，需要经历各种各样的分裂、折磨和悲伤，不论是问柏拉图时代还是我们这个时代的人，其多数大概都宁愿待在他们那不公正的社会中，而不愿去接受柏拉图的治疗。[1] 柏拉图的新秩序由精英来掌管，他们因拥有知识而获得了此项权利：他们知晓全部应该知道的，只有他们才拥有创造并维持正义城邦所需的政治知识。统治者的权力和知识使他免于某些道德禁令，而这些道德禁令束缚着那些比他权力和知识少的个体。特别是统治者有权说谎。"那么，如果要为了城邦的利益而对敌人或公民说谎也是适当的，这也只是对统治者来说而已，其他人绝对不能插手这样的事……对于私人而言，向统治者说谎是错误的，如同病人或受训之人不把自己身体的真实感受告诉医生或者教练，甚至比这还要严重。"[2] 统治者在某种程度上可能说了谎，因为他们有能力从他们在公开声明中使用的谎言中辨别出"真正的谎言"来，前者是为了对付敌人而使用的策略，或是为了阻止出现"疯狂或愚蠢"的预防性措施。为了有效地主导公共话语，使其成为城邦中唯一的公共声音，统治者必须审查或者禁止关于诸神的言论，而且要

---

〔1〕 Abigail Rosenthal, "Feminism Without Contradictions," *Monist*, p. 32. Cf. Midgley, *Beast and Man*, p. 76. 米奇利〔Midgley〕发现柏拉图对理想城邦的要求"不仅带有压制的意味，而且还包含了对一种强有力的感情倾向傲慢而不屑的扭曲"。

〔2〕 *The Republic*, Book 3, 389b-389e.

删除关于古代英雄的夸张故事，因为"……它们越有诗的风格，就越不该让男孩和男人们听到"。[1]

结果是绝大多数人的公共沉默，在政治话语中统治者在必要时公开的口是心非，以及对历史的时空中无人谈及的形式［the *eidē*］进行悄无声息的完善。迄今为止，柏拉图正义秩序的代价看上去还是有些高。然而还不止这些，还包括让人不寒而栗的先决条件，即如果理想城邦变为现实，统治者将"对人类掌有支配权；好比人类就是一张画板……首先，他们得先把画板擦干净。而这并非易事"。[2]尽管柏拉图似乎想要他的读者设身处地去理解其统治者面临的艰巨任务，但是更有可能的回应是他们所关心的是谁或者什么将被"清除掉"。对选择的另一个要求是："……对于一个要在高水平上统治的城邦来说，**女人必须共有**，儿童及其全部教育也必须如此。类似地，战时以及和平时期必须共同行动，他们的王必须是他们中间被证明在哲学和战争方面最杰出的人。"[3]此处，柏拉图在提出女人作为城邦精英的一部分时非常直率也无加修饰。而且很清楚的是，在社会和概念角度容易察觉的公共和私人领域必须消失，因为这种区分对社会整体产生了分裂作用。

正义国家的完成需要创造出如此强有力的、全方位的个人与国家的联系，所有的社会冲突和政治冲突都不复存在，不一致逐渐消失，把国家变得像"一个人"似的，变成一个融合在一起的有机整体。很明显，这种景象只有当私人的生活、忠诚和目标都被吸收到公共领域时才会得以实现。于是不再有私人的婚姻、家

---

〔1〕 *The Republic*, Book 3, 382a-382d; Book 3, 386c-387c.

〔2〕 *The Republic*, Book 6, 500c-501b.

〔3〕 *The Republic*, Book 7, 543a.（原注有误，应为 Book 8——译者注）

庭生活以及孩子的培养——这是对未来护卫者的要求，他们被加以设计，准备成为柏拉图的精英，进而满足这样的要求：其生活的方方面面都被塑造以符合理想的秩序。对那种理想来说还有更多的含义：有系统的贤人统治，其中为了把儿童变成社会"善"的工具而像原材料一样把他们分流。比如来自较低等级的儿童（在金属比喻中属于铁和铜的人）或许在各处被送走。一旦发现有未来智慧之光闪过孩子的小脸儿，那个孩子就必须立刻被"毫不留情地"带离他（她）的父母，上升到和那些属金的父母待在一起。类似地，属金的父母可能生出不那么光彩耀人的后代，这个婴儿就会被送往他（她）所属的较低等级。那些向上移动的孩子有一天会变成辅助者，或者甚至是护卫者。[1] 被下放的孩子将从事那些属铁之人所做的事情。人人都有一个位置，而且每个人必须各就其位。"当然，"苏格拉底告诉格劳孔［Glaucon］，"如果你还记得，我们曾坐下来经常说，每个人都必须在城邦中尽一项职责，这项职责依照其天性是最适合的。"[2] 连同这种社会设计，柏拉图明确的目的是为了阻止世袭的寡头政治出现。但是，他这一纠正方法的激烈性质似乎与要纠正的恶是不相称的。有人感觉到有其他的推动力在起作用。稍后我将思索这些推动力是什么，但是首先我要转向那些被共有的女人。

　　护卫者阶层的女性成员和男性中最聪明、最好的一起统治，而她们繁衍后代的伴侣也是从这些男性中挑选出来的。柏拉图把女人也收入护卫者一级的详细理由在《理想国》第五卷里由苏格拉底提出。这一论证太著名了，这里没必要重复细节。这个论证

〔1〕　*The Republic*, Book 3, 414d-414e.
〔2〕　*The Republic*, Book 4, 432c-433c. Cf. Rosenthal, "Feminism Without Contradictions," p. 36.

有一些突出的特点，我将会加以探究。在辩论的过程中，苏格拉底常常让他的例子与排他性的、和性别相关的实践对立起来，而这些实践与那些仍然用强有力的语汇进行思考的行动之间没有明确且必然的联系。[1]这里我并不关心苏格拉底在这一层次上的例子的力度怎样，我更关心的是理想国家在高层次上实现女性平等的代价，因为这种和男性统治者之间的平等出现在一种完全去私人化［deprivatization］的语境下。我将简要地探讨一下性别平等的论据，然后转向苏格拉底认为必须确立的条件。

苏格拉底遭遇了格劳孔和阿得曼托斯提出的异议，他们反对苏格拉底通过宣传一种关于女人天性的观念就把女人纳于统治者之列，他宣称女人的天性乍看上去是值得推崇的。柏拉图并不把女人推给以生物门类为基础的某种社会结果，他认为，人们可以在"女人"这一门类内找到资质出众的个人，她们拥有成为护卫者所必需的一切品质。这些独特的女人可以与男人承担相同的任务和训练，"那么，如果我们要用女人去做和男人一样的事情，那么她们必须也接受相同的教育"。[2]柏拉图并没有设想某种社会秩序，在其中个人接受教育，并且根据对他们作为一个更大群体成员所拥有的较高或较低"天性"的预先评估加以安置。他认为，仅仅是生在某个特定社会阶级或生物门类本身并不能构成初步的证据，以证明从属于特定阶级或类别的任何特定个人就有着比别人低或高的天性。柏拉图理性主义的贤人统治要求：为了使人们适应他们合适的社会地位，发挥他们合适的作用，所有对性别、种族、年龄、阶级、家庭关系、传统和历史的考虑都要被剥离掉。

33

---

〔1〕 见 *The Republic* 中的争论，从 Book 5 开始 449c-491d。
〔2〕 *The Republic*, Book 5, 451d-452d.

如果一位男性或女性对个别职业拥有天分，那么，让女性进入那种职业与让合格的男性进入那种职业一样，对智力或德性都不构成任何亵渎。

苏格拉底的结论是："……我们认为，至今还不能据此证明在我们所谈的方面女人和男人有什么差别；相反，还会提出我们的护卫者和**他们的女人们**必须去做相同的事。"[1]（"他们的女人"这个词组可能比柏拉图看上去承认的那样更具暗示性。）为平等辩护的核心语句是"关于我们所谈的方面"，通过这样的表达，柏拉图的意思是，如果问题中的区分属于脑外科医生的领域，那么是否拥有灵巧的双手和灵活的手指**将**构成相应的区别。但是，对想要讲授哲学的人来说，是否拥有灵巧的双手和手指并无相关的区别。

34　根据政治规则，柏拉图提出："……并没有任何一项管理城邦的工作因为管理者是女人而专属于女人，或者因为管理者是男人而专属于男人；而是各种天性同样地在男女之中分布；女人根据其禀赋参加所有的实践活动，而男人也一样，只是在所有的实践活动中女人比男人弱一些罢了。"[2]接下来就可推知，有的女人在天性上将适合成为护卫者，而有的则不然。但是在每种情况中，男性和女性"相同的各种禀赋"必须获得完全一样的挖掘。[3]在使国家运行这个目标上，女人可能与男人有着相同的禀赋。

那些成为柏拉图式领导者的人不准有私人家庭，也被禁止随意地生育后代。相反，他们被强加了一种严格的性规范，只有在想要生育后代时才允许夫妇结合。设计出一个优生学体系，分别给男女配对，使他们能够结合那些最有可能与之生出强壮健康后

----

〔1〕　*The Republic*, Book 5, 453d-455c.
〔2〕　*The Republic*, Book 5, 455c-457a.
〔3〕　Cf. Plato's *Meno*, trans. W. K. C. Guthrie, pp. 117-118.

代的人。孩子在出生后立即从生母身边离开，被送到一个总的托儿所，在那里，孩子被交给专职育儿人员抚养。生了孩子的女性护卫者在她们涨奶的时候哺育孩子，但是不允许她们喂养自己的婴儿，而每个母亲走进育婴室（在城邦中被分离出来的儿童专区）以后，就喂养她面前的"无名"婴儿。

恼人的问题又来了：为什么？这样做的目的是什么？这是为了防范什么？是什么激起柏拉图这种想法？——对于个人的不适和社会的疾病，他看到的唯一解决途径就是彻底的贤人统治，这是被理性化了的，其中个人必须按照纯粹功能性的标准各就其位。柏拉图认为他需要这样的行动来根除不一致、不团结的动机和情况。私人性的家庭和性关系、对朋友的热诚以及投入个人目的企图，这些都可耻地与一心一意献身理想城邦或追求真理相抵触。他大声疾呼："对于城邦来说，我们还有什么罪恶是比分裂它并且以'多'代'一'更大的呢？或者说，还有什么比使城邦团结，使其万众一心更好的呢？"[1]有许多散见于《理想国》中的文字让人们有混乱、分裂之感：分离……破坏……解体……倾覆……分裂……罪恶。而且另外还用了一些足以预防无政府状态的词：支配……审查……清除……遵从……约束……合为一体。对柏拉图而言，一切冲突都是潜在的灾难；一切铺陈差异的争论都是预示着分裂的威胁；一切出击都是至死斗争的开始；一切差别都可能成为和谐有序画面上的污点，可能破坏他在审美意义上构建的理想城邦的纯洁性。柏拉图并非不惜一切代价地来换取和平，可是的确用了很高的代价。现在我们应该意识到，在多数这样的讨价还价中并不存在和平，而个人却仍要付出代价，特别是柏拉图那

35

―――――――

[1] *The Republic*, Book 5, 461e-462d.

里的女性，我接下来会有所论述。

　　无论噩梦怎样惊扰他的睡眠，惊恐怎样在白天挥之不去，柏拉图的解决之道在这个意义上都是反应过头了；正如他眼中的理想城邦一样，他制造了一个镜像，照射出了一幅人们所能想象到的、几乎完全被降低了的、混乱不断、不幸分裂的社会和政治生活画面。如果一位思想家关于开创一种新秩序的反例是一种混乱和穷途末路的场景，而且他确实相信不能顺利运转的社会秩序会在一系列紧急情况的重压下不可挽回地走向无政府状态，那么他的解决办法就会带上某种最终的、全部的和根本的意味。有人会质疑柏拉图的护卫者以及要成为最明智的最好的这项任务。哦，是的，他们用禁欲般严格的要求培养最健美的身躯，并且进行智力训练，但是那一定很无趣，差不多和不朽一样乏味。因为柏拉图的爱欲，即护卫者受到束缚的爱欲被掏空了心，也就是剥去了它那不可压制的和创新的潜能。

　　尽管柏拉图在其随后著作《法篇》中的解决办法不那么让人透不过气来，且更加可行，但是他仍然继续强调统一和有机结合。他一再重复陈述社会不和谐这一罪恶，还一再把这种罪恶同城邦内由女人私有、局限于家庭所呈现出的危险相联系。他假想出一幅妻子私有的画面，还有对家庭的忠诚和价值，这些都有损于共同的目的和城邦共有的目标：这似乎又只有一类解决办法，而且这要求私人领域服从于彻底的政治化、理性化，于是私人领域就变成国家的支持性力量。柏拉图通过加强一系列复杂的规范，以及对性、婚姻、怀孕、生子、育婴、教育、再婚和继承进行控制，从而完成他的目标。[1] 柏拉图的雅典客人对克列尼亚斯［Cleinias

―――――――

〔1〕　Plato, *The Laws*, trans, Trevor J. Saunders, *passim*.

说："比方说，那些建议向国家颁布有关共同体公共生活的正确行为的人。若是他认为在**原则上**人不应该用逼迫的手段——即使在一定程度上人可以在私人领域中使用，那会怎样？好吧，如果他将私人生活排除在立法之外，并且希望公民要做好充分准备，能够作为共同体的成员在其公共生活中守法，那么他正犯了一个巨大的错误。"[1]

柏拉图为了抵制分裂趋势出现的诱因，用和男人"完全相同的方式"教育女人，以防她没有公共目标，而一旦没有了公共目标，国家注定只能算半个国家。柏拉图关于两性教育平等的动机并非主要在考虑社会正义或平等，抑或是个人权利的问题（像我们所理解的那种观念并不存在），而是一种工具性的动因，一种实现其至高目标——社会和谐与团结的手段。他提出，因为女人关于德性的"**自然的**"潜能低于男人，女人对社会和谐构成的危险就高于男人。而由于她有"弱点"，她就"容易变得做事遮遮掩掩、诡计多端"。[2]绝不能让她自行其是，否则国家就会失控。这里柏拉图的观点是，女人在其中过那种不为人知、隐退生活的私人领域，并不是进行公民教育的最佳场所，却是孕育不满的地方，这一点后来被卢梭和当代女权主义者重写。如果结果是使女人更加接近事物公共的中心，那么为什么柏拉图笔下的女人或她们中的很多人反对从外部接管和控制她们的领域。柏拉图把这种现象归咎于女人"遮遮掩掩……诡计多端"的天性，以及"女人关于德性的自然潜能低于男人"。至于人类的精神分析学，我们比柏拉图知道得还多一些，并且能更有效地解释正在发挥作用的

37

---

[1]　*The Laws*, pp. 261-262.

[2]　*The Laws*, pp. 262-263. 另见 Christine Garside Allen, "Plato on Women," *Feminist Studies*, pp. 131-138 中的讨论。

心理学。

毫无疑问，柏拉图时代有很多女人呈现出了《法律篇》中属于私有妻子的特点。不过问题是：为什么？关键问题并不在于柏拉图个人对女人的同情，而是他在概念上如何妥善地处理这个迫在眉睫的问题。这里，柏拉图在某种程度上对"自然/天性"这个范畴所做的胡乱处理变得十分重要。如我们所见，他拒斥了仅仅基于这一观念的人性假定：总体范畴对于一个范畴中的任何特定个体来说都起着主导性作用。他似乎将事物的"天性"视为一个发展或成熟过程的结果，尽管在这一点上可能会有所偏移。但是，毫无疑问，柏拉图认为对多数个人来说，**相信**自然的或者先天的力量是奖赏、地位和特权的社会结构之基础，这样"更好"（也就是说，更有助于社会和谐）。无论真理可能是什么怎样的，要质疑这一信念，或者在政治话语中进行相反的论证，都是对怀疑主义的推波助澜，并会助长分裂的趋势。

在这一系列对柏拉图的反思中，我勾画出女人在柏拉图容许她们与男性统治者平等时付出的代价，这是我所知的不能接受的代价，由此我便又回到了原点。我从一个论点开始：柏拉图的护卫者在理想城邦中可能拥有智慧和权力，但是在这个过程中他们作为男性和女性的人类身份，特别是女性的这种身份受到了损害。（要记得柏拉图的女护卫者是直接从某种处境中走出来的，在那里她们处于从属地位，而且对于世界，她们的声音是属于时代之外的，她们既不能发出公共政治的声音，也不能发出哲学的声音。从身为从属者的沉默［silence］到对超越语言之真理的沉默［Silences］！）首先，如果说我是女人还是男人只是一个无趣的、偶然的关于我的声明，而不能构成我身份本质的和有趣的

基础，[1]那么这种假设就是错误的。和认为女性很难逃脱生理法则 38

相似，对她们损害最大的是柏拉图对生物一致性的否定。柏拉图可能并不希望把就统治而言"天性相同"的观念推向男女天性完全相同这样的极端，尽管柏拉图文本中深层的关系非常强烈地暗示了这正是他所要做的。对柏拉图来说，在某种深远的意义上，只有灵魂是真实的。他的性禁欲主义强化了哲学上的一个观点，即身体与思想、欲望与行动都是可以分离的。[2]如果我们的身体并不属于"我是谁"这个无法改变的基本事实——诸如确定它处于时空之中，具有特定的品质、独特的性格以及发展着的历史，那么接下来，在护卫者与他或她的存在之间，就会出现奇怪的剥离和分立。

柏拉图出于他（而非他们）已经选择了的目的，以他（而非他们）早已固定的方式，用一些词语承认女人中的精英群体与男人中

---

〔1〕 柏拉图的论证是以这种信念为基础的，即个人身份从根本意义上说并不是身体的身份。但是彼特·温奇［Peter Winch］认为，男子气和女人气不仅是人生的组成部分，而且还是人生的**模式**［*mode*］。"现在，男子气与女人气明显是彼此需要的。与女人相比，男人才是男人，与男人相比，女人才是女人。所以，对男人可以和他自己人生相联系的意义来说，男人与女人之间关系所采用的形式具有非常根本的重要性。粗鲁地把道德等同于两性道德当然是格调不高，不过这还是对一个重要真理的粗俗化。"（Peter Winch, "Understanding a Primitive Society," in *Rationality*, ed. Bryan Wilson, p.110.）关于这一复杂论题，下面几篇文章有更深入的阐释：Sigmund Freud, *The Ego and the Id*, Standard Edition, vol. 19, pp.3-66; Jean Bethke Elshtain, "Against Androgyny," *Telos*, pp.5-21; Richard Wollheim, "Psychoanalysis and Women," *New left Review*, pp.61-70. 其中Wollheim从精神分析的角度阐明了身体和自我发展之间的关系；Brian O'Shaugnessy, "The Id and the Thinking Process," in *Freud: A Collection of Critical Essays*, ed. Richard Wollheim, pp. 222-241. 伯纳德·威廉姆斯［Bernard Williams］在这个论题上的艰深论文的确会让读者遇到困难，特别是他的文集《自我的问题》［*Problems of the Self*］中的"身体连贯性与个人身份"（pp.19-25）和"人是身体吗？"（pp. 64-81）。

〔2〕 见 John L. Hodge, Donald K. Struckman and Lynn Dorland Trost, *Cultural Bases of Racism and Group Oppression*，关于一场激烈而具煽动性的争论，从与柏拉图有关的西方概念、价值和制度结构的"二元论"开始，而这些概念、价值和制度结构支持了"种族主义、性别歧视和精英主义"。

39　的精英群体是平等的，而这是一些消音的词语［silencing terms］。从定义上而且预先，女人放弃了用处于历史中的声音对其社会经历（其过去的私人化）进行清晰描述的任何希望，护卫者的哲学话语在柏拉图那里是终极实在，对她来说却肯定是一种非实在，因为它并未触及她生物—社会层面特殊身份的根源。在非历史的、永恒的以及超越语言的形式的领域，并没有为一个有限的、历史性的和使用语言的自我留有空间。《理想国》是对未来处境一种纯粹抽象的描述，这些处境和历史上的人类没有丝毫关系，对能够认知的某些过去以及生活其中的存在者们也并没有什么清晰的联系。

想一想柏拉图的画面：先前私有并保持沉默的女人们一下子要进入统治精英的行列（共有的妻子），大概是因为她们在通向有关形式的知识之路上幸存下来，而且没有陷入**意见**或即使是**正确的意见**中。不过，当然，在社会性地要求公共沉默的阶段过去之后，最初发现自己声音的女人，将很大程度上在**意见**的层面上发声，因为她会不成体系地倾诉她开始明白的和在她自己的世界内所感觉到的东西。苏格拉底为了证明为什么女人适合在他"话语"中的城邦里承担统治任务，做了许多很好的论证，但是人们会感觉出，考虑到一种变相的沉默，被选中的女人会明白她们在那里主要是因为护卫者出于自身再生产的需要罢了。在这个问题上，柏拉图常常不小心泄露天机。也许，他的理想是一种单性繁殖，在隐喻的意义上和实际当中，他的男性精英们能够借此自己生育。但是，那种柏拉图式审美所蕴含的方法既不能产出生物后代，也不能让柏拉图用完全一样的方式推动对两性身份的超越。这些通常在对话中（个人没有公共的声音或角色）被用于唤起污秽形象的存在者，她们是通过抽象的方式被挑选出来，被用在通向政治权力的哲学话语中，这么做只是以其性别身份为代价。在这些暗示了其无家可归和被剥除性心理身份与社会身份的表达上，女人还会接受什么与男性精英群体同等的东西呢？

　　在密尔〔John Stuart Mill〕拿起笔之前，柏拉图有时被看作西方传统中对女性最友好的政治思想家，我想，对那个传统的阐述，恐怕后者要比柏拉图做得更多，在我们看来，落回到地上的柏拉图是有一些瑕疵的——他对多数、多样性、争辩，或者独特的人类声音缺乏宽容。柏拉图通过最高智慧来进行控制，但是这种控制也还是控制。出于某些相关的目的，要代表女人去论证她的天性与男人完全一样，在一个层面上就是要提供一系列令人信服的论据，在另一个层面上，这些论据嵌入在一个框架之内，这个框架只能许诺一个代价极大的胜利，结果是女人不能表达。柏拉图的图景不包括任何生机勃勃、充满变化的行动领域。如果他的审美秩序是在完美地运行，那么这种秩序就和死亡一样沉闷。

　　在证实一种充满秩序与和谐的静态政治价值时，正如其至高无上的存在理由一样，柏拉图必须得到某种信任，即相信他不会回避自己思想的言下之意。渺小的灵魂也许会考虑到一些逻辑上的、理性上的，而且还有益于社会秩序的方案，但是拒绝那些想要进行根治〔cure〕所需的安排。但柏拉图首先打造出了这样一幅有关秩序的画面，其中，为了一个更大的目的，传统的社会关系网络被置于一旁；在其中，人的身体对自我的身份而言不是根本性的；在其中，为了促进政治的目的，孩子与父母的关系遭到侵蚀；在其中，那些包含了不同途径的观察无法被表达出来或被消除掉。[1]有人会

────────

〔1〕　Cf. Robert Paul Wolff, "There's Nobody Here But Us Persons," in *Women and Philosophy*, ed. Carol Gould and Marx Wartofsky, pp. 128-144. 沃 尔 弗〔wolff〕指出，只适用普遍主义标准的贤人政治会把所有人转变为"完全公共的人"，这是对社会生活传统形式的彻底破坏，使其变成了一座"……古典自由主义理想与想象"（很奇怪，柏拉图已经预先暗示过了）的纪念碑。沃尔弗认为，"它还将最终否认男人的人性"。

感觉，如果柏拉图早就能消灭那些一到晚上就忙个不停的野兽，他也是会那么做的。柏拉图通过证明一个彻底的理性主义、贤人政治的秩序所要求的，也就是说要把所有人类以及对他们的评价都放在单一的、正式而抽象的标准之下，他提醒我们：**如果**我们认为我们的个人身份、与其他人的关系以及特殊的经历对我们是至关重要的（并非偶然或无关紧要的），那么我们生活的根基就不能完全理性化。

41

男人的政治，女人的私有化：亚里士多德

亚里士多德在某种程度上搁置了柏拉图的伟大要求。他不是一个在山巅上造光辉之城的思想家。尽管如此，亚里士多德在当代女权主义思想家中的声望仍不及柏拉图，这是基于他那广为流传的观点——女人的从属地位是由其天性所致的。亚里士多德完全让女人专心于家庭 [the *oikos* or household]，否定女人有任何发出公共声音或扮演公共角色的可能，而且排除了女性随着时间推移而进行自我转变的可能。亚里士多德用一系列目的论的假设，以及源于这些假设（其中包含了对男人、女人和政治不可抗拒的后果）的解释性理论，来构成这一规整的安排。[1]包括女性主义者在内的那些思想家，都会对亚里士多德不予考虑，因为他的方法使他得出了让人无法接受的结论，他们可能都没有联系到他思

---

[1] 见 Jean Bethke Elshtain, "Moral Woman/Immoral Man: The Public/Private Distinction and Its Political Ramifications," in *Politics and Society*, pp.453-473。尽管我用了这篇文章，但是关于亚里士多德，我在某种程度上获得了比我之前所得的更加复杂的结论。

想的其他维度，这些维度不停地激发那些创造并维持一种参与性和规范性的理想政治生活的行动。我将开始对亚里士多德的方法做简短说明，作为探究他如何处理公共与私人的第一步，这是必要的一步。

亚里士多德的观点是，万事万物的目的因可以通过指出它们从一开始就与生俱来的能力的实现来确定。人们如何知道在一个特定实体内部有什么与生俱来的能力或潜能，人们如何认识属于 x 范畴的任何一个事物，关于这个问题，亚里士多德以这个范畴的实现为例，将其作为凭借经验就可以观察到的质料。人们从实现中看到了潜能。"无论是一个人、一匹马或是一个家庭，每种事物都是它生长完成时的样子，我们称之为它的本性。"[1]亚里士多德的目的论同样应用于自然的和社会的事物与范畴中——既应用到孔雀身上，也应用到城邦上。他经验论的方法引导着他批判柏拉图所要求的非物质实体的存在，柏拉图提出这些要求是为了解决一和多问题上的矛盾，也是为了超越他的时代——在言语中。然而，亚里士多德承认不加雕琢的经验论并不能取代柏拉图的形而上学（如果已经存在的万物都是由分散的特殊个体聚积而成，那么人们就不能将之概念化），[2]亚里士多德的解决办法就是形成一种包含"形式"原则和"质料"原则的方法。形式因是一种分类原则，在这种原则下，人们可以领会和理解特殊。它包含了一种目的论指令的力量。另一方面，质料因存在于质量、关系和条件之中——它们不能为整体带去秩序。

对亚里士多德而言，每种单独事物的目的都是预先设定的：

----

〔1〕　Aristotle, *The Politics*, ed. and trans. Ernest Barker, p.5.
〔2〕　Aristotle, *Metaphysics*, trans. Richard Hope, p.51. Cf. pp.19-20.

它注定要去实现它的本质。接下来，谈到某个 x 的"善"总是和它的功能相联系，而更不用说那些出于其先天目的因的功能了。亚里士多德假设人们可以借助事物的功能或者"目的"来确定它是什么，后世借用亚里士多德方法的功能主义者也这样认为。要这么做就需要同时确立评价的标准。那就是，一旦我们可以说出任何一个 x 的功能，我们就能说出一个好的 x 是什么，或者我们可以说 x 在实现其功能这个范围内是不错。因为按照定义，某个 x 的功能不能被另外一个 x 所替代，它们全部都有严格的界定，亚里士多德的体系确实考虑到了在整体中有一些差异存在。他并没有在获得一的过程中擦掉多数。他为柏拉图的模糊或者对某些差异的消除而感到惊恐，其中包括了公与私，因为这样做是为了在**单一的**主题下重新安排秩序而敞开了所有的社会领域。[1] 亚里

43

士多德的解决方式是，在他那个社会以及其他社会内部，靠近对他来说是可以观察到的、关于各种领域和不同行动的安排，并且至少对其中的一些领域和行动用目的论的要求进行重塑或灌输。正如我们会看到的，在亚里士多德对社会生活的描绘中，很难在某些点上把目的论与同义反复区分开。

　　尽管亚里士多德非常绅士地赞成中庸之道，并且建议避开极端的情况，但是他那个时代的希腊社会正是一种极端的文明：建立在奴隶制基础上，一种最为粗暴的帝制大行其道，厌弃女人在

－－－－－－－－

〔1〕　*Metaphysics*, p.44. 在《形而上学》中，亚里士多德彻底赞同各种各样竞相解释的角度，这些角度适合许多不同的学问，包括哲学，"关于目的或者善的科学"（p.43）。他认为，存在"人们可能了解同一事物的许多方法。……因此，这些科学解释类型中的任何一种都会好像是一种不同的知识类型，而且还可能赋予我们智慧"（p.44）。关于认识论的一元论和多元论问题，当代的争论可以参考 *Criticism and the Growth of Knowledge* (ed. Imre Lakatos and Alan Musgrave) 一书中的文章。

思想领域和实践领域都备受推崇，冲突和危机周而复始。除此之外，亚里士多德对自然对象与社会对象的安排编织出了一个关于"事物为什么如它们所是"的基本原理。假如它们对多数人来说不是那么文明和令人感到舒适的，但只要对少数人来说得以保持某种平衡，只要事物能平稳地发挥作用，那么这就不是他所关心的。我要提出的是，亚里士多德的方法与一种意识形态有很密切的联系，这种意识形态通过同时提供对那些现实的解释和辩护而使他隔绝于希腊生活的严酷现实。

亚里士多德的论证受阶级所限的性质，有几位思想家已经做过了评论。比如斯图尔特·汉普希尔〔Stuart Hampshire〕探讨过《伦理学》，他说："亚氏理论限定了在风俗与道德之间不能有重大的差异。"〔1〕或者，麦金太尔说："《伦理学》中列举的一系列美德并非基于亚里士多德自己的个人选择与评价。这反映了亚里士多德把什么当作当时希腊社会绅士的标准。亚里士多德本身认可这一标准。这正如在分析政治制度时，他把希腊生活视为符合标准的生活一样。"〔2〕如果麦金太尔和汉普希尔是正确的，那么亚里士多德就不仅对他自己那个社会中的社会安排感到满意，而且还把那些安排合理化。我将进一步检验这一指责，首先，我会转向一些概要性的陈述，以及对亚里士多德《政治学》中出现的关于公共与私人理论区分核心观点的批评，因为他的类型学在随后对公共和私人的处理上已经产生了巨大的影响。在直接批评之后，我会转而对亚里士多德思想的独特之处进行更为细致的观察。最后，我会研究为什么在当代政治思想家中有人在亚里士多德那里发现

44

---

〔1〕 Stuart Hampshire, "Public and Private Morality," in Hampshine's book of the same title, p.28.

〔2〕 MacIntyre, *Short History of Ethics*, p.67.

了作为行动之形式的政治的概念，并将公民身份视为检验参与性的公共身份是否保持活力的标准。

若是按照亚里士多德目的论的方法和功能主义的框架，每个单独的事物，其目的都是去实现只有它自己能够实现的功能。这适用于那些天生为奴的人、女人，甚至适用于一些伟大与渺小的联合。亚里士多德熟悉柏拉图的以下论证：不能**普遍地**［*simpliciter*］赋予女人天性，而且不能断然地因为个例而规定女人的天性，亚里士多德对此保持不变。尽管与柏拉图相反，他是多样性的维护者和多元主义的朋友，但是在一些问题上他坚决保持不变。女人的天性及其从属角色就是其中之一。亚里士多德引用了"天生的"低等，他认为，通过把所谓的"男性"和"女性"要素比喻为他认识论中的形式因和质料因，以此解释并证明女人较低的社会和政治地位。他在《形而上学》中写道："……雌性单单因雄性的一次受精而怀孕，而雄性却使许多雌性怀孕。所以性别关系与质料和形式的关系类似。"［1］他继续论证道，男性在交媾的过程中赋予了人类形式。他在女性体内放了一个微小个体［homunculus］，女性为它提供一个容器，待到这一造物成熟。女性本身并没有提供任何实质性或决定性的东西。亚里士多德用了一种关于生物的和再生产过程的不完善的科学，来支撑他那已经受到歪曲的关于女性天性的目的论。

亚里士多德先前的目的论弥漫在他对公共与私人、女人与政治的假设中。他以这样的观点开头，善的生活只有在最终完善的联合中才有可能实现，而且对个人来说，只有通过参与这种联合才能获得。［2］人（指男性）在本性上就是要生活在**城邦**［*polis*］中

45

---

［1］ *Metaphysics*, pp. 20-21.
［2］ *Politics*, p. 4.

的动物。[1]所有联合的目的都是某种善，但是，只有在城邦中才能达到至善。继而推之，只有那些自由**公民**［*polites*］，他们亲身参与到这种善中，才会获得善。[2]女人、奴隶和孩子不参与，也不能参与对善和理性的完全呈现，善和理性是由完善的联合中同等参与者共同留存下来的。在伟大的人［greater persons］（自由的，男性）与渺小的人［lesser persons］（不自由的，女性）之间存在着"本质上的区别"，虽然这两类人在必然性方面的支配与被支配关系中是联系在一起的。亚里士多德在"天然统治的要素与天然被统治的要素"之间发现了一个"利益的共同体"，这对于双方的保存来说都是至关重要的，[3]以此，他证实了这样一种关系。

亚里士多德反对把对其他人行使的权力自动与善联系在一起。相反，他认为"善之高者应该统治……善之低者"；而权力必须在它成为主奴或男女之间**合法**［*legitimate*］关系的一个因素之前就与善相伴随；然而，因为单单这种统治的现实就意味着较高的善存在于支配的一方，也就是说，这是因为假如一个人不"能"［"capable"］变成另一个人的财产，不能"理解"［"apprehending"］他本身所没有的而他主人具有的全部理性和善，那么他就不能变成另一个人的奴隶，[4]在亚里士多德的理想国家中，统治他人的权力是与善相伴而生的（犹如同义语一般）。

家庭构成了非公共领域，它将女性包含在内，并且因此界定

---

［1］　*Politics*, p. 5.

［2］　参 MacIntyre, *Short History of Ethics* (p. 63)："人的善被界定为符合德性，或者如果存在一些人类卓越之处或德性的话，符合其最佳最完善方面的灵魂的活动。"

［3］　*Politics*, pp.2-3.

［4］　*Politics*, p. 15, 包括 n.1 和 n.2。亚里士多德说："如果一个男人能够成为另一个男人的财产（而且这是为什么他的确变成这样的原因），那么他天生就是个奴隶。"（p.13）

46　了女性。因为，与城邦的目的相比，家庭所指向的善是小善，妻子—母亲仅仅达到了"自然被统治者"的有限的善，这一善从范畴上看不同于天然的统治者之善。[1]女性拥有的理性处在类似不完善的、"非决定性"的形式当中。亚里士多德说：

> 因此，统治者必须拥有形式完整、完美的道德上的善 [也就是以理性的深思熟虑为基础的形式]，因为他的职责（绝对受到尊重并且符合其全部天性）要求具有主人的技巧，而理性正是这样一种主人的技巧；但是其他所有人就只需要拥有 [根据他们相关的地位] 要求他们拥有的那么多的道德上的善就够了。[2]

那些被亚里士多德区别于自由男性公民的妇女、儿童、奴隶和"技工"，是国家存在的"必要条件"。尽管他们本身并不分享公共生活，不像组成城邦整体之部分的公民那样，然而，他们构成了一个前提，公共生活是以这个前提为基础的。[3]亚里士多德把统治者与被统治者比喻为长笛演奏者和长笛制造者，一个人使用另一个人所造的东西。[4]因为"女人"这一等级或范畴低于"男人"这个等级或范畴，所以女人被排除在公民身份之外，而且不能积极参与到城邦事务中。公民"在一个标准之下得到了最好的定义，即'参与掌管正义并且担任公职的男人'"。[5]国家，"最简单来说，是为了获

〔1〕　*Politics*, p. 34.
〔2〕　*Politics*, pp. 35-36.
〔3〕　*Politics*, p. 108. 参见阿伦特 [Arendt] 在 *The Human Condition*, esp. p. 29ff 中对亚里士多德关于事物规划 [scheme of things] 的赞美。
〔4〕　*Politics*, p. 106.
〔5〕　*Politics*, p. 93.

得一种自足的存在……是由足够多的这类人组成的肌体"。[1]

亚里士多德投身现状的态度暗含在他对女性"天生"属于低等的论证中，也暗含于他的一个信念之中：奴隶"天生"就是"完全属于"主人的一件财产，"除了成为他人的所有物以外，没有生命或存在"。[2] 在亚里士多德那里，女人们是希腊语意义上属私的人［*idiots*］，她们是既不能参与也不曾参与城邦或公共生活之"善"的人，是没有公共声音的个体，就像她们被指定了领域和社会地位一样，她们被宣告为不能发声的个体。[3] 发出公共声音是那些被宣布在最完整的程度上拥有理性和善的人的权力和特权。女人这种**低能的性别**［*imbecillitus sexus*］只适合苍白无力的反思，这类反思不会给她们有限的能力带来任何负担。

政治是行动的领域，是正义的最高体系之所在，它是为行动（城邦的目的）而提供的空间。从定义来讲，公共的人有责任感、理性和自由。他们完全共享私人生活**和**城邦生活，并将前者作为后者整体的组成部分。既然亚里士多德强调政治在人类行动中对私人性有很大的优先性，同样地，这些人就参与到了雅典人所提供的道德至善中。就理想而言，好人和好公民的界限是相同的，虽然存在过而且会存在例外。但是亚里士多德在一个论证中不允许有任何例外，即整体的生活在天性上、意图上和目标上高于所有"渺小的"联合，包括家庭。严格意义上来说，女人是属私的人，不是完全理性的，在善的方面是有限的，她们在必然的王国中度过一生，这种生活从其本质、意图和目标上被视为低于政治生活的，但对自由王国而言却是一项功能性的先决条件。

---

〔1〕 *Politics*, p. 95.
〔2〕 *Politics*, p. 11. Cf. MacIntyre, *Short History of Ethics*, p. 60.
〔3〕 *Politics*, p. 11ff.

亚里士多德的目的论原则，再加上他晦涩的社会布局，使他与某种现象密不可分，而且可能已经有人用相当有力的观点对这一现象做了描述。亚里士多德比仅仅说明其时代"看上去像"什么更进了一步。比如，在把女人描述成一种低等的生命形式，即生而拙劣的一类人时（必然这样假设：她的本质规定了她的局限性），亚里士多德支持了他那个时代的偏见。在阿提卡［Attica］的荣誉被很浪漫地提炼成令人迷惑的历史记忆之后很久*，他的观点才拥有了影响力，或者被证明是有说服力的。

48 现在我将探究政治学和伦理学中显著的部分，处理一些我发现是进行解释之基础的问题，从而进入另外一个层面。当人们阅读《政治学》时，亚里士多德在一些地方的论证听上去特别带有强迫性，甚至带有偏见（《伦理学》中则较少，尽管还是有的）。在这些地方，他文中那流畅的断言也变得支支吾吾。我认为这些地方（我将提到一些地方）对亚里士多德来说有一些领域上的冲突——对于冲突，他要么拒绝承认，要么承认了，但是选择掩饰过去。《政治学》第一卷以一个人们熟知的讨论开始，即我刚刚已经分析过的家庭和城邦的差异。但应当注意的是，人不仅仅天生是一种城邦的动物，而且天生是一种家庭的动物，后者是《伦理学》所强调的。[1]似

---

* 指雅典，阿提卡在希腊东南部，首府是雅典。——译者注

[1] Aristotle, *The Student's Oxford Aristotle*, vol. 5: *Ethics [Ethica Nicomachea]*, trans. W. D. Ross. 见第一卷中的讨论。在家［the oikos］和城邦［the polis］确切的关系上，除了《政治学》第一卷梗概性的安排以外，亚里士多德的表达常常不太清晰。家庭被称为整体（城邦）的一部分，而后者必然先于前者。这是一种抽象概念，在描绘这两个领域和它们各自的活动，或者解释什么时，并无帮助。在一点上，亚里士多德说家庭是"城邦的一部分"，而且女人是"自由人口的一半"。丈夫对妻子的关系被比喻为"政治家对臣民"的关系，根据亚里士多德的学说，这种关系缺少对支配与从属的清晰划分，它完全没有一种主人／奴隶的动力［a master/slave dynamic］——更加符合首要原则［primus inter pares］。不过那并不是他论证的总推动力。

乎并不值得去喋喋不休地探讨有什么不能被最终解决的，也就是，对亚里士多德而言，身为男性的人是作为政治动物更"自然"，还是作为家庭动物更"自然"；他发现它们在满足人类需要和符合某种人类潜质（使某种特定的生活成为可能）的意义上都是"自然的"，这就足够了。但是，当亚里士多德主张（假设自然不会失效的话）人就是为政治联合而设计的，而且只有男性才会如此，原因在于他"被配备了语言能力"时，事情就开始变得令人好奇了。[1] 通过语言，男人宣布什么是优点和缺点，什么是正义和不正义。语言的接受能力和运用能力在本质上界定了男人——以及女人，必须注意这点，因为没有任何证据表明亚里士多德时代的女人已经被迫哑口无言了。

或许看上去如果人类（男人和女人）交谈，并且这种行动从本质上就界定了这一物种，那么，对于要通过行动与职责来把两性分隔开的做法，并不存在一个先在的基础能被"自然"证明具有正当性。从阅读亚里士多德中我们得知，虽然他从来没有应对这一挑战，但是他突然放弃了以语言为中心，并且由此迅速转入他那"整体必然先于部分"的限定中。当亚里士多德在目的论讨论中陷入困境时，其总的影响在于削弱了他对语言并未展开的评论所具有的引人深思的力量。疑虑仍然没有散去：因为，很明显，女人是语言的使用者，而接下去，语言还是男人理性天分的证明，它是**人类**的一种独特品质，是一种手段，人类可以凭它展开辩论、提出主张，并且获得从事政治所必需的价值，那么，为什么女人由于被移入一个亚里士多德称之为话语全无重大意义（如果不是没有话语）的领域，而在方法论和政治上被迫哑口无言了呢？

〔1〕 *Politics*, pp. 5-6.

当亚里士多德在第一卷中回到男人是讲话的动物，并宣称运用话语使"家庭和**城邦**"同样成为可能时，事情就变得更加模糊不清了。（事实上，人们可以合理地提出是家庭从本质上使我们成为人类，即男性和女性，毕竟孩子是在家庭中首先使用语言并对语言做出反应的，而亚里士多德既然承诺将公共领域放在首位，他并没有提出上述观点。）在这一点上，他主张是自然这个发出目的论式命令的创造者赋予了人（从上下文来看很显然是指男性）**讲出理性化的**话语的权力，因为自然自有其目的——造出"政治的动物"。女人也是话语的使用者，却没有能力讲出理性化的话语：这使她成为一种家庭的动物，因为她那没有理性的话语，加上她那不完善的推理能力、较小的善以及不具有权威，这些都使她更适合"渺小"的领域。结果很清楚，无论通向它的前途多么昏暗——政治动物总是这样一种存在，也就是如果他的勇气只是和一个"有胆量的女人"一样，那么他就会被看成是懦夫。[1]同样，女人也正在失去某种勇气。

政治动物被赐予完全充足的能力，本身就带着那些"天生就是统治者"的"善"，这是他的阶级和性别目的论式的、与生俱来的权利。亚里士多德强调善（这种善无论如何都与那些通常通过道德来理解的善不同）中品性较高者必须领导品性较低者，此时，天生的统治者自然获得的"善"就为希腊的一种制度——奴隶制提供了亚里士多德那不太能打动人的证明。亚里士多德的"善"（这个词他用的是 kalokagathia）是"相貌堂堂且善之人所具有的品质"[2]，在他的时代用来指那些绅士典范所具有的特性。这

50

---

〔1〕 *Politics*, p. 105.
〔2〕 *Politics*, p. 34, see n. 2.

种"善"要求控制并施加影响于妻子、下属和奴隶。对亚里士多德来说，这似乎很大程度上把一个特点或习性与阶级挂钩了，而不是与智识或精神上的关键点联系到一起。在《伦理学》中，亚里士多德把所有类别的事物都与这种"善"联系在一起，包括快乐、幸福（把妇女排除在外的一种实践），以及公民的卓越（还有一种一般意义上的善，**德性**［*arete*］，由节制、勇敢和明智构成）。女人可能被赋予了说话的权力，但是她们被否认具有理性思考的能力，被排除在亚里士多德所认为的行动生活之外，而且被排除在亚里士多德式"善"的拥有者和实践者之外。

亚里士多德对"自然统治"的反复论述所依靠的是一种空洞的善的观念，这留给读者最难以磨灭的印象就是它并不足以完成其使命。他确实努力为奴隶制展开论证并为之辩护。然而，女人的地位从来没有获得全面的说明。既然亚里士多德用更加详细的叙述来论证和解释奴隶制，那么可能对希腊人来说，女人的命运并不是一个严肃的道德问题，但奴隶制却肯定是这样的问题。无论那种思索的真相是什么，亚里士多德都是一位与其命运以及"符合绅士身份的善"很和谐的思想家，是一个摆脱了必然性之负的人。尽管亚里士多德主张保持社会形式的多样性这是令人钦佩的，但是他所维护的**个别**区分，以及他为这种区分的存在所做的证明，从我们的视角看来，不过是烟幕而已，用以遮掩住对一些人的诋毁、剥削，使之孩童化，由此另外一些人才能够享有"天生"统治者的"善"。

在思考亚里士多德所排除、抹去的是什么人、什么事，对什么人、什么事保持距离，或者什么人必须服从时，阶级、性别和文化偏见这一连串的问题就会突显出来。至少有三条规则是起作用的：（1）遵守一种规定了某些后果的目的论模式；（2）如果有人是"自由"领域的参与者，那就投身到一种受益于现存社会安

51

排的生活方式中；（3）厌弃无节制和冲突（任何曾经被剥夺的群体进入公共舞台都可能激起斗争，至少在一段时间里会出现相当不文明的过程）。另外，作为亚里士多德政治思考的一个方面，还有一条特殊的规则在发挥作用，并由此激发出了一种防守态度。我是指弥漫于希腊社会中的对女性的"私"权力，尤其是对母亲的普遍畏惧。这种畏惧迫使男人离开家庭，他们不仅在身体上离开了家庭，而且在感情上，甚至是政治上抵制"家庭"。当人们回忆起亚里士多德关于**城邦**的"自然性"［naturalness］（其存在是为了符合**个别**男性需求的精确标准）以及所谓**城邦**自足性的主张时，这第四条规则就有了文本的支持。换句话说，并不需要回家来获得需求的满足，因为没有什么是家庭能提供而自足的城邦却不能提供的，后者可以从前者中抽取出那些必需的东西。这就好比雅典的男性在两个强大的力场中被撕扯：母亲和广场，家庭和**城邦**，私人领域和公共领域，他们选择在此之外碰碰运气，即在公共活动中留下印记，这经常是在战争中（在沉思的生活中比较少），而不去对抗后来约翰·诺克斯［John Knox］所称的"可怕的女人军团"。

　　然而如果就亚里士多德而言，这只是对某种生活方式的一系列意识形态证明的话，那么就不大会使他受到现代政治思想的推崇；不过，亚里士多德关于雅典社会安排上的自命不凡还仅仅是故事的一部分。他把政治领域描绘成以某种公共道德上的"善"为目标的，把公民身份描绘为适合于整体善的一种行动形式，他的这种描绘仍然存在。他认为"政治共同体的目的是……要达到并维持一项更加伟大的事业，一项比个人目的更为根本的事业"，[1] 而且这

_52_

---

［1］　*Politics*, p. 355 (from Appendix 1, "Aristotle's Conception of Politics in *The Ethics* and *The Rhetoric*").

一主张成了他政治思考的基础。因此，人们并不是由于亚里士多德那蹩脚的目的论而转向他，是因为他那依然鲜活的政治洞察力才这么做的。这便是他可能指引女性主义的地方，女性主义对政治或政治共同体缺乏一种具有可行性的设想，从而远远不能创造出一种公民身份的理想（我将在第五章继续探讨这些观点）。

一位绝对接受并支持**排他性**政治［a politics of *exclusion*］的思想家已经变成了参与性政治［a politics of participation］的象征，对于这个事实的讽刺是不会小的。布莱恩·费伊［Brian Fay］热切地勾勒出政治的规范性模型，这是从他将自身的努力称为"亚里士多德政治概念"的一部分开始的。

> ……根据这种理论，"政治"指人们为了安排、引导和控制其集体事务和活动，为其社会确立目标，以及实现和评价这些目标而做出的慎重努力。从这种观点来看，根据他们相互间制定和接受的规则（他们参与到创制并执行其共同体法律的过程中），对政治而言，最根本的就是人们［men］之间的互动和参与，这就是说最为重要的是公民参与到决定他们自身集体身份的过程中。[1]

费伊总结"人们［Men］只有在参与到对其生活处境做决定时，才能是自由的"[2]：这一点以及更多的，所有这一切都被费伊称为"亚里士多德式"的东西。科尼利斯·加斯托［Cornelius

---

[1]　Fay, *Social Theory and Political Practice*, p. 54.

[2]　*Ibid.*

Castoriadis］把亚里士多德引入了关于马克思的课程，因为"亚里
士多德的问题是**政治的**问题，社会之个人［social individuals］的
创造、正义和交换（在那里**自然／约定**［*physis/nomos*］相遇）是
政治共同体的基础，是社会的基础"。[1] 加斯托认为理解政治的关
53　键是亚里士多德，而非马克思，因为要分别把自我理解为自由人、
公民和道德行动者，政治才是核心的活动。很明显，费伊、加斯
托和其他人，他们即使不是明确地也是含蓄地为自己设立了这样
一个问题：亚里士多德的解释逻辑与不允许女人、奴隶和不自由
的下层阶级参与政治是不是**必然**没有历史联系呢？在他们看来，
亚里士多德那种参与的图景非常引人注目，它对我们理解作为一
项人类活动的政治，其延伸的含义、目的和本性，都是一项巨大
的贡献。

　　如果我们认定并不需要将奴隶生产与亚里士多德关于家庭生
产和再生产的想法作为对政治结构性的支持，那么，亚里士多德
本人把特定类别的人排除在政治之外的看法并没有给我们带来持
久的影响。在当代的大思想家中，只有阿伦特［Arendt］似乎相
对来说没怎么受到关于公民身份的类似前提困扰。[2] 不过，要评
价政治中解释性理论的风格就意味着，人们可以拒绝来源于一种
普遍理论（亚里士多德关于奴隶制的论述）的个别评价，而同时
并不否定解释的全部逻辑（亚里士多德把政治作为行动的一种形
式来论述）。关键在于要去分析如果没出现下述情况一个人可以放
弃什么，即理论的全部架构受到严重侵蚀，以至于在解释的个别
维度遭到拒绝时，他也放弃了有利的选择。

---

〔1〕　Cornelius Castoriadis, "From Marx to Aristotle, From Aristotle to Us," *Social
　　　　Research*, p.672.
〔2〕　See Arendt, *Human Condition*.

　　这为女性主义思想家敞开了大门，由此可以把亚里士多德转到他们自己的目标中，而且可以提出并强调把一种公民身份的概念作为集体和个人公共身份的试金石。迄今为止，这种观点在女性主义中是匮乏的，但是它却被当代思想的其他模式所采用，并引起了共鸣，包括近来有观点把人类当作**行动的人类**［*actus humanus*］看待，认为他们的潜能只有通过"与他者在一起"的行动才能实现。[1]这种日后的亚里士多德主义，被另一个思想传统的复杂结构所充实，重新回到了亚里士多德，比如卡罗尔·沃伊蒂瓦［Karol Wojtyla］（现在的教皇约翰·保罗二世*）的观点："……参与，作为人的本质，是任何人类共同体的基本特征。"[2]在充满了对女性主义思想家（他们探索其他的选择来替代对人类进行严格功能主义式的定义，或同样严格的环保主义的决定论）暗示的一段话中，沃伊蒂瓦写道："行动给我们一种最好的洞察力以认识人的本质，并且让我们可以更加全面地理解人。"[3]如果有人将行动的一种概念贯彻到底，将一个人展现给另一个人，让所有人互相展示自己，而因为只有通过参与，这一可能性才会出现，那么，社会批判的分歧就展开了，尽管这并不是针对亚里士多德而展开的。因此，对参与的限制，是否有客观的经济条件，强制性的社会规范，或者不与绝望、奸诈以及视野狭窄沾边，这些都会开始允许争论和批判。人格的参与，作为人的**行动**［*actus humanus*］，确实让个体有可能发现他们的潜能，并兼有对范围更

54

---

［1］　Karol Wojtyla (Pope John Paul II), *The Acting Person*, trans. Andrej Potocki, p.275.

　*　卡罗尔·沃伊蒂瓦，于 1978 年 10 月至 2005 年 4 月担任罗马天主教教皇。——译者注

［2］　*Ibid.*, p. 276.

［3］　*Ibid.*, p. 11.

广的人类网络负有道德责任，这种责任与致力于共同目标的话语
是分不开的。随着进入关于基督教道德革命及其政治影响的讨论，
我要转向另一种方式，通过这一方式，有个传统从其开端就提供
了另外的一种选择，来取代"希腊的方式"，"关于人类、公共与
私人的希腊形象"。

第二章　基督教的挑战，政治学的回应：
从早期基督教到马基雅维利

> 使温文尔雅之人得福：他们将承袭土地……使仁慈之人得福：他们将获赐仁慈……使制造和平之人得福：他们将被称作上帝之子。
>
> ——马太福音 5：5-9，《耶路撒冷圣经》

> 但是当君主犯了错，他的人民还一定要跟随他吗？我的回答是，不，作恶不是人的职责；我们应该听从要求正义的上帝，而不是听从人。
>
> ——路德

> 因此，对于一个希望维持自己地位的君主来说，有必要根据技艺的需要，学习如何不去做好事，如何使用这一知识，以及如何不去用这一知识。
>
> ——马基雅维利

我们这个时代的女性主义已经深入研究了基督教两千年来积累的遗产，呈现出了一张写满恐怖的单子，这些恐怖是由吹毛求疵的主教、狂热的盲信者、压抑的制度以及带有偏见的信徒犯下的，他们能吓唬到任何人，但是吓不倒最勇敢的人。当然，基督教像任何一种强有力的教旨一样，渗透了一套象征、符号和观点，不仅是各种社会实践和制度形式，而且令人敬畏的思想大厦也是来源于此，基督教包含了不少反复无常、邪恶和教条主义。确实有一些被路德谴责为"好色而淫乱"的教士，路德对这些教士的谴责足以获得另一种做法的附带收获（我们这个时代公共道德的捍卫者对此并非不知情）：要求这些人花时间阅读、关注他们所谴责并禁止其他人看的书。事实是狡猾的毒蛇欺骗了夏娃，并使她为引入善与恶的知识到尘世这件事负责（但是，对我来说，这绝不会像该隐把谋杀引入尘世那样令人羞耻）。尽管在上升到具有伟大职责、权力和神圣地位的秩序中女人较少被提及，但是教会结构的整座大厦，特别是天主教，已经被女性主义思想斥为父权制传统的庇护所。记载是充满矛盾的。引用萨缪尔·莫尔斯［Samuel Morse］*的话来说："上帝做了什么？"

基督教革命：翻转过来的亚里士多德

我打算以重磅开篇：基督教把一场道德革命引入世界，它翻天覆地，并且往好的方向改变了男性与女性、公共与私人的主流印象。关于这场道德革命，因为在当代政治思想中很少被深入论述过，所以我将阐释出现于基督教早期关于人类处境（宗教和政治两个方向）最具煽动性的观点。然后，我会转向研究圣奥古斯丁和圣托马斯·阿奎那著作中的基督教社会思想。本章的最后将讨论马基雅维利对基督教进行的反革命。

---

* 萨缪尔·莫尔斯（Samuel Morse，1791—1872），美国人，电报发射器和接收器的发明人。——译者注

在我看来，隐含的，有时则是明确的，与基督教社会规则相反的模式是希腊世界的观念，后者来自其顶峰亚里士多德，而不是其退潮期的斯多葛学派"苦恼意识"。我所要做的就变得更为复杂，因为，事实上，在我们时代详尽论述过基督教的重要政治理论家汉娜·阿伦特，已经将其抨击为一种破坏性的"生活哲学"，它把在政治上如此有害的观念引入世界，并且当作每个人生活的尊严和日常生活的神圣美德。阿伦特认为，基督教通过宣告一切生活都具有神圣性以及人类劳动和工作所具有的尊严——在她所不屑的必然王国中的一切人和活动，再加上古希腊的诡辩家，一起贬低了政治。阿伦特悲伤地说："由于奴隶只想不惜一切代价活着，于是仅仅效劳于生活的必需，并屈从于主人的强制，因此才受到了蔑视，这种从前对奴隶的鄙视在基督教时代就不可能存在了。"[1]阿伦特的英雄是希腊的战士，他们离家参战，英年早逝，留下了美好的记忆。在阿伦特的笔下，那些在最低下的条件中存活下来的奴隶，受到的是一种颇具贵族色彩的蔑视。

那么，被阿伦特非常敏锐地看作希腊方式对立面的这种"生活哲学"是什么呢？我已经说过了，就是思想上的一场基督教革命。以此，我要表达的意思是：基督教为我们看世界的方式带来了一种翻天覆地的转变，用行动上的要求为基本观念创造了一些新的语汇，并且回答了苏格拉底在更早时候提出的问题：一个人如何才能过正义的生活？过去那些关于公共与私人的观念从亚里士多德的限制中被抽离了出来。很多另外的含意（有些完全是有价值的，而有些则是有问题的）来自基督教向西方引入的道德和概念上的转变：实际上，亚里士多德被翻转过来了。

───────

[1]　Arendt, *Human Condition*, p. 316.

首先，必须确定历史背景。无论基督教的出现还是繁荣，都不是在一个充满了模范城邦的世界里，这种模范城邦的公民寻求共同之善（都已经被基督教的彼岸世界摧毁了），是民主品行的典范。基督的使命开始并结束于腐败、膨胀、权力迷醉的帝国中的一个沉闷凄凉的前哨，帝国已经迈向了从国家崇拜到帝国神化和恺撒主义全部污秽罪恶的通途。仅仅因为"圣奥古斯都"在基督诞生时占据了皇位，是丝毫不能抹去这样的历史事实的，即罗马帝国通过诡计、嗜血成性和灭绝屠杀已经把其统治扩展到了随后才为人所知的地方。对被征服的人民来说，还能过上什么"公共生活"？帝国中唯一的政治就是臣民的顺从，他们受压于恐惧、绝望，或是贪欲与雄心驱动下的野心家的权力机器。之前少有声音起而指责恺撒主义、哀叹**共和国**的毁灭，即使有，这些声音也已经过去或者被迫退场了。（然而，准确地说，正是基督教一手造成罗马的衰落这一指控，促使圣奥古斯丁在公元 4 世纪写下了巨著《上帝之城》。）

当阿伦特论证基督教符合每个"个体生活……［其位置］曾经由国家生活所占据"[1]时，她击中了最困扰她的问题的症结（包括亚里士多德在内的一些人所支持的，在某种程度上是一种"自然的"生活）。有人由此可能会改写阿伦特所做的指控：基督教

_58_

---

[1] _Ibid.,_ p. 314. 作为一种"生活哲学"，马克思主义和基督教一道，对阿伦特眼中真正的政治鸣起了丧钟。阿伦特认为，一旦人类生活成了意义的终点，政治也就被腐蚀了。尽管阿伦特着迷于那些英年早逝的英雄，但是人们还是会犹豫是否要反过来把阿伦特的观点称为一种"死亡哲学"。阿伦特赞扬"对尘世中不朽的渴望"（p. 314），在古希腊，这与埃利·萨冈所谓的"毁灭的欲望"[lust to annihilate]（在他同名的著作中）是分不开的。可能出于对至今仍占据我们思想的古希腊的敬畏，在这个问题上，阿伦特避免去做彻底的批评。而且，或许我们也渴望能冲破由犹太—基督教伦理铸造的锁链，这正是阿伦特所称赞的"为行动而行动"。

不仅将**日常生活**［*everyday life*］，还将**每个个人的生活**［*each individual life*］，特别是社会牺牲者的生活恢复并神圣化，而且赋予每个人一种重新建立起来的**尊严**，以前这种尊严仅限于出身高贵之人、富人或者掌权之人。同时，私人范围，即希腊思想里的"渺小"领域，被从希腊的蔑视中提升上来，并上升到了曾经只属于"自由"领域的重要程度和荣誉的高度，后者曾是男性公民在其中辩论重要事情和英雄聚集的公共空间。在此种情况下，把最末位变成了第一位，这意味着，第一位即使没变成最末位，后来也变得比天使低，而和信徒的躯体差不多高了。突然间，公共领域，即政治，发现自身（尽管不是一律这样）被指责为魔鬼之作（最糟糕的情况）或者被指责为不幸的（如果不是特别高贵的话）必然（最好的情况）。

这场道德革命疾风暴雨式的剧情以及它在政治上振聋发聩的寓意，是记述公共与私人的一部分，这一记述并没有失去任何激动人心之处。大意是：一种重新评价太彻底了，以至于仅仅在基督身后的几个世纪，一位罗马皇帝就在教会一位主教的道德劝说下出现在教堂里，为那些以国家之名犯下的"罪"而忏悔——这简直是奇观啊！现在公共世界不得不在另外一个王位前证明其权力的正当性，不得不面对上帝对人的愤怒或责难，以及来自最低层信徒非暴力反抗的威胁。[1] 在此处，阿伦特准确地看到了一种衰落，尽管在她关

59

---

［1］　末位与第一位的颠倒引来了尼采尖刻的批评。他谴责基督教是那受**怨恨**所鼓动的追随者的一种"奴隶道德"，这种怨愤是一种丑陋的复仇精神，它从这个世界上抽走了真正的伟大和才智。即使在尼采错了的时候，他的话也总是具有煽动性的，我认为他在此处也是如此。基督教的价值重估并不单纯是古代价值的颠倒。基督教的道德革命引入了**新的**评价标准，而不是简单地把旧的评价标准颠倒过来。它引入了一个经过改造的结合体，其中新的和旧的彼此关联，或者以很多复杂的方式维持着相互间的紧张关系。简单的（转下页）

于从事政治是什么的观念中这种衰落已经出现了，却并没有多少是出现在政治上的，不过，在与政治主张相一致的**合法性**方面却出现了衰落。在阿伦特的论证中掩藏着一个前提，即政治作为一种安排生活的方式，政治理论和符号作为构架现实的最终途径，它们对私人性都自动地有一些要求。为何如此？因为它们并没有提出，至少是在没有受到挑战的情况下，还没有这样的诉求。政治，像所有其他的人类努力一样，必须自圆其说。在我们的时代，它一定是在阿伦特（重复亚里士多德）命名**劳动的动物**［*animal laborans*］并且将它贬低到私人围框中之前就诞生了。基督教挑战了政治的要义。它并没有像曾经世俗权力把私人领域归于沉默和隐蔽之处那样去对待世俗的权力，但是公共政治世界的主张不再免受质疑。现在，恺撒不得不面对难以对付的基督的形象。在开始的时候比赛看上去力量并不悬殊，但是最后却出现了教会君主的教会、凯旋教会［the Church Triumphant］（而基督失败了吗？），罗马秩序的分裂和衰落，以及席卷整个欧洲的封建形式和民族自尊心。用什么来定位公共与私人呢？

60

《新约》，特别是前四个福音书，是一些不完善的教条、寓言、八福词［beatitude］和布道的大杂烩，它甚至为今天提供了关于基督在一个世界中具有超凡吸引力的宣告，这个世界已经完全贬低了政治，而且简直不存在像在公共生活中积极参与、做一个公民这样

（接上页）颠倒并不代表任何改善，而只是一种反应结构，或者是一种更为复杂的压制形式。真正的道德转型整合了而且改造了旧的道德。颇有启发的是，救赎日常生活的道德认可了那些女里女气的德性，后者是与男性的英雄主义和血染的荣耀截然相反的。关于尼采对**怨恨**的论述，见 *The Birth of Tragedy or The Genealogy of Morals*, in Friedrich Nietzsche, *On the Case of Wagner*, trans. Walter Kaufman；和 Friedrich Nietzsche, *On the Genealogy of Morals and Ecce Homo*, trans. Walter Kaufman。

的事情。人们如何能够在一个由主人和奴隶、胜利者和牺牲者、帝国主义者和殖民主义者组成的世界中谈"公共的善"呢？正如基督教总是会做的那样，它主张"恺撒的归恺撒"，但是它重新构造了什么是归恺撒的，而且结果是把它缩小到了最低的限度：遵守以公共和平为目的的法律，缴税，先是拒绝服兵役，后来是愿意服务于"正义的战争"。不归恺撒的是对人生终极目的和意义的控制，以及人类在这世上的天职。不在恺撒权力范围内的是一个人选择如何看待自己和世界，选择如何在这个世界中生活、呼吸和死去。基督教教义抽取了国家、帝国的神圣性和万能性，自称是世界上唯一的秩序原则。基督徒拥有自由意志、拥有负责任的道德代言人，他们不会少做什么。相反，他们可以做得更多：他们可能会被迫与国家对着干，抵制它的要求以及它带给个人身体上和心理上的负担。太阳底下还是有过一些新鲜事的：比如对世俗权力进行有原则的抵制这种观念。柏拉图没有考虑过它，亚里士多德也没有。公共智慧有时也有进行抵制的状况，但上述抵制也并非开始于苏格拉底，因为他毫无疑问地接受了一个公认已经腐败了的雅典民主制剥夺其生命的正当性，而且在他的死亡问题上，他还重申了城邦是他存在的创造者。基督徒可能受到世俗权力的迫害，但是关于死亡，他们声称任何权力如果冒称死亡本身具有流淌清白之血的权利，那都是一种亵渎。在清楚的是非观念中，基督徒不会与那些竖起历史十字架的人联手（当然在康斯坦丁之后，官方基督教的手上经常被发现是沾染了鲜血的，这是事实。但是我要论证的是，这与最初改变了罗马世界道德风气的基督教教义是相背离的）。道德反抗公共权力的观念敞开了选择、义务、责任、困境的范围，并且开启了在前基督教时代不可能出现的重新评估——这些对男性和女性有着同样的意涵，因为在基督教共同体中女人也是公民。

61

女人进入这个新的共同体时受到了欢迎，她们分享了那些作为生活组成部分的准则、行动和理想。她发现（试着中断时间，把你自己放在公元 1 世纪的犹大国，做一个听到这个［this］消息的女人！）那些多数情况下与她作为母亲的活动相关的品质受到称颂，因为它们与生产和维持人类生命相联系；有一种对无助者、易受伤害者和弱者的责任伦理；还有温顺、仁慈和怜悯。必然王国本身产生出它的神圣性。女人，像男人一样，可能受到召唤，并为了一项事业而去死，但并不像荷马的英雄们那样挥着巨大的刀剑，而是去见证其内心信念的力量，去见证给恶魔（绝对的政治权力紧追其后）献活祭。

针对基督教败坏了亚里士多德把生活视为行动和参与的观点，有什么样的指控呢？这种指控在某种程度上也是不当的。首先，在早期基督教时期，参与者并不能接触到这样一种亚里士多德式的社会风气。第二，就其新共同体中的每个个体男性和女性而言，基督教邀请他们进行更广泛的参与，因为追随"这条路"是信徒践行的最好方式。不再有公民讨论"雅典向何方"的问题，相反，最后那成了一种冷淡的、贵族式的和排外的观点。基督教从世界中"退出"的说法，作为向信徒提供的一种选择，并不是退入唯我论，而是一种需要自我沉思和净化的天职，它完美地存在于和他人共处的生活中。为什么这类退出绝对［simpliciter］应该受到公民蔑视，而亚里士多德认为"行动的生活不需要与其他人发生关系，就像思考有时候也如此"，他这个观点却不该受到公民蔑视，这从最好的方面看也是有问题的。[1]在亚里士多德关于人类

----

[1] Aristotle, *The Politics*, p. 289. 另外"除非行动者本身胜其他人一筹，犹如丈夫胜于妻子，或者父母胜于子女，或者主人胜于其奴隶，否则行动并不会多么好、多么卓越"（p. 288）。

德性的尺度上，**沉思生活**［*vita contemplativa*］和**行动生活**［*vita activa*］就其自身的特征而言，是一样值得赞美的。然而，依亚里士多德自己来看，其沉思之人是没什么可沉思的。他投身于"各种思想，而除了这些思想本身之外并无其他目的"。[1] 与基督教通过从世界的诱惑中退出而去思考**世界**［*the world*］相比，唯我论一定更适于描述亚里士多德的沉思生活。还应该指出的是，女人的理性原则是不完备的，她们被排除在亚里士多德的沉思生活和对极乐的追求之外，正如她们被排除在行动的生活之外一样（事实上，亚里士多德提倡怀孕的母亲不要劳心）。耶稣本人从来不劝人退回到私人的美德中。他说，知其树只需看其果，而无须看其他。但是他的确为发生在私人领域中那些不以自我荣耀和公共荣誉为目的的虔诚行动祝福。

　　基督教对权力的一般立场深深地影响了它对权力问题中公共和私人两个层面的态度，正如我已经指出的那样，基督教在其初期挑战并质疑武力、命令和统治的权力，而且要求这种权力证明其合法性。**绝对权力**［*potestatis*］服务于上帝，而且它是尘世中没有的一种权力，它能够召唤皈依者之外的人。最高权力独特的声音超越了人为了他自己而去强迫或夺取的权力。还有另外一种权力——**能力**［*potentia*］，每个个体为了行动而潜藏的一种力量［power］。这种权力后来将被引向上帝的荣耀并服务于信众。再则，将亚里士多德的图景倒置令人震惊。暂且回忆一下亚里士多德目的论式的假设，自然的和社会的对象都拥有一种明确界定其最终可能性的本质。当这种内在的力量［the inner power］在经验中实现而达到顶峰时，它被人们全面地了解。由于女人的领域已

――――――

〔1〕　Aristotle, *The Politics*, p. 289.

被宣告是有限的，她的本质更是有限的。自由人，即公民，拥有更大的（更完善、更完整）**能力**，而且需要一个公共环境，在其中，自由人的内在可能性才可以充分实现。

基督教宣称所有单个人的**能力**在上帝眼中都和其他人一样大，都是平等的，以此抵制对人类进行严格而绝对的分隔。每个个人，他或者她，自身都具有必需的权力去做他或她所必须做的：最卑下的人可以挑战强势者；受践踏者可以获得尊严。要不是有一个小的或者大的信徒群体成为了实现作为可能性的人类权力的最清晰的途径，这种**能力**就其最利于自身实现的环境而言是不明确的。克里斯托弗·道尔森［Christopher Dawson］提出，基督教"使一种社会秩序的理想成为可能，这种社会秩序依赖于自由的人格和为了道德目标进行的共同努力"。[1] 这里的关键词是"自由人格""共同努力"和"道德目的"，这些词表明事情是多么戏剧性地被从**城邦**上转移了。准确地说，所有人都被赋予了"自由人格"。所有人都可以参与到为了共有目标而进行的共同努力中。不过，涉及道德标准，这些目标就不得不接受争论了；也就是说，参与活动**本身**虽然有价值，但它**本身**并不成为一个完整的目标，而是在被考察时这个活动要有一个对象，并且要按照一定的维度对这个对象进行评价。

对政治思想而言，耶稣的形象能够保持其重要性的一个原因是，他认为，就人类的进取心而言，必然王国（非政治或亚政治的领域）并不是一个受蔑视之地，也并非受勇士或受政治秩序驯服的卑劣丑陋的野兽，简单却深刻地讲，人类的大多数在那里找

---

［1］ Christopher Dawson, *A Monument to St. Augustine*, quoted in Frederick Copleston, S. J., *A History of Philosophy*, vol. 2: *Medieval Philosophy*, p. 105.

到了他们的家园，并且一定会使人们在一种信念下生活得有尊严、有目标，这种信念就是他们也有价值，也有独特性和不朽的灵魂。掌权者发现他们本身被降低到了防守的境地；从此，维持尘世的秩序和国内和平就意味着在没有斗争的情况下不能对个人良知和日常生活这个广阔的私人世界进行统治和强制。如果说原来**城邦**的政治是排他性的，罗马帝国的政治是绝对的帝国主义，那么，新的基督教共同体虽然不是什么政治的共同体，却对任何像苏格拉底那样对正义求之若渴的人开放。对男人、女人、孩子、弱者、"疯子"、残疾人，甚至是罪犯的约束方面，基督教与柏拉图的会饮参与者多么不同啊！可是，有一个维度是相同的：即使其他人类德性的标准发生了逆转，对保持正义而言限制爱欲仍然被认为是必要的。[1]

64

基督教没有实践它早期布道的承诺，在一个充满怀疑和愤世嫉俗的时代里，这并不会让人感到吃惊。我们知道，世界非常难以驾驭，而且人的动机好坏参半。但是，基督教带来了一场道德革命，并且确立了一系列今天必须面对而且要做出回应的主张，即使最终被推翻，对于任何对人类身份，特别是女人身份所进行的考察来说，这都揭示出了基本特征。关于基督教如何看待公共与私人，还有更多可说的，而我将从圣奥古斯丁的思考和他的《上帝之城》讲起。

---

〔1〕　在圣保罗写往罗马、科林斯、加拉提亚、以弗所和腓力比的使徒书中，他对性欲提出了一系列严格的限制。他把女人视为"狐狸精"〔temptresses〕。面对诱惑，保罗责令男人把持住自己并且维持单身，但是（in 1 Cor. 7：9）他允许那些不能"自控"的人结婚，因为结婚总是好过欲火中烧。圣保罗的影响，包括了经由新柏拉图主义向基督教注入希腊哲学传统，为在基督教中质疑人类身体（特别是女性身体）这种趋势赋予了合法性，并有助于维持这种趋势。

圣奥古斯丁：天国之城的公民

伟大的维特根斯坦的学生们在回忆他们老师的生活和工作时告诉我们：在维特根斯坦位于剑桥的那间装饰简单的房子里，圣奥古斯丁的《上帝之城》是非常少见的几本书之一，而且他经常加以引用、查阅。这件事总能激起我的兴趣。维特根斯坦在哲学上是个怀疑论者和不会轻信的人，要么他掩藏了一条流过其灵魂的、神秘的虔敬之流，要么是在他努力发展出一种语言哲学（根据某种狭义的逻辑标准，其核心在意义而不在真理）时，圣奥古斯丁以某种方式给予了他养料并且支持了他的看法，而这种可能性更大。维特根斯坦着眼于日常生活中的文字游戏，以及我们通过语言而创造现实图景的方式，那些现实图景就在这个世界中引导我们、组织我们、限制我们，或迫使我们思考，同样地，也迫使我们行动。维特根斯坦在奥古斯丁对天国之城的召唤中看到了什么？奥古斯丁的何种图景吸引了他？我在开始时已经陈述过，公共与私人的发展路线有许多迂回，这就是其中之一，因为，假如我的直觉正确，并且语言位于这种适度神秘的中心，那么，要去探寻维特根斯坦关于说话的人类主体的观点，就应该将我们引向他在公共与私人、自由与必然、政治与家庭问题上做出的回答。

为了避免理解有误，必须声明的是：圣奥古斯丁并没有明确表达过系统而详细的政治理论。他没这么做有许多原因，其中首要的原因是：事实上，世俗的统治并不是他付出最深切感情和关切的核心问题；此外，作为一位非洲的主教，他生活在曾经繁荣却完全被罗马夷为平地的城邦的废墟之上，又目睹了罗马的背信弃义和浮华，面对那些对政治生活怀有的热望，他确实能够不受影响。有人说他是个悲观主义者，并且发现他对世俗理论的攻击非常严厉。在他那个时代的背景中，我发现，他怀有的现实主义多于愤世嫉俗，虽然人们确实绝不会像看待我们存在的创造者或者救赎我们的先驱那样，把他视作一个公民宗教的神父。

奥古斯丁的世俗之城，即世人之城［the city of man］是什么？首先，世俗的统治以获得实在的东西为目的，尽管在关于它努力获得这些东西的记载中充满了眼泪。哪里出了错呢？奥古斯丁将第一个而且无法抹去的污点放在了世俗统治的起源上。他认为，如果原罪伴随着堕落已经来到了世界上，那么这种统治就没有什么必要了（就像很多人已经做过的那样，人们可以合理地把奥古斯丁这里的观点视为一种自然状态理论的基督教版本）。然而，因为人们向往俗世的和平与安全，而且世俗统治宣称这正是它的目的，虽然人民的希望时常被碾碎，就如和平本身成了战争的借口一样，但是，在人类的各种努力中，世人之城必须被赋予巨大的重要性，奥古斯丁不会让基督徒都从"公共事物"中退出。真正的正义在这世间不能获得彻底的实现——看看奴隶制的邪恶吧，它仍然没有从人性中被根除掉，但是，尽管如此，人们必须为接近真正的正义而努力。基督徒有一项特殊的义务，向有权者宣告道德的约束，对使用武力提出质疑，对浮华以及不加批判地奉承世俗权力的需求进行抵制——所有这些都是耶稣对恺撒的使命。但是，因为原罪已经来到了世间，历史本身永远不会被救赎。他指出，凭借基督的仁慈，并承诺一种超越了世间可获得的、不完备的公正［righteousness］的正义［justice］，处于历史之**中**的人类就可以得到救赎，而且也正在被救赎。驱动世俗之城的原则常常是**贪爱**［cupiditas］，这是一种自私的冲动，驱使个人对统治、经济获利和享乐主义的欢愉产生欲望，而不顾同伴、上帝的戒命，

66

或他自己灵魂的宿命。在奥古斯丁那里，与**贪爱**相对的模式是一种相反的行为准则（既是一种标准也是一种实在的价值），即**慈爱**［*caritas*］，这是彼此间无私的爱，是基督的爱中连接兄弟姐妹的聚合力，是当正义最终存在于和平与正当之中时，在上帝之城起支配作用的爱（看起来这不可能就是激发维特根斯坦的地方，我们必须沿着这条线索再深入下去）。

为了让尘世中的生活不那么残酷和不公平，就需要有一些维护公民秩序和世俗正义的措施，有一些对人类联合和人类事务的规范。这些社会形式并不是天然地由原罪带给世界的，却是有罪的人通过运用上帝所给的理性而创造的。是什么一直阻碍了人类理性的充分运用呢？圣奥古斯丁给出了一个名副其实的"蜂箱"，在周围嗡嗡作响的是关于为什么尘世的正义从来没有实现过而且很可能永远也不会实现的各种解释；然而，我要突出他对语言的强调。在《上帝之城》十九卷第七章中，奥古斯丁着力思考了一种途径，通过这种途径，被称为人的、一切有知觉的生物因语言差异而被分割开来。对人类来说，这些差异使得彼此间很难相互理解；彼此擦肩而过，这会是维特根斯坦所采用的方式。圣奥古斯丁陈述道：

　　因为如果两个人相遇并且受到某种强制而被迫待在一起，此后要是他们都不懂对方的语言，那么这对于不会说话的动物来说，即使是不同种类的动物，它们交往也要比人容易。因为，当人仅仅因为语言差异而不能交流彼此的想法时，他们共同的人类本性中的一切相似性对他们要结为伙伴这件事都没什么帮助。一个人可能和他的狗在一起要比有一个陌生人陪伴更愉快，这很真实。有人会告诉我帝国之城不仅尽力束缚被征服的人民，而且还努力向他们强加她的语言，因为语言是和平与协作的黏合剂，于是不应该缺少翻译者，甚至翻译者应该随处可见。这没错，但是考虑一下要达到这种情况所需要的成本吧！想想那些战争的规模，那些战争伴随着对人类的屠杀，并且流尽了人类的鲜血！[1]

这一段必定让维特根斯坦感到哀伤却又为之叫好！不过，奥古斯丁对语言的评论是如何至关重要地对准了公共与私人问题呢？再读一遍开头的句子："因为，当人仅仅因为语言差异而不能交流彼此的想法时……"我的观点是：历史上女人就从来没有过发表她们看法的一席之地，当然，在古希腊这块厌女之地，并没有给她们公共的舞台发声。当我们想到不同的语言时，想到的是由语言差异而产生的那种分隔，也就是说，分成讲俄语的人和讲英语的人。但是，在过去时代，男人和女人的分隔呢？他们被社会的安排与实践、意识形态、社会评价以及口语与书写交流本身的范围和性质分隔开。男性的识字阶层只有少数人，尽管如此，他们却是在所有实践活动中唯一的识字阶层。在古典时代，女人的沟通交流被隔绝于会饮和**广场**［the *agora*］的公共演讲之外，她们被限制被迫隔绝起来。一种性别几乎是排他性地存在于公共领域里，而另一种性别则在私人领域中，其结果可能有助于解释为什么那么多识字的男女在过去不能（而且现在也不能）"交谈"。乔治·斯坦纳［George Steiner］提出了一种可能的解释，奥古斯丁和维特根斯坦也许会同意这种解释，他在《巴别塔之后》中写道：

68

----

[1] St. Augustine, *City of the God*, ed. David Knowles, p. 861.

有史以来，在多数社会中，女人的地位都和孩子的地位相类似。两个群体都被维持在一种特许的低等境地中。尽管受益于对他们有着特殊敬慕之情的神话，但他们都遭受了明显的剥削——在性、法律和经济方面。因而，维多利亚时代对女人、孩童在道德方面的出众饱含深情，与此同时存在的却是让他们在性爱和经济上受支配的粗暴形式。在社会压力和心理压力下，这两个少数群体发展出了内部的沟通和防卫符号（女人和儿童组成了具有象征性的、自我界定的少数，即便在战争或者特殊环境下他们在共同体中的人数超过了成年男性）。**就像儿童有一个语言—世界那样，女人也有一个。**[1]

当圣奥古斯丁探讨陌生人相遇后发生了什么时，他触及了更为关键的东西。在任何已有社会的内部肯定也存在这样的"陌生人"：可以以一个混迹市井、身为少数的"冒犯者"与一位善意、整洁、开明的中产阶级白人之间的尴尬相遇为证。通常其中会有人受到奚落，而且通常是那个混迹市井的时髦小青年。是的，语言让我们走到了一起，但是它也把我们分隔开。就是这联系了维特根斯坦与他的先辈圣奥古斯丁，虽然维特根斯坦更希望这种阻隔［opacity］能够被克服。基督教的语言一定相当有力量、有吸引力，它使女人从古典时代的沉默中走了出来，因为耶稣珍视的是他们自己生命的细则——宽恕、救济、奉献。基督教讲述的语言和信仰都是简单而直接的——用人民的语言来表达，用日常话语的形式来塑造，这是一种进行交流的话语，是一种讲出来即伴随着释放的话语。

69　　　耶稣的语言非常卓著地契合了语言本身的需要，同时还接

---

［1］　George Steiner, *After Babel*, p. 38.

触到了他那个时代女人的世界。他说她们的语言，把男人的"阳刚之气"降到最低（如果罗马百夫长和希腊勇士符合我们标准的话）。他说被剥削者的语言，却剔除了这种语言用于掩藏自我的模糊性，用它来质疑权力。彼拉多［Pontius Pilate］发现耶稣不可理解，是个疯子。关于这一话题有更多可说的，但是眼下我要指出（并且在第六章展开）的是，如果说我们这个时代女性主义所说的话听上去是狂野的、异质的，那么部分原因可能在于这些话对于我们的耳朵来说就像一种外来语般陌生。

关于维特根斯坦对奥古斯丁的热爱及其要点，我关注的已经足够了，我将开始讨论奥古斯丁在公共与私人问题上的观点的一些核心特征，着重论述他在家庭和政治社会之间发现的联系。至于亚里士多德根据一些技术性要求对不同类型的人进行分类的需要，奥古斯丁并不受此困扰。对圣奥古斯丁而言，全部有感觉的人类种族都属于一个类别，即人类，因为上帝创造了我们所有人，男性和女性，所有不同的种族，甚至是那些我们多数人简直不会称之为人的奇异生物，尽管如此，奥古斯丁却都称之为人。奥古斯丁赞美上帝在创造之统一性中所拥有的多样性，他"甚至把足影族［Sciopodes］也列进来，他们在一只脚那么大的阴凉处遮阳，还有犬头人［Cynocephali］，他们长着狗头并且发出犬吠声。不管什么样的肤色、身材或者声音，毫无疑问，任何有理性和道德的人都是亚当的血脉。没有信仰的人［nullus fidelium］会质疑以上所有这些都源于第一次创造。而上帝知道如何通过宇宙各部分的多样性来美化它"。[1] 上帝的

----

〔1〕 见 Etienne Gilson 在他编辑的圣奥古斯丁《上帝之城》删减版中的前言（p. 25, n. 24）。但是也要注意从奥古斯丁的 *Not in God's Image* 中的 "Of the Work of Monks" 和 "On the Holy Trinity" 做的摘录（ed. Julia O' Faolain and Lauro Martines, pp. 129-130），其中呈现出摇摆不定的措辞。

自然法写于每个人类的心中。去赞美存在于有感觉的人类之多样性中的统一性，这不仅对圣奥古斯丁是一种充满快乐的虔敬，而且也是其某种认识的重要特征，他认为与禁令、禁律的基本规则（这些规则所规范的是一些重要的事情——对人生命的剥夺、性关系、对正义的管理）合为一体的生活方式是一种嵌入人类共同内心的"自然主义的"道德。[1]

奥古斯丁并非要把世俗范围分成泾渭分明的公共领域和私人领域，他在"家庭"中发现了"城邦的开端或者城邦的要素，而且每个开端都显示了一些关于它自身目的的内容，以及构成要素总和的整体的每个要素，而紧随其后的推论十分清楚，即**家庭和睦与国内和平有关系**——换句话说，在家庭中的服从和统治的和谐有序与在城邦中的服从和统治的和谐有序相关"。[2]每个开端本身都包含了整体的一部分特点——在这个例子中是公民社会［civil

---

[1] 圣奥古斯丁所认可的"自然主义的"道德维度形成了许多现代道德哲学的基础，比如 Stuart Hamphshire, *Morality and Pessimism*。温奇［Winch］在"Understanding a Primitive Society"中对出生、性、死亡集中于人类社会的规则和结构之下所做的评论是："它们的重要性……在于，它们不可避免地卷入所有已知人类社会的生活中，如果我们对外来的一套制度体系感到迷惑的话，这种卷入的方式给了我们关于要到哪里去看清楚的线索"（p. 107）。出生、性、死亡占据了这一"核心位置"，并且"必然是"［must be］恒久不变的因素，因为这些维度在人类生命中是最强有力的。这促使温奇总结说，这种"限制特征"采用的形式必然是任何人类社会的一个重要特征，而且人类生活中的善恶观念必然与这些观念相联系"（pp. 110-111）。奥古斯丁的道德的自然维度包含了一种很强的假设，它赞同那些在我们"看起来"是好的、高雅的行为，反对那些"看起来"是错的或者不体面的行为。奥古斯丁认为，在每个社会中，所有人，包括那些犯错的人，都感觉到并且因此赞同谋杀是错的；对他而言，这构成了上帝普遍之法写于人心的首要证据。不幸的是，将原罪引入世界很大程度上败坏了人类的期望和选择，尽管它并没有把上帝之法一同抹掉。

[2] St. Augustine, *The Political Writings of St. Augustine*, ed. Henry Paolucci, p.151. 亦见 John Neville Figgis, *The Political Aspects of St. Augustine's City of God*。

society]。（这也可以解释为，奥古斯丁承认包罗万象而强有力的整体会对包含在其中的那些力量较小的组成部分使用更大的强制，而不是相反。这使得**家庭**[*domus*, household]与**城邦**、公民社会[*civitas*, civil society]的关系必然不对称。）更重要的是：对奥古斯丁来说，并不像亚里士多德那样，前者认为家庭与城市、公共与私人并不作为不同的类型或种类而彼此分开；相反，整体的各方面与生俱来地分成各个部分，继而，部分的整体性和意义就会成为整体不可分割的部分。

奥古斯丁给基督教神父安排的职责是按照**城邦**的法律"构建其内部统治"，以使每个人可能与其他人和睦共存（在奥古斯丁的论述中，**城邦**并不是指世俗政府，也并非统治单位的一种特殊形式）。神父不应该伤害任何人，而且还要有益于所有人。在他的职责中，首要的是关心那些在他之下的人，"因为自然法和社会之法让他更愿意接近他们，并且有更大的机会来服务他们。于是，使徒说'现在，如果有人不供养自己，尤其是不供养他的家庭，那么他就拒斥了信仰，他比异教徒更恶劣'"。[1]对基督教神父的警告是奥古斯丁将父母双方（对父亲和母亲都一样）结合在一起的不懈努力的一部分，这种结合是通过那些共同的经历来实现的，由于受制于教会，共同的经历被赋予了一种经过改造的语言基础，而且其意义也发生了改变。

家庭内部和睦关系的基础是家庭的有序和谐。父母双方分担对孩子的责任，然而，女人之所以应该听从丈夫，并非由于她们在上帝的眼中与男人不平等，或者她们不是完全理性的存在，而是因为这种顺从在传统中就被规定下来了，并且必然会促进家庭

71

---

[1] Augustine, *Political Writings*, p. 147.

与城市和谐的目的。尽管奥古斯丁拒绝为证明女性被隔离及其从属地位而对女人天性低下提供技术性的论证，但是，他确实通过赋予传统相当大的分量，以及要求家庭和谐，而证明了丈夫对妻子的统治具有合法性。奥古斯丁警告说，丈夫对妻子的统治和父母对孩子的统治一定既不是绝对的，也不是任意的，因为"即使是那些统治的人也服务于那些他们似乎要发号施令的人；因为他们不是出于对权力的热爱而统治，而是出于对其他人具有责任的一种意识——不是因为他们对身为权威而引以为傲，却是因为他们心向仁慈"。[1] 奥古斯丁强调家庭的重要性，家庭的基础存在于经过了仁慈驯化的激情和正义之上，正像孩子是在家庭中首先学会了对法律的尊敬（而且只要法律是公正的，就必须受到尊敬，因为奥古斯丁指出：不公正的不是法律）。[2]

　　为什么关心公共与私人的秩序与和谐呢？《上帝之城》是由一件震惊文明世界并使文明世界失去活力的事件引发而作的：410年，罗马受到了阿拉里克［Alaric］及其率领下的西哥特人的洗劫。基督教至少在三个方面利用了人们在一个支离破碎的世界中对共同体和公民身份的怀念和渴望。第一，它用基督教讲道的语言极力推行一种正当的家庭秩序，正像人们彼此熟悉的**城邦**，是通过基督徒父母人格中的爱、激情和权威来统治的。[3] 第二，当信徒们在尘世逗留时，它在信徒群体中为他们提供一种成员身份。第三，当忠实的基督徒公民的尘世旅程结束时，它承诺给他们一个天堂之城。奥古斯丁在对帝国统治崩溃所带来的痛苦进行回应

---

〔1〕　Augustine, *Political Writings*, pp. 147-148.
〔2〕　Augustine 在 *City of God*（ed. Knowles）中指出，情况甚至可能是"在家里是找不到安全……"（p. 859）。
〔3〕　*Ibid*.

时，选择了探索"公民"的概念，这是明智之举，这不仅仅是一种策略，而且他深刻地意识到：旧词语如果要幸免于世俗城市的分裂，就不得不体现新的社会形式和论述层次。尽管有些人可能会发现他对"公民"一词的使用令人无法接受，认为这是在迥然不同的语言游戏中的一种杂音，不过，它内在于基督教社会思想，并且对发现那些概念已经转变了的含义是有意义的，而这些概念在基督教的背景下是表述行为的要件（公民就是其中之一）。基督徒是世俗城市的公民，他们必须推动道德律令应用到国家的理性中去，他们饱含深情地参与到信仰实体即基督教共和国中，这还预示着他们将成为上帝之城的成员，而那是等着从这个世界转向下一个世界的一种完全成熟的公民身份。"公民"的概念，作为一个世俗象征和负有基督徒天职的标志，给予人们一种要投入到有意义的事业的承诺。

奥古斯丁赞同亚里士多德思想的基本要点，即有德性的生活必须是一种共同的生活。他发现那种共同性就存在于将信徒在这个尘世和即将来临的世界结合为一个共同体的纽带中："……如果圣徒的生活不是社会性的，那座城还何以有它的开端，它如何得以沿其路线前进，它如何能够达到既定的目标呢？"[1]他还承认，人类社会是由缠绕在一起的生命和观念构成的，这些生命身处于不正义的、压迫的尘世统治之中，而在那些观念之下统治者得以安排他们的统治，那些观念还对富有意义的人类话语起到了压制作用。因此，奥古斯丁发现，西塞罗［Cicero］亚里士多德式的关于人民的这些观念由于其乏味的法条主义而令人不快，他认为这些法条主义不过是对贪婪和狭隘私利辩护的勉强掩盖。西

---

〔1〕　Augustine, *City of God*, p. 858.

塞罗把人民定义为"是由对正当（或正义）的共识和对正义的共同追求而连接起来的一些人的联盟"。奥古斯丁认为要在一个统治团体内成为真正的人民，他们绝不可被看成互不相干的个人构成的集合，相反，他们必须被视为团结在同一统治者之下、都"珍视"同样事物的一种存在。他把人民定义为"有理智的存在者构成的集合……因对他们热爱的对象有共识而被连接在一起"。[1]

　　在关于尘世之城的论述中，尽管奥古斯丁并没有把女人分开来考虑而进行了集中的论述，但是他极大地扩展了关于什么属于"人类"这一范畴的定义，而且他认为有一个基本的道德原理存在于不同生活方式的内部，那是书写于人心之上的法律，而这是邪恶所不能完全将之抹掉的，他的这一观点直接触及了女人，因为这些看法改变了一些词语，而女人正是在这些词语下被表述，或者得以自我描述并因此而受到评价的。总而言之，奥古斯丁是希腊厌女症的伟大破坏者，厌女症规定了一种个别的和低下的女性天性，将女人放逐到一个"必然"王国的"渺小"领域。更大的问题是，可能他也破坏了亚里士多德关于城邦是人在尘世中的最高渴求和希望的观点。圣奥古斯丁关于世俗统治之起源和本性的观点，排除了一种为政治而全部付出的激情。但是，随着教会与罗马当局取得和解，他对世俗统治的责难事实上并没有继续演变成中世纪时期基督教思想家的普遍观点。我现在要转向的是：在圣托马斯·阿奎那的著作中趋向和解的词语如何影响了关于公共与私人问题的图景，这种和解再次以变换了的形式引入了某些亚里士多德式的区分。

〔1〕　Augustine, *Political Writings*, p. 42.

圣托马斯·阿奎那：世俗世界新的神圣性

在 12 世纪基督教西方世界的文艺复兴中，亚里士多德著作经由阿拉伯翻译者输入中世纪欧洲，奥古斯丁对社会思想的推理方法退回到了哲学和政治学叙述的背景中，他对一般语言的使用也一样如此。圣托马斯·阿奎那完善了以经院哲学著称的正式而抽象的论证方法，他是这种方法首要的解释者和重新发现亚里士多德的主要人物。在处理阿奎那关于公共与私人的观点时，我是以构成其思想基础的解释逻辑开始的。一个基督教思想家如何调和亚里士多德的目的论（还有其精英主义结果）与他自己的观点呢？阿奎那的哲学按照亚里士多德的方法合成了概念上的普遍性。[1] 圣托马斯认为，可察觉的现实中除了单个或特殊之外什么也不存在，但是他认为这并不意味着哲学思想家被阻止而不能去使用抽象的范畴或者提出概念的普遍性。尽管每个特殊事物都存在于那个事物抽象的形式中或作为其抽象的形式而存在，但是大脑能够构想出作为抽象形式（像亚里士多德的形式因）普遍性的绝对原则，虽然运用的方式涉及了特殊，但是不能还原为特殊。

75

---

〔1〕　阿奎那的方法使他在当时的哲学之争中与极端现实主义［Ultra-Realists］和唯名论［Nominalists］同时对立。极端现实主义主张逻辑秩序与现实秩序是平行的。举例来说，这意味着世界上所有独特的女人，作为逻辑范畴"女人"的一员，和所有其他女人是相同的。这一概念混乱为身份理论［identity theory］制造了没希望解决的问题。唯名论者与极端现实主义者相反，他们有时冲向了相反的方向，他们表露出这样的推论：一般性的概念并不涉及抽象或者普遍。也就是说，每个**一般性的**［general］范畴都是一个**特殊的**［particular］实体或者个体。如果这个推论得到始终如一地贯彻，那么激进的唯名论观点就会犹豫不决［boggled the mind］并且会使条理一致的思想变得不可能。见 Copelston 在 *History of Philosophy*, vol. 2（pp. 108-117）中的精彩讨论。

大脑只能借助抽象而正式的哲学语言所表达的范畴，才可以产生知识的特殊对象。

阿奎那清晰地表达了对人类的一种观察，与亚里士多德的观点相似，他把智力（理性的能力）置于人性的最高点（包含在这种观点之中的是一种对人类情感能力的贬低，这种能力从本质上可以用来定义物种）。阿奎那把女人看作人类范畴的一部分，并将其包括在"自然目的"之中。在男人和女人身上都发现了上帝形象的**首要的内涵**，即理智的本性。阿奎那并没有在此处就停下，而是继续补充道："从次要的感觉来说，在男人那里而不是在女人那里发现了上帝的形象：因为男人是女人的开始和终点。"阿奎那在此处所依据的是亚里士多德那有缺陷的生物学，它将男性和女性与形式和质料原则相联系，形式因——男性将一个完全成型的小人植入到女性质料中，她给它生长的地方，直到它通过她的身体显露出来，但它并不是她身体的显露。阿奎那指出，他视每个女人在其生物天性中都是"有缺陷的和设计拙劣的"，因为"女人产生于活力方面的缺陷，或来自一些物质上的小毛病"[1]，他以此来支持自己对女性所具有的不足的目的论证明。

尽管女人背负着一些次要的不足，这些不足有助于解释她们不那么积极、不那么完善而且没有完全实现的天性，但是从阿奎那给人类下定义的首要意义上讲，她们的确与男人同等地属于人性的范畴，即她们拥有理性这种天赋。拥有理性的人类必定生活在一起，而且在获得知识方面互相帮助，因为这种追求就会要求有"不同的发现——比如在医学上，有人发现这个，而有人发

---

[1] Aquinas' *Summa Theologica*, quoted in *Not in God's Image*, ed. O'Faolain and Martines, pp. 131-132. Cf. Aristotle, *Metaphysics*, pp.20-21. Bentham 后面会注意到女性第二位的特征。

现那个"。[1]然而显然的是，女人要通过个人理性而获得知识的 *76*
这个追求受到了阻隔，她们被阿奎那排除在人类本质性的实践
之外：她们的"不足"使她们一直处于其长久以来的传统领域
之中。

尽管阿奎那并没有把这一点说得很明白，但是从文本来看是
清楚的，即"话语的运用"在他看来是"人类独有的特权"，也会
发现这还是女人缺席的领域。为什么呢？阿奎那关于语言的理论
在这里很重要，因为它与奥古斯丁的理论存在剧烈的冲突。奥古
斯丁强调，随着个人被语言的差异所分隔，要达到人类彼此之间
完全透明，在方法上是存在困难的，在此处，阿奎那着重指出语
言是一种"工具"，凭借它"一个男人**完全**有能力向另一个男人表
达他的观念"。[2]女人的社会处境总是充满了罗森塔尔 [Rosenthal]
所称的"失语的担忧" [silencing consideration] [3]，这是一种由存在
于"她们之上的权力"而引起的沉默，而这种权力可能并不会得
到社会参与者的完全承认。**如果** [if] 测试的是彼此间观念的充分
表达，作为语言使用者的女人将总是不达标。在阿奎那那里，女
人可以讲的话已经被剥去了能阐述她在历史中的社会经历的那些
词语，包括她对西方文化看待女人时所带有的充满矛盾的情感，
她可以讲的话语将缺乏清晰性，清晰性恰恰被阿奎那看作话语本
身的特性。显然，阿奎那再次将亚里士多德式目的论的特征引入
到女性的天性中，这代表了西方在"回到亚里士多德"中倒退的
一个维度。

---

〔1〕 St. Thomas Aquinas, *The Political Ideas of St. Thomas Aquinas*, ed. Dino
Bigongiari, p. 176.

〔2〕 *Ibid.*

〔3〕 Rosenthal, "Feminism Without Contradictions," *passim.*

阿奎那坚决要求要有政治的尊严，他要求进一步把这种表达"社会化"：人是一种政治的和社会的存在，进而重塑了亚里士多德的格言：人是政治的动物，或者人注定要生活在城邦中。阿奎那写道："不过，对人来说，群居是自然的，这比对其他动物来说更是如此。……这明显是人天性的一种必然。……因此，对人来说，生活于众人之中是必要的，这样每个人才可能帮助他的同胞。"[1]

《论君主制》[De Regimine Principum] 是阿奎那唯一的（尽管是不完整的）政治文本，它为基督教世界提供了世俗秩序的新的神圣性。他通过顺从的"臣民"形象复活了长期在基督教西方没落的"公民"概念，并使之成为一种真实的理想（尽管中世纪基督教思想确实给予这种"臣民"以向暴君造反的权利）。阿奎那将政治定义为一种行动，这种行动要求政治体将实现正义视为一种公共的、

77

---

[1] Aquinas, *Political Ideas*, pp .175-176. 阿伦特指责圣托马斯是该对取消荣耀 [glory] 即希腊思想负责任的人之一，她指出托马斯"不知不觉地用社会的取代了政治的"，这"透露出对政治最初的希腊理解已经在多大程度上丧失了"。见 *Human Condition*, p.23. 阿伦特在几个地方弄错了。第一，阿奎那并没有用"社会的"取代"政治的"；相反，他将人类社会存在的方方面面、与他人共同生活的方方面面并入了他的政治视野中。第二，阿奎那和阿伦特对"社会的"一词理解不同。对阿伦特来说，"社会领域"是不自由的领域；手艺人 [homo faber] 并没有而且永远不能达到一种真正的人生，即行动生活 [vita activa] 的人生。阿伦特把"社会的"定义为一种没有足够尊严去构成自治的、真正的人类生活方式的世界（*Human Condition*, p.13）。阿奎那将有感知的人类（包括 homo faber）并入"人类的生活方式"与"社会的"范畴。阿奎那在对亚里士多德的注解中包括了"社会的"这一概念，这是用他的方式来强调人类天生具有的社交性。这种社交天性意味着人类有社会性的需要，包括工作、爱、崇拜以及和其他人一起玩。因此，重建的、有德性的基督教**城市** [civitas] 将不会在多大程度上通过英勇之士闪光的荣耀而凝聚到一起，而是由那些对阿奎那有价值而阿伦特认为没价值的社会理想凝聚起来，事实上，她著作中到处可见对这些社会理想的奚落。参见 Dante, *Monarchy and Three Political Letters*："……人类在和谐之中状态最佳。因为当人在身体和灵魂处于最佳状态时，正是他处于和谐状态之时，对家庭、城市和王国以及人类整体而言，都一样如此。"（p. 25）

道德的目的，而正义是通过遵守道德律令实现的。

与圣奥古斯丁相反，阿奎那认为国家的起源并不在于原罪，而且根本不是由"统治的诱惑"来维持的。和亚里士多德一样，他宣称国家是"自然的"——人性的产物，而且对人性来说是必然的。（需要指出的是，理论家可能像圣奥古斯丁那样，接受一种人性的社会理论，然而并不同意世俗统治就是社会性的某种"自然而然的"结果。相反，在从上帝的恩典中跌落并且同时向世界引入原罪和对世俗统治的需要之前，如果人的社交天性单独就为秩序提供了基础，那么他可能会提出一个"黄金时代"。人类，包括男性和女性，其天性是社会性的需要这个信念并没有与重视世俗政治或者关于世俗政治的乐观主义形成共谋。）阿奎那重新肯定了基督教教义中为世俗权威行使权力、远离原罪并指向共同的人类目的（社会的和政治的目的）所提供的基础，他用基督教的形式重塑了亚里士多德关于世俗统治的主张。

由于所有人，男性与女性，均拥有人类的社会性和理性，因此（可以假定）所有人在重建的基督教政制中都可以成为公民。阿奎那既没有肯定也没有否定这种希望。事实上，关于他将如何着手构建并治理国家的内容，他论述得很分散而且不完整。但是，有几个公共—私人的主题很清楚地浮现出来。首先，阿奎那把私人领域也就是家庭的善与良好的公民秩序，即公共领域的善联系在一起。他同意奥古斯丁的一个观念：作为一种理想，家庭应该与已经存在的更大的秩序和谐存在，不过从某种意义上讲，二者是截然不同的。在家庭中，妻子属于丈夫，但是保持了她自己的人格。她是一个个体，她相对丈夫的独立性要高于奴隶相对其主人以及儿子相对其父亲的独立性，因为"她被接纳进了一种社会的生活，即婚姻生活"。丈夫和妻子"与家庭共同体有直接的关系……在他们之间是**家庭的正义**而非**公民**的正义"。[1]阿奎那是对的，丈夫与妻子在私人领域内有着直接的关系，但是有所不同的是：传统上讲，只有唯一的一种身份是向妻子敞开的，而丈夫在家里既是家庭和睦的参与者，也会以公民身份参与其中。他享有公民的正义，并且拥有它"普遍性"的维度，这些都来自他作为公民的**公共**能力。

阿奎那完善了亚里士多德的公共—私人理论，这个理论剥离了对女性已经获得改善的尊严所附加的限制条件。作为基督教的小共同体，家庭不能赤裸裸地成为一个强迫和压制的领地。不同于亚里士多德，阿奎那必须在私人领域**之内**也为行动赋予神圣性，不仅仅因为这些行动延伸到了公共领域，而且因为它们表达了一定的基督教德性和价值。基督教道德也对公共领域的本质和地位有深远的影响。人类行动和行为举止被看成充满罪恶的，当它们被视为在公共层面上对基督教国家德性构成的威胁时，就呈现出了另外的意义。在决定什么行为是应该被当作罪恶的、有社会破坏性的行为（于是公共领域在其中有合法的利益，并且有权发声）而被禁止时，阿奎那便走向了那些他认为是写在所有人心上的自然理性和道德。

他认为，那些被视为与人类社会性和公共纽带相反或对其构成威胁的实践，是最具破坏性的。如果不加检验、约束或禁止，它们会削弱那些凝聚了大大小小社会—政治共同体的纽带。阿奎那挑选出放高利贷、酗酒、暴饮暴食、自杀、谋杀、违誓、通奸

_____

[1] Aquinas, *Political Ideas*, p. 103. 参 Dante, *Monarchy*，但丁写道："家的目的在于训练它的成员使他们生活得好，如果我们思考家庭，我们会发现必须有个成员来发布命令和进行统治，这要么是'家父'[pater familias]，要么是那个占着他位置的人，因为，正如哲学家所说'每个家都受治于最长者'。"（p. 10）

以及同性恋作为反社会的行为。禁止通奸是对两个性别都适用的（这并不是说通奸在实际中对女人的侵犯不比对男人的侵犯多）。违誓、谋杀和通奸显然都是反社会的活动，但是在那些活动或恶行（酗酒、暴饮暴食、自杀、同性恋）里，哪些在自由社会中考虑到了私人？后来关于自由、宽容和文明的观点，即认为上述活动是私人的，与其他任何人无关，这对吗？阿奎那会如此回应这种意见，他会认为这些行动既是私人事务——不朽灵魂之事，也是公共事务，因为在一个把公民德性当作其基础的共同体（无论这个共同体是基督教的、民主制的，还是社会主义的）的框架中，通常在人和政治的自由观念中被视为是私人的行动，都呈现出了多重的公共和政治维度。在中世纪的基督教中，犯罪，不论是男还是女，都永远不会完全是私人的事情，因为它涉及这个人在道德共同体内的位置。路德要切断被禁止的个人行动与政治共同体之间的紧密联系，后来自由主义理论家把整个的人类行动都从公共视野、规范和利益中分割出来——这些发展对女人和政治有含糊的暗示。阿奎那认为在行动（可能被视为反社会的或者腐蚀共同体道德构造的活动）中要存在合法的公共利益，这个观点仍然对政治想象和道德良知构成持续的挑战。

路德：私人的虔诚与权力政治

　　尽管路德主要的热情并不在政治领域，但是其著作对西方政治思想的影响十分重要。在人类主体的新观念出现的过程中，他是一个关键性人物，他发展出了公共实在和私人实在这组词。路德所做的事情断绝了天主教对于外在事务的关注，这些外在事务包括公开的忏悔活动、朝圣、祈祷。路德认为虔诚的灵魂"只有通过信仰来证明和获救"，他的"自由基督徒"可以通过信仰获救，正当此时，共同体和社会生活的传统载体在民族主义力量、早期资本积累以及分裂的**基督教共和国**［*res publica Christiana*］面前垮掉了。

　　根据天主教的社会哲学，基督徒的生活通常应该是一种共同的生活，这种生活包含了内心信念的外部证明，而这一哲学在路德的视野中消失了。对于阿奎那支持的尘世统治及其赋予世俗统治的尊严和目的，路德似乎并不为所动（对路德来说，阿奎那过于亚里士多德化，路德热切地学习了经典著作，读过亚里士多德，并且厌恶他。路德认为《伦理学》是亚里士多德所写的最糟糕的一本书）。路德的"自由基督徒"根本不需要制度和政府，不需要规范的法律和仪式，不需要教皇和牧师。学习也可能成为魔鬼设下的陷阱（来自16世纪最有学识的一个人）；饱学之士可能用轻柔的声音讲话，但是他的灵魂却可能在撒谎。没有人能够在信仰的问题上压迫别人。每个人都有权通晓或者应该有权通晓《圣经》［the Word of God］。他大声疾呼，要把基督徒的生活简化到不能再简化的程度，与统治的所有制度形式保持距离。上帝的忠实仆人所需要的全部就是信仰和《圣经》［the Word］。他在《一个基督徒的自由》一文中写道："……显然，精神［the inner man］根本不能由任何外在的劳动或行动来获得证明、解放和拯救，而且无论劳动的性质如何，它都与这一精神无关。"［1］善男信女的外表并不会标记着"我是一个因信得救的人"。他只是听到布道、私下里拜倒于令人敬畏的全能上帝面前，并且专注于自己的灵魂。

---

〔1〕　John Dillenberger, ed., *Martin Luther: Selections from His Writings*, p.56.

　　路德周围的社会混乱折射在他灵魂的裂缝上，作为回应，他在动荡与变革中构建了一个小小的、获得救赎的议程。他并非要建立一个外部共同体。他不愿再创建一个结构庞大的大厦，认为这样一座纪念碑并非在表征人的虔诚，而只会代表人的浮夸。他生活在一副政治的七巧板中，在其中有气数将尽的君主们和气数已尽的皇帝们，他们想要维持七巧板各部分结合在一起，或者想重新规划七巧板的各个部分。在一些德意志人的心里和思想里以及在一种强大的语言中，并不存在什么"德意志"救赎，在这个语言中，他比其他任何个人都更能将其净化、巩固和扩展。同时，路德的议程缩成最细的一根线，一根可以延伸的线，他希望在他那个时代已经覆灭的社会中紧握住它。无论男女，基督徒臣民凭靠自我之锚［the anchor of the Self］做出了剧烈的转向，转向了内心，因为路德说在那里他们才真正找到了上帝的国。无论在暴风雨中吹什么风，在圣徒或色狼中，在罪犯或公民中，在腐朽或喜悦之中，自由的基督徒都能生活下来，因为他的"真正转变……是完全内在的"。[1]

　　对路德来说，认为个人的所作所为与他的精神没有或可能没有关系，这个观点令人不安，当然，他确实提出了这样的观点。如果按照字面意思理解路德的话，那么，一个人虐待自己的宠物，他就不会和我们谈那个正在做这件事的自己：一个以毕生精力照料贱民和垂死之人的妇女，也不会和我们谈起自己。的确，路德不会是这种意思，不过，这仍然是路德神学的关键所在。这种理解罔顾了一个事实，那就是，路德用欢快的语言劝告信徒投入"活动、行动、工作和锻炼中。上帝并不想要那些倾听之人和复

82

―――――――
〔1〕　MacIntyre, *Short History of Ethics*. p. 122.

述之人，而是需要跟随者和行动者，并且这是通过爱在信仰中实现的"。[1] 或者："信仰的对象是上帝，爱的对象是人和他的邻居，而且信仰存在于对他的爱和服侍之中，正如即使没有劳作和功绩，我们也照样从上帝那里获得爱。"[2] 路德的论证似乎在按照这样的推理进行：我已经耐心解释过了，正义只能因信仰而存在。我是认真的。尽管不能假定外部表现能向我们说明关于此人内心的任何东西，但是，由信仰保障的正义会迫使人做善事，并使其信仰常在；不过，有些做了善事的人却会因没有信仰而不会获救。

无论一个人最后在路德的教义中对信仰和善行的关系得出什么结论，有一点都是很明显的：在路德的思想里存在着一种退避，也就是当社会形式和制度的支柱好比已有网络的筋络被拆解并且垮掉时，就会从公共生活中退出来。如果人不能求助于教皇、皇帝、国王、牧师或者固定的共同体，那么他还可以求助于谁呢？答案是要么求助于自己，要么求助于以基督徒大家庭形式存在的、缩小的"我们"（路德教会建立了一些信仰的共同体就说明了这一点。我的观点是：这些并没有像共同体居于天主教社会信条的核心那样，成为路德观点的**核心**）。

我在导论中指出，公共与私人，二者的命运、力量对比和有效的范围随着它们在变动的历史背景中各自的命运以及彼此走向分离的关系而盛衰消长。宗教改革时代表现出了公共制度及其赋予的社会焦点中的规范性意涵的衰落。这些传统制度的合法性受到了动摇，这种情况发生的世界里，那些新的形式还没有稳固下来，还不足以去引导男人和女人。因为路德并不是生活在一个治

---

[1] "Extracts from the Wittenberg Sermons, 1522," in *Martin Luther*, ed. E.G. Rupp and Benjamin Drewery, p.100.

[2] *Ibid.*, p.101.

理良好、明确获得正当性的公共政治世界中，所以，要判断如何以及通过什么途径使私人领域去反抗、补充或者支持公共领域就会更加困难。在德意志的广大领土上有封建君主在封建法律之下进行统治，所有的人要么是某个君主的臣民，要么是神圣罗马帝国的臣民，要么兼具上述两种身份。对势力范围的最终确定很大程度上依赖于武力。因而，毫不奇怪，对路德来说，政治领域不过是强制和不自由的领域。君主可以要么毁掉你，要么保护你，莫过如此。但是这个外部世界对基督徒的信仰而言是无关紧要的。其存在的真正中心是一种虔诚的、永远细心观察的**内心生活**［*vie intérieur*］。

因为路德教会在这个世界之中，而不是在世界之外，所以他不得不对世俗统治做出表态。这种立场很简单：除非出现了在信仰上强迫人的企图，否则人就要服从，因为秩序是大善，而失序是可憎的恶。对外部世界的服从根本不会危及自由，因为自由属于人的内心。外部的或者公共世界中的人服从于外部的或者公共的权力。路德写道："基督徒是万事万物之主，完全自由，无所臣服。基督徒是万事万物之仆，极为忠实，无不臣服。"[1] 在他对自由基督徒的约束中，以及在受到约束的基督徒的自由中，并没有宣称有任何男女之别。双方都服从于世俗权威。不论他们在尘世中的外在身份是什么，双方都享受基督徒的内心自由和精神平等。每个信徒与所有其他人都是平等的，事实上，最有权力的公共人物可能没有最卑微的个人可敬：在内在价值方面，地位低下的人却可能是更高的。[2]

---

[1]　Dillenberger, ed., *Martin Luther*, p. 53.
[2]　*Ibid.*, p. 65.

人们不能再用他或她的社会角色、地位或职责来评价这个人。路德所说的"所有信徒的神职"熄灭了曾经萦绕在不同地位周围的光环。基督教世界里最卑微的人可能会在声名显赫的教皇之前进入天堂。

这看上去和等级制一样蛮横、一样具有颠覆性，路德同时放弃了耶稣凭借精神之剑带给恺撒的任何直接的道德劝告，因为那种劝告需要有强大的社会制度。对路德而言，这些制度并不会真正发挥上帝的作用。基督徒只能祈祷个别统治者在从事他们肮脏的事业（路德将这项职业称为上帝的刽子手）时能虔诚或谨慎一些。根据路德的观点，上帝需要这样的刽子手，因为人类经常煽动叛乱、造反，而且习惯于失去理性的欣喜若狂和在暴怒中陷入无序。这种混乱是有害的，它杀死罪恶之人的同时也扼杀了无罪之人，它降低了社会生活的价值，将恐惧抛向了信徒和无罪之人的心中，而且嘲弄了那些对所有作为好公民标志的外在事物的忠顺。在路德关于世俗权力的文章中，我们第一次微微看到了霍布斯那不可抗拒的世俗上帝，即他那令人敬畏的利维坦。刽子手是公共世界中巨大的而且令人不寒而栗的形象。对路德来说，公共世界绝不会成为人类认同的所在，而且不会是人类能在其中为富有价值的共同目标一起行动的地方。路德的公共自我失去了行动之名。像奥古斯丁在罗马那可怕的倾覆面前一样，他退回到了自我，去思考上帝之城。与奥古斯丁不同的是，路德的城主要位于他自己的存在之中。

在路德将政治（绝大部分）交与魔鬼时，他是否丰富或重构了私人领域？答案是肯定的，尽管事情并非全然清晰。路德在不同的地方给基督教家庭安排不同的目的，而基督教家庭只有在彼此的紧张关系中才能支撑下去。[1]路德将家庭称为人类存在的中心，他关于女人的观点是强有力的，并且就其时代而言可以说是非同寻常地开明。在私人的舞台上，人类的交谈和话语（这种话语存在于由牢固的感情纽带、责任和信守承诺而黏合起来的、私密的社会背景中）可以诉诸路德所称的"自然性欲"（基督教婚姻的基础之一），以及相互的尊敬和对后代的培养。路德认为，如果男性和女性不是被他们的性欲和需要驱使而结合的，基督教婚姻就永远不会实现，路德把这些性欲和需要当作上帝所赐和自然之物来接受。纯粹彼岸世界的神圣之爱作为尘世中凡人之爱的替代物，路德对它并没有多少虔诚的渴望。路德认为人类之爱本身就包含了某些神圣的因素。

85

----

[1]　本文并不讨论约翰·加尔文［John Calvin］，因为他的观点不如路德的观点那样具有开创性，不过也包含了路德的这个观点：基督教婚姻是一种受祝福的［blessed］制度，它为善男信女安排了具有共同德性的生命。但是，与路德的论述相比，加尔文对家庭内虔诚的论述更加不折不扣地转了一个大弯，那是更加直截了当的父权主义。与路德把基督徒父亲描绘为充满矛盾、有时深受折磨的人（这个人兼具对孩子的爱和对他们灌输权威感的责任）相比，在加尔文那里，这一形象无疑是一个展现责任或权威的家长。加尔文式的父亲有着一种令人恐惧的最高权威。对加尔文来说，男人本身并没有路德所说的男人那么负责任，也没那么复杂。加尔文关于基督教平等的观点和路德的观点不同，路德假设人类在精神理解和正确行为方面有种普遍的能力，并强调在上帝眼中所有人都同等地堕落。因此，父母与孩子的关系所关注的几乎完全是灌输服从，以及畏于上帝和父亲的愤怒。家庭是孩子第一个"服从的世俗统治"，而且单单是这种服从就有助于不受约束的人子学会服从权威。父亲那主子般的权力［lordly power］在主［the Lord］那父亲般的权力中被摧毁了。加尔文的基督教公民是顺的臣民，他们的自由存在于对自然正当秩序（家庭或者国家，公共的和私人的）的服从中。他的政治理想是一种等级制，其中教会和国家像父权或世俗权威一样，熔合于秩序井然的统一体中。加尔文不接受一种有关人性的社会理论或者人在共同堕落之外的平等，他坚守"父亲们的法律"，由此将政治的本性和目的与传统（其中只有男人进行统治）中"对宗教应有的维护"联系了起来。见 John Calvin, *On God and Political Duty*, pp.46-47 and *passim*。

在讲述人的欲望这件事上，路德是以一个人类话语解放者的面目出现的：路德坦率地、显白地而且足够诚实地承认了他有人类的欲望，他用粗俗不敬对抗强权的公然傲慢，从曾经被禁止或在淫欲角落中低语的主题上撕下了虚伪遮盖的面纱。比如，教皇周围浮华的场面和仪式引起了路德的愤慨，他谈道："当卑躬屈膝的红衣主教把圣餐用黄金权杖呈上时，教皇安静地坐着，像一个得体的主子。"然而其他所有的基督信徒都必须在圣餐面前下跪。路德怒吼道："尽管圣餐并不值得如此，但是当其他所有的基督徒都满怀敬畏地接受圣餐时，教皇这个可怜、讨厌的罪人应该起而展示上帝的荣耀，前者要比教皇圣洁得多。"[1]同一封信中，在三页的篇幅里，路德谴责了教皇的极度骄傲、对权势的炫耀、任用谄媚奉承之人，他的无耻、他的举止不当、他那"由魔鬼设计"的邪恶行径，以及他那"荒谬、幼稚……扭曲而蛊惑人心的推理"。[2]

最初受到震撼的信徒一定会多么喜欢这种来自他们自己的直言不讳啊！不会由于他敬畏宗教界和世俗中的权威而保持沉默，也不会在那些单纯的人类嗜好上保持沉默。路德论证了应该以本地的、普通人的世俗语言为媒介对重大问题给予严肃的关注，他由此改变了有意义的公共与私人论题出现的可能性。这是一场关于权力的魔鬼交易。这是关于公共与私人的直率对话：倘若女人也企图获得它呢？这个问题一旦提出来就很刺耳，因为并不能把这种无论是公还是私的"女性对话"的缺失归因于女性不识字和普遍缺乏教育。本地的语言就是女人的语言。相反，人们必须注

---

〔1〕　Martin Luther, *Three Treatises*, p. 58.
〔2〕　*Ibid.*, pp. 53-54.

意到双重标准的存在，双重标准体现在塑造期望、调节期望，以及同样地按公和私两个方向引导男性和女性话语的规范性判断等方面。

有个"马丁·路德"可能会吹牛说他在德国"吹口气"罗马立刻就会"嗅"到。没有女人尤其没有基督徒妇女和信徒能这样大胆地向世俗的当权者或丈夫讲话，路德认为女人必然是低于他们的（尽管女人并不屈从于他们）。一个人（勇敢的男人）激烈的、难以压抑的言语，到了另一个人（不能自制或者不自检点的女人）那里就成了厚颜无耻、失去理性和不道德的话语。因为话语是我们了解自己、把我们自己展示给其他人，以及说明我们自己身份的主要途径，对更有权力的人来说，他们压制当地人仅仅是因为礼俗和传统这样规定的，或者对于个人来说，他们抑制自己说出这样的话，唉，那是因为他们"从来不想这些事"（这是对压制或否定他们的一种简约表达），这些做法使得用以表达人类不满的、不断变化的话语慢慢丧失了生机。尽管路德有过个人的反抗，但是他那含糊不明的遗产并没有对政治权力构成什么挑战，而且也没有依据说话者是男是女来区分私人话语。尽管路德确实允许基督徒妻子在秘密宗教议事［the privacy of spiritual counsel］中表达她们的失意，但是她们必须用虔诚的、家庭主妇般的语气说话。

路德拒绝抛弃、辱骂人类的身体，特别是成为好色下流教士目标的女性身体，这致使他去攻击那些"经院哲学家、修道士之类的人"，他们"从来没感觉到任何精神上的诱惑，而且因此……只为压制和战胜肉体的冲动和淫欲而战斗，他们为那个从未获得的胜利而感到骄傲，以为自己远远比已婚的人更好、更神圣……在这种神圣的伪装下，他们滋养、保持了全部可怕的罪恶，例如

争执、骄傲、仇恨、轻蔑、鄙视他们的邻人，信靠他们自身的正
当性、傲慢、蔑视上帝神性及上帝之言、不忠、亵渎等等诸如此
类的罪恶"。[1] 路德捍卫性欲的自然性，这促使他把一些最为刻薄
的话留给了那些宣称女性身体肮脏的教士们。

> 克洛托斯〔Crotus〕……亵渎神明地写下了关于牧师婚
> 姻的内容，声称美因兹〔Mainz〕最神圣的主教只是被女人身
> 上令人讨厌、道德败坏和私密的部分所激怒。这个不敬神的
> 流氓，记不起他还有母亲和姐妹，胆敢亵渎把他自己生下来
> 的上帝的造物。如果他能在女人的行为中找出什么错也罢了，
> 但他却玷污了她们的创造和本性，这是最大的不敬神。犹如
> 我会由于一个人的鼻子而去嘲笑他的脸，原因是鼻子是人脑
> 的垃圾站，而且还在他嘴巴上面。[2]

88   对于一个少妇在性和道德方面的问题，路德的回应可能代表
了他对一般意义上的性以及个别意义上的女性之性的开明态度。
关于发现自己嫁给了一个阳痿男人的年轻女人的痛苦，在这个问
题上，路德遇到了麻烦。毫不奇怪，路德并不想生个孩子，尽管
他妻子很想要一个。她应该怎么办呢？如果一个女人发现她自己
处于这种境地，而且"不能保持自制"，路德就会建议"为了再
嫁她得争取离婚，由于她是凭良心去这么做的，并且就她本身而
言已经有了丈夫阳痿的足够多的经历，那么她就会愿意这么做"。
万一她的丈夫（在这一点上路德把他当作"仅仅是名义上"的丈

---

〔1〕 Dillenberger, ed., *Luther*, p. 147.
〔2〕 引自 *Not in God's Image*, ed. O'Faolain and Martines, p.197。悲哀的是，很多当
    代极端的女性主义者也犯了否认女性生物学的毛病，充分讨论见第六章。

夫，只不过是个"生活在同一屋檐下的男人"）否定她有离婚的权利，路德认为她应该"与另一个人，即她丈夫的兄弟"发生性关系，"但是要保守这个'婚姻'秘密……把孩子归于那个公认的父亲名下，正如他们称呼他的那样"。

路德接着说，一个这样行事的女人要对她不道德的灵魂无所畏惧。她处于一种拯救的状态，因为是那个男人的情况和问题之棘手首先造成了僵局，并且阻碍了婚姻名副其实地运转。理想的情况是，丈夫"应该完全承认"她与其他人发生性关系和生孩子的权利，因为她只是在法律意义上变成了他的妻子。万一所有其他的都行不通，在实际意义上已经长期"自由"了之后，妻子能够不用离婚，就可以嫁给另一个人并且逃到外国去。"对一个与其自然情感之危险不断斗争的人，还有什么其他的建议呢？"有些信徒可能感到在路德一方鼓励通奸是不道德的，并对此表示震惊，路德做出的回应是，他们似乎从来都不考虑丈夫对妻子的欺骗，因为正是他"完全在身体上和生活上"欺骗了她，而且这是比她转让他的财产"更大的罪恶"。[1]在这个事例中，如果自然性欲、简单的人类价值以及基督徒的自由与财产价值和国家的正式法律发生冲突，那么路德就会断然地去赞成前者。

正如我前面所指出的，对路德来说，基督教家庭是人类社会存在的中心。家庭是同情、关爱、仁慈和情感的舞台，但路德还是把学习服从权威这件事放在了家庭中。《圣经》要求孩子尊重和服从他们的父亲母亲。路德不仅在这个训令中发现了家长权威的来源，而且他走得更远："因为一切权威的根源都在父母的权威。在一个父亲不能独自抚养其子女的情况下，他就用一位教师来教

―――――――
〔1〕　Dillenberger, ed., *Luther*, pp. 337-338.

育孩子；如果，他自己太虚弱了，他就叫朋友或者邻居来帮忙；当他与妻子分手时，他会把权威交给为了抚养孩子这个目的而另外被选出来的人。所以他手下还必须要有仆人（男仆和女仆）从事家政，这样，一切所谓的主人都是处在父母的位置上，并且必须从他们那里获得权威与权力来发号施令。因此，在《圣经》中他们被称为父。"路德至此预言：如果"父母的统治"被丢弃，那么"整个世界就走到了尽头"。[1]

如果孩子在家中不学会服从，那么世俗的统治就会受到威胁，因为孩子将会成为任性而反叛的臣民。像三个世纪之后的政治自由主义者托克维尔［Alexis de Tocqueville］那样，路德将世俗秩序的**天性、结构和目的**与家庭的天性、结构和目的联系起来。与托克维尔不同，路德并没有简单地将家庭视为国家的相似物或者国家的缩影；他从《圣经》中对父母的训谕里找到了一切权威的来源。路德拒绝像后来的父权制理论家那样去调和父亲的权威和世俗的权威，而且，他在《圣经》中并没有发现对不受限制的绝对统治的认可。相反，他采纳了一种试图从父亲统治中寻找世俗统治来源和原型的观点，声称两者之间存在着重要的关系，但是他认为政治统治并不像父母统治那样，前者不是自然的。在实践中，父母的统治不能那么严厉，而要贯穿爱和情感的纽带，因为这种权力既是"自然的，又是自愿的……但是政府的统治是强迫的，是非自然的统治"。[2] 家庭作为一个自然而且自愿的社会团体，在其内部，由夫妻间的平等主宰。朱立叶·米切尔［Juliet Mitchell］观察过，一旦"正式的夫妻平等（一夫一妻制）建立起来，性自

90

---

〔1〕 *The Large Catechism*, quoted in Herbert Marcuse's *Studies in Critical Philosophy*, p.75.

〔2〕 *Luther als Pädogog*, quoted in Marcuse, *Studies in Critical Philosophy*, p. 77.

由本身（在一夫多妻制情况下经常是种剥削的形式）就可能变成解放的力量"。[1] 路德认可人类性欲既是自然的也是美好的，由此强化了这种发展。

我愿意补充总结一下我对路德的思考，但是我必须重拾路德有关私人家庭观点中的动力机制，也就是，一个被深爱着的却受到严苛训练的孩子，他首先应该被培养成一个会服从的人。的确，服从在路德关于心灵和情感的观点中是"外在的"，而且孩子在信仰方面的事情上是不能受到强迫的。那么为什么要这样固执地、带有强迫性地强调服从呢？这个问题将把我带至路德政治学中的防御性层面，或者说在此处是他非政治的立场，但是这种立场却充满了政治上的共鸣。

路德自己的反抗是针对教会和国家，即神圣的和世俗的权威而做出的，并且他将这种反抗带到了顶峰。除了上帝和《圣经》，他不会答复任何人。他的反抗结束了，他的革命安全了，路德一再谴责对权威谋逆、反叛和不服从的罪恶——所有这些行动他都参与了，或者据说他都参与过。这个将西方基督教世界掷于混乱当中的人痛恨社会纷争，并将其视为魔鬼之作；因此，他教育子女要服从年长之人。他不断强调地上世俗的统治者可以命令人们在外部事物上服从，并且希望人们接受这样的命令。在 1525 年那场部分是因他的教诲而受到鼓舞的农民起义中，路德并没有给予农民支持，甚至同情（或者也许是沉默），而是教导世俗的军队毫不留情地将叛乱镇压下去。农民——一群"背信弃义、做伪证、撒谎、不服从"的"流氓和无赖"，应该受到重击。他们"在身体上和灵魂上的死亡都是应得的"，事实上，每个有正义感并且有能

---

[1]　Juliet Mitchell, *Woman's Estate*, p. 113.

91 力去做的人都会去"秘密地或者公开地袭击、杀害和行刺"叛乱分子，他们时刻记得："没有什么比背叛更加恶毒、有害和邪恶的了。这就像人们必须杀死疯狗一样；如果你不打倒他，他就会来攻击你以及你身边的整片土地。"[1] 如果这些令人困扰的断裂只代表了路德个人的压力，那么我们可以标识出来，然后再继续。但是他的不节制体现了更大的一些关于公共和私人的问题，所以我将再花些时间来解释。

如果像路德所做的那样，把政治交给了魔鬼，那么对于魔鬼接管了政治，人们就不应该感到惊奇。没有集会可控制，没有公民可辩论，没有严密的法律、程序和传统来抑制和规驯权力并降低权力的危险性，那么它就可能被释放到那个或者那些曾经对它爱恨交织的人身上。路德违抗世俗的和宗教的权威，从他的父亲汉斯到神圣罗马帝国皇帝，再到教皇，而且他表现出了胜利的喜悦。显然，他并没有变成人类的解放者，由于他天性中有复杂而躁动的一面，他担当的是狱卒的使命。他不能容忍任何公众造反，比如此前那场叛乱。路德的情况是**替代政治**［*a politics of displacement*］的一个实例，替代政治的机制开始发挥作用，在这个例子中，当一系列公共事件引发了一种被深深感受到的（也许是无意识的）私人信念时，公共和私人的规则就连接并交织在了一起。这种政治是不稳定的、危险的。当某些条件占上风时，更可能发生的是：（1）已有的公共与私人、世俗与宗教的制度和统治者处于变动之中，而且人民能意识到中心将会不保；（2）没有什么明显已经确立下来的公共制度能够有序地处理分歧和利害关

---

[1] "Against the Robbing and Murdering Hordes of Peasants, May 1525," quoted in *Martin Luther*, ed. Rupp and Drewery, p. 122.

系；（3）私人价值、紧急状态以及身份认同开始完全优先于世俗领域中公民对公共事务的参与。如果这些特点使读者想起了我们的时代，那么相似之处是相当内在的。路德在许多显而易见的层面是现代人的原型，虽然含糊不清的赞美经常献给了那位与他同时代的意大利人马基雅维利，后者的思想致力于用世俗之剑（**王权**）［*regnum*］给精神之剑的权力（**教权**）［*sacerdotium*］以致命一击。尽管并不情愿，但是路德还是看到了上帝之刽子手存在的必要性。另一方面，马基雅维利的反革命要去"围剿基督教"，以此降低它在家庭中的危害，随之而来的是基督简直就变成了一个家神［one of the penates］。

92

马基雅维利的进展

对**基督教国家**［*res publica Christiana*］的瓦解，以及逐渐摆脱教会干涉的国家的权力增长，早期现代政治理论家做出了回应，他们受到了鼓舞，详细地阐述了政治主权及国家理由［*raison d'état*］的正当性，这种正当性是他们描述或者暗示的实践的基础。然而，是马基雅维利清楚地表达了一种政治行动的理论，这一理论至今仍然对公共的和私人的现实有同样的反响，我将对其可怕的后果进行论述。就其多数著作而言，我们认为马基雅维利的书基本上属于合乎时代的作品［*livres de circonstance*］，是对 16 世纪意大利骚乱和不稳定的政治环境做出的回应，那时的意大利被它各种各样的公国和城市国家之间以及内部手足相残的战争弄得四分五裂。这种内耗导致意大利格外容易受到外部来自西班牙、法国或神圣罗马帝国军队的攻击。正如每个学习政治思想史的学生所知道的那样，马基雅维利对无序的回应是将政治事业的阵地从中世纪基督教中移出来，他关心的是合法而正当地使用君主权威，以应对政治**权力**本身的问题：如何获得它，以及如何保持它。

麦金太尔指出："对马基雅维利而言，社会和政治生活的目的都是既定的。其目的就是获得并保持权力，维持政治秩序和普遍的繁荣，而之所以如此，至少在某种程度上是因为：除非你保持了它们，否则你将不能继续掌握权力。道德规则是有关达到这些目的之手段的技术规则。此外，运用它们的前提是：所有人在某种程度上都是堕落的。"[1]而且，必须补充的是，所有女人也都是如此。对马基雅维利来讲，人性是永恒不变的——从一个历史时期到另一个历史时期都不会发生变化，而且它显示出一副阴暗危险的面孔。"关于人类，一般可以说，"马基雅维利写道，"他们忘恩负义、信口雌黄、伪善、忧心忡忡地要逃避危险、贪图利益；当你施惠于他们的时候，他们完全属于你所有；正如我前面谈到的，当需要还很遥远时，他们愿意为你流血，奉献自己的财产、生命和子女；但是当这种需要迫近时，他们就背弃你。"[2]这些不值得信任的人受制于历史规律。他们许多行为是受支配和被决定了的，虽然他们在很大程度上对这一事实保持无知或并没有察觉的状态。

马基雅维利的人性理论，还有他认为**德性**［*virtù*］（公民德性的一种特殊形式）为一个勇敢而团结的民族所必需的观点，这二者推动他阐述出了一种关于政治行动的理论，其中政治行动的正当性并不在基督教道德中得到证明，而是从不同道德规范的优

---

〔1〕 MacIntyre, *Short History of Ethic*, p. 127.

〔2〕 Niccolò Machiavelli, *The Prince and The Discourse*, p. 61.

势角度加以证明。在基督教社会思想中占主导的观点,并不涉及要将政治从追求正义和正当中分离出来:然而,马基雅维利把力量〔force〕而非合法权威置于其政治蓝图的中心。在一个由好战、受到动员的公民所组成的武装国家中,力量遍布政治所有的层面,直至顶点,这适合于防御或者扩展它的影响力。马基雅维利个人喜欢的是在他那个时代早已消失、沉寂的共和国,而在评价他的政治理论时不可能允许这种观点"搅乱问题";〔1〕此外,在被他理想化了的先前时代中,公民是指被武装的公民—战士。马基雅维利重申了亚里士多德对公共与私人领域区分的各种基础,并且把对公共与私人行动在评价上的分歧固定下来。因此,在马基雅维利的世界里,一个人可以是个优秀的统治者,但如果把私人道德确立为判断其公共行动的标准,那他就会是一个邪恶的人,而这样判断是被马基雅维利所拒绝的,他认为这与政治上自取灭亡无异。〔2〕适合于"私人道德"领域的行为规范被不恰当地宣布为一种以掌握和运用权力为中心的政治的新的道德规范。"好"与"坏"这些以前出现在公共与私人对话中用来评价的词,却被剥除了许多曾经具有的意义和力量。

在这种转变中,女人被限制在一个私人的世界里,在那里使用的是温柔,听到的是女性虔敬的声音,这并不会对由战争力量绝对统治的公共领域造成无法弥补的伤害。马基雅维利的确将私人领域政治化到了这样的程度:他把私人领域也视为战争的阵地,这种战争在两性之间展开,包含了自身权力的运用、谋划、进攻、

94

---

〔1〕 MacIntyre, *Short History of Ethics*, p. 127.
〔2〕 Machiavelli, *Prince and Discourses, passim.* 另见一篇赞美马基雅维利的"公共道德"的文章,Isaiah Berlin, "The Question of Machiavelli," *New York Review of Books*, pp. 20-32。

撤退，以及那对男性参与者和女性参与者而言关于征服和欺骗的语言游戏。

从马基雅维利那里显现出的是一系列部分或整体、公共与私人的形象，这些形象在力量相互冲突作用的结构内是彼此依赖的。一个"坏"人可以是一名"好"政治家，但是他也能在私人领域成为一个"好"人。在公共领域的道德不用私人道德的行为标准去评判，因此，对公众人物，一方面根据他们作为公众人物的能力来给予评判，另一方面根据他们作为私人的存在来给予评判。政治是公共权力的领域、正义的领域以及法律的体系。国家是公民的团体，公民具有公民德性，并且服从法律。政治领袖也要服从法律，但在运用权力时不受法律所限。女人本身不属于政治，但是靠她们在私人领域的能力，当男人来分享私人领域时，她们为男人提供了远离公共生活的庇护所。就定义而言，一个"好"女人成了一个"坏"公民。是"好"公民的女人，在私人领域里不会是一个"好"女人。在每种情况中，她都是由所谓的私人道德来评判的，也就是纸老虎一般的基督教道德。在公共道德（或者非道德）中没有她的份儿。正是由于女人在公开场合保持低下，她们在道德上才会更高。感觉和情感的私人领域并不服从于法律，也不由公共标准来评判。如果在这个领域中存在权力，那么这种权力就是隐蔽的操纵、欺骗和诡计。这个领域不完全是公共领域的一部分，但却为之提供了基础。女人是非政治性的，当然，男人在私人领域中能力也是不足的。

马基雅维利时代社会结构与安排的性质就是如此，于是，就其目标而言，私人领域成了完美的防御工具。在很大程度上，马基雅维利的政治学可以被视为对软绵绵的、"女里女气"的基督教德性的一种防御。马基雅维利赋予私人领域一种社会裁定功能，但是他剥夺了这种功能任何**向外移动**的力量。尽管路德是个例外，然而基督教的社会思想会教导基督徒在家里和信教的公共团体中都要虔诚，要求基督徒去审视公共世界、谴责它的无度，并用仁慈来温润它那吹毛求疵的正义。在这一点上，耶稣或许挑战了恺撒，他拒绝了国家理由、谄媚以及权力的威胁。基督教教义中这个具有潜在批判性和煽动性的楔子已经变钝了，它又被马基雅维利剥去了私人能够借以衡量公共领域的任何有力的、公共的武器。马基雅维利在私人德性这个方向上俯首，这并不是致敬的态度，而是表明这种德性在公共舞台上是无效的。女人不仅被置于政府会议之外，而且，由于她们的沉默（关键词是惧怕、口是心非、必然性、权力、意志、**权力政治**［*Realpolitik*］以及国家理由），她们常常被赋予了援助公共政策受害者并在公共话语中默默服从的义务。

为了给正在腐朽和四分五裂的政治秩序注入活力，马基雅维利提出了这样一种政治，它要求对人们的行动进行评判时，要以结果而不是意图、动机或目的为根据。他在《君主论》中写道："因此，对于一个希望维持自己地位的君主来说，有必要根据技艺的需要，学习如何不去做好事，如何使用这一知识，以及如何不去用这一知识。"［1］或者"……人们将会发现有些事情看上去是有德性的，如果照着做就会导致灭亡，而另一些事情看起来是邪恶的，却能带来更大的安全和福祉"。［2］君主要去做那些必须做的。他会采取必要的步骤以确保来自国家理由的要求压倒其他一切考虑。

谢尔登·沃林［Sheldon Wolin］相当克制地把马基雅维利的政

96

［1］ Machiavelli, *Prince and Discourse*, p. 56.

［2］ *Ibid.*, p. 57.

治思想描述为"暴力的经济学"，而不是像有些人那样将它看作对毫无限制的邪恶和奸猾的鼓吹。[1]不过这个"经济学"是一种策略，并不是对各种限制所做的道德设定，而且是可以出于国家的理由随时放弃的。对我的目标即探寻公共与私人形象之间的分割线来说，核心问题首先是马基雅维利对人性之社会视角的断然否定，其次是他对政治行动强大而非道德性的概念的捍卫，这种政治行动是以武装的国家和公民为基础的。在马基雅维利那里，武装的德性不仅将女人排除在政治之外，而且降低了女人在其传统私人领域中所拥有的重要性。拥有温柔的德性的家庭得以登场，这并不是因为受到虔敬的护佑，而是由于它对强大者的蔑视。马基雅维利最终提出的公民理想"意味着对政治知识和政治行动的模式给出完全不同的定义，这个定义区别于这些模式蕴含在经院—习惯框架中的含义"。[2]对马基雅维利而言，政治共同体就如同对亚里士多德而言一样，包含了一种行动的生活。真正的、没有腐朽的共和国是把人的生活置于尘世之上的一种构造。马基雅维利认为共和政体的统治应该由非基督教的道德观点来评判。[3]参与到复兴的共和政体中的公民也分有共和政体的普遍性，因为在各种联合中共和政体最是包罗万象的联合：在某种程度上，正像他在《李维史论》中描绘的那样，这是马基雅维利的亚里士多德式的理想。

----

[1] Wolin, *Politics and Vision*, "Machiavelli: Politics and the Economy of Violence," pp. 195-238; and his essay, "Political Theory as a Vocation," in *Machiavelli and the Nature of Political Thought*, ed. Martin Fleischer, pp. 23-75.

[2] J. G. A. Pocock, *The Machiavellian Moment*, p. 49.

[3] *Ibid.*, p. 73. Pocock notes："有德性的[virtuous]共和国是相互作战的国家。由于这个原因，基督教的德性和公民德性永远不会重合；谦卑和对受伤害者的宽恕在共和国的关系中是没有位置的，在共和国中，首要的需要是捍卫自己的城市和打垮她的敌人。"（pp. 213-214）另参 Berlin, "The Question of Machiavelli," *passim*。

但是马基雅维利面临着一个困境：在一个道德败坏、腐朽和分裂的国家里，**德性**已经缺失，那么如何才能创造或者为之注入**德性**呢？如果政治的时代是衰落和腐朽的，什么可以成为不朽政治所必需的**德性**的基础或源泉呢？马基雅维利通过引入**意志** [*the will*] 的概念来解决这个问题。他认为，公众的参与并没有多少被放在政治知识、政治敏锐度和献身于共有的公民目标上，而是放在了各自的意志和全体的意志上面。[1] 马基雅维利用武装的人民国家替代了亚里士多德的由公共规则和理性统治的男性公民，他认为他已经在罗马共和国的历史中揭示了这种国家的原则。他评论说：

> 尽管我在其他地方主张国家的基础是良好的军事组织，不过似乎我在这里重复一下也不会多余，没有这样的军事组织，就不会有良好的法律以及任何其他好的东西。它的必要性展示在每一页罗马历史当中。我们还可以看到：除非受过良好的规范和训练，否则军队不会变好，而且除非是本国国民，否则其他任何军队都很难做到；因为国家不会也不能总是进行战争，所以军队必须在和平时期加以规范和训练。[2]

J. G. A. 波考克 [J. G. A. Pocock] 总结道，马基雅维利的"公民的军事化使得《李维史论》比《君主论》在道德上更具有颠覆性"[3]。马基雅维利通过《李维史论》赞美了古典**德性**的观点，但是他暗示并证明了武装准备与警戒生活的正当性，这是人类意志的产物。

---

〔1〕　Pocock, *The Machiavellian Moment*, p. 212.
〔2〕　Machiavelli, *Prince and Discourse*, p. 503.
〔3〕　Pocock, *The Machiavellian Moment*, p. 213.

97

尽管《君主论》和《李维史论》一再印证了马基雅维利整合宿命论悲观主义与唯意志论者的权力意志的能力，但是在这两本书中，偶尔出现的对女人的论述并没有什么重要的理论推论。马基雅维利好几次提到命运女神，她是女性原则的原型，是反复无常的泼辣女神。据说她掌管着一半的人类事务，把剩下一半留给了人类的诡计（但也不完全如此，人类行为还受决定性的历史规律支配）。马基雅维利把命运女神比作奔腾的河流或是一个反复无常的女人，必须用力量来征服和控制她。[1] 马基雅维利还把历史上灾难性战争突如其来的起因归咎于女人；事实上，他在《李维史论》中辟出一章来写"国家是如何毁在女人身上的"。他引经据典，概括了女人通过怎样的方式而得到了毁灭她们国家的名声。但是相对来说这些提到过的轶事并不重要。重要的是马基雅维利的语言风格，他的语言构造出了一种政治图景，那些伪装的、靠不住的臣民被置于中心，他们受法律或受其无法控制的命运支配，然而却能够靠意志做出唯意志论式的努力，从而获得**德性**。政治是围着权力、武力和暴力转的。

马基雅维利的政治学通过定义将女人从公民参与最重要的领

---

[1] Machiavelli, *Prince and Discourse*, pp.91, 94. 在马基雅维利那里，并没有展开论述关于家庭与政体的关系，但是他在《李维史论》中辟出一章写"国家是如何毁在女人身上的"。他从罗马历史中讲述了一个故事，其中，一个"富有却无子嗣"的人成了一场争论的中心，而这场争论引发了战争。男人必须为了他们遭受蹂躏和虐待的妻子女儿战斗。在这种风俗中，"女人成了……为她们的统治者带来巨大伤害的原因"。另一个来自罗马历史的例子详述了"由于在卢克雷西亚身上施暴而使塔奎因们被夺去了王冠"等。马基雅维利还建议"绝对君主们和共和国的统治者们"注意这个问题，并"好好地反省那些由这种原因导致的混乱，而且……在他们使其国家或者共和国陷于毁灭或耻辱之前就看到能及时施行的补救措施"（p. 489）。马基雅维利并没有为这个警告提供任何指导。以上提到的几页从理论上讲并不重要，但是，对于思考以下的问题是有益的，即他们认为在男人必须为其荣誉复仇时，受害者要为由此造成的伤害负责。

域——军功中排除出去。朱立叶·米切尔认为："……在历史上，女人不仅在工作上而且在暴力使用上的能力较弱，这决定了她的从属地位。在大多数社会中，不仅在从事一些繁重工作时女人的能力不及男人，而且她们更不善于打仗。男人不仅有力量向自然证明自己，而且也能向他的伙伴们证明自己。"[1]我并不抱怨马基雅维利没把女性放进关于武装国家的观念中，我也不去问女性是否有能力参加全副武装的战斗。这些想法在其政治学的道德评价和政治评价中并不是最重要的部分，这个政治学要求的是把价值评定与事情的结果或状态联系在一起。

　　当公共与私人之间的裂痕扩展成一道裂缝，继而变成了深深的裂口时，所有社会纽带和社会关系都受到了损害。在**权力政治**的领域内，"权力、力量、强迫、暴力"这些难以处理的词语构建了政治活动和政治意识。而裂口的另一边，只要不干扰公共规则，温柔、同情、宽恕和感动也是可以存在的。私人世界被要求去"美化"公共世界那冰冷的（但却是必要的）无人性。然而私人领域还受到道德无涉的效果论政治学的损害，[2]因为私人领域处在充斥着这种政治学的"空间"中，也存在于一种政治意识之中，在某种程度上，这种政治意识接受了这样一种理论，即所有人都是邪恶的，政治就是权力和自身利益的推进，以及这就是"事情运转的方式"。这种政治意识将会系统地破坏发生任何变化的可能性，因为在严酷而艰难的世界中这些可能性既不会被看到，也不会被理解。

99

---

〔1〕　Mitchell, *Women's Estate*, p. 103.
〔2〕　马基雅维利的效果论切掉了个人道德动因理论的核心。

第三章　被神圣化与被抑制的政治：
　　　　　　父权主义 * 与自由传统

　　通过创世，亚当所获得的对全世界的主子身份，从他往后进行权利传递，由家长所享有，这个身份和创世以来任何君主所拥有的绝对统治一样大、一样充分。

——罗伯特·菲尔默爵士

　　服从的目的是受保护。

——托马斯·霍布斯

　　如果因此这些词语就给予了亚当什么权力的话，那么它只能是夫妻间的权力，而不是政治权力……

——约翰·洛克

　　根据正义而组成的家庭会成为自由德性的真正学校。

——J. S. 密尔

　　如前几章简要说明的那样，理论家描述并决定他如何给现

----

* 文中出现的 patriarchalism, patriarchy 会根据语境酌情译为 "父权主义" "父权制" 或 "家长制"，下文不再一一说明。——译者注

实的构成进行分类、哪些观点在他看来是基础性的，哪些观点不那么重要，这些对于检验他在公共与私人方面的观点和他关于女人与政治的推论都是至关重要的。亚里士多德沿着目的论路向表述了公共与私人之间的严格分界。家或家庭［the family or household］组成了一个不自由的领域，对**城邦**来说是必要的条件，但却不是它不可分割的部分。对亚里士多德而言，公共生活是自由的、相互平等的男性履行其职责、保存其公民特权与荣耀的舞台。早些时候的柏拉图认识到私人世界对公共世界的重要性，他通过完全根除或控制私人的家庭领域而解决了二者之间的紧张。随着腐朽的帝国政治让位于宗教，并使其成为人类生活和目标的中心，在基督教化的家庭内部，在尊严和名誉方面，女人的地位也都得到了提高，而与此同时，女人的形象还是充满矛盾的。同时，在基督教中，男人和女人都听到了这样的命令：如果统治者的权威具有合法性，那么就要做上帝、教皇或后来的国王的顺从而忠实的臣民。作为臣民，无论男女，都不具有真正的公共义务和责任；因此，积极参与政治决策和国家事务的问题也就被淹没了。

101

　　随着 12 世纪亚里士多德著作在西方的复兴和城市人文主义的兴起，具有公共精神的公民概念也复活了，在马基雅维利的用法中，这种公民代表了德性。但是，有一种政治行动观念的复活是伴随马基雅维利思想中武装的公民的观念一同出现的。因为男人参与军事，所以女人再次被排除在公共舞台和公民权之外。私人世界还保留着；事实上，它的重要性由于马丁·路德这样的新教改革者的劝诫和标榜而得到了加强。然而，家庭生活更为温和的德性与**国家理由**那大胆而令人生畏的信条并不相称，而后者已经成为早期现代欧洲典型的政治观念了。我将继续采用公共—私人这条线索来串起政治思想史上关于父权主义的讨论。[1]

102 菲尔默与家长制传统

"而且上帝说……"——对罗伯特·菲尔默而言，这样的话不需要再说了。在他的《家长制》（对政治父权主义最强硬、最完整、最大胆的表述）中，除了国王——最高的父亲，所有个人无论男女都被私有，并且都要保持沉默，国王的话遵循了万物之父的模式，

---

[1] 关于家长制的讨论，尽管我会集中在罗伯特·菲尔默爵士的《家长制》[*Patriarcha*] 上，但是还有其他重要的思想家与这一传统联系在一起。其中之一是让·博丹，在16世纪法国的背景下，他阐述了政治主权的理论，这种理论认为：由国王统治民族—国家是理所当然的。博丹因其成熟的、引人注目的现代主权概念[*puissance soveraine*] 而著名，他将主权定义为在统治的既定单位中可以制定并执行法律的不受限制的权威。对博丹而言，法律是拥有主权的国王和主子的命令，臣民必须服从。在《共和六书》[*Six Books of the Commonwealth*] 中，博丹通过一家之长的父亲在家中行使权威和一国之长的国王在国家中行使权威，而把公共和私人联系起来。父亲一样的主子和主子一样的父亲都拥有要求其各自的臣服者绝对服从的神圣权利。像亚里士多德一样，博丹将国家区别于所有其他形式的联合体，并且认为它的目的（"正义"）在种类上与更小的联合体如家庭，是不同的。家庭必然没有国家的终极目的；所以，家庭的掌管者没有而且不能够拥有永久而绝对的主权，主权只属于国王。家庭是国家的一种想象比喻，是"共和国中秩序井然的模型"。应该赋予父亲的是罗马式家父的权力，即对他家族的成员有生杀予夺的权力。博丹接受了亚里士多德对女人个别而独特的本性所做的解释和证明。对博丹而言，女人对繁衍后代是有用的，但是对其他的方面就没多大用处了。丈夫对他妻子所行使的权力、权威和命令被"神法和人法都认可是光荣而正确的"，因为只有他拥有"发号施令的自然权力"。父亲是作为万物之父的上帝的形象。家庭和国家内部的情势不是由人类的设计或发明而来的，而是来自自然（Jean Bodin, *Six Books of the Commonwealth*, trans. M. A. Tooley, pp. 6-7, 10-12）。博丹的理论不同于父权主义。然而，这并不构成为家长制辩解的最强有力和最强硬的版本，因为，在家庭从**其本质**上讲不仅是个**自然**的单位而且还是个**政治**的单位这一点上，博丹退了回去。他拒绝把至高无上的父亲—君王的父权主义等同于私人性质的作为主子的父亲的"自然"父权主义。

由他自己并且为他自己而设。[1]他写道："君主，你可以恰当地称其
为国家之父，应该成为比任何父亲都更可敬爱、更受尊重的人，是
上帝授权并指派给我们的人。"[2]对菲尔默来说，一切父亲和国王的
世俗权威并不仅仅是类似，而是完全属于同一类。应该指出的是，
家庭的类比并不一定要导向菲尔默的那种父权主义。类比并不会推
定出彼此完全相同。从家庭—城邦、公共—私人的类比和比喻中会
出现什么类型的父权主义，这要看如何来构想家庭本身。一个思想
家可能会继而把用于政治控制的家庭类比从公共领域中拿掉，他使
用时在私人领域里仍然保留着家长制。[3]在 16 世纪和 17 世纪政治思
想中一个重要的政治和理论困境就是：想要调和政治中的唯意志论
与私人领域、社会领域，还有前政治领域中的"自然主义"（家庭作
为一种自然的父权制度）。在这一背景下，菲尔默代表了家长制思想
的最高峰，而从历史来看这也是它衰落的开始。[4]

103

---

[1] 　Sir Robert Filmer, *Patriarcha and Other Political Works*, ed. Peter Laslett, p. 241.

[2] 　*Ibid.*, p. 325.

[3] 　参见 R. W. K. Hinton, "Husbands, Fathers and Conquerors: I," *Political Studies*
（pp. 291-300），其中有对父权主义逻辑与传统中的困境的进一步解释。辛顿
［Hinton］还指出了另外一个可能会出现在家庭类比中的可能性，他注意到
"假设家庭的类比必然会导向父权主义，这是个很大的错误"，而且引用一位
托马斯·史密斯爵士命名为 *De Republica Anglorum* 的著作作为例子。史密斯
"非常迷人地……描述了婚姻：一种伙伴关系"，用家庭作比喻来强调"两个
同意与合作的要素"，对政治而言，就出现了与以家庭问题上强硬的父权制观
点为基础的政治理论相比，相当不同的一组内涵。参看 Mary Lyndon Shanley,
"Marriage Contract and Social Contract in Seventeenth Century English Political
Thought," *Western Political Quarterly*, pp. 79-91。

[4] 　我并没有明确地将父权理论问题作为出现在特殊史实中的意识形态来处理，
即一种古老的唯农论［agrarianism］用土地贵族制和正义的概念（指长子继
承权和限定继承为基础的权益）设置的防线，以此来反对正在崛起的重商主
义和资本主义的势力。关于 17 世纪英国是一个父权制社会的简要讨论，参见
拉斯莱特［Laslett］为菲尔默《家长制》写的导言，拉斯莱特的论述对区分
人类学中各种关于父权主义的理解也有帮助。

菲尔默主要的概念标准（即被私人化了的公共语言的词汇）是：**自然权威、绝对权力、意志、征服、服从**。在菲尔默的世界中，公共与私人之间并没有分裂，甚至二者之间也没有界限；事实上，从区别于政治领域的意义上说，根本不存在一个私人领域，或者从分离出私人领域的意义上说，也根本不存在一个政治领域。菲尔默完全把家庭政治化、把国家家庭化，以至于并没有为个人——无论男人还是女人，留有空间来构想自己可以扮演的不同角色。

　　菲尔默把《创世记》一章二十八节［Gn1：28］中上帝赋予亚当的统治权作为《圣经》和上帝的支持，他将绝对的权力和权威放在了时间的开端。他发现这个权力是"自然的"而且是父权式的。他认为，人要么出于恐惧或不便，要么由于某些急于获得被上帝选择的好处而创造了政治，人并不是自愿聚到一起的。一切权力、一切权威以及伴随它们的绝对服从都体现于创世时上帝对统治权最初的赋予。于是国家在伊甸园中就有了它的起源。在菲尔默的父权主义中，只有臣民，没有公民。每个父亲在他的小小领地上都对妻子、孩子和奴仆"做主"。但是，接下来，父亲个人还要臣服于尊贵的国王。菲尔默的世界是一条从最高点到最低点的长长链条，其中，在命令与服从之间无止境的循环无时无刻不通过时间，并在时间之中重复着。

　　人们可以合理地将菲尔默对家庭的处理看作彻底的政治化，虽然在我看来菲尔默的世界中根本不存在真正的政治。不过，为了得出一个重要结论，而这个结论要为我在第五章中关于各种现代女性主义理论的讨论做铺垫，我会暂时保留这个观点。如果思想家把家庭的私人领域合并到一种完全政治化的解释结构中，并且拉平什么是公共的与什么是私人的之间的一切差别，那么必然会出现以下的困境：如果所有的关系和行为，包括那些我们最为亲密的关系和行为，就其本质而言都是政治的，如果政治无所不是、无所不在，那么任何真正的政治行动和政治目的都不可能存在，因为我们不能从任何其他事物中将政治区分出来。在那些主张"个体的就完全是、绝对是政治的"的女权主义分析者的著作中，这条规则是起作用的。继续往下看，会很有意思地注意到，在菲尔默的论证与某些激进的女权主义者的论证之间存在着相似之处，而对后者而言，前者的观点可能是一种诅咒。他们都发现在公共与私人之间、在政治和家庭之间存在一种自由的流动。所有的领域和行动都被一种单一的、"私人化的"公共语言所塑造。尽管在菲尔默之后四个世纪，激进的女权主义者从他们自己的公共与私人问题的崩塌中提取出了颇为不同的含义，但是他们仍保留了父权制理论的一个基本观念，"个人的就是政治的而且政治的就是个人的"，有这句格言为证。

　　借用拉斯莱特［Peter Laslett］对菲尔默结论的表述：在菲尔默的父权世界中，除了君主制之外，不存在任何其他形式的政府；只有父权，没有君主制；只有绝对君主制或者专制君主制，没有父权—君主；[1] 从来没有人"离开过家庭"。由神圣君主统治的王室政府在很大程度上是个人的。王国也是国王私人的领地；国王的身体与政体是分开的，却一起熔入到支配一切的、单一的意志概念中。詹姆士国王说"我是丈夫，而整个岛屿是我的合法妻子"[2]，正如迈克尔·沃尔兹［Michael Walzer］指出的那样，国王是"唯一的公共人物"。[3] 全部历史变成了一部家史，是一副父权—个人化［patriarchal-personalized］统治的完整链条。父权原则下的政治教化在

105

---

〔1〕　Laslett's introduction to Filmer's *Patriarcha*, p. 20.
〔2〕　Quoted in Michael Walzer, *Regicide and Revolution: Speeches at the Trial of Louis XVI*, p. 22.
〔3〕　*Ibid.*, p. 23.

菲尔默的《家长制》和其他对君主制和神圣权利的捍卫中发挥了作用，它并不是一系列的类比或隐喻，而是作为一种压倒性的世界观，它在整个体系中连接了公共—私人、自然—习俗，以及家庭—政治。

在菲尔默看来，家长并不是仁慈而宽大的父亲，仁慈而宽大的父亲为他的"孩子"提供援助，而且甚至会允许他们"说话"。在中世纪基督教国家中，圣父和基督教国王的主流形象在信仰和实践中很大程度上被柔和化了，之所以这样，部分是崇拜圣母的结果。尽管教会的统治（虽不是所有的宗教秩序方面）总是由男性的等级结构组成，但是教会本身被设想成一个"女性的"组织（圣母教会［Holy Mother Church］）。在基督教这种宗教中，上帝之子虽然牺牲了，却是最终的胜利者，他本身代表了诸如仁慈、宽容和同情这样的"女性"品质。

随着中世纪综合［medieval synthesis］的崩塌，以及悬于世俗世界上方的神圣之"剑"所代表的权力的毁灭，在基督教欧洲内部沿着民族主义方向出现的裂痕加深了，在有些例子中，民族主义获得了国家教会的支持，国家教会往往是由一个至尊的父亲所统治。一个更严厉更可怕的家长式的上帝形象出现了。菲尔默的上帝是《旧约》中那个残忍的上帝，这体现在上帝的愤怒、他复仇的能力以及他对绝对服从的要求。《新约》所起的缓和作用在这个背景下黯然失色。菲尔默防范任何质疑权威的可能性出现，因为他害怕会不可避免地带来无政府主义和叛乱，不仅如此，他还防范任何女性的影响出现。出于防守的态势，他开创了一种严密的社会组织理论，这种理论对于个人和政治的含义都是后退的。在地上有一个声音发威，并发出命令，而其他人则颤抖着而且默默地服从。

为了最有效地回击菲尔默的父权主义，可能有必要列举菲尔默认为**本质上**［*in its essence*］是自然的、政治的和父权式的家庭，这种家庭实际上有着更为复杂和多样的构成，并不能被归入一组仅仅被贴上命令、服从、权力和权威等标签的分类中，这些标签代表了绝对主义领域中所有强硬的方面。被菲尔默看作既定的和不变的东西，特别是存在于所有已知社会并贯穿于历史中的家庭，事实上都有各种各样的形式，而且服务于虽然没有被完全改变但却处于变化中的一些目的。

可惜的是，取代菲尔默父权主义的契约论、立宪主义和唯意志论的政治学理论，包括霍布斯式的将同意与绝对主义融合的解决方式，都没能用一种全面而条理分明的方式来处理家庭。当这些思想家为了从政治中去掉家庭，以及从家庭中去掉政治，重新塑造公共与私人之间的差别时，他们发现父权主义的残余并没那么容易被消除掉。成功出现在后家长制政治思想中的人类形象与作为家庭中的男人或女人的个人之间存在着张力，尽管前者寄生于后者当中。比如，霍布斯的《利维坦》展示了契约论与服从绝对权威之间的结合，这种结合令人不安。他把家庭放回到前政治状态里，但是认为绝对服从不仅属于公共世界，而且还属于私人订立契约的领域。洛克的《政府论两篇》将家庭定位于自然状态中，在这个问题上他虽然反驳了菲尔默，但是却没有抓住菲尔默论据的概念基础——关于应该给予或必须给予历史和被认为是自然的东西以多少重要性的问题。当自由主义传统内的思想家将家庭社会关系"去政治化"时，却没有提出一些足以描述居于这些关系核心的概念，他们采用了一组假设，这组假设要"对人的出生、童年、为人父母、老年和死亡这些基本事实做出系统的设置"。[1]

除了无情的权力折磨以及对臣服（这种臣服不允许任何人

107

---

〔1〕　Wolff, "There's Nobody Here But Us Person,"p. 133.

"长大"，无论男女）的赞美外，菲尔默的论述还是有一些力量的。其中最重要的是，他认为人类是由关系和传统来定义的，这些关系和传统既不能简化为谨慎的算计，也不能简化成人类的诡计多端。对家庭的形象和历史，菲尔默是有一些判断力的，但都受到了扭曲，二者作为一股力量以社会组织人类关系的方式去阻止突发性和大规模的变革。比如，他反驳霍布斯的观点——所有的义务包括家庭的义务都由契约表现："我不能理解像霍布斯先生在他的《论公民》第八章第三部分所说的，在最初没有一个人类伙伴的情况下，自然的权力如何能够被构想出来，在彼此间没有任何相互依赖的情况下把一切创造出来，或者像蘑菇那样，突然从地里冒出来而彼此之间却不存在任何义务。"[1]

关于孩子同意由父亲主宰的观点，菲尔默表示怀疑："一个孩子如何能够表达同意，"他写道，"或者在孩子长到拥有判断力的年纪之前有其他充分的论据加以论证，而我对此并不能理解。"[2]菲尔默并没有忘记，全人类是在一种无助的、别无选择的相互依赖中开始生活的。可惜的是，这使他得出了如下结论：人不是"生而自由的"，而且他们不可能长大，进而失去强大"家长"的监护。至尊的父亲在其范围内过着一种既是臣民又任意控制他人的生活。既然菲尔默宣称在尘世上一切权力"要么来自父权，要么是从父权那里篡夺来的"，[3]那么，对他来说，就无法看到其他的可能性了。高顿·肖切特［Gordon Schochet］是正确的，他认为"诸如那些在立宪自由主义之前就要被战胜的信念可能会成为主流的意识形态"，[4]

_108_

---

〔1〕　Filmer, *Patriarcha*, p. 241.

〔2〕　*Ibid.*, p. 245.

〔3〕　*Ibid.*, p. 233.

〔4〕　Gordon Schochet, *Patriarchalism and Political Thoughts*, p. 121.

但这些信念从来没有一起都被战胜过，这也是事实。当自由主义作为西方政治思想的主导模式出现时，人们已经很少考虑菲尔默是否得到了自由主义理论家有说服力或者完全成功的回答。[1]

霍布斯、洛克，以及自由主义传统

接下来讨论的几个问题是交织在一起的。首先，我继续讲霍布斯和洛克对于父权制思想所做的选择。我会考察一下霍布斯改写父权制的论证方式和他创造的、不用道德词汇的一种公共与私人语言。接下来，洛克将他的自由主义停靠在父权制的形式上，而在他看来，父权制在私人的和前政治的领域里一息尚存。在讨论完父权制政治语言的残存之后，我选取的是自由主义论证的线索，论述洛克在十九世纪的继承者：边沁和密尔。

霍布斯对于政治思想的重要性大大超过了他与菲尔默之间一致和分歧的范围。他解释的结构表现出了与贯穿西方思想的柏拉图和亚里士多德传统的剧烈而大胆的断裂。霍布斯激进的唯名论是史蒂文·卢克［Steven Lukes］所称的"方法论上的个人主义"，这种唯名论要求一切复杂的政体都要被分解为最简单的部分。整体被宣布不再是孤立的个体，即部分的集合。卢克写道："方法论上的个人主义是关于解释的一种教条，这种教条声称所有要解释社会（或个人）现象的努力都应该遭到拒绝（或者根据当前更为

---

[1]　在拉斯莱特版的洛克《政府论》出版之前，一般认为洛克是在回应霍布斯的《利维坦》，因为菲尔默的《父权制》被认为没那么重要，也不值得对它做出全面的反驳。See "Introduction," John Locke, *Two Treatises of Government*, ed. Peter Laslett, pp. 15-135 inclusive.

109 　复杂的观点，这都作为一种'最低水平的'解释而遭到拒绝），除非这些解释完全依靠关于个人的事实。"[1]关于人性的陈述在原则上可以简化为对运动中分子的说明。

　　在霍布斯的观念中，只有特殊的事物存在，并且只有它们是真实的。关于这种实体的知识，既不是在几个层次上进行系统的、分门别类的探究的结果，甚至也不是通过经验观察得到的，而是从人能够正确地给各种名称下定义而获得的。除了"正确地排列名称"之外，真理什么都不是。霍布斯将人类理性只是简化为"计算，而不是其他东西"[2]。真正的知识就是正确的定义。那些错误而无意义的信条和那些错误的定义是同义词。如果霍布斯的认识论是方法论上的个人主义，那么他的本体论就是抽象的个人主义。霍布斯的方法、人性理论，以及他所创造的那个人人都同意被绝对统治的政体，三者彼此需要、相互加强。对霍布斯而言，适合人类需要的生活可能"仅仅存在于国家这个语境中，而且国家只能存在于主权权威的一种类型里，那是我们可能设想到的要多绝对就有多绝对的主权权威"。[3]霍布斯拒绝人性中具有社会性的观点，并且他不认为人与人之间的关系在任何意义上是本质的和内在的，相反，那是契约性的和人为的。[4]在霍布斯式存在者

----

〔1〕　Steven Luke, *Individualism*, p. 110. 霍布斯机械论式的宇宙论——运动的物质——将精神归于物质。

〔2〕　Thomas Hobbes, *Leviathan*, ed. Michael Oakeshott, pp. 36-41.

〔3〕　Peter Winch, "Man and Society in Hobbes and Rousseau," in *Hobbes and Rousseau*, ed. Maurice Cranston and Richard S. Peters, p. 233. 在霍布斯的国家中，最高的公民权也属于最高的牧师和其他一切牧师的"授权人"〔author〕。作为教会的领袖，他不仅任命法官、对教会法（对民法来说也如此）有绝对的权力，而且他还是宗教解释的最终裁判者。

〔4〕　Wolff, "Nobody Here But Us Persons," p. 131. 沃尔夫写道："在自由主义传统中，人与人之间的关系被典型地描绘成外在的而非内在的，偶然的而非本质的。"

与他人的关系中，他人被设想为潜在的障碍或是在自己道路上设障或进行煽动的工具，这些关系受到一种剔除了情感的工具主义的指引。

霍布斯最关心的是秩序。他所设想的其他方式要么是无政府主义要么是绝对主义，这就排除了任何其他对可能之"善"的考虑，这种"善"或许是各种各样的人类行为的目的。对霍布斯来说，政治生活的目的——秩序，是预先给定的，并且其他一切东西在这个压倒性的要求面前都消失不见了。研究公共与私人领域时，他最关心的是要指出生活各个领域如何能在全权主权的限制下被提出来。诺尔曼·雅各布森［Norman Jacobsen］写道："霍布斯不可能指望仅仅通过对公共领域强加他的解决办法而获得成功。"[1] 为什么呢？答案就在霍布斯人性的理论和他对人类前政治状态的理解当中。他写道："因为我把主权者的权利和臣民的义务与自由都建立在已知的人类自然倾向和自然法的规定之上；凡是自以为理智足以管理其家庭的人都不应该对此无知。"[2] 对霍布斯来说，人类是焦虑而恐惧的，而且他们自己和其他人之间相互威胁，充满了与生俱来的、进行破坏的激情。尽管事实上霍布斯把家庭放到了前政治状态之中，但是他把在国家产生前的生活视为一种可怕的、充斥着冲突的自然状态。

家庭的存在并不能驯服霍布斯式的人的野蛮之心，部分原因在于随着每个孩子的出生，躁动不安的自然状态就会一再被复制出来。[3] 在家庭中，父亲的"管辖权"从一代传递到下一代，这

---

［1］　Jacobsen, *Pride and Solace*, p. 56.

［2］　Hobbes, *Leviathan*, p. 509.

［3］　这一讨论很大部分得益于雅各布森关于霍布斯式的人和霍布斯的利维坦所做的精彩而具有启发性的阐述。

并不是那么平稳有序的；相反，每个父亲必须使用"自然的力量"、通过斗争而使他的孩子服从他。如果他们拒绝服从，他就可以杀死他们。毁灭的威胁是霍布斯在一切层次和人类交往的每个舞台上解决秩序问题的基础。主权是通过力量或者强迫性的同意获得的，这二者不是简单地源于父亲的权威，这里我们发现霍布斯将绝对主义和同意混合到了一起，开端便是孩子在私人领域里同意接受绝对的统治。

111 家庭中的孩子就像霍布斯国家中的臣民一样，在恐惧和死亡的威胁下接受了他或她的臣属地位。孩子的同意是被迫的，并且以父母，特别是父亲，执掌着生杀予夺的权力为基础。家庭与后来政治社会的关系就像秩序、臣属和服从系统的一种缩影；它一定会促使其成员在国家［commonwealth］内服从主权者的命令（下面我会继续讨论这样一种方式，霍布斯的政治教育理论通过这种方式免除了对孩子的道德教育，并且否认在这种教育中女人有什么核心作用）。家庭本身"并不完全是个共同体［commonwealth］"。[1]

为使孩子成为那令人敬畏的、在尘世上拥有全权的君主的臣民，为了这个角色做好准备，必须有一个家长在家中做主。霍布斯认为这里的"一个家长"可以是丈夫也可以是妻子。

世代相传的管辖权是父母对子女的管辖权，被称为父系管辖权［PATERNAL］。这种管辖权并非来自生育，仿佛父母对其子女有管辖权是因为父母生育了子女，而是由于子女以明确的方式或通过充分的公开论证表示了同意。因为在生育

---

[1] Hobbes, *Leviathan*, p. 155.

方面，上帝规定男人是一个协助者，而且始终是两个人平等地成了父母：因此双方应该对子女拥有平等的管辖权，而且子女也要同样地服从双方，不过这是不可能的，因为没有人能够服从两个主人。而且尽管有些人认为管辖权只属于男人，因为男人是更卓越的性别，然而他们估计错了。男人和女人在力量或谨慎方面并不总存在那么大的差别，正像不用战争就可以对权利做出决定一样。在国家中，这种争执由民法来决定，而且对于多数情况来说（并非总是如此），裁决有利于父亲，因为大多数国家是由家族中的父亲而不是母亲建立的。[1]

霍布斯明显愿意接受在家庭中有平等的发号施令的权力，这不过是个形式的要求，可是，霍布斯接着发现在很多例子中，传统的力量以及更为强大的男性的力量就足以使那"一个家长"成为丈夫。 *112*

一种契约式的同意将权力置于丈夫和妻子之间，置于孩子之上。霍布斯假设在孩子成年之前已经默许了对绝对支配的接受；实质上，孩子是为了避免自己确定会遭受的毁灭，而默许接受了一个可能会杀死自己的权力。因此，在自然状态中，父权"自然而然"就是绝对的；在公民社会中则是契约性质的绝对。正是由于这个原因，R. W. K. 辛顿〔R. W. K. Hinton〕认为，霍布斯把唯意志论和绝对主义融合到了一起，因此与他同时代的菲尔默相比并没有多少改变；辛顿认为霍布斯的理论"将父权主义视为理所

---

〔1〕 Hobbes, *Leviathan*, p. 152.

当然，而且还放入了同意这个条款"。[1]

如果霍布斯只是主张一种服从契约的、焦虑不安的联合，以及渗透社会所有领域之间的绝对统治，那么他可能就会像菲尔默一样，只是过去时代的典型产物。但是霍布斯一直引人注目，部分是因为在我们今天仍然有人为公共与私人问题寻找霍布斯式的解决办法，使我们失去道德话语的章法，并且强迫所有生命都屈服于丧失了批判性的一系列规定。[2]这么做，他们就能剥夺人类主体的思考、判断、提问以及行动的能力，因为所有这些行为都是由充满道德词汇的日常语言构成的。在拆分公共与私人概念过程中，由于我关心的一个问题是：判断是谁发出了公共的声音，以及这是一种什么类型的声音，所以，霍布斯剥夺了我们的语言能力、社会关系及其所预设的生活方式，他的这些做法就极具紧迫性。如果没有人发出公共的声音，如果在大地上只能听到一种声音，即世俗上帝的声音，那么公共—私人的区分就无关要紧了，此时，没有人能够争论竞相存在的品格、目的和价值。公民间和睦与国内和平的代价是牺牲个人去言说、判断和理解的权力。

为了解释大沉默［the Great Silence］的霍布斯式的基础，即

---

〔1〕 R. W. K. Hinton, "Husbands, Fathers and Conquerors: II, " *Political Studies*, p. 56. 参考理查德·查普曼所持的另一种观点。他认为，在家庭问题上，霍布斯的主要优点在于他"假定家庭可以通过政治术语来观察"。当然这不是纯粹的一厢情愿。然而，查普曼毫不含糊地给政治化贴上了进步的标签，因为一旦将家庭政治化，就可以"根据政治价值"（这一定是句空话，除非有人能够清楚地说明可以据此做出批判的政治价值）对它进行批判了。"用政治语汇"来看待家庭，这具有查普曼似乎并没意识到的消极和积极的两个维度。见 Richard Allen Chapman, "Leviathan Writ Small: Thomas Hobbes on the Family," *The American Political Science Review, passim*。
〔2〕 See Winch, " Man and Society in Hobbes and Rousseau."

他对我们公共与私人困境的解决方法，我要暂时先退回来。所有的个人都被诅咒“对权力有着到死方休、持续不断的欲望”[1]。尽管上帝首先创造了话语，但是人并不能靠他自己的话语来产生秩序：“言语上的保证太微弱了，要是没有对某个强制性权力的畏惧，它是不能抑制人类的野心、贪婪、愤怒以及其他激情的。”[2]言语不仅仅是“太微弱”了，而且是对私人贪婪和公共暴乱的一种积极的诱因。当词汇失去了精确的含义、当名称只是充满了响声和暴怒却无甚内涵时，人类的话语就迷失于谬论和无意识当中，成了“一种疯狂”。[3]这种遭到诅咒的对语言的滥用没有任何意义，而且不具备任何真理：对霍布斯来说，这是在隐喻和模棱两可的“无数谬论中踯躅”，是胡言乱语。当然，现在话语独一无二地将我们定义为一个物种，而且在家庭的背景中，我们关于话语的潜能首先相当真切地被倾听到和被意识到。为了压制煽动性的话语，公共和私人的语言必须受到控制。所有人类必须是臣民并且屈从，必须压住内心激情的声音，从而使思想 / 话语 / 行动分离开来。为了在内部消除权力的危险性，霍布斯会强加给我们一组新的词汇，即冷静的、中立的和“科学的”。[4]

霍布斯按照激进的唯名论标准探索真理，这侵蚀了人类自身生活主题的意义，这种意义不可以再依靠日常语言的丰富用词来表达，而要像其他所有“以易于理解的方式被讲述的事物一样，必须能被还原为关于物质实体运动的表述”。[5]一切孩子和一切公 *114*

---

〔1〕 Hobbes, *Leviathan*, p. 80.

〔2〕 *Ibid*., p. 108.

〔3〕 *Ibid*., pp. 34-37.

〔4〕 Jacobsen, *Pride and Solace*, p. 57. Cf. the discussion in Albert O. Hirschmann, *The Passions and the Interests*, pp. 31-32.

〔5〕 Winch, “Man and Society in Hobbes and Rousseau,” p. 234.

民都必须学会这种科学的语言，而且都要用"名称的正确次序"来传授。[1]对霍布斯来说，与人类话语开始和结束相伴随的并不是无休止地对意义的探究，却是对剪切了意义的词语的正确定义。考虑到霍布斯的术语具有简化和机械论的特点，那么认为它在某种程度上是"中立性的"这一观点就很危险，它暗暗地（对霍布斯来说是明确地）认可了全权人（即那些拥有"命名"权力的人）对人类话语的抑制。霍布斯的臣民必须接受多数人的意志和声音服从于一个单独的意志和声音，也就是有朽上帝的意志和声音。煽动性学说的"毒害"被清除了。私人胡言乱语的"谬论"停止了。那么霍布斯式的方案在公共的与私人的维度上丢掉了什么呢？

人类主体被剥夺了个人话语的权力：这是一种能力 [*potientia*]，它被一个绝对权力 [*potestatis*] 所施加的外部强迫而破坏。尽管这一损失太大了以至于任何人都无法承受，然而，多数的尤其是那些被剥夺者们，至少在公共语言中，他们还是会由于专注于私人现实而变成失语的群体。对女人来说，开始大规模进入公共领域的争论是：在什么条件下出现这一公共活动？在私人领域中，女人传统上所关心的内容能够对公共世界"讲"吗？应该讲吗？怎么讲？当女人（和其他每个人一起）被剥夺了公共—政治的声音，而且她们还被剥夺了由哺育行为而来的在道德教育中扮演的传统角色时，霍布斯式的大沉默也取消了上述这些可能性。霍布斯科学的术语排除了**公共道德教育的词汇**——义务、正义、平等、自由、合法性、反抗，而且还去除了**私人道德情感和情绪的词汇**——感情、责任、爱、怜悯、同情、正派、仁慈。作为道德法

————
[1] Hobbes, *Leviathan*, p. 36.

则评判的核心，上帝和魔鬼被解除了武装，并且被降低为只是用来表示人类"好恶"的名称。按照霍布斯方案的规定，很有可能会这样：女人享有失语和受制于人的可怕平等，而且在具体的社会现实中，作为个体的男人也不能享受到在社会、经济或政治上对女人的优势。不过，道德的行动者并不会为了改变公共与私人的现实而接受这些规定。

　　一种关于假定中立的潜在诱惑，即探寻一组中立的"科学"术语，在政治思想的内外继续存在着。或许可以举出这样一个例子，这个例子来自斯金纳行为主义心理学领域，这种心理学和霍布斯的学说并无不同，它建立在语言观念的基础之上，这个例子足以使我们在公共与私人谜题上为不接受霍布斯的解决方法而感到恐惧。这段文字摘自彼得·辛格［Peter Singer］的《动物解放》一书。辛格引用了爱丽丝·汉姆［Alice Heim］的一篇文章：

　　　　关于"动物行为"方面的研究总是以科学的、合乎卫生学的术语来表达，使正常的、没有施虐狂的年轻的心理学学生能够去从事这种研究而不至于心怀焦虑。所以，以渴、极度饥饿或电击来折磨动物时，使用"条件反射减弱"一词；把动物先训练得有了某种期待，然后却只是偶尔满足这种期待的行为称为"部分加强"；"负向刺激"这个术语是使动物受制于一种它能逃避则逃避的刺激。"逃避"这个词是可以用的，因为这是一种可以被观察到的活动。但"痛苦的"或"惊恐的"刺激就不怎么可用了，因为它们都是拟人化的词汇，表示动物是有感受的，而且可能是类似于人类的感受。这种词是不允许使用的，因为它们不符合行为主义，也不科学（而且还因为会把年纪尚轻、心未变硬的研究者吓跑，而且这可能会让他去驰骋自己的想象力）。[1]

116　　进入沉默。

约翰·洛克与霍布斯那种坚决而彻底的简化方法决裂。他自己的解释逻辑开启了一种经验主义的理论，这种理论针对的是构成古典自由主义关于抽象个人的观念之基础的知识和意义。在历史上，自由主义将"一种理想而抽象的人性"与"一种真实而具体的人性"对立起来。[2] 我将首先考察一下洛克认识论的方方面面，这些方面导向了一种关于变动不居的自我的观点。对洛克所理解的公共与私人间的关系而言，他关于个人的观点特别重要（事实上，在洛克的思想中，二者谁也离不开谁），我在展开这部分观点之后将开始探讨洛克对父权，或者父母权力与政治权力，以及婚姻生活与政治生活的论述，这一探讨主要取自他的《政府论两篇》。最后，我会回到古典自由主义关于公共语言方面的问题。

洛克经验主义的认识论可以将其他心灵仅仅视为陌生的客体：我们并不是天生就与其他人联系在一起的。我们的思考过程，即我们获取知识、证明和谈论我们所知事物的途径，就如一种唯我论的行动。对洛克来说，语言是外部标志和符号的体系，而非连接内在与外在、协助构成我们内部与外部现实的复杂的社会行为。[3] 精神活动的发生很抽象。精神与肉体、理性与激情的逻辑

---

〔1〕 Alice Heim, *Intelligence and Personality*, quoted in Peter Singer, *Animal Liberation*, pp. 45-46. Cf. Midgley, *Beast and Man*, pp. xv-xvi.

〔2〕 Roberto Mangabeira Unger, *Knowledge and Politics*, p. 58. 尽管我在阅读昂格尔〔Unger〕著作之前就完成了对自由主义讨论的初稿，但是我发现他的论述与我自己的论述是相似的，而且在修改的时候，我采用了他的论述来支持我的问题。

〔3〕 Norman Malcolm, *Problems of Mind*, *passim*.

分离引向了这样一种关于个人的形象：个人没有被置于时间和空间中，也不存在于会成熟、变老、死亡的身体中。精神和肉体之间有一种偶然而不是必然的关系。[1]人类主体，作为一种会反思的、有目的的存在，被霍布斯简化为"运动的物质"，不过它并没有经过洛克而复活。相反，我们得到了一个被动观察者的形象，其社会义务是来自一系列通过理性（洛克观念中的"理性"）思考的义务。[2]菲尔默那不加反思的自然主义的无节制被过度的理性主义所替代了。人类完全迷失于这两种情况中的一种：一是被简化为包裹着传统的活生生的原型；一是被简化为碎片式的存在，在这种情况下，其理性从激情中分离出来，这意味着至少在"理解"的领域有一个正在算计结果并且谨慎行事的推理者。[3]

117

　　洛克的认识论中，理智作为形式理性，激情作为几乎毫无内容的欲望，二者之间的分离以及在其基础上确立的人格，都**要求**

―――――――

〔1〕　Cf. René Descartes, *Meditation on First Philosophy, passim.*

〔2〕　参 Unger, *Knowledge and Politics*, "vindicates and refines" 一节中对心灵和个人自由主义的粗略探讨（p. 30）。根据昂格尔的观点，自由主义理论的基础是：理解和欲望的分离；认为欲望是任意的；认为知识是通过基本的感觉与想法相结合而获得，在获取知识中，整体仅仅是部分的总和。参 John Dunn, *Western Political Theory in the Face of the Future* (p. 41) 以及 Okin, *Women in Western Political Thought* 中对洛克处理的主要部分，书中的认识论问题并不是核心。

〔3〕　"……自由主义的心理学原理使构想出独特的人格概念成为可能"（Unger, *Knowledge and Politics*, p. 55）。但是参见邓恩［Dunn］，他认为洛克那"简化的、自我中心的自由主义……结果被断定为与一种明确是先验的、人类之外的价值秩序有关"。邓恩还发现，在一些闪念中，洛克为了"有关存在性的自我创造［existential self creation］那更耀眼、更有美感的语言"，而放弃了"那种资产阶级冷漠实用的语言"。（*Western Political Theory in the Face of the Future*, p.40）应该指出的是，洛克想要把他关于"情感"［sentiment］方面的唯理论这一强断音柔和化，这种努力可能意味着他承认在完全给自我下定义方面唯理论的不足，但是这也不会推向在认识论上去认可另一种观察方式，后者与在世界上完全存在的方式［a way of being］联系在一起，并不是以残缺的自我存在。

公共—私人之间有一种特殊的分离，由此能使人类处于两个分开的领域。从理论上讲，这两个领域之间只有微弱的联系，然而，事实上，它们之间内在地联系在一起，在更深的意义上完全是彼此依赖的。公共与私人之间的辩证关系遭到了否定，然而否定的措辞却说明它们之间的联系在本质上具有依附性。这是一个重要但却难懂的观点。

118 洛克认识论中理智与激情的分离反映到他对公共—私人分离的看法上，并以此折射出他关于公共—私人分离的观点。洛克赞美从身份到契约转变中人类生活的理性化。自由主义关于公共—私人分离的看法是这个过程中一个根本性的特点。洛克的人类（我将马上考察男性—女性的差别）存在于分隔开来的领域中，他关于人格的假设使他不能全面地考察这些领域间的联系，甚至不能完全承认存在这些联系。这种立场的含义是深远的，并且作用于好几个层面。有人也许会把洛克的认识论概括为沿着进入"公共心灵"和"私人欲望"的边界或标识对人类所做的区分。在公共舞台上，即在正式的法律意义上，是自由而平等的个人在其中保护某些权利、服务于某些利益、制定契约和达成互利协定的领域，洛克认为**所有人都分享相同的知识**，而且公共领域是**唯一**提供这种机会的领域。在罗伯托·昂格尔［Roberto Unger］的概括中："人因其欲望的东西而不同，但是他们却有能力**以同样的方式认识世界**。从理解的角度来看，个人所感觉到的个别的欲望是任意的。"[1]（人在其中拥有这种能力的"世界"当然只能是公共领域。）另一种表达这个观点的方式也许是：17 世纪和 18 世纪认识论的发展带有这样的意味，即为了非私人性的行动和理解（推

---

[1] Unger, *Knowledge and Politics*, p. 50.

理），所有的心灵都选择了相同的认识论立场。这种观点支持的是一个特殊阶级的主张，而且在某种程度上这一观点产生于那个阶级的利益中，这种利益在于建立一个在某种形式意义上承认一切个人都平等的领域。

　　假设人类是理性的、形而上学意义上来说是自由的、谨慎的边际效用的计算者，而且在关于政治和理解的公共领域，所有人的想法都是相似的，这被当作是与私人世界中的品质和行动相反的一种模式，由此，在理论上公共领域与私人世界分道扬镳了。公共领域和"公共心灵"作为对私人领域的防护而存在，在私人领域中，那些被认为是无法控制、肆意妄为的欲望却被置于最高等级。昂格尔又说："至于存在者，在我们的公共模式中，我们讲理性的共同语言，并且生活在国家的法律、市场的约束之下，生活在我们所属的不同社会团体的习惯之下。然而，在我们私人的肉身中，我们听命于自身的感觉、印象和欲望。"[1]在 17 世纪和 18 世纪的自由主义中，否认女人具有公共发言权的事实意味着女人的"声音"所表达的必然是私人化的、缺乏理性的欲望。

　　在洛克的自由主义中，确实有另外一种防御因素，对于与过去及与被迫忠诚于父权主义实现某种断裂，这是必不可少的。"杀死父亲"的唯一途径是：去论证强大的上帝，即万民之父，已经赋予人以心灵，如果以理智的样态而不是以欲望或私人服从的样态来加以使用，那么它就能获得冷静的、去私人化的、与真知同一的理解。这种统一的理解，其好处在于它能实现与过去权威的分离，切断人对父亲（传统的权威）和欲望（在由女人所占据的

---

[1]　Unger, *Knowledge and Politics*, p. 59.

那个领域中，受一种私人化的激情支配）双重统治的永恒屈服。[1]

　　这些分离带来的影响是使私人世界进一步私人化，而且随着私人世界被进一步从公共话语中隔离开来，也将女人的语言降低为一种令人生厌的语言。说人类心灵发挥作用的方式和人类生活的方式正强有力地削弱洛克的论证，甚至是宣告他的论证是假的，这种可能并没有被赋予任何合理性。有人的确可以得出与古典自由主义相反的论证，也就是说，只有在私人领域中，高度亲密的关系才会长期存在，在其中，理解的可能性才是最大的，并且最深刻的理解才是可能的。市场和自由公民权的抽象关系没有而且也不可能考虑到以下可能性：在私人领域里相互承认，并对人类长期亲密关系的特点进行主体间的理解。有人也可能似乎颇有道理地提出：因为我们都欲求并且需要爱、认可、亲密行为、性满足，或者某些能产生共鸣的高尚的东西、在道德"本能"基础上彼此共享的东西、发挥自我创造力的途径和好奇心的满足，以及人类人格中欲望部分所产生的其他东西，那么人类之间就不靠他们都欲求和需要的东西而彼此相区别，而是由他们在抽象的和形式的意义上所"理解"的东西来彼此区别，但这也许既不是需要也不是欲望。人类的欲望远远不及我们获"知"的东西那样任意，我们获知的东西因我们所处的独特社会环境（或富或穷，或男或女，或是黑人或是白人，或者在工业国或者在不发达国家，或者受过教育或者是文盲，等等）而千差万别。然而所有地方的一切人类，在欲望和激情这个层次上都具有极大的一致性。这个观点当然与自由主义的认识论及源于这种认识论的自由主义政治是矛盾的：这甚至被认为是不应得到论证的一种选择。我与此相反的

_120_

---

〔1〕　见 Norman O. Brown 在 *Love's Body*（pp. 4-7）中对这个论题所引发争议的处理。

观点有一个额外的支撑，即它能够非常显著地将公共世界——特别是在其市场和政治方面，看作最分裂和最原始的激情的领域。非常吊诡的是，自由主义在对这种可能性提出警告时，简单地否定了这种可能性并将激情扫入到被称为"私人"的容器里，由此不再去惩治公共激情的恐怖。用雅各布森的话说："洛克抚平了一些粗糙的边缘，引导我们忘记现代国家建于其上的那些尸体堆。"[1]

我现在要转向洛克关于政治社会与婚姻社会本性的讨论，二者分别沿着他关于男性和女性臣民的描述而展开。对洛克来说，人"天生是自由的"，也就是说，他们不是为了自由而需要政治社会。在自然状态中，他们是自由的，但基于对安全的计算和渴求的指引，他们"愿意放弃一种虽然自由但却充满恐惧、充满持续不断的危险的状况"。他们为了"互相**保存**他们的生命、自由和被我一般称为财产的地产"[2]而联合起来。这些"自由的"人并不是社会契约之前一个有秩序社会的成员，他们签署了一个创造政治社会的原始契约，政治社会要求他们放弃在自然状态中属于他们的"自然的政治权力"。[3]他们同意公民社会的协约，有义务服从于多数人的统治，放弃一切绝对权力（对洛克而言，这是一种僭政形式），并且加入到一种引向法律和理性之治的互利契约。政治权力以同意为基础，它并不是"自然的"。洛克抛弃了父权制的一个观点：人生来既是"自然的"臣民，又是政治的臣民，他写道："很明显，人类从来不拥有也从来没考虑过任何这种**臣服**状

〔1〕　Jacobsen, *Pride and Solace*, p. 70.
〔2〕　Locke, *Two Treatises of Government*, p. 395.
〔3〕　*Ibid.*, p.380. Cf. Carol Pateman, "Sublimation and Reification: Locke, Wolin, and the Liberal Democratic Conception of the Political," *Politics and Society*, p. 455.

态。"[1] 相反，人自由地同意去创造一个政治社会，通过规定契约的神圣性与市民秩序的维持，从而确立为达到私人目的而采取的公共手段。对亚里士多德思想做一种有趣的、部分的翻转以后，国家现在既可被视为自由的领域，也可被视为对某些公共认可的私人目的的必要条件。

关于女人是否参与到相互同意而产生政治社会这一行动的问题上，洛克是沉默的，这忽略了一个事实：女人在公共领域可以拥有形式上的财产权。梅利莎·巴特勒［Melissa Butler］认为洛克的沉默应该是由于他自认为是个"足够优秀的宣传员"，他害怕疏远了他的读者。[2] 然而，如果女人拥有和男人同样的天生的自由与平等——巴特勒也是这样认为的，假设他们可以挣钱、订立契约，并拥有财产，那么，显然有比洛克策略性的考虑更多的东西存在。在自由主义内部，从洛克时代到我们的时代，与公开赋予妇女平等密切联系在一起是：物品和服务分配方面、经济和社会权力具体分配方面的极端不平等。在一些重要的方面，在女性人口没有财产的社会条件下，洛克对财产权的抽象赋予是存在偏向性的。如果过去的历史是父权制的——在这一点上洛克是同意的，而且形成公民社会的主要动机是保护财产（被理解为各种各样的"物品"，而不仅仅是经济上的），那么很难看到女人仅仅借助于形

---

〔1〕 Locke, *Two Treatises of Government*, p. 389.

〔2〕 Melissa A. Butler, "Early Liberal Roots of Feminism: John Locke and the Attack on Patriarchy," *American Political Science Review*, pp. 146-147. 与我相比，巴特勒发现洛克更倾向于女权主义，部分原因是：既然理性主义的**形式**与洛克的立场是一致的，我并不认为他关于"理性主义论证"的导言表现出了清清楚楚的进步，对于要发展一种具有说服力的关于人格的解释，这种立场起到了破坏性的作用。洛克要"用理性"对男孩和女孩开展一样的教育，就必然要联系这样一个事实进行评价：对洛克而言，所有人类在开始的时候都是等待被书写的白板。

式上所赋予的一些权利，如何能在并无财产且受公共领域中一个对等人群支配的处境中走出来。当然，他们看不到这一点，而且这是马克思对自由主义批判的关键所在。[1]

在自由主义的契约社会中，家庭归属于哪里？人类像家庭中不自由的臣服者那样进入世界吗？或者他们生下来时就一只手攥着契约，另一只手握着笔，小心地对他们自己与父母间的契约义务、权力和责任做出保证吗？从生下来就取得"自由的"同意，这大概会是种理想。但是洛克意识到这是不可能的，而且从某种意义上讲也不需要如此。他认为父亲的家长权和权威是自然的——只在孩子的未成年期行使。[2]"每个人的孩子都天生和他自己乃至他的**祖先**们一样**自由**，当他们处于这种自由状态之中时，他们就选择了自己所要加入的社会和自己愿意隶属的国家。"[3]

洛克关于家庭和政治论述的核心出现在《政府论下篇》的第六章中。在开始的地方，他给予了父母双方对其子女的"家长权"。父母有责任照顾他们的子女，但是母亲和父亲对他们都没有

---

〔1〕　那么那些出生到社会中就遵守原始契约的人呢？那些从来没有选择过，从来没有实际同意过的人要受它的规矩和原则约束吗？洛克说"是的"，因为每个人只要留在社会中，就默认了对契约的同意：国家——爱它或者离开它。麦金太尔评论这种默许的同意道："洛克的原则很重要，因为它是每个自称民主的现代国家的原则，但是自称民主的现代国家也像所有国家那样要去强制它的公民。即使公民在既定问题上不能参政议政，而且没有办法表达他们对特定议题的观点，他们也被认为是默许同意了政府的行动。"（*Short History of Ethics*, p. 159）在洛克的体系中，"同意"这个概念的完整含义被掏空了。同意在日常语言中意味着一种积极发挥作用的过程。

〔2〕　Locke, *Two Treatises of Government*, p. 354.

〔3〕　*Ibid.*, p. 358. 在这一段中洛克再次呈现了他关于抽象的、普遍的人性观点。他想使我们相信：社会的转变对任何自由的公民来说都具有真实的可能性——犹如选择变成中国人、俄国人、英国人或者美国人和挑一件合适的衣服或者一种喜爱的冰淇淋口味并不一样。他似乎没意识到我们语言与文化得以出现的方式，没有意识到这种方式不仅帮助建构了我们的社会秩序还帮助建构了我们**自己**［selves］。

绝对的管制权。在洛克的观念中没有绝对的家长。洛克很快转而把家长权称作"父亲的"，不过家长权只是临时性的。[1]正如父母有义务抚养他们的子女那样，子女也有义务尊重他们的父母。尽管婚姻社会是自由立约的，出于自愿和共享，但是它并不能成为自由立约的政治国家的模型。洛克认为政治权力和家长权力"截然不同而彼此分开，……它们建立在非常不同的基础上，并且各有各的目标"。[2]尽管从历史上来看，政府可能起源于家庭中父亲的权威，即使在那时，绝对主义也不像儿子（默许）同意被统治那样盛行。父亲—丈夫的权力并不是政治社会中主权权力的模型，洛克指出主权包括了生杀予夺的权力，而父亲并没有这样的权力。父亲"在他的家里安排私事"的权力是"婚姻的权力，而不是政治权力"。[3]不过，这一权力确实允许他继承家产。在家庭和国家之间只有表面的相似之处。在政治社会中，最高的权力可以制定包含死刑、规范和保护财产、捍卫国家的法律，"而且所有这些都只是为了公共利益"。[4]

124

作为与家长制辩论的一方，洛克认为他正在反驳"最强有力的家长制，因为它是建立在同意基础上的"。因此，洛克认为如果女人周围的环境或者是一纸契约把女人排除在外的话，从来就没有"自然法"是为了使女人臣服于她的丈夫而存在的，从而他轻松地挫败了菲尔默那源自《创世记》的对管制权的承认。洛克否

---

〔1〕　Wolff, "Nobody Here But Us persons," p. 132. 沃尔夫写道："在自由传统中，除了所有关于教育的论文，很少有人认识到这一点：童年是每个人一生当中的重要阶段，童年有老年时期那样令人烦恼的体弱，只不过又和老年阶段不同，童年能够尽快克服掉这种体弱。"

〔2〕　Locke, *Two Treatises*, p. 357.

〔3〕　*Ibid.*, p. 210.

〔4〕　*Ibid.*, p. 308.

认女人臣服于独裁家长式的父亲是自然的、不可避免的，是政治统治的源头。但是，令人好奇的是，他后来提出女人从属于男人有自然的基础，因为男人"更能干、更强壮"。[1] 他关于这个问题的一长段论述值得完整地引述下来：

> ……只是对夏娃的一种惩罚：如果我们按照这些话的意思把它们理解成只是对夏娃所说的，或是把它们理解为对以夏娃为代表的其他一切女人所说的，那么它们至多也只是和女性有关，其包含的意思也不外乎是女人通常要服从于她们的丈夫；但是如果或是由于她自己的条件或是由于和她丈夫所订的契约关系，她可以免去这种服从，那么就不再有强迫女人接受这种服从的法律。另外，如果有办法避免生育儿女的悲哀与痛苦，那么也就不再有强迫女人一定要生育儿女的法律……因此整个诗篇都是这样的，**他对女人说，"我必大大地增加你们怀胎的苦楚，你生产儿女必多受苦楚，你必恋慕你的丈夫，你的丈夫必管辖你"**。我以为除了我们的作者（菲尔默——译者注）以外，谁要在这些话中找到**给予亚当以君主统治**的授权，那都是件很难的事。……依我看来，在这段文字中，上帝并没有给亚当以任何高于夏娃的权威，也没有给予男人以高于他妻子的权威，而只是预言女人可能遭受的命运，也就是依照上帝之旨意他要如何做出规定，她应该服从于她的丈夫，正如我们所知道的一般意义上人类的法律和各国的习惯所规定的那样，我承认在这种规定中有一种自然

125

----

[1]　Locke, *Two Treatises*, p. 364.

的基础。[1]

尽管否认赋予父权以管制权有任何自然基础，但是女人对男人的从属被解释为对夏娃的诅咒，解释为人类的法律和传统以及自然的基础。洛克在这个例子中想要二者兼得。他讽刺历史上、《圣经》中以及传统里那些以父权制为基础的政治社会所进行的自然主义的辩护，他经由伊甸园滑向了这样一种观念：在婚姻中，而不是在政治中，女人的从属地位可能以自然为基础而得到理解和辩护。

虽然如此，但家庭的类比确实被推入了与洛克进行政治辩论的背景中。辛顿走得很远，他认为"在政治的推理中，这种推理不再发挥重要的作用"。[2] 肖切特认为："正是洛克论战的目的，显示了菲尔默对政治的分析有多么不切题！"而且，洛克对家庭之政治相关性的攻击，是"反家长制原则中最重要的"[3]和最有趣的地方。辛顿和肖切特在写家长制的终结上都过头了。举例来说，如果辛顿的意思是家长制在自觉地表述系统政治理论方面不再发挥核心作用了，那么他以及肖切特很大程度上是正确的。然而，相反，如果去看实际的社会关系，以及日常语言和历史中的隐喻、类比、象征和主题，作为一条推理线索，父权主义仍然埋藏在人类的生活和思想中。

父权主义丧失了它作为对政治正当性的成熟辩护以及政治理论的可信性。但是，由于语言、意义和知识是一种需要时间慢慢转变的社会活动，所以，父权主义的语汇通过公共的和私人的表

---

[1]   Locke, *Two Treatises*, pp. 209-210.

[2]   Hinton, "Husbands, Fathers and Conquerors: II," p. 67.

[3]   Schochet, *Patriarchalism*, pp. 267, 271.

达还在继续引起共鸣。父权主义的观念在其"按理"应该消失时却没有消失的原因相当简单，但是也格外复杂：自我意识的政治理论是这样一种行动，它一度既是日常生活的一部分，却又远离日常生活。理论上的变化慢慢地渗入政治意识以及一个时代的词汇表里，而且当这种渗透发生时，其实并没有进行完全的移植；相反，新概念、新语汇和它们所传达的新意义汇入了密集而多样的人类语言洪流中，而后者是由历史、传统和朴实的真理塑造成型的。这并不奇怪，父权主义的说辞慢慢地才让位，因为它们与我们在家庭里作为依赖他人的、无助的孩子时的早期记忆相联系——尽管古典自由主义理论家们可能已经忘却了，或者否认它的重要性，但是这一生活事实并不会改变。

　　自由主义的公共语言以洛克对"太初，上帝说"的否认为基础（尽管上帝已经赋予了人理性的权力，允许人用亲切的、为公众所理解的声音讲话），而这种公共语言仍然有赖于私人世界对公共世界"保持沉默"。[1]这是我已经做出的论证。然而，关于自由主义的公共语言还有另外一个问题，也就是有关边际效益和"算计结果"的语言对私人领域（公共世界正是在其上得以建立起来）的入侵，这种入侵可能会腐蚀私人的社会关系，而且使它变得粗俗，并大致按照契约的轮廓对它进行重新塑造。将自由主义的公共语言注入私人世界，就要用另外一种变形来取代更早的以菲尔默为代表的父权制观点，它规定一切社会义务都来自个人经过理性思索的义务，其动机被看成是狭隘的利己主义。[2]即使私人社会关系不能条理分明地由契约和交换的语言来塑造，即使女人抵

---

〔1〕　Locke, *Two Treatises*, pp. 243ff.
〔2〕　Dunn, *Western Political Theory*, p. 37.

制由市场语言主导私人的意义，可是被侵蚀的过程已经开始了，这看起来正在我们的时代达到高潮。

127　　在家庭当中，洛克对家长权威或父亲权威的语言的使用，对女人参与婚姻社会的陈述，以及他在公共领域赋予女人以正式的权利，这些都没有立即给予女人投身公共权力的契机。后来女人使用权利的语言来表达她们的要求。她们的论证不得不在自由主义传统的语言形式中受到压缩。这意味着女人的"理性"作为一种公共存在，并不能对私人领域（女性身份的社会基础）发声，也并不允许将女人的体验向公共领域讲述。于是，女人的自我体验受到了扭曲。在公共话语中，她没有一套语汇来描述她实际社会关系和社会地位的细微之处和基本结构。她缺乏可以帮助她对自我及其世界进行提升性和反思性理解的语汇。留给女人的选择是去说自由主义的公共语言，构想她们用这些语汇进入政治领域；在私人领域的选择是去讲情感的语言，当这种语言失去了关心和责任这些基督教道德力量，并且对于男性权力已经丧失了力量时，就越来越令人厌烦了；或者，另一种可能是，去寻找医治社会疾病的药方，并且按吹毛求疵的道德说教来规范她们进入公共世界。接下来的第五章将全面地处理由自由主义传统继承而来的公共—私人之间的特殊分裂所带来的影响。

家长制语言的命运：私人的残存，公共的回响

　　在关于菲尔默、霍布斯和洛克的讨论中，我认为，在自由契约主义之前，发出命令并接受被动臣服者无条件服从的绝对家长的形象已经有所后撤，虽然如此，但家长制的形象和主题仍然会

引起共鸣，并且还继续在政治隐喻、象征和谈话的语汇中发挥作用。已经没有声称靠天赋权利而统治的绝对君主了。然而，在男人主导的家庭中生活的长期历史经验还继续构成着我们对政治和政治关系的反应。

一种政治语言永远都不会是少数哲学家的独创。君主制的绝对主义观念在英格兰的失败，意味着家长制的一种强有力的意识形态支点，即国王般父亲的绝对统治，被移除了。但是，关于家庭的政治和政治的家庭的思考还在。传统的家庭（很大程度上像我们今天按照父亲、母亲和子女的规模和构成那样来认识）繁荣兴旺，而且生活还在继续。这引向了对语言的政治学和政治学的语言（事实上二者是分不开的）的思考。如果人们同意语言存在于社会现实当中，并且有助于规范社会现实，而且更进一步讲，如果同意我们社会现实的一个强有力的特征是在父亲、母亲和子女之间的动态关系，那么就可以推论说，适合于家庭领域的语言可能会被移入其他领域，包括政治领域，正如家庭普遍具有的现实也被那些来源于公共层面的思想和行动的观念、价值所浸染。[1]

任何超越了最原始状态的社会，都包含了基于各种意图和目标而组织起来的一系列团体、制度、结构和关系。那些意图通过特定的方式被描述和被理解。因此，关于政治行动，其意义和解释"必须被想成是同时存在于很多背景和很多层次之中的"。[2]毫不奇怪，我们政治的词汇与出自家庭中我们最早的社会关系的词汇产生了共鸣，实际上，如果事实不是这样，人们才会感到惊讶。

---

〔1〕　J. G. A. 波考克在他的论文 "Languages and Their Implications: The Transformation of the Study of Political Thought" (in *Politics, Language and Time*, ed. Melvin Richter, pp. 3-41) 中阐发了这个主题。

〔2〕　*Ibid.*, p. 18.

适合于改变后的社会和政治环境的词汇首先出现在公共领域中，要是这些词汇最终渗透到了（如果不那么全面和强有力的话）家庭生活中，这个事实也不应该令我们惊讶。

自由主义的胜利和对所有"自然主义"模式的拒绝已经有系统地出现在抽象理论和制宪层面上，但是如果有人注意到家庭对其内部生活和关系之理性化的抵制，那么这不过是局部的成功而已。比如，在 17 世纪和 18 世纪的家庭中，神一般的父亲还在管教他那反叛的孩子。迈克尔·沃尔兹［Michael Walzer］和其他人关于家庭史的著作都反复强调孩子们服从其"政治父亲"［political fathers］的责任和要求，"政治父亲"是上帝的行政官员，通过向他们的孩子教导"政府和服从的第一原则和基础"来履行神圣的职责。[1]

19 世纪，美国新一代的政治父亲们反思了父权主义旧理论和实践的衰落。他们是集不同风格于一身的父亲：严厉但宽容，强大却开明。他们倾听他们孩子的声音，甚至还迁就于孩子。他们不仅命令孩子服从，而且还教育孩子服从。像新一代比较民主的父亲那样，美国的政治父亲或政治领袖并没有在人民之上做主子。转变为公民的臣民，并没有被要求屈膝下跪或者胆战心惊地站立（如果我们确实已经学到了这些，那么，学会这些用了好多年的时间）。领导人应该得到尊重，而且如果他强烈要求他的同胞公民遵从合适的咨询和意见，那么他们就要遵从爱国的责任。

托克维尔用敏锐的眼光察觉到：在 19 世纪中期的美国，公共与私人之间的关系正在发生变化。他发现，在美国人的生活中，

---

[1] Michael Walzer, *The Revolution of the Saints*, p. 191. 母亲被视为一种让人多愁善感的力量，因此不允许她的影响占主导地位，以免使孩子"软化"。另见 John Demos, *A Little Commonwealth: Family Life in Plymouth Colony*。

最受瞩目的是"在两性的行动中探寻两条截然不同的路线"。[1]在家庭内部，父亲是"天然的领袖"。美国人相信，尽管男人和女人有义务并有技巧去担负不同的任务，但是必须显示出对双方"一视同仁"："他们将双方都看作是拥有平等价值的存在。"[2]可惜的是，这种一视同仁并没有带来社会的平等和政治的平等——在赞美美国成功提高了妇女的道德水平和知识水平时，托克维尔掩饰或者漏掉了这一事实。尽管美国妇女被限定在家务雇佣这个安静的圈子里，但是托克维尔认为，她们并没有在任何地方占据更高的地位，而不像那些试图拉平一切性别差异的欧洲妇女那样，欧洲妇女所知道的足以使她们通过差异来寻求性别平等。[3]

130

托克维尔在理解公共与私人上最有意思的贡献并没有多少放在他对美国妇女德性的夸饰上，而体现在他的以下洞察中：在某种程度上，家庭制度与更高的政治秩序紧密结合在一起。托克维尔将家庭内部的统治分别与贵族和民主体系联系到一起，家庭内部的统治是通过童年成长的定型和实践去塑造成年人的行为和性格的。在家长独裁的社会里，家庭中只有父亲的权威得到承认，就像在更大的社会中受一个独裁的、权力不受质疑的"父亲"统治一样。[4]在父权独裁家庭体系内部，"家长不仅拥有**自然的**权利，而且获得了**一种政治的**权利以命令他们（也就是孩子）；他是家庭

---

〔1〕　Alexis de Tocqueville, *Democracy in America*, ed. Phillips Bradley, 2：223.

〔2〕　*Ibid.*, p. 225.

〔3〕　*Ibid.*, p. 223.

〔4〕　一个民族一旦获得了认知，它就能摧毁开始被视为是压迫性的强大的政治神话和政治象征吗？迈克尔·沃尔兹证明了斩杀国王路易十六的正当性，因为公开地杀死国王是摧毁皇室家长神圣不可侵犯以及旧制度下家长政制神话的唯一具有决定性的方式。见 Walzer, *Regicide and Revolution*。

的创造者和支柱，但他也是家庭法定的统治者"。[1]另一方面，在民主社会中，父亲的权威从来没有被认为是绝对的，而且他的权威在发挥作用时已经相当程度上被弱化了。作为向孩子教导民主价值的人，母亲发挥了重要的作用，在一个以广泛的适应性、参与、自由，以及没有绝对统治为特征的体系中，他们需要这些价值。因此，贵族和民主体系在一切层次上都是相互加强的。

下面这个表达像它呈现的那样，既简洁又恰到好处：相对来说，家庭由总的秩序决定，还是决定了总的秩序？托克维尔发现*131* 多数时候影响是从公共世界流向私人世界的。他认为，家庭受制于强大的压力而塑造自身以适应公共权力的结构。但是托克维尔从没有探究这一过程的动力何在。他只是认为，女人在她所分属的、却是平等的私人世界中对民主的运行起到了重要作用。他写道："若是没有道德，就不存在任何自由的共同体，而且据我观察……道德是女人的工作。所以，任何影响到女人的处境、习惯以及观点的东西，在我眼中都具有极大的政治重要性。"[2]在当时和现在，家庭都是我们最密切的、最富感情的和最重要的人类关系之所在。事实上，很多人论述过，随着现代公共世界的异化与去人格化，包括市场社会压力的加剧，家庭作为人类得以超越金钱交易关系的一个庇护所与标志物，它的功能得到了加强。今天，家庭既是一种充满弹性的制度，又是一种脆弱的制度。

我们还继续展开家长制的象征和主题吗？是的，以某种程度上稀释了的形式展开。我们把领袖塑造为一种父亲——或者他把自己想成是父亲。前总统尼克松说美国人就像"家中的孩子"，他

---

[1] Tocqueville, *Democracy in America*, ed. Phillips Bradley, 2：203-204.
[2] *Ibid.*, p. 209.

们需要被告知去做什么。我们借用了"男人的家庭"，我们说的更新版本是"美国人的兄弟关系和姐妹关系"。我们在公共和私人讨论中用到的许多意味深长而颇有争议的词语都来自我们在家庭中的经历：信任、服从、权威、惩罚、背叛、合作、嫉妒、悲伤、悔恨、生气。我们关于公平和分享的观念是与学习"游戏规则"和"欺骗""不公平""获胜"以及"放弃"这些经历联系在一起的。所有这些词语都被转化到成年人的谈话中，并在政治上加以使用。政治领袖（在某种层次上）理解了它，并且（在某种层次上）使用和滥用它，毋庸质疑，这也是事实。

这是 19 世纪自由主义两位主要代表人物的努力，他们试图解决这些以及其他公共与私人的问题，我现在将转向这些问题。

19 世纪自由主义的继承者：
杰里米·边沁和约翰·斯图尔特·密尔

132

在主要的方向上，边沁和密尔都没有改变关于知识和意义的经验主义理论，这些理论正是洛克思想的基础；确实，在一种功利主义中，边沁把工具理性的规则带向了它的最高峰，这种功利主义专门把人类描绘成谨慎而高效的计算者，支配他们的是一种简单的、仅仅是将快乐最大化以及避免痛苦的计算。[1] 边沁的心灵理论刻画出的是无助的个人，他们受快乐和痛苦这对孪生之力的折磨，个人被构想为自由流动的抽象物，而没必要涉及社会和历史的现实。至关重要的是个人收获快乐的数量，或者总共收获

---

[1]　J. J. C. Smart and Bernard Williams, *Utilitarianism For and Against*, p. 95.

的快乐应该大于承受的痛苦。一种外在的计算被运用到了人类的全部生活和思考之中。功利主义"最终将价值与事态［states of affairs］联系起来"。[1]在边沁的名言中，如果撇开偏见，针戏*其实和诗歌一样好［push-pin is *au fond* as good as poetry］。[2]

在《道德和立法的原则》中，边沁在讨论女人和已婚夫妇与法律的关系时，给出了一些关于公共与私人方面的看法。他发现性别是影响人类感受的"第二位的环境因素"。[3]他给出了一些对女人的传统赞辞：女性比男性更敏感、更细致、更有道德、更虔信宗教，而且更富有同情心。但是比女性粗糙的另一半人则更强壮、更勤奋、智力更高、内心更坚定。边沁还察觉到了其他的区别，这些区别最终对他的功利主义计算来说是至关重要的。他说，女人的感情并不包含她对自己国家福祉的信奉，对全人类的感情则更少，她们的情感要么限定在对她自己的孩子身上，要么在对一般年少的孩子身上。这就说明，女人的偏好并不像男人的偏好那样与边沁的功利原则相一致，这归因于女人"在知识、洞察力，以及理解力方面的某些不足"。[4]

为什么以功利主义的标准衡量女人相比男人"较少"的这种能力是至关重要的呢？如果遇到婚姻冲突，它就变得重要了，特别是在这种冲突进入法律范围时。边沁为解决婚姻冲突的一种"常识性"方法辩护。他问道，应该如何裁定男人和妻子之间的竞争？悲哀的是，除了体力之外，并没有其他衡量的办法。事实很

---

〔1〕 对边沁来说，感觉就是个体去感受一个动因或者既有的力量所施加的快乐或痛苦的数量，它可以用数量或程度来衡量。

* 一种儿童的游戏。——译者注

〔2〕 引自 Dunn, *Western Political Theory*, p. 41.

〔3〕 Jeremy Bentham, *The Principles of Morals and Legislations*, pp. 58-59.

〔4〕 *Ibid.*, p. 59.

简单：如果出现不能协调的冲突，那么权力一定会落在冲突的一方或者另一方那里。下面有个关于这种冲突的例子，它会比我们所希望的更能说明边沁的功利主义："男人愿意把肉烤着吃，女人则愿意把肉煮着吃：他们会都不去吃肉而等到裁判来为他们安排吗？"这会很愚蠢，所以立法者必须决定谁有权力来处理这个争执。如果立法者按照功利主义的逻辑，那么他必须从仔细考虑如下事实开始：（1）男人和女人在有立法者之前已经生活在一起很久了；（2）男性几乎在所有地方都是二者中的强者，因此，通过单纯身体的手段就已经拥有了"他考虑用法律手段赋予他们一方的权力"；（3）因而，他也许最好还是默许现状，并把合法权力放到更加强大的人手中。[1]这使得立法者的任务更容易完成，因为如果他把合法权力授予体力上较弱的一方（即使她明显是"对的一方"），那体力上较强的一方就会一直处于违法的状态。于是正义或理智的问题就永远不得其门。

边沁以无力的虔敬收尾，即把这种权力合法地赋予体力上较强的一方，结果将会"对某些人有好处"。[2]他表达了这样一种希望：万一出现婚姻争执，双方的利益都会得到考虑。但是，在他的概念框架中，并没有什么可以将暴力合法合理化的可能排除出 *134*

---

〔1〕 Jeremy Bentham, *The Principles of Morals and Legislations*, p. 259, n. 1. Cf. Herbert Leonidas Hart, *Women's Suffrage and National Danger: A Plea for the Ascendancy of Man.* 哈特〔Hart〕说，当"两个人或者更多人之间存在任何持久的关系"时，"……命令的权利……必然属于一个人，或者拥有这项权利的人的数目必然不会超过所有人的数目"；另外，"无政府主义和非法状态"在国家中和在家庭中一样，应该受到谴责，而且阻止这种不幸状况发生的"最高权力"在家庭和国家中是同样需要的（pp. 121-123）。

〔2〕 Bentham, *The Principles*, p.260. 需要注意，边沁并没有假定夫妻之间的利益是完全和谐的。他至少承认有冲突的可能。但是他的解决办法则是一种家庭的丛林法则〔Faustrecht, club-law〕。如果不是事实上如此，至少要保持表面上的家庭和谐。

去。正如伯纳德·威廉姆斯［Bernard Williams］指出的那样，功利主义"不会使诚实有什么意义，而且还在正义的问题上遇到了麻烦"。[1]边沁的方法无法保证在公共和私人世界关系上做到概念清晰。比如，他证明家庭内一人之治的合理性，同时他反对为女人提供法律保护，他没有注意到二者之间的矛盾；他也没考虑到这样一种可能性：如果证明我们成人亲密关系中强大一方的权力具有合法性，这种合法性也许会成为在我们公共关系中使用武力的基础。对边沁来说，家庭被封锁于公共世界之外，同时，在对两性关系的考察中，仿佛它们和公共问题没有关系一样。

伯纳德·威廉姆斯把典型的功利主义称为伟大的单纯［a great simple-mindedness］，"思想和感觉太少，以至于不能与现实的世界匹配"。[2]自我被简化为社会工具主义的一面镜子。威廉斯还指责功利主义自身毫无约束却又标榜不带个人色彩的善行，他们表达要依照功利主义原则的预设而改变世界的欲望，他们通过广泛的途径，愿意对万事万物负责，但在实际中这意味着他们"对任何事物都没有真正的道德责任"。[3]功利主义否认真实的理性必须是一种在个人道德行动理论中的整全的维度。对功利主义者而言，行动的好与坏是以外在的标准为基础的，而且不用诉诸个人理智就能加以判断。边沁对这些严重的缺陷负有责任。密尔的情况则更加模糊不清。

密尔是一个复杂的思想家，他接受功利主义的原则，而且他对人持有一种非常抽象的观念，这些都使他对人类亲密社会关系的结构和完整权力以及作为权力和激情舞台的政治生活之本性理

［1］ Smart and Williams, *Utilitarianism*, p. 80.
［2］ *Ibid*., p. 149. 对于这一探究的目的而言，去澄清"统治"的功利主义与"行动"的功利主义之间的差别并不重要。
［3］ *Ibid*., p. 110.

解匮乏。所有这些局限都削弱了他对公共与私人主题的分析，包括他的女性主义小册子《论女人的从属地位》，不过这本小册子为自由主义女性主义留下了一份最清晰、最有智慧的宣言。密尔那理性的经验主义使他对女人传统的服从给出了一种空洞的解释，并提出了一种并不足以结束这种服从、改变公共与私人词汇的方法。我将考察密尔的观点，并首先对其研究的一个根本前提做简要的思考。

密尔经验主义的功利主义建立在理智（或理解）与欲望（或激情）的分裂基础之上，对于这一分裂我在有关洛克的讨论中已经处理过了。密尔写道，那不是理智的正是本能，并且"是人性中更坏的部分，而不是更好的部分"。[1] 密尔假设在受理智控制的那些个人当中，存在一种共同的或者统一的道德和政治信念。他的目标是用自然科学的形式（即理性主义的一种流线型的语言）来表达道德和政治"科学"的原则。因为，根据密尔所言，最后，"理性用同一个声音说话"。实际上，这意味着无知者或非理性的人可能不得不顺从那些受到启蒙并用理智的声音讲话的人。[2] 既然密尔对心灵有截然两分的理解，这表示人必须达到"对理智的尊崇"，而且完全拒绝对本能的"盲目崇拜"，这种盲目崇拜"无限地低于其他任何崇拜，并且是当今错误崇拜中最有害的一种"。这样，密尔混淆了几个问题：人类最终是怎样的，过去是怎样，或者人类可以变成怎样。[3]

---

〔1〕 John Stuart Mill, *On the Subjection of Women*, p. 18.

〔2〕 Graeme Duncan, *Marx and Mill: Two Views of Social Conflict and Social Harmony*, p. 262.

〔3〕 Mill, *Subjection of Women*, p. 18, 比较 Dunn, *Western Political Theory*, p. 52。邓恩认为，对"人类的人格密尔根本就没有前后一致的概念"。

在密尔《自传》"我精神史中的危机"一节叙述中，这种混乱是很明显的。密尔描述了他是如何了解到幸福只会降临到那些"将心灵与一些并非个人幸福的目标放在一起"的人身上。"唯一的可能性是不把幸福，而是把某些外在于它的目标当作人生的目的。"[1] 按照不带有反思性的经验主义关于心灵的观点，人必须避免仔细地审视自己的感情和目的。自我意识必须被彻底地外在化。密尔继续说，卡莱尔［Carlyle］的"反自我意识理论"要求个人避开对自己幸福的反思，办法是"在想象中阻止它或者用重大的问题将其击退"，这一理论变成了"我生活哲学的基础"。[2] 密尔的生活哲学是外在之人的哲学［the philosophy of the external man］。这不仅有助于解释他风格的单调和分析的空洞——有些是更低的，而且这还直接引向了当代社会科学中社会解释的角色模型理论，这是一种解释框架的类型，它完全不能说明内心的形象、想法和幻想如何变成了我们的"真正天性"。我将在第五章关于自由主义女性主义的讨论中更深入地探究这个问题。此处，我将回到这个关于人类动机的麻烦问题上，因为它出现在密尔关于女人从属地位的讨论中。

密尔这个自由主义的乐观派对人类动机——或者男性的动机，持有一种格外令人沮丧的观点，这一观点经常不被承认，然而，对他全部的观点来说，这却是必不可少的。他把原始的"力量法则"［"law of force"］和"体力占优法则"［"law of superior strength"］说成是人类社会以及两性关系的基础。[3] 在还未启蒙的时代，这种体力法则主导着生活。关于男人和女人之间的传统关

〔1〕 John Stuart Mill, *Autography*, p. 92.
〔2〕 *Ibid*.
〔3〕 Mill, *Subjection of Women*, p. 22.

系，密尔只是发现了一个"可恶的起源"。他不认为**任何**对历史或
传统的诉诸是有价值的。他对人类过去的批判相当彻底，以至于
他从不把传统视为利于任何人类关系或制度的前提，却经常将其
视为反驳人类关系和制度的强有力的论据。他把过去看成这样一
段时间，其间是地位和力量而不是契约和自由选择构成了社会生
活的基础。密尔并不考虑在创造家庭生活的过程中是否包含了女
人的推动作用，在其主要的篇章中也没有把细节放到这样的问题
上来：既然幼年人类在相当长的时间里都依赖其他特定的成人来
呵护他，而如果任何一种社会生活的形式最终都能存在的话，那
么家庭还是否会成为一个先决条件？他谈到拥有权力的骄傲对于
"男性整个性别来说都是很平常的"，[1]并且谈到这种"在离他最近
的人之上"拥有的"权力欲望是最强烈的"。[2]为什么呢？

  密尔解释说，男人统治女人的动机首先是男性对驾驭女性的
权力有一种纯粹的欲望，这是对人类思想和活动的单一归因理论。
他还讲到"由男人系到女人身上的价值"，但是他对此没有进一步
解释，他回避了这个问题。[3]密尔认为，男人和女人的不平等持续
存在是因为这种不平等并没有有力地表明它"自身的来源"，而且
因为争论也"还没有显示出其真实的特点"，所以，女人的从属地
位"并没有让人感觉到与现代文明不协调"。[4]换句话说：有一种

137

---

[1]　Mill, *Subjection of Women*, p. 25.
[2]　*Ibid.*, p. 26. 密尔的沮丧还延伸到了他的其他观念中——为什么更有权力的人
　　首先开始承认"下属有某些权利"，换言之，"那是为了**便利**，他才受命对他
　　们做出某些承诺"（p. 22）。密尔没有指定谁来发布这种命令，关键在于他假
　　设便利或者某些有用的方面才是刺激道德进步的动因。
[3]　*Ibid.*, p. 19.
[4]　*Ibid.*, p. 21. 另参"社会从其最高处到最低处是一个长长的链条，在任何他不
　　能命令的地方，他必须服从。因此，现存的道德主要适用于一种命令和服从
　　的关系"（Mill, *On the Subjection of Women*, p. 62）。

原始的丛林法则，这种法则持续存在是因为它一直没有得到社会的男性和女性参与者的承认。为什么女性应该在一系列社会关系的延续中占有一席之地呢？在密尔看来，在这一系列社会关系中，女人**只不过**是个受害者。密尔又是没做连贯的解释。他摆脱这种情形的方法是理性地跳跃到两性间"完美平等"的关系中。如果把这样一种关系放在理性主义的基础上加以"拷问"，人们就会选择接受它。[1] 随后，深思熟虑的结果已经由密尔提前给出，这会以旧方式的一去不返与理性的、新的方式的大获全胜告终。密尔

138　预言：一旦一种高的生活方式被建立起来，两性之间的平等就会开始确立，拥有特权的男性就会放弃他们的旧有方式，因为他们将看到，性别平等会带来幸福。

　　密尔没能说服我们，因为我们从他的叙述中并不能理解为什么人类（包括男性和女性）如其所为地行动。或者，如果我们接受他对男性行为所做的单纯的权力分析，我们就会像女性的动机所碰到的状况一样，被留在黑暗当中，除非我们求助于一个相当不讨好的观点，即流传数代的有关女性受虐狂的观点。女人从男性的牺牲品变成了男性善行的受惠者，但在密尔那里，我们并不能感知到为什么女人会突然渴望这种转变，或者为什么男人愿意这么做。让我再做进一步的解释。将女人限制在家庭生活的私人世界中，这种限制变成了女人通向公共道德的障碍，而作为"积极而充满活力的心灵，如果自由遭到拒绝，它就会去寻求权力"，关于这个问题的讨论，密尔写道：

　　　　在那些不能希望获得自由的地方，就会希望得到权力，

---

[1]　Mill, *Subjection of Women*, pp. 19-21.

权力变成了人类欲望的主要目标；他人不会将不受干扰地管理自己事务的权利交给某些人，但是如果这些人能够做到的话，他们就会为了自己的利益，通过干预他人的事务，来对自身做出补偿。……爱权力和爱自由永远都是相互抗衡的。哪里自由最少，对权力的激情就是最狂热最肆无忌惮的。[1]

当人们弄清楚隐藏在密尔主张中的前提时，诸如以下这些内容就会显现出来：（1）如果自由遭到否定，就会追求权力；（2）哪里自由最少，对权力的要求就最强有力、最难于控制；（3）被限定在家庭生活中的女人把家庭的舞台变成了较力场，在那里，她们对他人肆无忌惮地玩着私人权力的游戏；（4）如果女人获得了公共**自由**（不是权力！），她们对私人权力的追求就会停止，这种追求就失去了存在的理由。这讲得通吗？除了关于权力与自由关系的那些值得商榷的假设，在密尔的论述中还有些隐藏的前提，他不能说出他的主张，或者是他的主张可能已经从根本上被削弱了。这些隐蔽的观点与男性的动机有关。密尔是前后矛盾的。他已经提出过那些长期掌握**公共自由**的个人，即男性们，继续受到**私人权力**欲望的驱使。然而，在他自己关于女性以及权力—自由关系的观点中，女性一旦获得公共自由的舞台，她们对私人权力的追逐就应该停下来。那么，不管是多么隐蔽，难道我们不是还坚持这样一组观念吗？——男性和女性的动机不同，他们的天性在某种意义上也是完全不同的。很明显会这样，尽管密尔并没有这样说。但是，除了我马上要思考的他的环境决定论，这是他关于男性与女性、权力与自由的观点保持连贯一致的唯一可能方式。

[1]　Mill, *Subjection of Women*, pp. 123—124.

在自由的外部因素限制下，密尔认为环境使我们变成了这样。于是他主张历史地考察男性—女性关系的特殊**形式**，包括考察女人在各个时代中所展现的品质，这种考察不会告诉我们**任何**关于女性的天性，因为，在某种意义上，男性操控了这场实验。[1] 过去仅仅向我们讲述了男人的天性：这一天性受到一种与女人相关的、（密尔）没有解释的"价值"驱使，是一种统治女人的需要（密尔也没解释）。然而，过去却没有向我们讲述**任何**关于女人天性的东西，密尔认为这种天性现在是"一种不同寻常的人为之物"。[2] 唯一能使事物正确地存在、能评价何为女人

140

---

[1] 比较 the discussion in Rosenthal, "Feminism Without Contradictions," pp. 34-35。另见 John Stuart Mill's discussion of the "despotism of custom" in *On Liberty*。

[2] Rosenthal, "Feminism Without Contradictions," p. 38. 斯宾诺莎在其《神学政治论》的结论中，将自己的笔墨主要放在了关于女人从属于男人的思考上。如果男人的那种权威只是通过"单纯的习俗"而存在的话，那么斯宾诺莎就会发现：并不存在具有说服力的原因，能将女人排除在政府之外。但是他诉诸经验、历史和传统，以及那些他看起来压倒一切、足以使他赞同的证据。他假设有些自然的基础是经验传统的根据。我将完整地引述这段话：

> 但是，也许有人会问：女人是由于本性或制度而从属于男人的吗？如果是单纯由于制度，我们就没有理由相信应该将女人排除在政府之外。不过，如果我们诉诸**经验**本身，我们会发现这是由于她们自身的弱点造成的。因为从来没有男人和女人共同掌权的情况，但是任何有男人和女人的地方，我们看到的都是男人统治而女人被统治，在这种情况下，两性非常和谐地生活在一起。不过，另一方面，传说中的亚马逊人，据说她们过去掌过权，她们禁止男人居留在她们的国家中，她们只抚养女孩，她们生下了男孩就会杀掉。但是，如果女人从天性上和男人平等，而且在特征和能力上（这是构成人的权力，从而也是构成人的权利的要素）一样出众；的确，在众多不同民族中，总是会发现有一些民族是两性同样可以统治的，有一些民族是男人受女人统治，在那样的生长环境中他们无法发挥自己的能力。而因为并没有哪里是这种情况，所以有人会适当地断言，女人在本性上没有与男人平等的权利；而且她们必然对男人让步，因此两性一样地进行统治是不可能的，男人受女人统治就更不可能了。但如果我们进一步考虑人的激情，事实上，男人通常只是出于性欲的激情而爱女人，按照她们漂亮的程度来评价她们的才能和智慧，而且男人非常不能忍受自己爱的女人对其他人示好，以及诸如此类（转下页）

天性的方法就是去改变环境，特别是一切关系中最为"普遍和无处不在"的关系，也就是男性和女性之间的关系，并且引导这一关系从此进入"正义而非不正义"的限制之中。[1] 在这一点上，密尔深信不疑，以至于他把一切"存在于人类当中的自私倾向、自我崇拜、不合正义的自我偏向"的来源都归于"男人与女人关系现在的结构"。[2]

如果有人接受密尔关于困境来源的结论（我并不接受这一点，当然并不是在密尔所描述的语境下），那么下一步就是确定一种有效的方式来理解这个问题。在这个关键点上，密尔堕落成了一个天真的环境决定论者。他认为，一旦提供给女人**公共承认**的平等权利，男人和女人的关系在**私人领域**就会发生改变。很奇怪的是，这种解决办法与问题的阐述并不协调：这些阐述包含记忆、"权力欲"、"力量法则"、"体力占优法则"。在私人的性关系这个层次上的问题与密尔的公共解决办法之间的落差，对我们这个不那么单纯的时代带来的冲击过于简单无力了。我将考察与追求形式—法律上的平等相关的密尔的公开观点，但是，首先把他关于男性与女性关系的观点指出来很重要，因为很奇怪，他假定的那"完美正义"的前景中并没有权力，而且对我们最亲密关系中发挥作用

141

（接上页）的事情，我们将很容易看出来，男人和女人如果同等掌权的话是不会不对和平造成巨大损害的。关于这个问题，讲这些已经足够了。

Benedict de Spinoza, *A Theologico-Political Treatise and Political Treatise*, trans. R.H. Melwes. pp. 386-387.

[1] Mill, *Subjection of Women*, p. 103. Cf. John Stuart Mill, *Auguste Comte and Positivism*, pp. 91-92.

[2] Mill, *Subjection of Women*, pp. 103-104. 在 *Auguste Comte and Positivism* 中，密尔写道"所有经验都证明了，家庭关系的规范程度几乎与工业文明的程度成正比"（p. 93）。

的人类深层情感也缺乏承认。[1] 关于男性—女性关系，像写圣西门 [Saint-Simon] 的哲学以及对议会改革的建议一样，密尔写得无力乏味。既然他站到了理性与欲望分离这一边，那么他也不能再做其他的什么了。一旦人类关系被抬升到理解的领域，就被排除了激情，而且也必须被排除掉激情。

这个问题的另一方向是：密尔知道亚里士多德式的目的论论证属于有偏向性的分析，而且结果是为支配一个群体、性别或阶级（他们由受益于这种统治的人支配）的"自然"模式证明。他还了解，至少是部分地了解：女人占据了一种不同于其他一切从属阶级的位置。因为他吹毛求疵般地指出：男人不仅需要女人的"服从"，还需要女人的"感情"。[2] 然而，密尔却在他的论述中走入了歧途——像我在第四章会讲到的那样，这就是为何说卢梭对男女关系的叙述更为丰富，因为在古往今来协助创造和构建社会关系方面，密尔没有赋予女人以**任何**积极的角色。在密尔的世界中，女人已经整齐划一地排成了一队。密尔还没有理解另一个格外复杂的动因，这一点心理学理论已经帮助我们做了描述和解释。

在所有这些岁月里，女人不得不抗争的并不简单也不仅仅是

---

[1]　Ernst L. Freud, ed., *The Letter of Sigmund Freud*, pp. 75-76. 弗洛伊德在他还是学生的时候把密尔的《论女人的从属》翻译成德文，在一封写给他未婚妻 Martha Bernays 的信（1881 年 11 月 15 日）中对密尔的风格给出了评价：

> ……我在他那毫无生机的风格和以下事实中发现了问题，这个事实是人们在他的著作中永远也不会发现能够永驻记忆的句子或短语。然而，后来，我阅读了一本他的哲学著作，这是一本诙谐幽默、措辞得当、生动有趣的书。极有可能的情况是，他是那个世纪最能够把自己从日常偏见的支配中解放出来的人。结果是他缺乏对荒谬事物的感知——这种情况经常一起发生。他的自传太故作正经了，或者太清高了，以至于人们永远不会从中看出人性被分成了男人和女人两部分，也看不出这个区分是最重要的。

[2]　Mill, *Subjection of Women*, p. 30.

这样一个事实：男人已经占据了对女人具有更大权力的位置，或者女人缺少角色示范来帮助她们在其现状之外追求些什么，问题是：女人就像所有人类一样，她们完全融入或"接受"了外部现实，并且把外部现实变成了她们内心世界的一部分。这一外部现实不仅仅是天然地"就在那里"，而且还是被感知到的现实的一个维度，它可能开始于一种内心的想象、幻想、恐惧或者欲望，它们向外部投射，然后融入外部现实，仿佛它们简直就是外部现实一样。[1]男人和女人一定会想要理解的是：男人无法容忍他天性中女性的一面——不能忍受它被反映在外部社会形态中，并协助外部社会形态的构建。[2]（这是一个重要的男性动机，密尔由于他那匮乏的心理学知识而把它漏掉了。）之后，问题就不简单地存在于性别之间了，而是内在于两性的心里，特别是在男性的心中。

我知道这是有争议的，我认为我提到的动因在以下思路上起了作用：男人害怕女人的性的权力和生殖的权力。这反映在他们竭尽全力地保护自己，他们将外在的恐惧注入社会形式中，将他们抵抗女人的需要植入制度和行动里，其中包括那些被称为"政治的"制度和行动，这在历史上是与制造战争分不开的（争论这个问题并不是要说明政治仅仅是一种反应结构，或仅仅服务于防御目的）。在这个复杂的内部—外部辩证法中，排除了拒绝或敌对的情感，其外在体现就是男性心理活动中会无意识地将拥有强力的女人的形象——特别是母亲的形象剥除掉。另一方面，在有

143

---

〔1〕　见以下作品中关于投射的讨论：Sigmund Freud, *The Psychopathology of Everyday Life*, Standard Edition, vol. 6, pp. 1-279; Sigmund Freud, "The Unconscious," Standard Edition, vol. 14, pp. 166-204; and Sigmund Freud, *New Introductory Lectures*。

〔2〕　见 Richard Wollheim, "Psychoanalysis and Women,"(esp. pp. 68-69) 中颇具煽动性的讨论，我自己的论证也是建立在此基础上的。

意识和无意识两个层面起作用的是：他们坚信女性是软弱的。男人用"不是女人"因而不易受伤害来定义自己。为了避开无意识中掩盖起来的女性权力的形象，为了避免承认"女性的软弱"正是他们无法接受的自己身上也有的东西，多少年来，男人创造了具有超大权力的、强硬的外部制度，这既能与强大母亲的观念相匹敌，又是对他们本身"软弱和女性化的"自我保护和屏障（和弗洛伊德一样，我的论证也假设一切人类在心理上都有双性特征）。[1] 在一种复杂的总体性观点中，上述看法能够为政治想象力提供可以连接内心和外部现实的条件，而由于认识论的局限，这种总体性的观点是密尔不可能具有的。

密尔分析的不充分也延伸到了他为在公共层面上获得两性平等而开出的药方上。不过，对于公共—私人问题，必须注意到密尔自由主义解决之道的一些重要方面。密尔投身于进步的自由主义理论，在这种理论中，每个时代都被视为比它之前的时代更加开化。给予女人以形式上权利的完全平等，这一步的提出，不仅伴随所有层面上（无论公共还是私人层面）对女人从属地位的解决，而且被密尔看作人类理性化扩展的一部分，这一理性化要求取消各种以性别考虑为基础的区分。对密尔而言，人类社会是个人利益、需求以及涉及某些外在目标的选择的总和。女性平等是种悦人心意情形的一部分，这种情形是密尔欣然企盼的，事实上，密尔的期望可以通过在他自己的方法中去除各种弱点和不足来

144

---

〔1〕 弗洛伊德关于心理上双性合一的重要文献也许可以在这些文章中找到：Sigmund Freud, "A Child is Being Beaten," *Standard Edition*, vol. 17, pp. 179-204; Sigmund Freud, *Three Essays on the Theory of Sexuality*, Standard Edition, vol. 7, pp. 130-243。

实现。[1]

密尔想要二者兼得。正如他在公共领域热切地接受了女人在权利和公民身份上的完全平等，并将其看作男人在婚姻中对女人实行父权制统治也将消失的契机，他的分析搁浅在由传统构建起的家庭这块暗礁上。密尔在家庭**内部**寻求平等，却希望能大量保留家庭生活的传统氛围，这种传统的家庭生活是与妇女的驯服和男人承担公共责任联系在一起的。为了把家庭转化成"自由德性的真正学校"，他愿意把不平等这个使家庭成为"专制学校"的东西从家庭中清除出去。[2]为了使新家庭成为"处于平等中的具有同情心的学校"，在新家庭中，父母的特征是"相亲相爱地生活在一起，没有一方掌权或另一方服从"。[3]尽管对孩子而言家庭在某种程度上必须总是服从与命令的学校，然而，接下去，密尔认为必须教给孩子自由的情操。这在变革后的家庭生活中能够最好地获得实现。

密尔变得没有说服力的地方在于他想要用来实现其目的的方法。他没有看到，或者至少他没有完全地证实男性对女性的权力的那些来源，它们处于合法的形式之外，或者可能在合法外表的背后或合法外表之下发挥作用。比如我提到了男人的经济权力。这里，由于密尔承认权力不平等，他退回到了一种防御性的、明显不充分的论证当中。他在政治领域赋予女人以完全的**自由**，从而把她们从卑下的私人权力要求中解放出来。但是他接受了在家庭**内部**的传统分工，而这是以男性在家庭**之外**积极地受雇佣为基础的。女人即使成了"自由的"存在，却仍然保持着她的私人性，

---

〔1〕　Robert Paul Wolff, *The Poverty of Liberalism*, p. 184.
〔2〕　Mill, *Subjection of Women*, p. 63.
〔3〕　*Ibid.*

并且继续发挥她们传统的对男人的软化作用，由此，"年轻男人向年轻女人推销自己的欲望"仍然是其性格发展的重要动力，并对

145 "文明发展中一些主要的进步"产生了影响。[1] 密尔并没有发现女人的就业是一种值得期待的情形。他写道：

> 女人最大的使命是**美化**生活：为了她自己及其周围人的利益去培育她在心智、灵魂和身体方面的素质；培育她全部快乐的力量，以及给予快乐的力量；并且让美丽、优雅和得体无处不在。如果除了这些之外，她的天性驱使她有更具活力和更明确的职业，那么在世界上就不再缺少这种职业：如果她爱了，那么她的自然冲动会把她自身的存在与她所爱的那个人联系起来，并且去分担**他的**使命；如果他爱她（带有对**平等**的热爱［affection of *equality*］，而单单这种感情就应该被称为爱［love］），她就会自然而然地对他的使命产生兴趣，这种兴趣像最彻底地信赖他那般使她感觉强烈，而且同样感到完全的熟悉。[2]

很明显，在彻底改变私人社会的两性秩序上，密尔是摇摆不定的。他摆脱困境的办法是赋予女人以公民身份和国内自由方面的平等，并正式承认女人有权利参与公共权力，他完全了解：社会秩序的结构妨碍这些权利的实现。可以确定的是，在密尔的著作中，在某一很深的、隐含的层面上，他承认布尔乔亚的自由主

---

［1］　Mill, *Subjection of Women*, p. 108.

［2］　John Stuart Mill, "On Marriage and Divorce," 引自 Richard W. Krouse, "Patriarchal Liberalism and Beyond: From John Stuart Mill to Harriet Taylor," in *The Family in Political Thought*, ed. Jean Bethke Elshtain.

义公共世界与一种对私人世界的特殊看法是分不开的，即女人在私人世界里起到了软化与教化的作用，而在一个无情的世界中，家庭就是天堂。对密尔而言，即使在他对社会最乐观的看法中，要把家庭变成一个小的公民社会也是明显无法容忍的。因而，在多数女人无处进入的公共世界中，他给了女人一种授权［grant-to-power］，希望这种授权本身会把与婚姻平等和（对密尔来说）真爱无法调和的统治的方方面面排除到家庭生活之外。

　　我并不认为存在一种简单的途径可以走出密尔的困境，而我认为密尔方法的薄弱之处要么是阻碍了他摆脱自己（以及女人）所受束缚的途径，要么是阻碍了对问题更加完整的陈述。在下一章中，我会选取政治思想史中最大胆的三位作者，并且追问他们面对那些困扰密尔的、令人畏惧的问题时，是否能做得更好。

第四章　政治与社会变革：卢梭、黑格尔
和马克思关于公共与私人的论述

> 没有自由就没有爱国主义，没有德性就没有自由，没有
> 公民就没有德性；创造公民吧，你拥有一切你所需要的；如
> 果没有他们，从国家的统治者往下，除了拥有下贱的奴隶之
> 外，你将一无所有。
>
> ——卢梭

> 国家是伦理观念的实现。
>
> ——黑格尔

> 国家建立在公共生活与私人生活、公众利益与私人利益
> 的矛盾基础上。
>
> ——马克思

我在前一章中已经考察了近代自由主义非常严肃的自信，以
及家长制论者的悲痛肃穆，包括一系列明显可以做对比的论证：
前者怒发冲冠，承诺进步，承诺人类拥有无限完善与理性的未
来；后者步履艰难，给出的观点贯穿了数个世纪的传统，他们生
活在上帝我父全知视野下的主子般的父亲和父亲般的主子中间。
在追溯了自由主义和家长制两个学派在公共与私人这个主题上的

奇特想法之后，我现在将转向对三位理论家的思考，他们的著作在上述两个学派之外提出了其他的选择。我将在卢梭、黑格尔和马克思的著作中考察主要的理论分界点，包括他们是如何通过有趣而重要的方式触及我的核心论题的。

卢梭、黑格尔和马克思对政治叙事的传统给出了回应，并对此做出了卓越的贡献，正如我已经呈现出来的那样，这种传统很复杂而且绝不会达成意见一致。政治被视为人天性的实现和道德生活的顶点，或者被视为一种不幸的必然性，这种必然性既是由人的贪婪和劫掠作恶带来的，同时又用以遏制后者。国家中的公民身份被视为最高的志业和人能够追求的首要的善，或者是一种与上帝之城中的公民身份相比低等的身份。对政治和谐而言，紧张的个人关系所处的私人领域被视作潜在的危险，因此它是人类生活的一个维度，如果政治和谐是其首要目标或是尘世生活核心的善，那么私人领域就应该受到检查，甚至应该被取消掉。就本质而言，人性被看成是社会性的，或者是原子式的和不合群的。人类的目标和意图曾经被视为是有德性的，就此而言，它们分有一种普遍的善，或者被描绘成（甚至是赞同）狭隘的利己主义。卢梭、黑格尔和马克思很相似，在西方政治叙事的主流中他们有共同的特征，正如他们每个人都持有某些与那种传统相反的观点。我要从让－雅克·卢梭这个富有争议的人物开始。

让－雅克·卢梭：有德性的家庭和正义的国家

对于那些对女性主义敏感的思考政治者来说，卢梭的思想有着无穷无尽的丰富内容，尽管这会让思考的那个人很恼火。[1] 卢梭给女性主义思想者带来的最初、最难忘的印象是他的态度，他坚持不懈，甚至着迷似的把精力集中于那些两难的问题，这些问题与女性主义思想者自身要解决的核心问题不谋而合，或者紧密地联系在一起。[2] 诚然，卢梭对许多由两性关系以及公共和私人领域关系引发的难题的回答，经常令当代的女性主义者极为不满。

149

卢梭和当代女性主义思想者所共有的难题、困惑和纷乱是什么？他们探索人性（男人和女人），而且建立了可以对此进行争论的基础；剖析了引发共鸣的词语和组成两性间亲密关系的情感符号，特别强调了性与权力之间的关联；描绘了公共领域与私人领域之间的相互干预和影响；向人们发问，是否以及如何能够把孩子抚养和教育成一个好人、好公民，或者同时是好人又是好公民，是否一个人必然需要其他人；在家庭权威与政治权威之间划定界限，或者为二者的相似性辩护；特别强调在文明社会中女性的不满，从而为社会变革建立基础（如果存在什么基础的话）。

在探索这些以及其他会引起共鸣的事情时，卢梭认识到：为了说明人类存在生动多彩的差异性，需要一个灵活而又能引起共鸣的

---

[1] 有些女性主义者将卢梭视为西方父权制传统中最讨厌女人的典型，他们毫不含糊地把卢梭的著作当成沙文主义小册子来读。相关的一个例子是，伊娃·菲格斯〔Eva Figes〕在她那本《父权制的姿态》〔Patriarchal Attitudes〕中攻击卢梭。在"卢梭、革命、浪漫主义与倒退"〔"Rousseau, Revolution, Romanticism and Retreat"〕一章中，菲格斯蔑视卢梭，把他当作一个嘲弄和奚落的对象，认为其《社会契约论》太"不合逻辑"，以至于她很疑惑这本书是怎么获得那样"巨大的影响力"的。还有一种有趣的观点可以在这篇文章中看到：Elizabeth Rapaport, "On the Future of Love: Rousseau and the Radical Feminists, " in *Women and Philosophy: Toward a Theory of Liberation*, ed. Carol Could and Marx Wartofsky, pp. 128-144。

[2] 在古典政治理论家中，并不是只有卢梭一人处理过性和发展的问题，但把这些问题作为论述的中心，却是他的独特之处。

词汇表。弗洛伊德对他自己著作的描述可能已经由卢梭讲了出来：
"……我的首要目标是：不去牺牲看上去简单、彻底或者完美的外表，不掩盖问题，不否认差异和不确定性的存在。"[1] 既不掩盖问题，又不牺牲看上去简单、彻底或完美的外表，这样的思想家常常就是这样一个人——其概念标准和道德敏感性要求他或她成为直面难题、悖论和人类荒谬并把它们清晰讲出来的少数人。"两难推理"的核心包含了许多根本性的问题。比如，人们如何开始设定一些术语，在这些术语之下，社会秩序、社会关系或社会制度可以得到评估，由此来决定它们是否表达了某个特定社会系统的特殊形式，并因此容易发生变化；或者，是否只要可以辨识的人类存在还得以幸存，人们就会遇到一连串不可避免的既定条件和强制要求，这些既定条件和强制要求总是相关的，或者将会相关联？面对这样一幅复杂的图景，其中相对不变的既定条件完全融合到了社会形式中，而社会形式原则上是可以改变的，理论家一定想要在他们的制度轨迹中把这些"既定条件"的漏洞梳理出来，探究社会关系的肌理，并思索个人身份的构造。这个难题是本书关注的焦点，它呈现出了前文所描绘的复杂性。我将首先转向卢梭对某些关键概念的使用，由此逐步阐明他对女人、自然以及公共—私人难题的论述。

150

　　出于许多不同目的，卢梭在他重要的政治文本中使用了"自然"和"自然的"这两个词。[2] 在被我称作是首要的意义上，"自

---

〔1〕 Freud, *New Introductory Lectures*, p. 6. 另见雅各布森在 *Pride and Solace* 中对卢梭的处理。

〔2〕 这一讨论参考的卢梭的书目和版本如下：Jean-Jacques Rousseau, *Emile*, trans. B. Boxley; Jean-Jacques Rousseau and Johann Gottfried Herder, *On the Origin of Language*, trans. J. Moran and A. Gode; Jean-Jacques Rousseau, *Politics and the Arts: Letter to M. D'Alembert on the Theatre*, trans. Allan Bloom; Jean-Jacques Rousseau, *On the Social Contract*, with *Geneva Manuscript and Political Economy*, ed. Roger D. Masters; Jean-Jacques Rousseau, *The Confessions*, trans. J. N. Cohen。

然"展现出了一幅现实的画面，即人类自然状态的图景。这一开端包含了卢梭对历史上和文明社会中的男人和女人的观点，但是和他所批判的社会契约论者不同，卢梭使用"自然状态"时并非将其当成一种抽象的或在逻辑上是必要的假设。相反，他极力主张他的"自然"条件代表了对真实时代的一种合理的重构，在这一时期，原始人还没有完全成为人类，他们是地球表面上孤独的漫步者。卢梭假设了一种"真实自然的"、前政治和前社会的存在，这是"人类物种从中进化而来的原初的历史环境"。[1]卢梭那漫步于森林中的孩子由基本的自然欲望驱动，去与其他孤独的原始人订立盟约。

151　　从人在自然中，到人类天性已部分转变为社会性的这一文化进程中，卢梭赋予激情的角色是不容小觑的。由于他强调激情的核心地位，便站到了抽象的理性主义模型的对立面上，这种模型在自由主义契约论和功利主义理论中扮演着关键角色。比起洛克和功利主义者，与卢梭更接近的是弗洛伊德，他认为人"并不是开始于推理，而是开始于感觉"。[2]正像激情激发了人类说话的第一次努力那样，激情是文化的催化剂。用卢梭的话来说，"激情激发出了最初的那些词汇"，而且适合于这些词汇的激情是"爱、恨、同情、愤怒"。[3]对于称颂自利是人类存在的主要动力这一点，卢梭是不同意的。他认为，不能单单借助自利或自我保存来对人类交往的需要做解释。我们可以靠自己来息怒、解渴，他认为"人会默默地追踪可以饱餐的猎物"。[4]事实上，追逐猎物和寻

〔1〕　Roger D. Masters, *The Political Philosophy of Rousseau*, p. 198.
〔2〕　Rousseau, *On the Origin of Language*, p. 11.
〔3〕　*Ibid.*, pp. 11-12.
〔4〕　*Ibid.*, p.12.

找分散的植被容易把自然人分开，而不是聚合起来。爱、恨、同情这些强烈的感情才是人创造那种约定的推动力。卢梭把人类社会性的存在与"心"和口联系起来，而不是与对边际效益的精明计算联系起来，由此，他把自己这个自由主义的契约论者与霍布斯这个激进的唯名论者区分开来。[1]

卢梭关于"自然的"男人、女人或者"自然的"生活方式的第二个形象得以展开，这样，他便可以描绘出已经在进化的历史中出现，并变成可谓人类"第二天性"的那些特点了。在第二种意义上，"自然的"也用于表达想要的结果或优先的关系、社会形态以及生活方式。于是卢梭可以说明关于下列问题的观点：一旦社会形态被创造出来，并且人性正如它在某种程度上保持着自然性那样，也在某种程度上变成了社会性的，那么对于人类来说什么才是合适、恰当的？这一问题我将在下面做出解释。

152

在卢梭的原始自然状态中，居住其中的单独个体（男性和女性）为了短暂的交配而聚到一起，结果是分开然后继续走各自的路。在这种前社会的自然条件下，没有婚姻，没有家庭生活，没有长时间的爱或友谊，也没有财产。卢梭对洛克和霍布斯社会契约理论的批判，其中最有说服力的基础是他认为社会契约论中存在这样的错误：它假设家长制的家庭存在于自然状态中，而这样的家庭与他们自己时代中的家庭并无不同。卢梭认为他们简单地把历史中出现的一种社会形态放回到了自然状态中。

---

[1] 关于卢梭尝试性的论证和观察，最有力的详细阐述是在若干年之后才出现的，而且并不是出自政治理论家之手，却是来自一位思想家的著作，这本书和任何一本奇特而可怕的关于人心的著作一样令人耳熟。弗洛伊德在《文明与禁忌》中支持卢梭对人类自我创造中强大而充满矛盾的感觉和激情的强调。另见 Robert Wokler, "Perfectible Apes in Decadent Cultures: Rousseau's Anthropology Revisited," *Daedalus*, pp. 107-134。

这一争论十分关键，因为，理论家把什么放在自然状态中，或者假设什么是先验的存在，以及他们把什么看作在历史上经过人类行动而获得的创造，这些问题都将有助于判断他们在社会变革问题上的立场。当然，事情是这样的，历史上某个时刻出现的传统在开始时总是表现得它是"天然"就存在的，而且个人可能会相信事情"总是如此"。对于实践、统治、信仰或传统，人为构建的来源会靠历史神话和时间沉淀掩藏起来。卢梭知道这一点，并且将其视为最令人苦恼的难题之一：人们如何去讲什么真正是自然存在的，以及什么是随历史出现的？此外，在时间长河中定位一种制度、实践或传统会带来什么影响？

女性主义思想者最直接关心的问题是：理论家是否假定一种由男性主导的特别的家庭形式是自然赋予的，并且存在于自然之中，因此它不受有意识的人类动机和行动对它的修正，或者，理论家是不是否认家长制的家庭形式有如此的地位，从而让家庭是否可被改造这个问题的答案变成开放的。通过批判社会契约论的观点，卢梭想要认真地把"自然所确立的"东西从只是"对人有利的"东西当中区分出来。他最初的自然状态展现了两性之间一种大致的平等，其中，在没有固定家庭生活的情况下，女人要抚养由于偶然交媾而产生的后代。在繁殖中的相互喜爱和相互投入消失了，而且，在怀孕之后，女人对这个男人也感受不到任何爱的激情了。[1] 在前政治的、前社会组织的世界中，卢梭的原始人是他们同类的朋友，与自然和平相处。[2] 这些存在者趋向于互相表达他们感受到的激情，从这个意义上可以说他们是社会性的。在

---

〔1〕　Rousseau, *The First and Second Discourses*, p. 216.
〔2〕　*Ibid.*, p. 130.

人类心中，在道德"感受"所发出的最初的微光里，卢梭为一种自然的道德找到了基础。

《二论》中，卢梭对人从原始自然状态向自然—社会和社会—自然的进化进行了详细的追溯，这经历了一系列连续的阶段和时代，即生物—历史过程的不同阶段，这个过程最终通向有组织的、文明的和政治的社会。卢梭把这些阶段和时代放到习俗的领域中，而且通过一种越来越间接和不大明晰的方式，将其定位到自然的倾向和自然的情感上面。对卢梭来说，如果认为家庭像人类在历史中塑造自身那样发挥了重要的生物学功能和文化功能（他也确实是这么认为的），这从逻辑上并不会使他对女人天性给出任何区别于男性的**特殊**评价。纯粹的自然状态随着固定住所和稳定家庭的建立而改变，这种情况被卢梭称为"野蛮社会"，它代表了来自前社会的原始人状态的重大转变。工具、话语以及群居生活被创造出来，而且讲话、劳动的人类发展出更加真实的人性和社会性，同时，他们还保留着与原始"自然"环境的联系。

野蛮社会是人类从原始自然状态进化的第二个阶段，是卢梭自己最喜欢的阶段，因为，这是一个与人类生活和活动的自然之源保持了联系的社会组织，这时，人类社会进入了"第二自然"。[1] 此时，

154

————

〔1〕　人的自然—社会和历史进化中一切后来阶段都代表了对先前阶段的进步。渐渐地，艺术、教育、法律、宗教、市民社会以及政治的统治出现了。但是堕落也开始了，比如嫉妒、残忍、复仇，从单纯的自爱［amour de soi］转向虚荣的自爱［amour-proper］，掌握财产的所有邪恶方面都出现了。随后是财富与特权的分殊、政府制度的逐渐腐化，以及由极度不平等不可避免地引起的堕落——这一切合在一起对人类"进步"形成了一种令人沮丧的看法。这与卢梭最喜欢的野蛮社会时代形成了鲜明对比，在这个社会中，家庭单位和有组织的社会存在占据主导，但是人类仍然与怜悯同情的简单纽带联系在一起。人还没有与他自己、与他内在的天性相对立，而且尚存的社会结构是人类进行表达的简单而不复杂的途径。见 Roger D. Masters, "Jean-Jacques is Alive and Well: Rousseau and Contemporary Sociobiology," *Daedalus*, pp. 93-106。

一个问题也出现了：为什么在卢梭第一幅画像中孤独的存在者应该赞同从孤独的、无家庭的存在进化到以家庭主导和定居为社会规则的状态呢？首先，很清楚的是卢梭的自然存在者不受审慎原则的"理性选择"支配；另外，并不存在任何组织起来的社会途径或政治途径让事情获得争论。因此，这个问题就没什么实际意义了：这是一种不合乎时代的考虑。更切中要点的是卢梭本身为整个文明化过程中这一重大改变所给出的原因。他把这一转变与具有革命性的"人心的发展"联系起来，后者通过引发"人去了解最甜蜜的感情——夫妇之爱和父母之爱来帮助人类变成真正的人。每个家庭都变成了结合得更好的小社会，因为彼此间的感情和自由是它唯一的纽带"。在这一点，而不是在这之前，"建立起了两性生活方式的第一点差异，而这个差异直到今天还存在。女人变得更加足不出户，并且慢慢习惯于照顾孩子和家庭，而男人则外出寻生计。由于他们过上了稍微舒适些的生活，两性也就开始丧失了一些勇猛和活力"。[1]

在自然状态的第二个阶段，社会结构中并没有任何系统的不平等，也没有政治统治或不公正的特权。尽管女人和孩子在生活供应上部分地依赖于男人，但是他们也从事必要的和对等的家务及农活。卢梭证明了**普遍地** [*simpliciter*] 进行分工并不足以形成一个统治系统。对于向固定生活方式的转变，还有另外的原因。卢梭在人类需要的日益复杂化与区分更细的社会形态中发现了这些原因。人类不能再当孤独的漫步者了。卢梭引用了洛克的《政府论》，他不同意洛克对自然状态的概括，他认为女人这种生物的

---

[1] Rousseau, *First and Second Discourses*, p. 147. 参见 Masters, *Political Philosophy of Rousseau*, p. 170。

体质本身就意味着她"一般是与孩子在一起的，并且在前一个孩子还没有脱离对父母抚养的依赖并得以独立谋生之前，她就又生了新的孩子；由此，父亲一定要照顾因他而生的孩子，而且要照顾很长一段时间，他有义务继续与和他生孩子的那个女人停留在夫妻关系中"。[1] 卢梭反而认为在人类进化到更为复杂阶段时这种职责也同样有效。

野蛮社会，即进化历史中的第二个阶段，是对原始自然状态有许多改变的阶段。有些人认为，根据卢梭首次使用"自然的"一词的情况，卢梭又在进化历史的第二个阶段使用了"自然的"男人或女人，要么是由于他的粗心，要么在逻辑上是站不住脚的——这些人似乎是假设卢梭在构建一个抽象的形式模型。相反，他所试图创造的会被维特根斯坦称为"现实的图画"，此处就是一幅关于人类这个物种过去的图画。从文本上来看，很清楚，卢梭努力在生物的和社会的、自然的和历史的、内在和外在决定人类的因素之间保持一种相互作用的力。如果是这样的话，那么就到达了进化轨迹上的某一点，此刻不可能精确地把这种人［the person-as-such］从社会性构成的人［the person as-socially-constituted］之中抽脱出来。对于那些寻求理论反思词汇和模式的女性主义思想者来说，这个细微的点是至关重要的，这让他们得以用一种富有成效和具有启发性（而不是没有出路）的方式展开对自然—文化，以及生物的—社会的问题的辩论。

如果说卢梭关于自然状态的看法给洛克和霍布斯那更加非历史的建构造成了压力，那么他关于自然、目的以及家长权威与政治权威之间关系的论证，则让他距离洛克书中的主角菲尔默更远

156

---

［1］　Rousseau, *First and Second Discourses*, p. 215.

了。菲尔默把政治权力看作统治者绝对不可质疑的权威，它是上帝赋予亚当统治权的结果，而这种统治权传递下去，交给其后所有父亲般的主子和主子般的父亲。对菲尔默来说，在一切层面上，家长制权威都完全是政治的，而且政治权威完全是家长制的。卢梭是不会有上述任何一种看法的，他至少从家长制政治理论的下方击破了其概念上的一些支柱。

与菲尔默相反，卢梭认为家长权威需要从公民社会获得它的首要力量；政治权威既不能从家长权威中推论出来，也不是家长权威的产物或真实写照。尽管卢梭在《社会契约论》中主张家庭在"一切社会关系中是最古老的，也是唯一自然的"，[1]但是这一段并不应该被视为与强硬的家长制立场的和解。也不应该做出此类解释，因为，在家庭社会与政治社会之间，卢梭是相当谨慎地提出了一种类比，而并没有把二者等同。他指出，"在某种意义上"统治者相当于父亲，公民相当于孩子。但是将各个类比之物等同则是不恰当的，而且最终是有害的，因为用卢梭的话说："在家庭中，由于父亲付出了关心照料，他对其子女的爱会得到回报；然而，在国家中，命令带来的愉悦代替了这种爱，领导者对他的人民却并没有这种爱。"[2]在国家中，爱让位给了统治的愉悦。

对卢梭而言，政治体的权威植根于社会契约，后者使前者成为现实，并以公意为媒介赋予前者对其成员行使的权力。单单立法权就是主权和权利，而且只有这一类权力——合法的、公开授予的权力，才完全是政治的。对武力的非法使用只是没有道德影响的自然力量。卢梭发现："屈服于武力是一种必然的行动，而不

---

[1]　Rousseau, *Social Contract*, p. 47.
[2]　*Ibid.*

是意志的行动。……那么在什么意义上这会是种义务呢？"[1] 没有人对其同伴拥有**天然的政治**权威（像在家长制理论中那样）。正如力［might］不会意味着正确、也不能意味着正确一样，"只有习俗仍旧是人类中间所有合法权威的基础"。[2] 政治是在历史中发生和形成的活动，而历史把达到所有人共同的某种目标和意图作为其存在的理由。

但是，家庭统治的基础并不是律法主义的、契约式的，也不是至高无上的。在家庭中，爱和责任是将其成员连接到一起的黏合剂，而非管制。在很大程度上，家庭统治或家庭权威的基础在于父亲高于他人的力量，父亲用这种力量来保护他的子女，并命令他们服从。这种家长权威"正确地被认为是由自然所确立的"。没有立法者曾经颁布过、可以颁布或应该颁布它。没有法律对它做出声明。它存在于公民社会产生之前，要回溯到人类进化史一个更早的阶段，在那里，社会人更接近于自然人。父亲的责任并不由外在的权威规定，而是"受自然情感"驱使，"而且是通过这种他极少会违反的方式"。[3] "自然的"在此处的用法与植根于物种之生物和社会进化史的一项要求大体相同，它在生物学中有其基础，但是却服务于人类社会性存在中一个可取的、必然的目的。"从真正天性上讲"，父亲应该进行支配。

就卢梭而言，在政治社会内部不给武力以任何道德的必要性或合法性，却给予父亲在家庭关系中进行支配的、"来自真正天性"的权利（部分是由于他拥有获得承认的身体优势），这是不是虚伪？如果卢梭的意图是直接地厌弃女人，那么他就不会在探索

---

［1］　Rousseau, *Social Contract*, p.48.

［2］　*Ibid.*, p.49.

［3］　*Ibid.*, p.169.

这些问题时让自己陷入那么多的纠缠。比如，他可以早就非常简单地提出一种自然状态，在其中就规定了男性的统治，并允许这种父权制统治在公民社会保持一成不变，而且不受挑战。卢梭坚决主张对男性—女性关系进行重新探索，并假定家庭和国家之间是一种充满矛盾的关系，他开启了一系列其他人都没有提出来的问题。[1]

然而，卢梭提出了一个出人意料的乏味结论：男人在身体上是更高的，男人应该有最终的决定权。事实上，他的立场并非那么简单，因为，父亲"来自事物天性"的支配权利是在家长权威"不应该平等"[2]的基础上得到了进一步证明。卢梭害怕，并且厌恶父母之间的不和——这在家庭中是无休止的反唇相讥、争执和不协调。他愿意通过退回到家庭权威那不可分割的观念背后，来防止家庭的瓦解。在这方面，至少在勾画国家对家庭的影响路径和要求二者保持团结方面，卢梭是连贯一致的。

卢梭为父亲在有组织的家庭生活中进行统治提出了最终证明：

无论人们认为妻子所特有的无能程度有多小，由于对她来说这种无能是一个缺乏活力的阶段，所以，这个原因足以把她从卓越的位置上排除出去。因为，当平衡的双方完全均等时，哪怕最小的一点东西也能打破平衡。此外，丈夫应该监督妻子的行为，因为他被迫承认的孩子不属于其他任何人，

---

[1] 另见 John Charvet, "Individual Identity and Social Consciousness in Rousseau's Philosophy," in *Hobbs and Rousseau*, ed. Maurice Cranston and Richard S. Peters, pp. 462-483; Ernst Cassirer, *The Question of Jean-Jacques Rousseau;* Ronald Grimsley, *Jean-Jacques Rousseau*; 以及 Master's *Political Philosophy of Rousseau*, 对卢梭思想中这些问题做了另一番阐释和发展。

[2] Rousseau, *Social Contract*, p. 170.

而只属于他自己。这一点对他很重要。[1]

卢梭从一系列生物—社会的考量中分出道德戒令这一层来，在女性主义批判者眼中，这么做并没有真的对他的事业有所帮助。我提出下面这些论述，并不是为了证明卢梭立场的合理性，而是试图洞察他对家庭不和及通奸的恐惧背后的性质和动机。如果你愿意，可以回顾一下卢梭所表达的对武力 [forces] 的反对，武力可能会打破或分割政治权威，弱化主权，并且腐蚀公意。要把卢梭对家庭权威与不和的关注放在他思想整体更广阔的背景中，这是很重要的。在他写下对父亲权威的这一辩护之前，他曾一度深信：社会生活在其公共和私人的表达形式与模式中，正搁浅在羡慕、吃醋 [petty jealousy] 和堕落的险滩上。如果有可能的话，他会通过在私人世界保留稳定和德性的某种外表来避开这些危险。

刚刚考察过的这些段落中似乎还存在两种担心：一种担心是人类越"文明化"，有一天他们可能会变得越不像人，因为他们与早期生物—社会的和自然的过去之间的纽带会变得更细更少，并且与随后每个时代产生的共鸣也越少。在公共可能性 [public possibility] 方面，为真正的公民德性留有空间方面，卢梭所持的悲观主义是一种持久的悲观主义，它正被那些想要改变腐朽秩序的人所体验，由于秩序已经腐朽了，人们都无从找到斗争的基础。卢梭在把家庭权威赋予父亲问题上表现出的第二个担心是：为女人在性和心理方面所拥有的资源而担心，即她们的生育能力、她们的诱惑力、她们的脆弱性以及她们对人类亲密关系的开放性。卢梭认为，与男人和孩子相比，女人仅仅借助她们自身的长处就

----

[1] Rousseau, *Social Contract*, p. 170.

已经在很多层面掌握了权力，而她们既不需要一种公共的、政治的权力，也不会被托付以这种权力。女人是多变的，而且必须被控制住，被迫同意"在私底下"行使她们的权力。当女人在公共参与和公共话语方面相伴随的尊严受到伤害时，具有卢梭那般敏感的男人可能也无法感同身受；他可能把女人放在这样一种环境中，在其中她们没有权利，而只有可以被撤销的权限；他可能会把她们塞入乏味空虚的模式中，这代表了他的双重局限：超越其时代的方面和他那深深地、持久地对女人的惧怕方面。[1] 不过，当代任何严肃的女性主义思想者都必须接手卢梭为了探索家庭权威与政治权威间内在关系而放下的这个难题，而且必须使用足以对应它所包含的复杂性的术语。

卢梭把保持公共德性与私人德性之间平衡的希望主要寄托在教育上。他分别为爱弥儿和苏菲设计了完全不同的学习内容。事实上，卢梭对男性与女性的发展、教育过程和必要条件的说明不仅突出了他对环境决定论态度的让步，还突出了他思想中的张力。如果卢梭能够证明的话，他可能倾向于认为在生物天赋和社会结果之间有一种更紧密的联系，对于这一点似乎很少存疑。如果性别教育仅仅追随最有优势的生物学模式，那么，男孩和女孩所面临的受不同教育的命运，就不需要再如此费力地去追求了，其过程也不会如此充满缺陷了。然而，卢梭并没有让自己这么舒服，他着手为男孩和女孩分别设计了一套教育方法，男孩将被训练为公民，女孩则为成为善良而高贵的妻子做准备。

尽管心灵与身体、男性与女性并不按照直接的方式遵循生物

---

[1] 主要的文本是《政治与艺术》与《爱弥儿》，当然还有《忏悔录》，尽管这一主题在卢梭的全部著作中都隐含存在。

学规定，但是在行为方面两性差异的生物学基础不可忽视。对爱弥儿和苏菲教育的设计是要按照他们在生活中不同的身份、目标以及责任来训练他们，他们的生物构造并没有规定这些，但是却对此有所影响。[1] 当卢梭说他教育计划的动力和目标是"自然的"时，他的意思是教学活动在生物学中存在着一个基础。卢梭的看法是：男性与女性角色和责任方面的差异在人类生物—社会构成和进化中存在基础。在他对解释家庭和公民社会关系（公民权威并不来自家庭权威，但是反过来，家庭领导人的权威从公民社会的制度中获取主要的力量）的方式进行的有趣颠倒中，卢梭认为，性别差异出现并发生在文明压迫出现前的自然之中。在野蛮社会的时代，男人和女人基于各自的生殖角色，建立了一套在生物学意义上行得通的分工。是那时出现在自然中的实际性别差异为后来社会性的建构和支持的区分奠定了基础。对卢梭来说，社会的和自然的性别差异都不是"纯粹偏见的结果，而是理性的结果"。[2] 于是，爱弥儿和苏菲的教育是"自然的"：它建立在生物学的基础之上；它植根于数个世纪的历史传统中；作为同样保存公共和私人领域最好的手段，它在道德上是更好的。这就是卢梭在这个问题上的看法。

161

　　卢梭担心女人会要求像男人一样受教育。他不祥地指出，这

---

〔1〕 关于一些不同于我的讨论，参见 Nannerl O. Keohane, "The Masterpiece of Polity in Our Century: Rousseau on the Morality of the Enlightenment, " *Political Theory*, pp. 421-456; Allan Bloom, "The Education of Democratic Man: Emile," *Daedalus*, pp. 135-154; William Kessen, "Rousseau's Children," *Daedalus*, pp. 155-166.

〔2〕 《爱弥儿》（p. 324）第五卷是卢梭思考这个问题的主要来源。在这部分写完之后，我才得见《爱弥儿》更好的译本，即布鲁姆译本。见 Jean-Jacques Rousseau, *Emile or On Education*, ed. And trans. Allan Bloom。

种事情越经常发生，女人就会事实上越像男人，并且她们对男人就越没有影响力。在这个危险的时刻，"男人将会事实上成为主人"，[1]他们强硬而坚定，不会受更富同情心的性别触动。为了防止这种不测发生，小女孩必须受到训练；她们必须"早就习惯于约束。……在整个一生中，她们都要不得不服从于最严格最持久的约束，即对得体的要求"。[2]卢梭对养育孩子的强调直接把他自己置于了另一个困境中：女人起到一种柔和化的作用；她们向孩子宣扬道德价值和道德情操；她们是孩子的教化者，有时还是男人的教化者。按照卢梭的逻辑，接下来是，如果女人不贞洁、不忠诚、不得体、虚荣或者轻佻，那么表面上她们的私人行为却充满了公共意涵。为什么呢？因为如果男性的私人世界坍塌了，那么他公共公民身份之基础就会瓦解，因为公民也必然是父亲，是一家之主。

硬币的一面刻画了热心公共事业的男性公民和尽职的父亲，另一面则是一个满怀深情、善良、贞洁、无私妻子的侧影，这种妻子经历了"长期的约束"，特别是使其得体的约束。然而，非常矛盾的是，卢梭认为当他写下他最理想的人物时这种形象已经在褪去，他对最理想人物的描述即他对公共和私人世界唱起的赞歌，而这个世界可能从来没有存在过，而且除了这样一个事实（并且这一点已经足够），即像卢梭所做的那样，女人被安置在令人无法忍受的，充满了得体、虔诚、贞洁的温室中，女人会不可避免地成为不快乐的、压抑的人，因而成为颠覆分子，除此之外如果没有其他理由的话，这种世界也不可能变为现实。女人渴望更多她

---

[1] Rousseau, *Emile or On Education*, p. 327.
[2] *Ibid.*, p. 332.

们也许并不知晓的东西，她们会变得很可怜，而且，在她们唯一的行动场所——私人世界中，去自私地或不负责任地实现这个诱惑的可能性会变得相当大。卢梭肯定对此完全了解。[1]比如，在《新爱洛伊丝》中，卢梭越是努力获得一个幸福的结局，事情越是变得危险。托尼·坦纳〔Tony Tanner〕总结道，《新爱洛伊丝》这本书"……不仅预言了作为社会基础的特定家庭结构中某种即将来临的危机，而且还对这本书极力赞扬的那种感情和制度带有一种宿命感"。[2]

　　卢梭注意到了女人的权力，并且发现这种权力从根本上来说是与性有关的。"你想要了解男人吗？那就去研究女人吧。……贞洁不算什么。它不过是社会的法律为保护父亲和丈夫的权利并在家庭中维持秩序而发明出来的。"[3]卢梭承认女人的性需要和欲望与男人的一样，是强有力的和基础性的需要和欲望。然而他接着提出了双重标准，因为，对于双方来说，不忠诚的结果是不同的。此外，卢梭接着说（此处的论证有些薄弱），"……即便可以否认，对女人而言，她们对贞洁的特殊感情也是自然而然的"（就在此前的几页中，卢梭还明确否认了这一点），但是，"在一个社会中，她们的命运也**应该**是过家庭的、遁世的生活，这也不会不是个事实"。[4]当一个女人偏离了她被指定的位置时，卢梭完全有能力去

163

――――――

〔1〕　贯穿于他对这些问题讨论（在《爱弥儿》、《政治与艺术》和《忏悔录》中）的焦虑感给出了充分的文本依据，证明卢梭对女人所处的有问题的环境已经有所意识。

〔2〕　Tony Tanner, "Julie and 'La Maison Paternelle'; Another Look at Rousseau's *La Nouvelle Héloïse, Daedalus*, p. 23. 另参 Okin, *Women in Western Political Thought* 这本书中对卢梭女主人公的论述。

〔3〕　Rousseau, *Politics and the Arts*, pp.82-83.

〔4〕　*Ibid.*, p.87.

痛斥、奋笔疾书，把那个女人勾画成被动而软弱的，同时又是专横而擅于操纵的形象。正如史克拉［Judith Shklar］指出的，卢梭指责堕落的女人，特别是巴黎的女人，认为她们应该对其社会中过多的道德腐化和堕落负责，这种堕落将他掷入绝望之中。[1]女人摧毁了文明。

卢梭把理性与激情连接在一起，批评了洛克和后来自由主义思想家的经验主义认识论，除此之外，他还将二者的分离看成文明一种不幸却又不可避免的结果。最开始出现的语言是充满激情和天真的语言。但是，随着文明的发展，语言也变得越来越缺乏激情了。他们不再发自内心地说话，而是变得"更加迟钝、更加冷酷"。[2]然而，这最后带来了文明化的、受教育的人的抽象语言，这种语言是"谎言之母"。[3]不过，有德性的公民所说的公共语言必须是一种反映人性变化的语言，而这种变化是一旦他承担了作为公民的身份就会经历的。[4]关于在人性中以某种方式从本能到正义的转变，在卢梭的《社会契约论》、《一论》和《论政治经济学》中都有详述，这种转变使公民能够和他原初的真实天性（在文明将其摧毁之前）保持紧密联系，以便他能用一种具有简单感觉和公民德性的语言讲话。因为女人被隔绝于抽象思想的语言（卢梭从中发现了"谎言之母"）之外，而且由于其社会环境以及卢梭所

----

〔1〕　Judith N. Shklar, *Men and Citizens*, pp. 144-145. 关于这些问题，有种可怕的观点，见 William H. Blanchard, *Rousseau and the Spirit of Revolt*.

〔2〕　Rousseau, *Origin of Language*, p. 16.

〔3〕　Jacobsen, *Pride and Solace*, p. 107.

〔4〕　Cf. *Ibid.*, p. 121. 另见 Jean-Jacques Rousseau, *Government of Poland*, trans. Willmoore Kendall, 此处卢梭赞美古代把公民与祖国连在一起的方法，"他们坚持不懈地为了祖国的利益而奔忙"（p.8）。卢梭所赞美的这些方法，包括对各种"公共场面"的恐惧，与他在其他文本对资产阶级家庭和"自然"人的刻画中所称赞的品质一定是不一致的。

主张的按性别分开教育，也许似乎会是女人与"真正的自然"更合调，而且不大可能说出虚假的话。卢梭并不允许女人有可能接近有德性的公共语言，然而关于公共的和私人的对话，他却向女人提供了三种主要的可能性：卢梭他主要的女性形象是巴黎的荡妇和上层社会堕落的女人；向诱惑屈服，并付出可怕代价的"好女孩"［good girls］；或者是那些资产阶级家庭中高贵而无私的母亲。对卢梭而言，如果人类是会讲话的动物，那么女人也会讲话，用的是浪漫过度的声音——眼泪、昏厥、香消玉损，或者讲的是家务事。对于我们这个不太浪漫的时代，卢梭那些浪漫人［romantic men］的声音听上去似乎过于夸张，但是他们被获准在更大范围内表达不同的可能性，可以借此说出他们已经开始知道的、相信的或者欲求的东西。卢梭对女性不信任的程度在以下事实上表现得很明显：按照他的逻辑，并不允许那些更接近原始天性的人用源自这种天性的、总是值得信任的声音来讲话。

我们必须向卢梭提出的那个问题，把他放入了一种传统中，这一传统的任务是去面对并且清楚地表达矛盾和困境，而这个问题就是：他笔下的女人在公共和私人领域里所经历的约束是不是主要由现存的、在某种程度上是不公正的（女人由此成为了不公正的牺牲品）社会制度和社会形态负责，或者主要是由一个不可避免的人类难题带来的，这是女人不得不承受的重负，这种承受是不成比例的。我这里指的是对家庭之爱和全天候的公民身份之间，多姿多彩的性和一夫一妻的亲密关系之间，以及它们与公共责任、奉献之间的紧张、冲突和经常难以调和的要求，即做一个好人和做一个好公民之间并不完全和谐的要求。

立刻显现出来的难题在于：判断卢梭关于正义国家的观念要付出的代价是否必然会开启私有化，并开始把女人排除到公民身份之外，或者这是否是一个比较边缘的问题，是卢梭对自己性偏见的表达，而在深层次上并没有与他理论的内在结构联系到一起。后一种可能性也许是个能够立竿见影、摆脱困境的办法，但也许也是种过于浅薄的解决方式。卢梭主张维持一个能引起共鸣的、充满活力的、持久不变的私人世界，并以此作为他理想政体必要的社会前提。如果女人和男人同等地参与到卢梭的公共领域中，与公共和私人结构相关的复杂性就会同样地受到侵蚀：没有人去照顾家庭，立法机关的走廊里要么变得安静空旷，要么变得嘈杂堕落。这便是卢梭的结论。

　　极有可能甚至是切实可行的情况是，按形式上合法的社会契约将女人纳入公民的范围：一种薄弱的公民概念，除了照看人们的私利以及偶尔照看一下公共事务，它就不再有什么别的要求了。卢梭笔下的公民拒绝精明的理性算计，而只是把它当成公共思想和行动无足轻重的标准，因为社会目标并不能被归纳为私人目标的简单相加。[1]卢梭的公共世界占据了很大的空间。但是它还为一个有德性的私人领域留下了余地，事实上它从根本上是依赖于后者的，这种有德性的私人领域成为了未来公民的训练基地和私人价值的保护者。

　　如果没有女人对私人领域进行保卫、培育和更新，卢梭的公共世界就不能存在。我并不是说不可能做出这样一种安排，让男人和女人在相互联系的、有价值的公共和私人领域内相互平等，他们都为这两个领域承受了负担，并承担了责任。而我认为，在卢梭所提出的公共和私人世界的概念和要求中，这样一种安排是

---

〔1〕　除了卢梭在《社会契约论》中完整的阐述以外，另见 Keohane, “The Masterpiece of Polity in our Century”; Kessen, “Rousseau's Children”; Charles Taylor's *Hegel* 中对卢梭为道德自主的极端观念所做贡献的讨论。

不可能的，也是注定要失败的。然而情况可能是这样的，通过清晰地叙述女人所遭遇的公共约束和私人约束，并把他的一些女英雄定位于不真实的环境中，卢梭帮助人们聚合起了真正的不满，他恐惧这种不满所带有的不会改变的结果与凶兆，对此，也许尽管我们发现这些不满没有那么令人恐惧，但我们看到的也可能没有他看得那么复杂。

这促使我去思考卢梭更错综复杂的一个问题。就其公共的和私人的方面，伦理国家［ethical polity］并不能仅仅靠遵守双重价值并配得上每种价值的人来维持。但是，如果缺少一个能够作为道德标准和公民效忠对象的国家，那么这些公共的和私人的承诺还会发生什么（这绝不仅仅是个假设，这就是我们当代的困境）呢？于是，卢梭在《社会契约论》中陈述了这个问题："对于一个正崭露头角的民族，为了体会健康的政治训条，遵从基本的治国之术，结果会不得不变成原因；应该作为制度结果的社会精神会不得不主导制度本身的确立；人在法律出现之前就得变成他们通过法律才能变成的那样。"［1］如果我们确定我们的社会秩序腐坏了，而且还在腐坏，那么什么还会成为道德行动的基础呢？人们去哪里寻找生活和行动所遵守的原则？在"公民"理想已经为人们力所不及的情况下，还怎样培育这种理想？私人领域尽管被一个无力的世界所包围，但它的存在却安顿了对他人的尊敬、自主、正派、多样性和关爱，在这个领域中带来变化的源泉还能够维持下去吗？

接近卢梭这个经典难题的最佳途径是：问一问如果一个民族珍视国家中生活的原则（结果）［"effects"］，那么卢梭还要求什

---

〔1〕 Rousseau, *Social Contract*, p. 69.

么？他们必须把这些原则作为**道理**［*reasons*］来接受，它们是行动的**原因**［*causes*］，它带来了他们"应该"从中获得的那些结果。卢梭的意思尽管并不简洁，但却是清晰的：那些处于伦理国家约束之外的个人，可能已经把会在这种国家里注入生命活力的原则当作道理来接受。这些道理随后可以成为目前行动的生机原则。这是怎么成为可能的呢？

167　　　卢梭认为，道德行动的目的并不是在他那个时代已有的社会制度中与生俱来的，也不是同时期所经历的社会生活的形态中所包含的。这里他过分强调了他的问题，因为人们在回答"我是谁？"这个问题之前，并不能（正如麦金太尔指出的那样）回答"我应该做什么？"这个问题。一个人对前一问题的回答将关系到"在社会关系中"要明确地对自己加以说明和定位，"恰恰是在这些社会关系和实现这些社会关系的可能性当中，道德行动的目的才被发现，而正是基于对这些目的的考虑，行动才能获得评判"。[1]在我们自己的时代，社会关系的枢纽中为情感、慈爱、责任、道德职责、义务以及关爱保留了存在的可能性，这在很大程度上就是我们所知道的、并称之为"私人的"关系，这种关系处于持久的压力之下，这种压力要求人屈从于我们公民社会富有争议的和工具主义式的假设。然而，上述可能性还是存在的，而且不能过分强调这种可能性的重要意义。如果没有包容各种丰富而多样的人类认同的一系列早期经验，个人与其他人将会只有很少的、偶然发生的联系，而且更可能会屈服于毁灭、同情和藐视的诱惑或要求。我完全同意包括卢梭以及后来的弗洛伊德在内的一些人，他们强调人类情感以及把我们用一种兄弟姐妹关系连接起

---

［1］　MacIntyre, *Short History of Ethics*, p. 187.

来的心理认同的力量和重要性，他们接着提出：对于一个正义的社会而言，现实的这个维度是最重要的。私人领域可以成为一种样板，使我们最有力的一些政治情感能得以效仿和塑造。[1]

因为合理的原则被当作道理而受到珍视，这些道理可能转而使人们的道德品格和社会生活焕发活力，那么家庭就必须变成一种正义之邦或者一个小共同体吗？政治理想——公法、自由、正义、平等，能占据私人的舞台吗？接着，养育、仁慈、宽恕、救助会怎么样？卢梭并没有解决这个问题，因为他为了获得某个答案，已经把这个问题的某些维度抹掉了。伦理国家的构建原则在私人领域中是无法施行的。如果要实现这种想法，那么对这两个领域都将是灾难性的。孩子可以从公民德性的某些形象中受到教育，但这不是从严格意义上说的，而是在保持心灵和精神的某些品质这个意义上，如果时机成熟，这些品质就会有助于产生国家，而公民理想则在国家中得以实现。

基于腐朽的社会秩序，卢梭发现："我不得不在迄今并不存在的一种社会存在形式中……去发现道德行动的目的。"这给我留下了深刻印象，他坦白地承认了行动的目的有时候必须到人们想象的活动中寻求，而想象的活动就如同演出，或者戏剧，或者盛装彩排，这种设想要求人们需要具备我前面已经提出来的心灵和精神方面的品质。在其他人提醒我之前，我要提醒自己，公共的话语和行动不只需要一个人；在社会环境中，还必须向其他人说明道德的理由，而且必须和其他人一道这么做。

168

----

[1]　斯蒂芬·索尔克弗〔Stephen Salkever〕引用卢梭，认为基于目前事物的秩序，即使公民德性的生活"并不太可能"，"在普通的家庭背景下，一种幸福的社会生活在今天仍然是有可能的"，因为家庭是德性和幸福的来源。Stephen Salkever, "Rousseau and Concept of Happiness," *Polity*, pp. 42-43.

如果有人把道德行动的目的放进想象的社会环境中，这样难道不是把个人交给了政治幻想家做人质吗？社会的设计师难道不会胡作非为吗？倘若如此，那么这将让事情变得和过去几乎没什么两样，因为我们多半已经成了由退化的疯狂幻想所激发的行动者的玩物。陷阱就在眼前。让我先承认这种危险，然后把关于幻觉的另一个观点重新定位为富有创造性的、道德政治思想的一种形式，在其中，要参与到伦理国家中的个人可能会坚持"道德行动的某些目的"。

首先：当卢梭试图在一种尚未存在的生活方式中为原则奠定基础时，他并没有从头开始。他从基础开始往上构建，但是他站在一个特殊的基础之上。政治的想象和艺术家的想象一样，要利用技能，这全部技能由关于我想象什么或者想象谁的知识或信念构成。我，或卢梭，或这本书的读者，"在我的想象中都不是自由自在、不受约束的。……我受到我所想象的那个人约束，受到我想象到他们所做事情的约束"。[1] 更好生活的图景有赖于现有的生活方式。关于更好的世界，即伦理国家的图景或幻想，并不需要完全毁灭旧世界，也并不需要深入到不受约束的内部；相反，当道理变成原因时，经过深思熟虑和行动，始于内心对话的东西就会转变成公共的话语和原则。这就是卢梭在《社会契约论》中所要讲的一部分。我们的错误在于我们想要仅仅在精确的行动计划或完全制定好的体制中定位目标或找到目标。我们可能把政治想象的著作想成是某种特殊类型的幻想，它触及了道德和审美的冲动以及公共和私人的身份：对个人的精神状态、愿望、惧怕、欲

169

[1] Richard Wollheim, "Identification and the Imagination," in *Freud: A Collection of Critical Essays*, ed. Richard Wollheim, pp. 182-183. Cf. Benjamin R. Barber, "Rousseau and the Paradoxes of Imagination," *Daedalus*, pp. 79-95.

求以及推理的一种动态的积聚，它首先被转化为设想，可能最后出现在公共层面的行动中。一旦这种复杂的过程完成了，心灵的状态就将不再是或者不仅仅是个人的，而且还会变成另外的某种东西。

我们每个人都有责任在关于政治想象的各种观点中做出判断，并放弃那些触动原始狂热的判断。只有通过这种方式，那些对公民和有德性的希望之幻想才能继续存在下去，而那些狂热之人更加嘈杂的幻象才能从我们的世界中抹掉。很有可能，我们用于哲学和政治探索的语言还不足以应对将感觉和精神统一起来的任务，以及那获得一种有关选择、可变性和可能性的辩证法的任务，这种辩证法拒绝绝对的确定性和随之而来的毁灭。只要文明没有被完全破坏，只要容许私人领域存在（这一私人领域允许目的极为严肃的有趣实验，而且这种实验是免于极权主义侵扰和控制的），那么政治想象的这个任务就可能完成。因为，即使正义不能实现，公共伦理仅仅是从未到达的理想，自由也仍然保全了人类的交往，人类交往对于获得并实现正义和公共伦理来说是必需的。

我将在我作结的一章中提出：把卢梭公民概念的一些方面理解为积极的道德动力，这是很有可能的，这种公民拒绝精明的理性和个人利益的计算，认为它是人类思考和行动不恰当的基础，同时我不接受卢梭关于获得这种公民权就要把女人从公共领域排除出去的论证。然而，卢梭著作中提出的这些棘手问题仍然存在：对男人和女人来说，在相互联系的公共和私人领域（对这两个领域，他们有共同的重担和责任）中，权利平等是否可能？第五章讲述了女性主义对这个问题的回应，但是现在我将转向黑格尔这个不凡的人物。

G. W. F. 黑格尔：有自我意识的主体与公共和私人身份

　　为了理解黑格尔关于公共和私人的观点，有必要描述一下黑格尔提问的方式。像卢梭一样，黑格尔的认识论规则为评论那些政治解释的方式提供了基础，那些政治解释的方式用外在的和工具主义的方法假定了与其社会相联系的抽象个人。用"外在的"一词，我要表达的是：成为社会的一部分并不表示要去通过某种根本的或富有意义的方式来改变个人。用"工具式的"，我要表达的是：社会制度被看作是为了保存、保护和捍卫个人的私利而存在的。

　　黑格尔关于人性和政治的结论直接来源于他的概念范畴和方法，这是一种解释的逻辑，它假设人类是通过对立与否定的动态相互作用而开始明白他们称为现实的东西。[1]在黑格尔看来，人类主体通过概念，从对感觉确定性和特殊性的相对抽象，进入由那些范畴提供的相对具体之中，感知和特殊在这些范畴中得以结合和转化。换句话说，人类感觉容易获得的直觉的特殊可以表现得更具体而不是相反，由此使人类认知主体可以通过一种富有意义的方式获得它，这个过程使用了一些概念，在这些概念中它得以被理解。

171　　在黑格尔对历史和政治社会论述的中心，相当复杂地勾画出了人类主体有关意识和自我意识方面的能力。简单地说，黑格尔认为人类的自我意识是可能实现的，因为人类精神通过感觉积极地作用于物质。人类可以从一种反思的角度来体验现实。只要他和她是自

---

[1]　Taylor, *Hegel*, see Chap. 9, "A Dialectic of Categories."

觉的，那么人类主体就开始认识到：现成的、继承而来的观念（比如古典自由主义传统）包含了一种"既具有启发性又受到曲解的观点；因此个人主义社会的概念设计是真正具有启发性的，它们揭示出了那个社会以及其理论化的特有模式的真正特点，不过也是曲解的，它们掩盖了个人主义的局限，部分是把一些仅仅作为个人主义特点的东西表现为道德生活普遍而必然的特点"。[1]它存在于人类意识的自然本性当中，这是一种潜在的自我意识，并不是为了保持被动和固定不变，而是为了在既定历史环境中发现其内在的可能性。对黑格尔来说，理性是"有目的的活动"。[2]对于自由主义经验主义者所支持的那些被动的论述，黑格尔关于理性和精神的叙述是一种强大而非常有说服力的替代。然而，同时，对〔on〕这种环境进行至关重要的反思方面，他留下了余地；事实上，在社会存在与社会意识之间的裂缝中，可能会出现十分关键的自觉。[3]

----

〔1〕 MacIntyre, *Short History of Ethics*, pp. 206-207.

〔2〕 G. W. F. Hegel, *The Phenomenology of Mind*, trans. J. B. Baille, p. 83. 黑格尔在另一处做了注释：

> 　　除了进入其经验的东西，意识对任何东西都无法知道和理解；因为在经验中发现的只是精神的实在性，而且还有它本身的对象。然而，精神变成了对象，因为它包含在变成它自身的他者中，也就是说，变成了它自身的一个对象，以及在超越这个他者的过程中。而且，正是这个过程被称为经验，通过这个过程，直接的、非经验的，也就是抽象的要素本身得以外化——无论它是以感觉的形式还是以直白的思想的形式，而且接着，它又从这种疏离状态回到自身，通过这样做，最后在其具体的本性和实在的真理中确立起来，而且还获得了意识。〔p. 96〕

〔3〕 *Ibid.*, p. 805. 当获得了绝对知识——"精神将其自身理解为精神"时，社会存在与社会意识之间的距离就会消失。经过康德，黑格尔再次引入了理性和欲望之间、自然与精神之间的二律背反，然而他试图解决这个二律背反，同时他拒绝了康德的形式主义。黑格尔发展了身份的重叠领域，在其中，在人迈向更高的层次时，理性—精神开始获得支配地位（Taylor, *Hegel*, p. 369）。

172　　　人类自由和人类意识相似，如果它有什么真正的含义的话，那么必定植根于历史之中。在黑格尔的一些最具破坏性和激烈反讽的段落中，他批判古代斯多葛学派的"苦恼意识"，他们认为在奴役和束缚的世界中可能有种"自由意识"。黑格尔认为斯多葛学派的"自由"是一种抽象表达的自由观念，而非其具体体现的实质。[1]自由像臣服一样，"必然在生活之中，在自然之中，并且在社会实践与社会制度的背景之中"。[2]因而，自我意识的一种动机就隐含在黑格尔关于人性和政治的理论中；黑格尔式的主体是一种能够将世界和他自己视为反思对象的有目的的存在。他可以走向他自己的思想和行动——这个过程既是一种解放又充满痛苦[3]，而且这种自我认识必须总是在历史形态中

---

〔1〕　变动不居的抽象观念宣扬那些为黑格尔所批判的自由和意识，这些抽象观念令人想起了那些印在贺卡上的打油诗。爱慕、喜爱、欣赏以及不朽之爱都交给卖弄风情的话语来表达。贺卡带来了一种情感的流行；它们表现感受，但并不是感受的具体化，而且可能事实上是真正情感的反面。参见 William Gass, *On Being Blue: A Phenomenological Inquiry*; and D. H. Lawrence, *Stories, Essays and Poems*, ed. Desmond Hawkins, pp. 377-378. 劳伦斯批判诗歌，他抱怨说："这是诗的流行而不是诗本身。"

〔2〕　Taylor, *Hegel*, p. 567. 结合黑格尔观点或者使用黑格尔方法的分析者经常遇到一个问题，从黑格尔那儿挑选出人们认为是对他自己的目的和意图最重要、最有用的，从而规避了黑格尔的本体论和他的历史目的论。是否可以为这样做进行辩解，泰勒在他的研究中提出了这个问题。他指出，他感到被迫要处理这个问题，因为在当代，世界上没有人"真相信他的〔黑格尔的〕认识论的核心论题，即宇宙是由一种其本质为理性的必然性的精神所证实的"。如果否定黑格尔的认识论需要放弃他关于自我意识的理论或者否定他的辩证法，那么，对于多数人（包括我自己）来说，黑格尔会变得无从接近，他们求助于他的著作来加深和丰富对人类主体的理解，把人类主体理解为一种反思的、历史的动力。我认为，如果有人能够对自我意识的推动力和动机提供另外一种说明，那么他就可以从在历史中展开的精神里释放出自我意识的动力。我将在结束的章节中展开这种说明。

〔3〕　Jean Bethke Elshtain, "The Social Relations of the Classroom," *Telos*, pp. 91-110.

去塑造。[1] 在考察黑格尔关于公共的与私人的社会秩序和关系，¹⁷³以及男人和女人天性的叙述之后，我将回到黑格尔关于人类主体的观点，并将它与对公共的、私人的身份和语言的思考联系起来。

黑格尔关于公共和私人（在这些领域的关系中他定义了家庭、市民社会和国家）的观点得益于亚里士多德在概念上把家庭与城邦分开。黑格尔也愿意把"必然"领域从"自由"中分离出来。在黑格尔的方案中，他把女人放在**哪里**这个问题要优先于**为什么把她们放在那里**。关于女人，黑格尔的"哪里"就是他所谓的"**自然的伦理共同体**"[2]，也就是家庭。黑格尔在一个段落中为这种家庭辩护，而这段的含义将随着讨论的进行而得到阐明。

> 　　作为社会性的内部原则，它通过无意识的方式起作用，如果它是明显有意识的话，就会与它自己的实在相对立；作为一个民族现实存在的基础，它与民族本身相对立；作为**直接的**伦理存在，它站在伦理秩序的对立面，伦理秩序通过服务于普遍的目的而自我塑造和自我保存；家庭的珀那忒斯〔the Penates of the family〕* 站在普遍精神的对立面。[3]

————————

〔1〕　Rosenthal, "Feminism Without Contradictions," p. 42. Cf. R. C. Solomon, "Hegel's Concept of Geist," in *Hegel: A Collection of Critical Essays*, ed. Alasdair MacIntyre. 所罗门认为，黑格尔在其人类主体的地位方面讲得一点也不清楚，他的"I." 笛卡尔的 *cogito* 是思考的心灵，既不是人格也不是身体。康德的"I"是一种形式的先验原则。所罗门很有说服力地证明了黑格尔同意康德在"我思"之"非实在性"的立场，尽管他们二位都认识到了"一个先验的'我思'与一个经验的自我或个人之间区别的重要性"（p.143）。

〔2〕　Hegel, *Phenomenology*, p. 468.

　*　罗马家神，家庭和领土之守护神。——译者注

〔3〕　*Ibid.*

对黑格尔来说，自然的伦理要素是"……精神从中寻找到……其实现或客观存在的……媒介"。[1]

174　黑格尔通过这一段要表达的意思是什么？他以把家庭描述成一种自然伦理的共同体开始，认为家庭伦理并不存在于任何关于家庭里和家庭成员间的"情感或爱的关系中"。[2]相反，家庭的伦理意义来自家庭与蕴含于国家中的普遍性之间的关系。然而，黑格尔还指出"家庭的珀那忒斯站在普遍精神的对立面"。家庭站在"普遍目的"对立面的同时，如何从这些目的中获得它的伦理意义呢？当人们在家庭成员与家庭领域、普遍领域的关系基础上考虑对家庭成员进行区分时，黑格尔的答案就成型了：越接近普遍秩序，家庭成员就变得越重要。正像在亚里士多德那里一样，在黑格尔看来，公共世界支配着私人世界，并赋予后者意义。社会的公共生活是世界上人类行动的中心。

然而，并非所有人都追求伦理的普遍性和意义。像奥威尔《动物庄园》中的居住者那样，他们知道所有的动物都是生而平等的，而有些比另外一些更平等，黑格尔概念世界的居民在伦理上很重要，不过，有些人比其他人更重要。和亚里士多德一样，黑格尔把女人排除出去，她们不能参与公共领域的"善"。相反，女人是由家庭来定义的：家庭是女人的出发点和目的地。对于男人而言，家庭是种伦理关系，它是包括公民身份在内的其他一切的基础。单单男性本身就可以成为"真实的、本质的"公民。如果他扯下了公民身份，如果他一头扎回家庭，那么他就会变成"仅仅是不真实的、非本质的影子"，[3]成为那些不完善的、影子般的

---

[1]　Hegel, *Phenomenology*, p.473.

[2]　*Ibid.*, p.468.

[3]　*Ibid.*, p.470.

女性形式［shadowy female forms］的伴侣，她们把家庭［family］称为"家园"［home］。

　　为了公正地对待黑格尔丰富的论述，我会选取他的部分论述，并通过他的解释逻辑来进行理解。黑格尔把丈夫对妻子的关系视为"首要而直接的形式，在这种形式中，一个意识在另一个意识中辨认出了自己……"，这被他称为"自然的自我认识"。[1]这种自我认识，女人是可以获得的，但是却达不到真正的自我意识。男性从相同的、自然的自我认识开始，但是对他来说，这种直接的意识是一种模板，完全的自我意识在其上得以发展。女人被紧紧地与自然自我认识的直接性（表现为她必然地和不可改变地被吸引到家庭的特殊性当中）连接在一起。黑格尔关于兄弟和姐妹的叙述重申了这一立场。

　　尽管兄弟和姐妹都是个人，但是姐妹承担或体现了一种"女性的因素"或形式。确切地说，她不能实现一种完整的伦理生活，"家庭的法则是她天生**固有的内在本性**，这种本性并没有对有意识的理解敞开，而仍然还是内心的感受。……女性的生活与那些家庭之神（珀那忒斯们）联系在一起，而且在他们那里同时发现了她普遍的本质和特殊的个性"。[2]所以在上面的段落中，女人由于献身于家庭事务，而被置于"普遍精神的对立面"。在《法哲学原理》的第一六六节，黑格尔重塑了亚里士多德在《形而上学》中对那些男性与女性因素的区分，亚里士多德把它描述

────────

〔1〕　Hegel, *Phenomenology*, p.474.
〔2〕　*Ibid*., p.476. 参见 par. 166 of Hegel's *Philosophy of Right*, trans. T. M. Knox, pp. 114-115。黑格尔认为："女人天生就不是从事某种活动的材料，这种活动需要一种具有普遍性的能力，诸如更为高深的科学、哲学和某些艺术创作的形式。女人可能拥有巧妙的想法，有品位，而且很文雅，但是她们却不能达到理想的境界。"黑格尔接着把男人比作动物，女人比作植物。

为形式与质料的类比，由此在交媾过程中，男性提供人类的形式，而女性则起到一个容器的作用，在其中，男性创造的小人［*homunculus*］得以孵化。黑格尔把男人与女人之间的差别比作"动物和植物的区别。男人对应于动物，而女人对应于植物，因为她们的发展更加平静，并且规定其发展的原则是相当模糊的感觉统一性"。[1]

176　　姐妹受其内在本性所限，继而意识到她作为妻子角色和母亲角色的伦理意义，但是，黑格尔认为这并不存在于她与**自己的**丈夫和孩子（"这个个别的丈夫，这个个别的孩子"）之间的**个别**关系中。相反，她必须与黑格尔从**一般意义**上对一个丈夫和"孩子的称谓联系在一起，——不是与感情联系在一起，而是与普遍性联系在一起"。[2]对黑格尔来说，女人与她自己的丈夫孩子的关系**本身**并没有很深的伦理意义。只有在这些特殊的关系化身为或处于普遍的丈夫和普遍的孩子的抽象中时，真正的关系才获得了重要性。男人则没有这个问题。他身负普遍性的**形式**，作为公民，拥有自我意识的权力，而这种权力属于普遍性的生活，即社会整体的生活。[3]

　　单单在男孩子身上，家庭的"精神就获得了个性化，而且可以转向另外的领域，转向不同于它自身、外在于它自身的领

---

〔1〕　Hegel, *Philosophy of Right*, p. 263. 黑格尔接着对一种危险提出了警告，如果让女人接管政府，国家将会被置于这种危险中。一个女人对其行动的规则并没有结合普遍性的要求，那么注定是个别的、任意的、反复无常的。我不想把黑格尔的观察当作**简单的**厌女症而抛弃掉——在进入公共领域时，任何先前被排除掉的群体都会出现一些严重的问题，因为进入的条件会对他们之前的私人化有所反映。

〔2〕　Hegel, *Phenomenology*, p. 476.

〔3〕　*Ibid.*, p.472.

域，并能够越过个性而进入对普遍性的意识"。[1]男性"被家庭的精神派遣到共同体的生活中，并在那里发现了他有自我意识的现实"。[2]家庭"在共同体中发现了它的普遍实体和存在"，而共同体则反过来"在家庭中发现了其自我实现的形式因"。[3]黑格尔那复杂的关于公共和私人之间的辩证法是种动态的却又"稳定的一切部分的平衡"。[4]尽管在一个领域从另一个领域彻底分离这个意义上，黑格尔的论述中并没有公共—私人之间的分裂，但是公共与私人**被**区分并按照高低进行了排序，最低的领域是家庭，第二低的领域是市民社会（如我们在下文所知），它们是国家的必要基础。两个领域之间相互的关系如果是不对称的话，它们需要有彼此相连的纽带或媒介。这些由男性通过扮演兄弟、丈夫、父亲和财产拥有者的角色来提供。

到此为止，人们能从黑格尔的论述中了解到什么呢？首先应该指出的是黑格尔为探索提出的一些假设，包括关于男性天性和女性天性的一个目的论式的观点，这正是他政治主张的基础。与卢梭不同，黑格尔并没有受人类（男人和女人）天性发展中天性与教育之间不确定的关系困扰。在清晰表达关于家庭、市民社会和国家的观点之前，黑格尔已经解决了这个问题。第二点需要指出的是，黑格尔在他有关男性和女性天性假设的限定中，尽可能在其观点允许的范围内把女人放到一个接近普遍性的位置。在这么做的时候，黑格尔受其论证的逻辑所迫而否认了女人作为妻子和母亲的生活本身具有任何内在的价值和意义，同时他却赞美了

177

---

[1]　Hegel, *Phenomenology.*
[2]　*Ibid.*, p.478.
[3]　*Ibid.*
[4]　*Ibid.*, p.480.

男人作为公民的日常生活所具有的价值和意义。[1]女人的价值维系通过男性而与普遍性建立脆弱的联系，如果没有这个联系，就定义而言，家庭，继而是女人，就都失去了其伦理意义。

假设一个女人吸收了黑格尔关于女人、她们的家庭关系以及她们的重要性的观点。她会被要求从她与那些特殊的、真实的人（**她的**孩子和**她的**丈夫）之间热切的、不间断的关系中抽身出来，由此，她就可以通过与那些抽象的普遍性，即一般意义上的丈夫和一般意义上的孩子（孩子和丈夫的先验形式）之间的关系，来实现伦理意义。当有人用这种方式表达他的论证时，就会显得有些牵强附会了。如黑格尔所知，没有人能够与抽象的范畴建立关系；另外，支配我们道德生活的规则非常适当地为我们所拥有的那些义务赋予了最大的重要性，而那些义务的对象是与我们拥有共同社会存在的人。

黑格尔的公共世界由相互区别却又相互联系的两个领域组成，被他称为"市民社会"和"国家"。我会通过探究其国家建立的第二基础（家庭是第一基础）来检验黑格尔为国家设置的目的，第二基础即无政府的经济竞争领域，被黑格尔称为"市民社会"，像家庭一样，它也是特殊性的领域。市民社会存在的理由是私有财产和自私自利。尽管国家在家庭和市民社会的基础上建立起来，但是它不能被还原为这两者；事实上，更广的范畴，即国家，赋予了市民社会真正的意义和价值，这正像市民社会赋予家庭真正的意义和价值一样。家庭与市民社会的纽带在于私有财产。财产给予家庭**外在的**存在，由于它"采用了资本的形式……它就变成

_178_

---

〔1〕　Wolff, "There's Nobody Here But Us Person."

了家庭实质人格的象征".[1]

换一种方式：私有财产和与对私有财产保护相联系的"自由的普遍原则"犹如一种强烈的诱惑在起作用，把男性个人"从他的家庭纽带中"拉出来，由此，他可以意识到他在市民社会的个人主义领域中作为经济人［homo economicus］的角色。对家庭纽带的明显破坏或分解服务于一个必然的目的：它为男性（因为单单是男性从家庭中获得了个性化）后来作为公民而参与到"伦理观念的实现中"（即国家生活）做准备。在超越市民社会之冲突中，国家代表了一种具体而真实而非虚幻或抽象的自由。正像在亚里士多德的**城邦**中那样，只有在国家中，人才能实现其最高的个人之善和共同之善以及他最高贵的目的。"人之所是的一切都归功于国家；只有在国家中，他才能发现自己的本质。一个人所拥有的一切价值、一切精神实在，只有通过国家才能获得。"[2]再有：公共和私人共存于一种复杂的辩证法之中。私人领域，或者非公共领域，通过它们与国家公共领域的联系而获得其意义和价值。在由国家提供的秩序井然的环境之外，家庭缩小为一种虚幻的非实体性。尽管家庭和市民社会构成了国家的必要基础，但是它们不能通过任何重要的方式来定义国家。情况恰恰相反：国家为了成为一个国家，可以不通过除了自身以外的任何东西获得定义。回忆一下亚里士多德对**城邦**的概括，它是"最终的和完美的联合"。

然而，对伦理国家如何成为现实，以及成为现实后如何自我维持，黑格尔最终并没有给予可信的说明。在黑格尔对公共与私人的论述中，最严重的缺陷并不在于他没能把女人结合到他的普

179

---

〔1〕　Hegel, *Philosophy of Right*, p. 379.

〔2〕　引自 Taylor, *Hegel*, p. 379。

遍范畴中（这是一种个别的评价，要是不完全放弃黑格尔的解释逻辑，这种评价大概就不成立了），缺陷却恰好在马克思所指出的地方：黑格尔对两个问题的不以为然，即有关经济权力的一些现实，以及一个弱肉强食的文明社会有可能损害正义之公共秩序的模式。尽管黑格尔困扰于私人忠诚与目标的统一遭受破坏的可能性，不过，他给经济人的个人主义保留了如此宽松的空间，以至于危及了他的政治洞察力。

这还有其他的问题。用一个简要的例子就可以说明黑格尔政治观点的一处局限。黑格尔警告说"狭隘的家庭"可能会驱使青年在市民社会中转向一种早熟的、浮夸的、顽固的个人主义，由此阻碍了青年转变成公民、进而转变为普遍的意识。[1] 黑格尔哀叹任何与"普遍目的"断裂的"个人主义精神"，他提议用强迫的形式与这种个人主义做斗争，而不是通过劝说的形式，劝说的形式会唤起青年反思性的自我意识，并让他去选那些更有价值的选项。黑格尔把国家设置为唯一可以合法使用暴力的机关，他会把信靠个人主义的青年以及其他像他这样的人送去参加战争。他发现，在战争中，自私自利会被放弃而集体主义会占主导。[2] 在这

----

〔1〕 Hegel, *Phenomenology*, p. 497. 黑格尔评论说，共同体"只有通过破坏家庭的幸福"并把它"溶解"到普遍性中，而"获得自身的生存"。然而，这样做的话，"共同体就会在内部为自身制造出敌人来，把一般意义上的女人变成它的敌人，而女人受到它的压制，同时又是其基本要素。女人是对共同体生活的永恒反讽，她们通过阴谋诡计把政府的普遍性目的变为私人目的，把共同体的普遍性活动转化成了为这个或那个个人服务的工作，并且把国家的普遍财产转化为家庭的占有和装饰"。

〔2〕 黑格尔的讨论是令人沮丧的，部分是因为他那抽象的主张已经常被一些政府付诸实践，这些政府谋划通过走向战争而获得内部的凝聚力和民族团结。几个世纪以来，这是罗曼诺夫沙皇标准的活动。黑格尔指责固执而自私的母亲不好好养育儿子，以让他们适应其公共的命运，从而证实了他关于女人永无停息地抵抗普遍主义的观点。

个关键时刻，公共原则和理性所主导的公民形象逐渐消失，让位 *180*
于武装力量的形象，而且公共团结不是通过彼此共同的社会目标，
却是通过彼此共同的外部敌人被创造出来的。

　我绕了一圈现在将回到黑格尔的主题上，即对公共与私人身
份的界定以及语言对构成和表达这两种身份的作用。对黑格尔而
言，男人是公共的存在，而女人是私人的存在。但是如果我们认
真地对待黑格尔关于身份的论述，事情就远比这样复杂得多。正
如公共世界支配着私人世界，并且赋予它意义，对黑格尔来说公
共身份才是核心，因为公共领域非常突出，是彻底定义人并赋予
其人性的领域。在服务于国家方面，人"并不是服务于一个脱离
他自身的目的，相反，他服务于一个更大的目的，这个目的是其
身份的基础，因为只有他处于这种更大的生活中时，他才是一个
个体"。[1] 不过，既然黑格尔坚持认为语言对于一种共同的生活方
式和连接公共与私人经验（在某种程度上二者都是在语言上建构
的）是本质性的，那么并非只有男性的身份必然与公共世界联系
在一起。尽管男人是出类拔萃的公共存在，但是女人也通过心灵
构成的语言媒介来经验公共世界。因为，如果语言在文化中赋予
了我们对自身经验的形式，如果公共经验和私人经验相互渗透，
那么，女人作为使用语言的存在，将会通过参与到一个语言的世
界中而直接（如果是被动的话，那么她就不被承认是公共领域中
的积极角色）与范围更广的文化联系起来。我们所有人都用强有
力的、经常无意识但深深感受到的方式，通过心愿、欲望和梦想，
与整体的人联系起来。这些内心的联系并不必须要引向行动，尽
管它们是行动的一种必然特征，这些联系同时涉及了女人和男人。

―――――――
〔1〕　引自 Taylor, *Hegel*, p. 380。

黑格尔并没有明确地接受这种联系，尽管它是黑格尔方法和关于语言的观点的逻辑结果。即使有些人被剥夺了参与公共行动的可能性，但是一个语言共同体的一切参与者都有共同的话语，那么在公共的意义方面必然会有所分享。[1]（我并不是在暗示意义是完全相同的——仅仅是在重要的方面相同。）黑格尔接着说，如果男人的公共经验被抽去了意义，那么他就逐渐被异化了。这种异化肯定也是女人的命运，至少部分原因在于即使女人不能在公共世界中行动，她们仍然能够行动，或者她们可以相信自己的行动**符合**那个世界的利益，**或者正在为**那个世界的利益而行动——送孩子上战场赴死就是个残酷的例子。但是，如果黑格尔是正确的，作为从本质上被定义为公共存在者的男人就应该受到更大的异化，而且，如果公共经验无助于他们的最高意义，并且不能界定他们的最高抱负，那么男人就会更严重地丧失认同。在那一点上，有人可能把女人视为一种"替补"〔saving remnant〕，在公共领域衰落的情况下，她们支撑起私人领域的价值和重要性。但是黑格尔并没有为这种卢梭式的可能性留有余地：私人领域完全由公共领域来规定，以至于在公共意义崩溃的情况下，它也被剥去了存在的理由。

当公共领域作为一种统一的力量和道德范式崩溃时，会发生什么？黑格尔认为结果是个人主义。人们作为个体，并没有把自己视为本质上由他们在政治共同体中的身份来定义的存在。很吊诡的是，令黑格尔哀叹的这种发展也许是**唯一**能够让女人在完全私人化的身份之外获得一种身份的手段。可惜的是，个人主义的公共身份如此容易被吸收到损人利己的变体中〔predatory

---

〔1〕 Cf. Taylor, *Hegel*, p. 381.

variant]，而这在资产阶级的市民社会中占支配地位，它也许会变成一个终点，而不是通向自我之更高意义（作为政治共同体的参与者）的轨道。也就是说，那些对人作为个人获得身份的限定，也许会危及人获得共同的、社会的和政治的身份的可能性。这是当代女性主义理论尚未面对的一个问题，我会在下面的第五章转向这个问题。

当人们把黑格尔的立场贯彻到底时，女性主义所宣称的政治想象就会被放在一个格外困难的处境上。这似乎有如下选择：（1）女人也许会拒绝当代社会的个人主义（包括女性主义"如何获得属于你的东西"这个观点在内的损人利己的个人主义术语），但是，这是为了什么呢？（2）**在思想上**，另一种可能的选择是讲清楚公共身份对个人来说有什么内容和要求，包括一种复兴的公民概念，这一概念会激发出更高的人类动机，并且成为一个政治共同体的核心。在没有这样一种政治身份的情况下，女人就只有：（3）利益团体的自由主义，一种可以畅谈自私自利，并且要求自私自利的政治，还将自私自利视为最高的驱动力，或者（4）退回到私人领域（考虑到女性主义者们给家庭的定义，他们一定将这看作至少是部分的后退），退回为一种非公共的存在，即创造自我认同的核心所在。

尽管这些看上去是黑格尔式分析所能接受的选择，但是还有其他的可能性。还有宗教身份，黑格尔认为这已经在历史上被超越了，这就是将在此尘世中的个人与更大的信仰共同体联系起来的、在上帝之城中的身份。这提供了一种公共的身份，而非简单的私人身份，或者不仅仅是一种私人身份，然而，在黑格尔那对国家强有力的赞辞之下，它还是不充分的。作为一种审美追求的生活，一种艺术的生活，则是另外一种选择。黑格尔承认艺术是一种思考的形式，但是他认为艺术并不能达到精神的最高层次和哲学的明晰。[1]不过，既然黑格尔赋予艺术至关重要的角色，以及这样一个事实，即审美实践和审美意识是为获得彻底的自我意识而进行的斗争中必不可少的一步，有人在黑格尔的著作中发现了艺术作为一种生活方式的局限。在缺乏充满活力的公共领域的情况下，艺术的生活也许是种有价值的选择。第三种选择是政治理论家的天职。当然，因为"理论家经常玩弄一种私人政治"[2]，所以这样的身份也丧失了行动之名。对黑格尔来说，这些可能性中没有一种是完全有价值、可以取代在一个伦理国家中作为公民的公共身份。但是对我们来说，要接受黑格尔的判断，我们必须也要同意他的这个信念，即公共领域完全比私人领域更加高贵，而且具有更伟大的目标。我们还必须同意：单单一种政治身份就能体现并包含自由和理性的领域——这种说法枉顾了一个事实，即与任何其他类型的公共行动相比，国家都更频繁地涉入战争，并将战争视为一种公共的目标。我们还必须同意（因为这是唯一可以从私人化转入一种公共身份的途径，即使我们已经放弃了去获得普遍精神）在我们的公共领域中仍然为世界历史人物，为英雄和奠基者，为护卫者和立法者留有空间。然而，约翰·古内尔［John Gunnell］认为，一个需要这种英雄人物的理论可能与一个开放社会无法协调，组成开放社会的人带着不同的、可能是相互冲突的公共目的和私人目的。

　　我将回到语言和话语，并来总结我对黑格尔的思考。黑格尔的理想是思想和人类话语达到完全的透明。阿比盖尔·罗森塔尔

---

[1]　我这里的论证是以我对黑格尔审美理论的理解为基础的。见 G. W. F. Hegel, *Aesthetics: Lectures on Fine Art*, trans., T. M. Knox。

[2]　Gunnell, *Political Theory*, p. 142.

[Abigail Rosenthal] 说："正是黑格尔的方法说明了语言中的障碍……是不必要的。"[1] 我们很少有人愿意接受这种可能性，即把彻底透明作为理性话语的主要评判标准和目标。然而，如果有人坚持认为即使不能付诸现实，在心灵之眼面前净化话语也是一种理想，那么这种观念也会有助于这个人去倾听**沉默**，倾听人类交谈中的障碍，并且去问为什么会出现这些**沉默**。在这个意义上，在任何迈向社会转变的行动上，黑格尔都仍然具有必不可少的重要性，而社会变革是围绕着道德上的自治和说话的人类主体发生的。

卡尔·马克思：类存在与政治的终结

　　马克思对公共与私人最有力的观察出现在他对资本主义社会的谴责中。[2] 自由国家被黑格尔称赞为伦理共同体，在马克思看来则相反，它只是一种幻觉，并没有超越市民社会的那些冲突。事实上，国家存在是为了服务有钱人和有权人。然而它在这个过程中的角色却被一种意识形态所掩盖，这种意识形态假设在家庭的私人领域以及商业的"私人世界"与"公共世界"之间有严格的区分。根据自由主义的意识形态，当资产阶级的个人进入公共领域时，对财富、教育、职业、宗教、种族、阶级以及性别的一切区分都被置于身后，在公共领域中，所有人在形式上都与其他人是平等的：一个公民一张选票。事实上，马克思认为，被假定公民置于身后的那些区分，即所有那些是社会性的或私人性的，

184

---

[1]　Rosenthal, " Fminism Without Contradictions," p. 38.
[2]　Frederick Engels' *The Origin of the Family, Private Property and the State*，马克思关于公共与私人的关键文本，将在下面的第五章中加以考察。

因而也就不是政治性的事情，都是其客观现实的基础：它们是他真正的社会关系。经济上统治与从属的领域和剥削与竞争的领域都没有被触动，或是这些领域得到了存在一个独立政治范围（在这个范围中并不考虑这些区分）的观念的支持。

自由主义的意识形态假设了一种抽象的人类，这种人类被剥去了社会性存在的属性。在这一观点看来，人被私人化了，人追逐私利，人"退回到自己，退回到他私利和私欲的范围中，并且从共同体中分离了出去"。[1]然而，人与其他相似的、被抽象化的存在者结合到一起，被称为一个政治共同体的组成部分。把资产阶级国家称赞为真正共同体的"诡辩"促使个人"不仅在思想中，在意识中，而且**在现实中，在生活中**——都过一种双重的生活，天上的和地上的生活：前者是**政治共同体**中的生活，在其中他把自己看作是一种**公共的存在者**，后者是**市民社会**中的生活，在其中他作为一个**属私的个人**［private ididual］而活动，他把他人视为一种手段，把自己也降低为一种手段，并且变成外在权力的玩物"。[2]马克思摒弃了将公共领域从私人领域中区分出来的做法，这种区分是被资本主义社会和自由主义意识形态所理解的。马克思"揭下了"资本主义国家的"面具"，并说明把政治的公共领域从经济和家庭的私人领域中分开的做法，服务的是有权势者的利益，在此之后，马克思提出了什么替代的选择呢？他把公共与私人的关系当作概念范畴和社会现实来改造吗？马克思要证实这些问题并不容易。我将从思考他对公共领域的摒弃开始，然后接着

185

---

[1]　Karl Marx and Frederick Engels, *Collected Works*, 3：154. 在 Jerrold Seigel's *Marx's Fate: The Shape of a Life* 中，马克思对几乎所有问题的立场之起起伏伏，都得到了出色的考察。

[2]　Marx and Engels, *Collected Works*, 3：154.

考察他对家庭的处理。

关于国家，马克思的早期观点和后来的观点之间有明显的转变。在 1842 年写给《莱茵报》的一篇文章中，马克思带着深沉的感情，记述了那些连接着公民与国家的强有力的纽带。

> 国家不是通过上千根重要的神经与它的每个公民联系在一起的吗？因为有个公民自己任意切断了其中一根神经，那么国家就有权利切断所有的这些神经吗？因此，国家甚至会把一个违反森林规章的人视为人类、国家的现存成员，国家心脏的血液在他身上流淌，他是保卫祖国的战士，他是一个目击者，法庭上必须听到他的声音，他是要履行公共职责的共同体成员，是家庭的父亲，他的存在是神圣的，综上所述，他是国家的公民。[1]

关于对国家迷信式的敬畏，马克思后来大加嘲弄，而且还宣称：到那时，一代人已经在"自由的"社会环境中被养育起来，可能国家就会彻底结束它的使命——把它扔向"垃圾堆"。他认为"国家的存在和奴隶制的存在是密不可分的"。[2]马克思的目标之一是放弃政治，并用行政代替政治。

尽管马克思表面上毫不含糊地指责国家是一个天生的恶魔，是被建立起来用作阶级统治工具的强制性组织，但是他仍然为创造一个真正的、并非幻觉的共同体留下了可能性。可惜的是，马克思并没有对这样一个可行的政治共同体做出任何有说服力的描

---

[1]　Marx and Engels, *Collected Works*, 1：236.
[2]　Marx and Engels, *Collected Works*, 3：198.

述。我们只知道它不可能是什么：它不可能是竞争性利益集团的仲裁者，也不会是一个霸权阶级为其统治证明合法性并保持其统治的工具。

按照马克思分析的逻辑，资产阶级私人领域要随着资产阶级国家的毁灭而消失，因为它们互为开端、彼此需要。马克思在"对一个普鲁士人所写文章的边注"中写道，如果"现代国家要废除它管理的**能力**，它就不得不废除今天的**私人生活**。但是如果它要废除私人生活，它就不得不废除它自身，因为它**只是**作为私人生活的对立面而存在的"。[1]对于"今天的私人生活"，马克思并不完全或仅仅指家庭，而是指整个经济领域，根据资产阶级的思想，是将其置于一种无关政治的领域。从这项考察的目的出发，我所关注的是家庭的私人生活——那个主要暗指女人的领域。如果有人要在马克思那里寻找一种完全发挥出来的针对资产阶级家庭的批判，那将是徒劳。他并没有明确地处理这个问题。他关于家庭的观点必须从其著作中梳理出来。

关于家庭，马克思最为完善的立场出现于一篇发表在《莱茵报》上的早期文章。在关于一份提议的离婚法案的讨论中，马克思直接而毫不犹豫地宣称他支持家庭的神圣性，反对那些个人主义者，马克思认为他们只想着权利而不想义务，因而他们才赞成放宽离婚方面的法律。[2]马克思接受了黑格尔式的观点，认为婚姻是种伦理关系，不能被还原为婚姻开始时合法契约中的条文。马克思接着说，让离婚更容易的法律的支持者忘记了他们所处理的并不是**个人**，而是**家庭**。那些进入婚姻的人（此处马克思提醒

〔1〕 Marx and Engels, *Collected Works*.
〔2〕 Marx and Engels, *Collected Works*, 1：308.

对手"没有人是被迫"结婚的，从某种程度上讲，这个做法很狡猾）"被迫遵守婚姻法"，而婚姻"不能服从于……任意的愿望，相反……任意的愿望必须服从于婚姻"。[1]

　　马克思放弃了自己早期对连接公民和国家的神秘纽带的热情叙述，这是清晰可见的，然而，对他早期关于家庭的立场则并不存在任何类似的否定。马克思对资产阶级家庭的责难并不是对家庭本身的放弃。那些出于自己的目的而希望在马克思那里找到对家庭大肆否定的人经常引用《共产党宣言》作为证据，证明马克思认为在无产阶级中家庭已经被消灭了，而资产阶级家庭的消亡也是指日可待了。马克思对家庭消亡的描述被视为他本人反家庭观点的一种表达。用这种字面解释和轻信的态度来处理像《共产党宣言》这样的文献，无疑会曲解马克思。《共产党宣言》在谴责中充满了修辞，而在怒喝中运用了尖锐的反讽。马克思和恩格斯把一个个有意的曲解层层堆起。《共产党宣言》意在唤醒被剥削者，并且激怒剥削他们的人。一系列表达精到的夸张贯穿全篇，贯穿于断断续续却气势不减的叙述中。比如，马克思说资产阶级已经把家庭还原为了金钱关系；资产阶级剥削自己的妻子，仅仅将其视为"繁殖工具"；考虑到现代工业已经"在无产阶级中把一切家庭纽带"撕裂这个事实，"关于家庭和教育，关于父母与孩子之间空洞的关系，资产阶级的哗众取宠特别令人讨厌"；工人阶级的子女已经被"转变为商品和劳动工具"。[2]这些主张中的每一条都是事实的一部分，并且在政治修辞最优秀的传统中得以变成一个整体。

───────────

[1] Marx and Engels, *Collected Works*.
[2] Lewis S. Feuer, *Marx and Engels: Basic Writings on Politics and Philosophy*, p. 25.

马克思强烈反对把女人和孩子变成工具、在无产阶级中撕裂家庭的纽带、使社会关系退化为交换关系，从他强烈反对的问题可以看出，他明显仍然倾心于家庭生活的某种理想，这种理想的家庭生活还没有受到剥削的腐蚀。事实上，如果没有这种投入，他对资本主义下家庭遭受的破坏的痛斥是难以解释的。如果有人假设马克思在揭去资产阶级关于家庭的意识形态（它同时遮盖住了资产阶级私人关系自私自利的事实，以及资产阶级对无产阶级家庭纽带的破坏）这个问题上暗暗地求助于另一种事态，那么马克思的批判就可以说得通。

关于马克思力图改造或恢复而非消除家庭生活的观点，更进一步的证据可在《资本论》第一卷中找到。马克思发现，英国议会通过宣布"儿童的权利"来推动立法，以减轻对童工最糟糕的虐待，这由于一个事实而成为必然之事，这个事实就是"在推翻传统家庭赖以存在的经济基础的过程中，现代工业也松开了一切传统的家庭纽带"[1]。滥用父母的权威以及随后对儿童的虐待并没有创造出资本主义的剥削，包括对童工的使用；"相反，通过扫除家长权威的经济基础，剥削的资本主义模式使家长权威的使用退化为一种有害的、对权力的滥用"。[2] 尽管这个过程"既恐怖又令人厌恶"，但是马克思完全没有为此感到遗憾。他相信，把"女人从家庭领域中吸纳出去"，并且把两种性别的年轻人吸纳到生产过程中，将有助于为"**家庭和两性关系的更高形式**创造出一种新的经济基础"。[3] 马克思并没有继续追随这个建议。关于男人和女人之间、父母与子女之间关系的结构与样式，他在任何地方都没有

〔1〕 Karl Marx, *Capital*, ed. Frederick Engels, 1：489.
〔2〕 *Ibid.*
〔3〕 *Ibid.*, 1：490.

提供一个连贯的观点，只是在那种"家庭的更高形式"内，他希望工业化使之成为现实。

最后，马克思主义的女性主义者经常引用的是马克思对"私有财产和共产主义"评论中的段落。马克思认为，一个社会中男性与女性之间关系的性质证明了"人类本质［the human essence］在何种程度上变成了人的本性［nature to man］，或者其本性在何种程度上变成了人类的本质。于是人们可以从这种关系去判断人发展的整体水平"。[1] 马克思主张存在某种"人类的本质"，它是或者应该是自然的，以及存在一种本性，它是或者应该是"人类的本质"，如果不对马克思的人性理论进行清晰的回顾，他这种观点的意思是很难理解的。于是，我转向这个问题：在马克思的观点中，人性是什么？男人与女人都有类似的这种天性吗？

像卢梭和黑格尔一样，马克思赞成一种人性的社会理论。我 *189* 已经用古典自由主义契约论的抽象个人主义对比了人性的社会理论。卢梭、黑格尔和马克思都支持对抽象的个人主义予以替换，这并不意味着在人性问题上他们的观点是相同的；事实上，对于人类社会本性的特点，社会存在者彼此之间以及社会存在者与他们个人世界和政治世界之间的关系，每个人的描述都不尽相同。马克思继承了卢梭的观点，他认为，作为市民社会成员的人经常以"自然人"的面目出现，事实上，他却是在历史之中成型的。在马克思看来，人的确有一种"自然的本质"。当人性被刻画为"自然的"时，这种本质就被称为"人类"。[2] 马克思描写了一种"自然之**人类**本质或者人的**自然**本质"，[3] 他从一般意义上的人开始

---

〔1〕　Marx and Engels, *Collected Works*, 3：296.

〔2〕　*Ibid.*

〔3〕　*Ibid.*, 3：303.

（他并没有为男人和女人提出不同的个别的天性），将其视为一种自然的存在者，"一个真实的、有肉身的人"[1]和"某些权力"的容器，这些权力是通过强行进入他意识注意的一些切身"需要"而为他所知的。

马克思假设，个人会感觉到一种需要，这种需要是任何他为了实现其权力所必需的东西[2]，不过他并没有为这一论断提出任何证明——他只是赋予人以实现其权力的需要。自然及其对象变成了媒介，通过它，人的需要获得满足而且他的真正本质得以实现。马克思的人性最终以一种复合的形式出现：关于天赋（"需要"和"权力"，以及去实现"权力"的"需要"）是一种准亚里士多德式的目的论，加上在历史中对人性的塑造，以及人性变化无常的假设，人性蕴含了各式各样的、几乎无限多的潜能，只有当人的个体生活和他的类生活"没有差异"时，当个人"对人这一类的意识证实了他真正的社会生活时"，[3]这些潜能才会彻底实现，这个过程大概会同样涉及男性和女性。当个体生活和类生活变得同一时，人就会回到他自身：所有的分裂都会得到修缮，恢复完整。共产主义（唯一等同于自然主义的"彻底发展的人道主义"）将会实现，因为共产主义是"对人与自然、人与人之间冲突的**真正解决**——对存在与本质、对象化与自我确认、自由与必然、个人与类属之间冲突的真正解决"。[4]作为类存在的人也是一种自我的存在。[5]

190

---

[1]　Marx and Engels, *Collected Works*, 3：336.

[2]　*Ibid.*, 3：303. 全面的讨论参见 John McMuty, *The Structure of Marx's World-View*。

[3]　*Ibid.*, 3：299.

[4]　*Ibid.*, 3：296.

[5]　*Ibid.*

马克思关于人性的观点引起了这样一种主张：在历史中，那种天性真正的实现需要取消一般与特殊、普遍与个别、公共与私人、自然与文化、人与公民、自由与自然、类生活与特殊存在之间的一切区分。当马克思描绘出人回归为"他自己"的乌托邦图景时，界限、区分、紧张、冲突以及限制条件都消失了。他写道：

> 只有在真正的个体的人把自己重新吸纳到抽象的公民中时，而且当一个个体的人类已经在他的日常生活中、他的特殊工作中和他的特殊环境中变成一个**类存在**，当人已经把他**"自己的力量"**视为社会力量并当作社会力量安排，而且因此不再把社会的权力以**政治**权力的形式从他自身分离出去，只有在这之后，人类的解放方会完成。[1]

马克思的论证假设"真正的、个体的人"会在某种程度上把自己"重新吸收"为"抽象的公民"。这将如何发生呢？什么个人或政治的要求会导致这样的"重新吸收"？如果在不同的制度中，在不同的社会角色和能力上，人与人之间没有某种抽象联系，那么，按照复杂性进行某种排序的社会生活还是否可能呢？马克思假设卢梭所遭遇的恼人冲突已经没有了。因此，我们必须问一问，马克思的看法是否如其所说的那样前后一致。他假设，并且要求在解放了的人类共同体中对个人进行彻底而全面的社会化（人**自己的力量**必须被作为社会力量组织起来）。这种共同体将不需要任何统治的结构，不需要任何法律、任何裁定和调整人类相互间关系的规则，因为马克思假定所有的区别、界限、紧张都消失了。占主导的是全面

191

---

[1] Marx and Engels, *Collected Works*, 3：168.

的和谐。他的共同体既不需要传统政治话语的词汇，也不需要在诸如权利、秩序和法律这些概念帮助下构成的政治行动。[1]

我将提出一项论据来反驳马克思的叙述。如果有人采纳了这样一种观点，即认为个人是负责的、有自我意识的、和潜在地自我反省的存在者，并在特殊历史和语言共同体的框架内卷入到同其他存在者的关系中，那么他就已经对马克思的假设构成了伤害。由于从来就没有完全得到公认的公共的意义，冲突的舞台已经搭好了。如果人类的心灵是积极的，而不是消极的，那么人们就永远不能创建一种基于下述假设的政治图景：在任何重要的公共或私人问题上，都能达成一种统一被接受的、完全透明的、毫无争议地被创造出的社会同意。

马克思把他自己关于类生活的观点与黑格尔式的观点对比，他发现后者是令人无法接受的，因为它依赖于他要取消的那些区别。在黑格尔的框架内，类存在是一种抽象的范畴，它使得黑格尔能够从个人的特殊性到达这一普遍的范畴。正如黑格尔所安排的那样，类的生活与人类在社会之中行动的整体结合了起来。由于概念起作用的层次不同，黑格尔并没有假设类存在在每个以及全部特殊的个人中都要有具体的体现。如果他的优势转向了个人，那么就会采用合适于那个解释水平的范畴。这些都没有像它可能看上去的那样模糊不清。接下来的例子应该可以阐明我的观点。但丁在他 12 世纪那本小册子《论世界帝国》[De Monarchia] 中提出了**人的城邦** [humana civilitas]，他用这个概念来包装西方的基督教国家。基督教西方的所有人都是**人的城邦**的成员，它是一个大于部分之和的整体。然而，与个人或团体能在黑格尔解释框

192

―――――――
〔1〕　见 Duncan, *Marx and Mill*, p. 139.

架中体现类生活相比，没有什么个人或个人组成的团体更能体现**人的城邦**而被挑选出来。[1]

马克思把黑格尔关于类存在的概念掀翻，却以一团乱麻告终。马克思把抽象的黑格尔式范畴当作可以放在特殊层次上的范畴来处理；因此，如果实现人类解放的话，马克思就要通过**每个**以及**全部特殊**的个体并在他们当中获得类存在，即一种普遍性的范畴。马克思这种要求的结果是，如果实现人类解放的话，个体的人与一般意义上的人必须同一。马克思通过取消区别，解决了卢梭努力应付的公共与私人问题。马克思消灭了国家，他也随之放弃了政治和个人，而在他对未来的看法中，个人是有意识的政治行动者；于是，马克思避免了认真去注意政治权力的问题，也不需要对这一权力采取防范的措施。[2]马克思根本不愿费力去表达一种对政治的看法，这种看法将政治视为一个舞台，个人作为公民，在这个舞台上努力达到某种共同的善。正如他清除了一种有关个人的概念，即个人是权力的承担者或是一种有独特尊严和价值的存在，而同时他还批判或破坏了孕育这些概念的哲学和道德体系，他也否定了政治以及随之而来的公民在他未来社会中能具有任何角色。他认为，在共产主义社会，将不会再需要这种活动和关系，因为在古典社会中，政治仅仅是作为人脱离自身的一种形式而存在。政治与人类解放是无法调和的，接下来，政治永远不可能被转变成人类努力的一个有价值的方向。这意味着，在马克思的观念中，渴望变成公共政治角色

---

[1] Klaus Hartmann, "Hegel: A Non-Metaphysical View," in *Hegel*, ed. Alasdair MacIntyre, p. 110. 关于但丁对 *humana civilitas* 的论述，见 *De Monarchia*, in *Monarchy and Three Political Letters*。

[2] 邓肯［Duncan］在 *Marx and Mill* 一书中说到马克思，"他不屑地打发了对权力和当权者的政治保护，称之为'议会民主的老生常谈'"（p. 205）。对邓肯而言，马克思是最反政治的社会理论家。

193 的女人仅仅是在编织一个虚假意识的谜题。结果是带来了一种有关人类共同体的薄弱观念，并且在无所不包的"社会的"范畴中丧失了个人。马克思对其未来共同体不完整的描述，与对历史经验中公共与私人活动和人类权力各种分割的具体观察并没有建立联系。相反，留给人们的是带有修辞色彩的说法，即人类可能从一种质朴的立场出发，以一种天真的目光，无视社会传统和政治激情的力量，从而构建和再建自我及其社会。[1]

随着一个必然世界被清除，对完全行使人类权力形成的一切阻碍也会被移走。只要人的本质是自由的，他就是自由的。但是，马克思把这一自由放在哪里呢？其本质内涵是什么呢？马克思认为，在人们把自身恢复成"社会的"存在者的共同体中，自由是可以实现的。"它是对**一切**疏离的积极超越。"[2]马克思关于**扬弃**［*Aufhebung*］的神话提出了回到男人与女人神话般融合在一起的梦想。伯特尔·奥尔曼［Bertell Ollman］承认，"在共产主义中几乎没有什么发展，这些发展就像在人民的头脑中，用人这一种属来取代彼此分离的独立个人（我们每个人都把自己看作是这样的个人）那样难以领会，或含义深远"。[3]奥尔曼在这里再次阐述了

〔1〕 Stuart Hampshire, *Thought and Action*, p. 232.
〔2〕 Bertell Ollman, *Alienation: Marx's Conception of Man in Capitalist Society*, p. 135.
〔3〕 *Ibid.*, p. 110. 奥尔曼继续把个人融入团体，并把从一般中吸收特殊说成是人类"自由"的实现。他认为，在未来社会，运用创造性的意志将会是"令人高兴、满意和满足的……而不会令人不愉快或者排除个人及其能力"（p. 119）。除非有人假设这种毫不费力的成就将是达到共产主义社会的副产品，否则很难看出为什么这应该是真的。奥尔曼还为马克思关于共同体的理论辩护，他认为共产主义社会将实现一种"连接每个人和他社会中其他所有人的关系，这种关系是真诚而多方面的。只有在把人们相互间交往的一切人为障碍拆毁以后，这种关系才会出现"（p. 118）。这里的问题是，对什么构成了**人为的**障碍，缺少详细的说明，以及随之而来的，对**真正的**约束，包括时间、空间的约束和身体的限制缺乏认识。

马克思的观点，却没有做批判性的详细说明。人们如何用"人这一种属"来替代个人的特殊性呢？我们只是把自己当作彼此分离的个人吗？或者，最终我们不是在时空之中、存在于特殊肉身内的个性化的实体吗？即使有人最终解决了这些问题，而又有一个更为严肃的问题会浮现出来。按照自我发展过程的要求，孩子为了学会一门语言继而变成一种社会存在，他／她就必须学会对有关特殊对象进行分离、赋予其个性、分类以及识别。如果一个孩子做不到这些，他的世界就还是尚未成形的混沌，还是模糊不清的烦乱景象。确切地说，语言的使用包括了一种归类和区分的模式，并且最重要的是，在那些被归类和区分后的实体中，我们算上了人类。

马克思提出要有一种综合性的社会理论，但却对人类作为能够自我评述的生物没有任何论述，这对马克思的主张是一项重击，因为任何这样的理论都必须对这一"核心的人类能力"做出规定。[1]这很容易看出为什么语言在马克思关于人类未来解放的讨论中被清除掉了。他把语言，包括公共和私人谈话中的词汇，与阶级社会的特殊关系联系得过于紧密了。也就是说，对马克思来说，语言很大程度上（如果不是绝对的话）是用于掩盖资本主义剥削的严酷事实。黑格尔式的关于自我意识的辩证法被当作一种以语言为基础的行动而被放弃，且与之伴随的是会说话的主体也从视野中消失。至于女人，结果是：在马克思看来，与受到曲解的男人的公共话语相比，她们公共的沉默便不再是个严重的问题了。如果男人可以说话的唯一声音是理性化的声音或是虚假意识的声音，对于女人，被迫的沉默并不具有理论家所假定的重要性，

194

---

[1] Dunn, *Western Political Theory*, p. 106.

理论家要做的是用一种不会把那些关系神秘化的语言，来解释语言所给出的世界之公共秩序与私人秩序。

泰勒提出了下面这段对马克思的批评：

195

> ……马克思本人，无论是早期马克思，还是晚期马克思，都主张一种极其不真实的自由观，在这种自由中，社会生活的晦涩性［opacity］、分裂性、间接性和抵触性都得到了彻底解决。正是这幅不顾场合的自由形象，成了表现主义*和科学至上主义之间行不通的综合的基础，它允许把布尔什维克的唯意志论伪装成自由的实现。……现在，这种无条件的自由被黑格尔称为"绝对自由"……这种无条件的自由观已经是极具破坏性的了。……马克思"绝对自由"的变体是布尔什维克唯意志论的基础，强烈地伴有历史最终证明的意味，这种唯意志论极其残酷地清除了它道路上的一切障碍。……我们唯一的处境将是一般意义上的人的处境，人们和谐地统一在一起……［这种观念］不仅是不可信的，而且争论起来也是立不住脚的。它将是一种完全空洞的自由。[1]

如果个人（无论男人还是女人）在社会整体之外没有任何价值，如果没有宣告人类的哪个部分是不能获得社会力量［social forces］的，那么"对于一切种类的社会手术，就不存在任何理论上的障碍"。[2]像柏拉图一样，马克思也取消了公共与私人的区别，但是代价太高了。沿着这一思路，他错过了对于任何政治理论都

---

　*　黑格尔把特殊文化作为精神表现的看法，被泰勒称之为表现主义。——译者注
〔1〕　Taylor, *Hegel*, pp. 557-558.
〔2〕　Hampshire, *Morality and Pessimism*, p. 31.

是核心的反思性主题，那既是一种具体的历史分析，又是非压迫性的社会变革的一种力量。

卢梭、黑格尔和马克思阐述了这种复杂而多变的可能性，它内在于西方关于公共和私人问题的传统。他们每个人都按照自己的方式投身于社会变革和某些社会生活的理想。每个人都认识到有必要安排或重新安排公共和私人的社会关系与设置，以达到他变革和重构的目标。他们每个人做得都不同。卢梭提出了生活的一些理想方式——有德性的公民、资产阶级家庭、自然而未被败坏的男人和女人，然而就其核心方法而言，每一条都要求女人从属于男人。卢梭把重点放在了这里，他认识到：并非所有的社会生活都能被置于一种支配性命令下，而且存在各种各样的善，而这些善只有通过一些公共和私人行动另外的模式才能够获得。不论有时表达得多么模糊，他都承认爱国的公民所需要具有的品质，不同于那些应赋予家庭生机的自制和同情的品质。对于深藏于自由主义契约论之中的看待问题的经验主义方式，卢梭的替代方案丰富了我们对推理的和激情的人类主体的认识。

黑格尔解决卢梭难题的方式可能会是为一切"次要的"制度安排秩序和赋予意义，这是通过一切"次要的"制度与国家间的中介关系来完成的，其中，国家是伦理共同体，也是理性与精神的象征。像卢梭一样，他也把女人私人化，并使之处于从属地位。和卢梭不同的是，黑格尔拒绝考虑取消其理想国家中一半人口的公共身份，这个做法对公共道德和私人德性都是不好的。黑格尔对一种国家理想的信奉迫使当代的理论家，特别是那些关心公共和私人问题的理论家，去关注对我们当代不安情绪的一种政治解决的可能性与缺陷。黑格尔论述的重点放在了丰富表达由语言所联系并构成的人类自我认识和意识的过程上。尽管黑格尔本人并

196

没有接受让妇女获得完全的自我意识，但是我们时代的女性主义思想者能够利用他"可认知的人类主体"的概念，把这一概念用于他们对女权主义者所探究和反对的模式的动机以及合法性的论述中。

最后，马克思通过完全取消差别，或者把差别视为无关紧要之事，来解决公共和私人问题。他反对完全不正义的、剥削的现状，随之而来的是一个完全和谐而自由的未来，但是他却没有为人类主体（男性和女性）提出任何连贯一致的途径，以使他们从目前的不安进入未来的乌托邦。马克思论述的弱点在于他没有注意到使用语言的人类主体，以及人类自我认识的复杂性；另外，马克思拒绝了交谈中的政治语汇，从而不给**政治**斗争留有余地，这不仅是为了达到正义的社会，而且为了长久地维持正义的社会。

197 马克思论述的力量在于：他承认资产阶级的私人领域（包括工作生活的结构和一个社会的经济关系）并不存在于某些远离公共领域、与公共领域没有接触的空洞基础上。在资本主义制度下，一边家庭受到赞美，另一边家庭纽带受到削弱和侵蚀，家庭成员受到剥削，马克思通过揭露出这种伪善，不仅完成了一项至关重要的理论和政治任务，而且还有助于为思考压迫、剥削和阶级这些问题打下基础，而这些问题跨越了公共和私人的领域，被归属到交叉领域。

我对西方政治思想中关于公共和私人问题的解释既没有确切的答案，也没有最后的界定；相反，我已经发展出了一种复杂性，人们只有在进入到另一个现实画面中才能获得它。我会把这一复杂性用作对当代公共与私人问题的观点进行批评和解释的标准，而这些批判和解释正构成了本项研究的第二部分。

第二部分 公共与私人的当代图景：指向女性与政治的批判理论

改革者、殉教者和革命者从来就不只反对邪恶，他们也与"善"这一违之必有所害的正当规则相对立……只要男人的智识、道德感或情感的力量令其与社会认可的规则作对，安提戈涅与克瑞翁之间就会产生新的冲突：这样的男人必须不仅敢于对，还要敢于错，也就是敢于撼动信念、敢于伤害友谊，也许还要敢于约束自己的权力。

——乔治·艾略特

第五章　女性主义对政治的探索

> 心灵的结构正受到来自内部的不断冲击。某一可怕的新
> 事件正在发生。它也许会不同凡响。谁知道呢？今天，人们
> 已经很难在非同寻常与可怕之间做出区分了。
>
> ——多利斯·莱辛

政治没有清晰限定的边界，它因我们对"政治"的理解，也就是我们对什么是公共的、什么是私人的理解而不同，这种理解贯穿整个西方生活史和思想史。不过在最低限度上，**政治**视角要求某种被称为"政治"的行为应该区别于其他行为、关系以及行动模式。如果模糊所有概念的边界，消除公共与私人之间的所有差异，也就不存在任何政治的定义了。政治这相对开放的特征意味着，那些在以前认为不存在政治的地方宣布存在政治的人，就是原创性和革命性的思想者。如果他们的重新分类经久不衰，那政治的意义——事实上是人类生活本身的意义——就有可能改变。改变了的社会条件也能激起人们重新评估古老的"政治"现实，承认新的"政治"现实。谢尔登·沃林认为："一种政治哲学的概念和范畴可以比作一张撒出去捕捉政治现象的网，随后的收网与分类，都是依照对特定思想家而言似乎有意义并与之相关的方式

进行的。"[1] 撒出这样一张网的思想家，必须准备好为他着手捕捉政治现象所适用的标准进行阐述和辩护，并说明他根据什么规则区分捕捉到的政治现象，目标和意图又是什么。

202　　　激进的、自由主义的、马克思主义的和精神分析的女性主义分析者至少都共享一个首要规则：她们将通过调查现实揭示某些问题，重新界定公共与私人、个人与政治的边界。她们将"打破"传统政治思想对女性所受历史性压迫、女性在公共言论领域中的缺席等问题的"沉默"。打破沉默的方式多种多样，这取决于特定女性主义思想家带入调查的假设及意图，这触及许多重要的辩题。首先需要强调的是，在我们这个时代，女性主义视角的主要发言人，还从未把与沃林所提出的"古老而连续的对话"相联系作为自己的一项主要任务。沃林认为，这些"古老而连续的对话，始于公元前 5 世纪雅典城邦的公共生活，以及以之为中心又常常与之对抗的政治话语"。[2] 这既是一种力量，也是一个弱点：称其为力量，是因为女性主义思想家从未感到受沉重的"父系"传统所限，从而迈向了与其他可能性相比更具创新性的方向；称其为弱点，是因为在政治理论而且是在**任一**政治理论中，许多重大的关注点，包括公民身份观念以及政治共同体的秩序基础等，一直被忽略或漠视。

在处理西方传统的思想家和思想流派时，我会提出一些与女性主义议题相调和的问题。在本章，我打算说服政治理论家关注女性主义。这首先意味着，我将阐明女性主义所论述的政治意涵，

---

〔1〕　Wolin, *Politics and Vision*, p. 21.
〔2〕　Sheldon Wolin, "The Rise of Private Man," *New York Review of Books*, pp. 25-26. 沃林指出，"公共"这个概念依赖于其他概念，包括公民身份、权威、国家、自由、法律和公民德性。

这些意涵可能是分析者本身尚未探究过的。它还意味着，女性主义话语的本质和意义成为批判性调查的一个主题。女性主义者建议女性应采用哪种语言说话，公共的还是私人的？女性主义者推崇以哪种身份替代以前女性的社会和个人定义，公共的还是私人的？女性主义者建议如何重新描述社会现实和经验，以反映出是什么构成了目前流行的现实和经验，是否必然如此，戏剧性的改变是否可能或者可欲？也可这样提出最后一问：身处他者的世界，作为一个人的意义何在，包含了哪种公共和私人的经验，女性主义者当如何做选择？以及，为了重构人类的身份、社会经验和现实本身，我们可能并应该改造哪些替代方案？[1]

在导论部分，我概述了处理公共和私人这对基本概念的许多替代方式，包括将它们作为次要概念，或者消解它们，支持其他替代概念和符号；要求私人世界完全并入或融入包罗万象的公共舞台；坚持运用源于私人领域独特视角的标准、理念和意图所支配的政治，从而使公共领域"私人化"；或者最后一点，以对称或不对称的方式处理两个领域之间的连续差异或分歧。公共与私人概念一直用于揭示同时也隐藏人类欲望、意图、幻想以及行为的多样性，牢记这一点很重要。正如政治在许多重要方面是对私人领域拉力的防御，结果却是私人的——或者更好一点的说法——对历史中"私人化"的理解有助于抵御公共性。那些建议自己和他人在社会世界中重新定位的女性主义思想家，明确或含蓄地处理着切掉了许多内容的公共与私人规则，这些内容或支持或反对对男性和女性及其所分享但又彼此分离之世界的传统理解。

本章分为四个部分，我将依次讨论激进的、自由主义的、马

[1]　这一问法得自于我对费伊［Fay］*Social Theory and Political Practice* 一书的阅读。

克思主义的和精神分析的女性主义视角，探究公共和私人的语言、身份及行为的表现。在结论部分，针对所探究的每个视角，我详尽阐述了其他替代视角的依据，而结论将在我的论述中逐渐呈现出来。在过去十五年的女性主义思想和实践中，相互竞争的女性主义进路之间并非泾渭分明，强调这一点很重要。各立场之间有某种重合，但也有并非微不足道的重要差异，这些差异不允许轻易消解，也不允许随意综合成一种包罗万象的女性主义宏大理论。第二点必须强调的是：女性主义思想很少采用明确的政治思想形式，我所调查研究的对象就是通过那些非政治形式展现的思想，而我所关注的实体则被称为"政治共同体"，在一些读者看来，我从各种女性主义的视角中都得出这样一种政治立场，未免有失公平或者有些牵强。例如：激进女性主义作家主要关心的是唤起"女性"的激情形象作为人类本质的化身，所采用的方式可能是一首诗、一种形而上学的论证，抑或是一种乌托邦幻象，这样做可以让她不必面对传统上针对政治理论家的各种问题。她已经放弃了那个旧世界；她正在创造一个新世界。但就我将检视的、正在为重新安排和重构个人与社会生活而寻找理由的每个女性主义作家来看，这一点的确无法实现。任何涉足与政治相关活动的人，也因此使自己面临政治的批判。我将从激进女性主义的视角开始探讨。

激进的女性主义："个人的即政治的"

激进女性主义视角是以各种不同话语形式或模式出现的。我的任务是阐述或者梳理嵌入激进女性主义当中的政治意涵，而不论这些视角以何种形式呈现。澄清我的解释和批判任务的简单方法是陈述，进而去论证：好诗有时也会导致非常坏的政治；给人以美好回忆的隐喻本身在以某种方式使个体受到震惊和启迪的同时，也会含有令人不安的公共与私人身份的暗示；对一种民主政治所必需的谦恭而言，纳入乌托邦政治欲望的怒气冲冲的思维方式，可能是个不祥之兆。[1]我探究这些以及其他问题的方式是，考察激进女性主义如何看待男性和女性的本质，如何叙述人类社会关系史，这两个标准互为必要条件、缺一不可。考察完这些复杂议题后，我将把公共身份和私人身份的问题与激进女性主义思想所使用的语言联系起来。我将探究激进女性主义话语的关键术语或范畴，因为这些术语和范畴预示着对当下的贬损、对未来乌托邦的呼吁，这种乌托邦与政治学中的所谓反民主冲动存在同源关系，这会更加令人不安。[2]

205

激进女性主义对男性的描述，在某些方面是对厌女观念的倒置。正如女性在历史上总被描述为诱惑男人的邪恶女人，或者理想化的善源，而非既崇高又卑微、复杂而又有血有肉的人，激进女性主义者勾勒的男性形象残酷无情、毫不宽容。对男女本质的看法，分别形成了激进女性主义的思想核心。值得强调的是，激进女性主义在男女本质上的立场经常在本体论层面暗示：男人和女人（being——或是如有些人喜欢采用的 Be-ing）都是先验给定的。对于一些主要的激进女性主义者而言，男女都是"天生的"。

---

〔1〕 需要强调的是，那些能够称为女性受压迫的"事实"——例如，在所有层面的雇佣工作中，男女全职雇员之间的相对年薪差距，可为很多竞争性的解释框架所吸纳。从此类事实中所引申的意义，将由于嵌入这些事实的解释逻辑不同而不同。事实通过纳入概念框架而获得意义。

〔2〕 处理社会运动和法西斯主义命令问题的作品，见 James Gregor, *The Fascist Persuasion in Radical Politics*。

在历史上，问题一直是，男人作为一种具有侵略性的邪恶存在，支配、压迫、剥削和牺牲着女人——这一非常不同于男人的存在。

通过回到本体论之争，激进女性主义让哲学回到了过去。事实上，她们拒绝接受随着哲学话语中宗教与神学统治的衰弱，在哲学中宣告的所谓"认识论的转向"。[1] 在本体话语中，存在先于知识；因此存在具有一种地位：在历史和时间中，它不受人类作为一种具体认知的存在所面对问题的影响。这一"认识论的转向"使人类是自我意识主体的观念有可能产生，这些自我意识主体的身份不是给定的，而是每个个体获得主体意识的产物。从本体论到认识论的这一转变，为思考精神的形式（即思考主体在知识客体建构中的本质角色理论）并最终思考不同信仰的社会起源开辟了道路。在现代主体的演化中，这一发展是本质性的。通过拒绝接受历史上为女性摆脱存在论定义的各种限制提供基础哲学传统，激进女性主义进行了一次非常危险的博弈。这次博弈的一个维度含蓄地、有时也明显地辩称：人类不是由他们做什么或者说什么来判定的，而是由他们是什么来判定的。就男人而言，他们就是败坏到了极点。没有哪个男人可以洗脱这种原罪的污点。

蒂-格蕾丝·阿特金森［Ti-Grace Atkinson］发出了激进女性主义政治的早期声明，她一上来就宣称：所有男人在本体论上都是"不安全的、有挫败感的"存在，所以他们**必须**（他们对此别无选择）**通过压迫他人**来缓解自己的挫败感。[2] 阿特金森把男

---

〔1〕 这一认识论转向与笛卡尔、莱布尼茨、贝克莱、休谟、康德相关联，所有这些人都认为知识是第一位的，并从知识中导出存在论或者存在，从而颠覆了存在论和认识论之前的关系。这一洞见应归功于罗伯特·保罗·沃尔夫，尽管以此次讨论为目的做出推断是我的责任。

〔2〕 Ti-Grace Atkinson, "Theories of Radical Feminism" in *Notes from the Second Year*: *Women's Liberation*, Shulamith Firestone, ed., *passim*.

人彻底占有和支配女人的过程称为"形而上学的自相残杀"。她设计了一个噩梦般的情节：男人侵犯并占有女人，并创造了"性等级"制度。阿特金森解释说，全部人类历史，包括今天的每个社会，都与这种男女两性等级特征有关（下文我将讨论阿特金森如何计划挣脱这一本体论牢笼）。所有过去与现在的已知社会，都只不过是这种男性等级本质的"最终结果"。社会"服从"于男性的本质。[1]

在第二轮男女本质讨论的早期，男人被称为一种：

> ……过时的生命形式。他是当前技术背景中的一种时代错误。他不再需要肌肉。现在，他身体和情感特性中固有的陈旧已经显现。男人那种进攻性和破坏性的动力缺少适当、合理的宣泄。他正在被技术逐步淘汰。精子库和试管婴儿可以替代他的最后功能，替代他曾为人类带来积极影响的唯一功能。[2]

作者继续谈到，男人"以其他更好的生命形式为代价"维持他们的生存。除非他自愿或者被迫放弃他的存在，否则痛苦不会

---

[1]　Ti-Grace Atkinson, "Theories of Radical Feminism" in *Notes from the Second Year: Women's Liberation*，带有潜在反动含义的认识论解释，参见 Lionel Tiger and Robin Fox, *The Imperial Animal*。Edward O. Wilson, *Sociobiology: The New Synthesis* 一书是源于生物学的"新"争论中的关键性文本。对动物行为学与社会生物学进行同情式的批判性哲学讨论，请参见 Midgley, *Beast and Man*。

[2]　Betsy Warrior, "Man as an Obsolete Life Form," in *No More Fun and Games: A Journal of Female Liberation*, p. 77. 大概同时期出版的三份对妇女解放进行反思的文选令人回到十年以前。参见 Joanne Cooke, Charlotte Bunch-Weeks and Robin Morgan, eds., *The New Woman*; Betty Roszak and Theodore Roszak, eds., *Masculine/Feminine*；以及这三份杂志中最好的一份，Vivian Fornick and Barbara K. Moran, eds., *Woman in Sexist Society: Studies in Power and Powerlessness*。

减轻，在这个星球上也不会有任何道德进步。[1]

苏珊·布朗米勒［Susan Brownmiller］（在《违背我们意愿》中）认为，男人生来就受到权力欲的败坏。但是，女人本质上依然是纯洁的。[2]布朗米勒为自己转向本体思维做了辩护：把"所有女人"和"所有男人"这对范畴作为**本质上给定**的概念，会产生无法避免的社会后果，导致一种"更高的政治理解"，对此她没有进一步详述。"所有女人"和"所有男人"这对范畴的抽象本质有一个问题，即布朗米勒和其他激进女性主义者赋予它们一种普遍的泛文化地位。但现在，我将集中讨论她对人类本质的假设。按照布朗米勒的观点，那些由男人的权力欲所产生的欲望，加上他"实施强奸行为的生物能力"，是一套"**足以导致**男人强奸意识形态产生"的因素。这一男人的强奸意识形态是一种"恐吓的意识过程，所有男人使所有女人都处于恐惧状态"。[3]为了回答为什么男人有强奸动机，布朗米勒首先简单重复了引发该问题的主张：男人强奸是因为他们能强奸，是因为他们在本质上不可救药。那些批判强奸并且不会实施强奸的男性**暗地里**却赞成这种行为，并从这种行为中受益。他的谴责仅止于皮毛，而他的败坏却深入内心。

正如我所表明的，女人没有受到男人权力欲的影响。但正如布朗米勒所坚持的，如果男人的权力欲是在生物意义上给定

---

［1］ Warrior, "Man as an Obsolete Life Form," p. 78. 瓦利尔［Warrior］的讽刺可能效仿了斯威夫特［Swift］为结束爱尔兰饥荒而提出的著名建议。不过，问题是她的短文缺少起码包括两名潜在对话者在内的讽刺性话语形式。

［2］ Susan Brownmiller, *Against Our Will*: *Men, Women and Rape*, p. 131. 参见我的批判性评论，Jean Bethke Elshtain, "Review of *Against Our Will*", in *Telos*, pp. 327-342.

［3］ Susan Brownmiller, *Against Our Will*, pp. 14-15.

的，如果它是基因代码，女人势必也分享它，因为她们接受了来自权力疯子也就是其生父的完整基因。布朗米勒从未讨论过这个问题。留给我们的是"头脑中只有一件事情"的冷酷男人形象。作为推论，女性以无性的清白形象出现，这一形象与19世纪维多利亚时代的"好女人"意识形态没有差别。布朗米勒也像激进女性主义那样倾向于把女性描绘为普遍的受害者。下面我将讨论这种受害者语言及其对女性自身的意义，讨论她们是否应该接受植根于下述无情描述的社会经验和历史：女性是被剥削和被贬低者，对文化毫无贡献，只与自然相连，被迫去做"家庭杂务"。

在玛丽·戴利［Mary Daly］的激进女性主义神学中，我们会进入一个黑暗而蒙昧的地狱，在那里与其说男人是权力疯子般的复仇者，还不如说他们是恐怖可怕的吸血鬼。戴利所称的"魔鬼"受到吸食女人鲜血需求的驱使。她声称，男人以"女人的肉体和精神为食……像德古拉［Dracula］一样，他一直靠女人的血液生活"。[1]戴利在其新著《妇科／生态学》中，运用"元伦理学"进一步发展了她的魔鬼学。女人要变成女巫、老处女和干瘪的老太婆，要创造一种"女巫政治"［Hag-ocracy］，就必须"驱除"那些"妄图阻止人们深入这个王国的魔鬼"，这些魔鬼"经常以恐怖可怕的形象示人，这些想象堪与通常无法觉察的毒气相比"。[2]女人，那些并不"残缺、沉默和愚钝的女人……那些不是重复男性版本的温顺象征的女人……那些不是雅典娜那样的男人同谋者"的女人，与"大地、海洋和天空"协调一致，所有这些

---

〔1〕　Mary Daly, *Beyond God the Father*, p. 172.
〔2〕　Mary Daly, *Gyn/Ecology: The Metaethics of Radical Feminism*, p. 3.

却"都因为被视为父权制的敌人而成了牺牲品"。[1] 于是，男人成了魔鬼，而依据定义女人则体现了另外一套其自身具备内在动力的原则，除非她们已经被魔鬼化、愚钝化，被转化成"雌性机器人"。只要不受阻碍，这一动力就会要求女性成为女同性恋者，成为一种特殊的同性恋者。戴利认为，任何非女同性恋者都仍然是"男性所界定的异性恋主义者"。[2] 戴利的说法势必造成一种两难境地：如果男女的本质是本体论上的，那女性的存在是如何被阻挠和妨碍的呢？比如，戴利必须解释为什么如此多的女性并不认同她的下述观点：答案很简单，魔鬼已经占据了她们。她没有考虑到：通过与女性的接触，男人的本质也会发生相似的改变或变异。对于戴利而言，女性显然是更弱的性别。历史是男人背叛女人的漫长叙事。戴利辩称，那些女巫、老处女和干瘪的老太婆试图反抗，结果被烧死在树桩上，或者以其他方式被毁灭。因此，那些没有被毁灭的女人就成了敌人，成了戴利刻薄嘲弄的对象。

在费尔斯通［Shulamith Firestone］的激进女性主义文本《性的辩证法》中，对男女本质的地位设定与阿特金森、布朗米勒和

[1] Mary Daly, *Gyn/Ecology: The Metaethics of Radical Feminism*, pp. 5, 8, 28 and 31. 转引自 Susan Griffin, *Woman and Nature: The Roaring Inside Her*。在这篇发人深省的散文诗中，格里芬［Griffin］描述了西方文化中关于女性和自然的父权制观点。她的作品堪称一部关于物质和精神问题的科学态度史。不过，真正的问题在于，激进女性主义把他们的所见展示为"女人更接近自然，或者说更为自然所同化，二者都必须被征服和控制"这一观点对女性的破坏性历史影响，他们谴责那些持有这种观点的人。然后，他们继续批判父权制文化，对自己或者说女性被置于这种文化之外感到愤慨。但走到最后，他们还是采纳了那些令她们受到历史性剥削的术语：事实"的确如此，女人更接近自然，或者说她们与自然一体。我们必须回避、超越或者破坏文化，因为文化是男性的"等。格里芬的书是导向宗派主义或者无用政治的一部完美力作。

[2] Mary Daly, *Gyn/Ecology*, p.376.

戴利稍有不同。[1] 费尔斯通把全部文化和历史回溯到了一个"最低点",这个"最低点"与方法论的个人主义共享如下假设:所有社会解释都能依照有关个人的"事实"进行表达。费尔斯通把女性所受到的历史压迫定位于**人类生态本身**,女性甚至在性别差异出现之前就受到压迫。性别差异这一男女分水岭构成一种**生态暴政**,一种"彻底的不平等"。费尔斯通把"暴政"一词延伸用于人类以外的动物,因此,在她看来,人们可以说一只"受压迫的"雌性可卡犬受到压迫是**因为**她是雌性动物。不平等、暴政和压迫的本质,被定位在反映这一原始性别差异的社会结构和社会安排之中。而如果这些术语被放置在本质之中,它们就会失去其充当一部分政治话语之评价性语言的意义。费尔斯通为其方法论的个人主义和颠覆前政治范畴所进行的辩护反映在下述质问当中:"……当人们从未认真考虑过更简单的概念和更恰当的可能性时,为什么假定一个……他者性的概念",即"彻底的二元主义",从中产生的所有压迫之源都在于本质,在于"性区分本身"。由于这一主张,费尔斯通在下述声明中与反女性主义的生物简化论握手言和:所有人类文化、社会和历史都"直接出自"两性之间的生物差异,其结果就是一个"性别阶级"(男性)支配另一性别阶级(女性)。[2] 下面我将讨论费尔斯通所说的这种脱胎于生物基础的"暴政"和"压迫"。

211

---

[1] Shulamith Firestone, *The Dialectic of Sex*. 费尔斯通把自己的智识传统一直追溯到波伏娃的《第二性》。而波伏娃则指出费尔斯通的书最为可惜之处,就是赞颂各种可怕的男性支配的科学至上主义和技术独裁主义。我在第六章讨论了反对轻易归类问题,我认为这可能是波伏娃此书最为显著的特点。对于一个美国女性而言,波伏娃的许多讨论,即使是在 1953 年首次以译文形式出现,似乎还是过于让人尴尬,特别是其中有关生态的章节。

[2] *Ibid.*, pp. 7-8. 反女性主义者总是喜欢运用生物学谬论。

　　一个更深入的例证将足以阐明激进女性主义话语中的男女本质，但同时也将令问题更加复杂。在《女人不是天生的》这篇短文中，莫尼克·维蒂格［Monique Wittig］批判了其他激进女性主义者所采用的生物学方法。维蒂格沿用马克思主义的话语，坚持认为"女人是一个阶级，也就是说'女人'和'男人'一样，都是一种政治和经济范畴，并不是永恒不变的"。那些辩称男女之间存在"自然"分水岭的女性主义者，支持性别差异的本体论解释，"将历史自然化……导致变革不可能发生"。[1]维蒂格的"唯物主义"替代方案允许女性首先作为一个普遍阶级建构自身，然后通过成为女同性恋彻底**超越**性范畴，而女同性恋是我所知的超越"性（男人和女人）范畴"的唯一概念。[2]人们在维蒂格身上发现的是完全超越"性身份"的迫切要求，而不是对"生为女人"的赞颂。维蒂格不想再做"女人"，方法是建立"各种女同性恋组织"，女人在其中成为完全不必与男人互相影响的新存在。这个主题的另一变体是，在乌托邦式的女性主义小说《时间边缘的女人》

212 中，玛吉·皮尔西［Marge Piercy］用激素对待男性，所以他们也可以给婴儿喂奶。[3]从过去到现在，一直有人主张女人可以单性生育，只要科学不掌握在那些隐藏这种知识的家长手中；抑或建议改造男性的身体，比如做手术为男性植入子宫，让男性能够或者要求男性经历费尔斯通所称的怀孕"野蛮状态"。

　　完全逃脱性别认同的迫切要求，与将之作为**充分**确定的自我

〔1〕　Monique Wittig, "One is not Born a Woman," in *The Second Sex – Thirty Years Later: A Commemorative Conference on Feminist Theory*, pp. 70, 72-73.

〔2〕　*Ibid.*, p. 70.

〔3〕　Marge Piercy, *Woman on the Edge of Time*. 许多女性都曾不安地发现，男人和女人都认可这种对人类身体和生命过程的可怕入侵。那些笃信身体有可能"被改造"的男人表现出深深的自我厌恶。

而进行赞颂的迫切要求，对于公共和私人身份的区分都是模糊不清的。激进女性主义的话语充斥着查尔斯·泰勒［Charles Taylor］所批判的"非常不真实的"自由概念（参第四章），这种自由概念的适用范围是"完全克服社会生活的不透明、分割、间接性和相互矛盾"的观念。[1] 社会世界从头至尾就是一个没有中介的漫长管道，充斥着男性对女性的压迫，男性要么被视为自然的进攻者、魔鬼、普遍男性阶级的一员，要么被视为在整个历史长河中利用处于优势的身体力量压迫女性的单纯压迫者。对于激进女性主义者而言，基于社会背景，基于人们所设想的目的、所追求的目标，基于为她们在多元领域中的行动所提供的潜在动机或理由等标准，人类不能既是"这样"又是"那样"。我们非"此"即"彼"：受害者或胜利者、受压迫者或压迫者、被剥削者或剥削者。当人们把激进女性主义的核心范畴视为社会与政治的阐释进行检验时，这种对人性的简单理解便更加明显。人们惊讶地发现，对父权制阐释的颠覆令人想起了菲尔默！

　　值得回顾的是，作为历史生活方式的父权制，其实是前资本主义的社会形式。这一生产方式基于土地所有制，社会关系以长子继承权和限定继承顺序为特征，界定标准是身份而非契约。生活的方方面面都充斥着本质上属于父权制的宗教保皇主义意识形态。君主作为父亲统治着其他人，没有人可以质疑他，因为他那可怕的最高权威和正当性直接来自上帝；或许父权制意识形态原本就要求：所有较低等级的父亲在自己的小王国中都有妻子和孩子作为他们忠实而顺从的臣民，正如这些父亲也是他们父亲般的领主，也即国王忠实而顺从的仆人。对于激进女性主义而言，父

213

---

[1]　Taylor, *Hegel*, p. 557.

权制仍然是普遍的泛文化事实，是对所有人类社会的描述，以及对为什么每一社会的各个方面都不例外的解释。激进女性主义复活了冷酷的父权制意识形态。

比如米利特［millett］就拒绝有关男女本质的本体论，并把男女视为各自性别身份发展的"总和"，她还声称当代美国"家庭、社会和国家"都是父权制的。[1]对米利特而言，父权制是描绘和解释社会世界的一个范畴。激进女性主义者回到了家庭类比法，把国家及其所有安排都视为"显而易见的家庭"；不过作为政治辩论的卓越模式，自由主义社会契约论话语的胜利颠覆了这一类比。当代父权制的男性**辩护者**也赞同米利特的看法。比如史蒂文·高登伯格［Steven Goldberg］在《父权制的必然性》一书中就接受与米利特相同的前提，并分享她对社会世界的描述。与米利特和其他激进女性主义者一样，高登伯格宣布自己发现了"所有已知社会"都符合的要素。[2]就高登伯格而言，父权制的普遍性是一个众所周知的人类学事实。

尝试用一个简单的概念解释和描述各种社会，这种方式存在很多理论问题。比如，将姆布蒂俾格米人［Mbuti Pygmies］的生活方式与我们这样复杂的现代科技社会做比较，并称其为家长制社会，就太过牵强附会了。复杂性的差异在某种程度上会产生种类的差异。就女性主义和反女性主义的类似争论而言，使用单一范畴解释所有社会中的社会组织，就是把自己绑到普罗克鲁斯廷［Procrustean］之床上，常常扭曲了可变性、多元性和不同生活方式的多重丰富性。单一因果解释法忽略了语言共同体的细微差别，

214

---

〔1〕　Kate Millett, *Sexual Politics*, p. 33.

〔2〕　Steven Goldberg, *The Inevitability of Patriarchy*. 参 Jean Bethke Elshtain, "The Anti-Feminist Backlash," *Commonweal*, pp. 16-19。

忽略了下述事实：对于其他备选生活方式而言，同一个词（在翻译中）可能意味非常不同的事情。父权主义者不研究历史，却常常挖苦历史。马丁·怀特［Martin King Whyte］在其前工业社会女性地位的学术研究中总结道："实际上，相对于男人而言，除了从文化到文化的变异以外，女人地位的方方面面都不存在普遍的男性支配模式。"[1]

在父权制**世界观**中，公共与私人完全不再是女性主义或反女性主义的基本概念和大的指导方向。其他概念和形象，作为父权制假设的必然结果抑或副产品，或者或明或暗的对比模式，登堂入室。激进女性主义常常喜欢把母权制作为对比模式，这种模式被视为女性主导的黄金时代，后来沦陷于男性的背叛。这是女性主义的伊甸园变体。激进女性主义的政治目标是恢复或再造母权制天堂，届时女性将拥有绝对权力，但至少会保证人们之间绝对和平。我很快就会在讨论激进女性主义思想的乌托邦欲求时涉及这一论题，不过我要先在此郑重声明，我**反对**激进女性主义社会解释所使用的父权制范畴。接下来我要问的是，这个术语是否具有重要的隐喻功能，是否表达了某种精神或情感事实。

在历史上，父权制的存在需要这样几个条件：（1）父亲拥有绝对权力，并获得宗教或者官方权威认可，本质上是"政治权力"；（2）女人和孩子被视为忠实而顺从的臣民；（3）只有男孩可以继承财产、受教育、过政治生活；（4）女孩什么时候结婚、嫁给谁都由别人安排，正如她们不能接受教育、无法继承财产，并且从属于他人；（5）这一父权制结构通过渗入社会所有层面（上至专制

---

[1]　对过于简单和反历史的女性历史方法的批判，参 Martin King Whyte, *The Status of Women in Preindustrial Society*。

主义君主政体）的、不断强化的意识形态得以维系。

如果这些历史性的父权制秩序标准中的一条或几条与当代美国社会的情况相符，父权制**作为社会解释**就有了具备理论一致性的内核。但是上述条件在当下均不具备。把菲尔默所处的 16 世纪与今天进行非常粗略的比较，就可以发现：无论我们现有的世界是什么，无论我们最终如何描述它，20 世纪中后期发达资本主义多元社会的生活，已经与今天将混乱和扭曲的现实都标定为"父权"的典型状况南辕北辙。把社会标定为父权制社会所牵涉的强制性概念并没有使之真正如此：分析者有责任表明这为什么真实、如何真实以及什么地方真实。坚持使用这一名号的分析者应该告诉我们为什么这种用法仍然恰当，而不考虑工业化—民主化所带来的革命、科技爆炸，女性的正式法律平等、机会平等的意识形态（确切地说，实践并不完善），女性受教育、就业和政治参与（还未完全实现）樊篱的崩塌，以及世俗世界观对宗教世界观的胜利。所有这些现象以及其他未提及的现象，都大大削弱了历史性父权制的根基。

尽管父权制作为一种社会形式不复存在，至少在发达工业社会不再存在，人们仍然可以设想将"父权制"术语转换到隐喻层面，作为情感共鸣的一种事实表达或精神事实（这并**不是**说各种职业、活动和角色中的男性支配已经结束。男性支配与绝对父权制不是一回事，尽管它们有可能共存）。艾利斯·杨［Iris Marion Young］就通过隐喻提出：尽管它们最初可能会使我们以令人震惊的新方式来看待这个世界，但随着"它们变得陈旧，变得熟视无睹，它们就会取得一种强制性权力"。[1] 例如，过于顺从的妻子赞

---

[1] Iris Marion Young, "Is There a Women's World?—Some Reflections on the Struggle for Our Bodies," in *The Second Sex – Thirty Years Later*, p. 44.

同丈夫所说、所做的每件事，用可以想象到的妻子"应有"的各种行为方式支持丈夫，她们虽然声称自己是幸福的，但却会"平白无故"地哭泣。而这样的妻子可能在"父权制""男人的统治"或"性别主义"这些术语中发现解放的意义，因为它们帮助她重新思考个人和社会经验的种种术语。但是，如果用人们对自身经验和基本概念的不断反思和重新思考，来替代这些或者任何其他术语，用不了多久就会使人们的思想和分析变得乏味、陈腐和教条。这有助于解释人们在费劲地阅读女性主义文本时所体验的"破纪录"综合征。当人们开始看到关键词的重复时，无论这个词是作为解释还是隐喻，都可能变成对思想的替代。

在女性主义者所控制的父权制意识形态谜团中，还有另一个层面的主张，声称男性在任何地方都是"至上的"。这种男性绝对支配图景的另一面是女性的绝对屈从。我把下述内容作为一种可能性，来解释父权制这个术语在激进女性主义话语中为什么会变成无处不在、无所不包的万金油。请回忆一下人们批评密尔时所讨论的内化和投射的原动力。该讨论的显著特点在于论证外在现实并非自然状态的"在外面"的现实，而是复杂地包含"被感知的"内部和外部现实。那些被感知的现实始于一些内部想象、幻想、恐惧或者欲望，它们首先被投射向外部，然后作为外在现实获得接受。我认为，女性这么多年来一直承受痛苦的部分原因在于，随着"硬"社会形式的发展，现代国家中所有否定生命的装置都充满了大量死亡引擎（也以军事"机器"闻名），这一切都反对男性自身的"柔弱"，因此男性不可能容忍自己的女子气。

很显然，女性主义对父权制的再现也有同样的批判内容：男性处处绝对至上，而女性处处绝对屈从。可能在工作中一些女性无法容忍的就是她们"男子气"的一面：男人和女人都无法逃脱这一严

217

重问题。否认男子气的情感投射到外部令之成为一种消极身份。如此一来，它变成了一个屏幕，藏在屏幕背后的正是**他们**的可怕形象，这种形象作为外在现实又被人们内化。**他们**男人无处不在、无时不在地**反对**我们，要么作为冷酷的敌人，要么作为布朗米勒所描述的非强奸者，声称反对针对女性的暴力，却利用强奸犯作为他们压制女性的"突击队"。也许还有一种在工作中对与男性相连的政治和公共世界的长期反抗。这种反抗的姿态可能会导致对女性分离主义的赞颂，这种分离主义要求人们退出这个世界，并全面批判这个世界。她们要回到一个充满温暖、支持、不严苛的世界，一个戴利所说的"超越妥协"〔beyond compromise〕[1]的世界。

激进女性主义解释的第二个关键规则是，逐渐磨蚀个人和政治之间的任何区分。需要强调的是，这并非主张个人和政治以重要且引人注目的方式相互联系——我们以前因为性别主义意识形态和实践而对这种方式视而不见；也不是主张个人和政治沿着某种权力与特权的坐标系彼此相似，而是主张个人的即政治的。这里声明的是一种一致性，是一方与另一方重叠在一起。进而，没有任何"个人的"能免于政治的界定、指引和操纵，性隐私、爱情和父母对子女的养育概莫能外。公共和私人之间的完全重合是解释或描述的核心范畴。私人领域陷入完全政治化的界定。

如果公共和私人、个人与政治之间没有区分，那么结论就是：实际上不存在任何作为政治共同体秩序和目的根基的、有差别的行为或真正政治性的制度。激进女性主义文本的确是暴力、压迫和操纵无处不在：整个社会处处弥漫着权力，从最下层直到最上层。正如个人的即政治的，政治即权力。权力无处不在，政治也就

218

---

[1] Daly, *Gyn/Ecology*, p. 40.

无处不在。米利特强硬宣称，权力是"政治的本质"，[1]由此断定政治无处不在，一切皆政治，因为权力界定所有关系。[2]南希·亨利[Nancy Henley]这样解释"个人的即政治的"："它基本是指下述状况，无论看上去多么个体化和个人化，我们的一切作为都反映我们对权力体系的参与。"[3]对于亨利而言，支配或者屈从必居其一，这符合她所接受的权力定义。对于阿特金森而言，"政治和政治理论的焦点就是［这种］压迫者和被压迫者范式"。[4]依照这种观点，从属于完全政治化的是什么？正是两个"普遍的性别阶级"之间在各个领域、各个层面的关系，包括家庭关系。家庭政治化的发生是以下述"父权制"家庭的假定为条件的："父权制"家庭在本质上显然是权力的竞技场和男性至上的堡垒。

　　什么是"个人的即政治的"，对社会现实进行冷酷权力界定的产物又是什么？在阿特金森的压迫者和被压迫者世界中，唯一的替代方案是扳倒那些正在压迫别人的人，或者在形而上学的意义上摧毁他们。但她却没有提供重建或者变革的图景，只有那把我们以丑陋政治形式呈现出来的怨恨形象。虽然在布朗米勒的硬世界中，男性权力结构的所有核心特征依然没有受到触动，但是女性开始平等地控制这些结构。这将意味着性别战争的停火。但考

219

---

〔1〕　Millett, *Sexual Politics*, p. 25.

〔2〕　通过把政治限定在权力上，米利特将自己与几十年来一直致力于激进或非主流学术研究的、维持现状的政治科学家们联系起来。反对现状的思想家一直努力为下述观点辩护：以实体的而非工具主义的术语思考政治，这要求在超越正义、平等和"好社会"的维度下思考权力的定式。如果米利特和其他赞颂政治之权力界定的激进女性主义者涉足当前政治学领域的辩论，她们就代表一种倒退的力量。

〔3〕　Nancy Henley, *Body Politics: Power, Sex, and Nonverbal Communication*, p.197. 我想对亨利的这本书另做评论，因为它引人入胜地展示了当我们以某种仪式化方式站立、运动、触摸等之际，我们会如何处置自己的身体。

〔4〕　Ti-Grace Atkinson, "Theories of Radical Feminism," p. 37.

虑到它在男性中的位置，这场战争永远不会结束。布朗米勒偶然提到，军队也许仍要暂时保留，但他们"必须在男女性别上做到充分平等，我们的国家护卫者、州骑警、地方治安官、地区检察官、州检察官岗位也必须如此。总之，如果女性打算不再受男性的殖民化保护，就必须消除全国整个法律权力结构（我指的是身体意义上的权力）中的男性支配和控制"。[1]女性必须做好准备尽战斗和防御之责，必须准备好做军事化的"公民"。通过学习"如何与肮脏作战"，布朗米勒开始筹划美丽新世界，作为意外收获，她还意识到"我曾经爱上过这种肮脏"。[2]布朗米勒回应男性权力欲的引人注目之处，在于回应本身所带有的男性气质：原始的权力、残暴的力量、婚姻戒律、一致性以及带着一幅女性主义面孔的军国主义法律和秩序。

费尔斯通在她所展示的未来中，向我们推销作为现代救世主的控制论专家，这促使我提出激进女性主义政治中的反民主冲动这一令人不安的问题。[3]她的救世情结大致包含如下三点：

220 （1）将女性从生态"暴政"中解放出来；（2）这种解放将削弱基

---

[1] Brownmiller, *Against Our will*, p. 388.
[2] *Ibid.*, p. 403.
[3] 费尔斯通作为一位学者却不负责任。在 *Dialectic of Sex* 第15页的一个注释中，她声称："例如，在独立的政治反抗中，女巫必须被视为女人：在两个世纪中，800万女性被教会烧死在木桩上，因为当时宗教就是政治。"先不管其女巫只"在独立的反抗中"才被视为女人的说法，也不管这些女巫是"被教会烧死"的说法（教会是禁止杀人的，因此死刑均由世俗武力执行），只看200年中有800万女性被烧死在木桩上这个数字（费尔斯通从未说到底是在哪两个世纪），意味着一年365天平均每天烧死109人，一直烧了200年。费尔斯通的说法不仅难以置信，而且是不可能的，公然违反实证。我还没有发现当代任何一位负责任的学者，无论男女，曾证实过她这种夸张说法。这里我只强调最近的一份重要研究：Richard Kieckhefer, *European Witch Trials: Their Foundation in Popular and Learned Culture, 1300-1500*。

于生态"暴政"和家庭的一切社会和文化；（3）包括基于家庭的经济、国家、宗教和法律在内的所有压迫制度，都将受到侵蚀及瓦解。内化了费尔斯通理念的女性，可以通过**掌握**生育控制权和**拥有**她自己的身体，努力获得费尔斯通所展示的未来新世界。一旦私人被去私人化，强而有力地蓄意侵入生活各个方面的市场语言，就会成为费尔斯通所召唤的未来新世界的一大特色。

费尔斯通继续论述道，怀孕一直由于被陌生人窥视、被感觉迟钝的孩子嘲笑，以及被不负责任的丈夫遗弃的"胖妞"形象，而被视为"野蛮的"，所以试管婴儿将最终取代生物生育成为人类繁衍的主要方式。当人类生活的方方面面都依赖"新的工程师精英，即控制论专家"的仁慈之手时，我们就获得了彻底胜利。[1] 这种控制论精英将行使其极权主义控制权以实现良善和德性。为公平起见，我们还需要强调一下阿德里安娜·里奇［Adrienne Rich］的观点，她在考察母性时批判了运用科技控制生育和由国家代替父母照料儿童的呼声。里奇提出了一个非常恰当的问题：她坚持，只要"在父权制之下"，家庭和育儿将仍旧是可怕和低下的。在她看来，"在父权制之下"是无处不在的，因此除了她所钟爱的分离主义女性共同体以外，我们很难找到任何办法来解决问题。[2]

在费尔斯通的新世界中，政治将会发生什么？正如家庭一样，它已经消失了，尽管在她的前未来主义社会中也肯定没有真正的政治，而只有控制、压迫以及自然**和**政治的暴政。在其控制论乌托邦中，一群被隔离的边际效用计算者横行无忌。抽象的男

---

〔1〕　Firestone, *Dialectic of Sex*, p. 201.

〔2〕　Adrienne Rich, *Of Woman Born: Motherhood as Experience and Institution*. 里奇想论证的是，"在父权制中"，大众育儿工作"只有两个目的：一是在发展经济期间或在战争时期让大量女性进入劳动力市场，二是教导未来公民"（p. xiv）。

221 人、女人和儿童忙于积极追求最划算的交易。例如，不必受专制父母"约束"的孩子，可以在缔约家庭中为最新的交易讨价还价。费尔斯通把这种共同体的彻底崩溃称为"自由"，却坚持认为这种彻底的自由也是彻底的共同体。她的女性主义未来是"软硬"结合的混合体。费尔斯通把这些抽象事物视为真正的中介加以讨论。一场"文化革命"在某一时刻爆发，男子气与女子气模式的融合产生了"男女融合"的爆炸性"统一体"，并因此具有下述特征："一种物质—反物质的爆炸，以娘娘腔〔poof〕文化告终！"〔1〕这种天启式的渴求，这种对全部人类灾难的某种极权主义解决方案的渴求，这种对所有原则彻底融合的渴求，代表着一种带有退化意味的乌托邦幻想：至少这就是政治运作的方式！

为了对把内在于激进女性主义话语的趋势作为政治规定的含义做出判定，我必须重拾贯穿激进女性主义的另一线索。这一线索即反智主义，它源于对经验主义认识论中思想和情感、理智和激情、经验和知识之间分歧的认同。以反智主义为开端，激进女性主义避开了所谓思想的男性身份结构。一种"始于我们的情感"的政治"……即我们如何知道正在发生的到底是什么的政治"，〔2〕发出了一份激进女性主义宣言。就政治理论和实践而言，赞颂情感政治的女性主义者目的何在？首先，她们渴求**完美社会**，渴求那能使男性理性得到净化的姐妹"情谊"。我关心的是推动苏珊·桑塔格〔Susan Sontag〕所谓"酸腐和危险的理智……与情感对立"的趋势，这种分歧不仅陈腐，还是"法西斯主义的

---

〔1〕 Firestone, *Dialectic of Sex*, p. 190.
〔2〕 "Our Politics Begin with Our Feelings," Roszak and Roszak, *Masculine/Feminine*, p. 285.

根源之一"。[1]

更为重要的是：我所提到的回归乌托邦的欲求，推动人们回
到一种类似子宫的共同体，在那里没有杂音和噪声，只有和谐、
一致和爱。这种共同体彻底界定了人：一个人的所有言行都是个
人的／政治的。人们不再像一个自主的个体那样发言，而是像具有
女性身份的女人那样发言，彼此融合，寻求最终与伟大的自然女
神联合在一起。夏洛特·贝拉特［Charlotte Beradt］在令人沮丧的
《第三帝国之梦》中，描述了她在第三帝国早期记下的各种梦境。
这些梦境证明了个人在努力"防止政治剥夺其存在意义"时所引
发的冲突。[2] 正在剥夺生命意义的政治是一栋极权主义大厦，旨
在毁灭所有生命，只允许一种**公共**身份。这些梦境最令人痛苦的
方面是让人们焦虑地逃入唯一残存的私人领域——梦境，结果却
发现在某些情况下一个人的梦想就是充当公共世界的角色。一个
梦想者对贝拉特说："我梦到除了加入我所在群体的大合唱之外，
我再也不能说话。"[3] 极权主义环境或者"极权共同体"特征的表
达方式是 Sprechchor，即合唱，不是个体而是工具。这就是融合

222

---

［1］　Susan Sontag and Adrienne Rich, "Feminism and Fascism: An Exchange," in *New York Review of Books*, p.32. 桑塔格曾因被公认为缺乏女性主义热情而被里奇斥责。

　　　不过，与专制主义冲动的概念联系超越了这一点。正如斯特恩［J. P. Stern］在他的出色研究 *Hitler, The Fuehrer and the People* 中所指出的，法西斯主义始于同时也终于**政治的过度个人化**（"个人的极端政治化"），这导向了一个强调把个人的"真实性"作为"政治的主要价值和认同"的过程（p. 24）。所有政治思想和行为的"非个人"维度，包括公法、相对稳定和可靠的社会制度以及政治话语中有争议的术语，都是先受到嘲笑，然后作为过于理智化、不真实、非自然的存在，或者依照激进女性主义的术语，作为男性和与男性保持一致的女性而被摧毁（参 Elshtain, "Review of Against Our Will," n. 8, pp. 240-241）。

［2］　Charlotte Beradt, *The Third Reich of Dreams*, p.32. 转引自 Norman Mailer 针对 Lawrence, Miller 和 Mailer 文学作品的扭曲所提出的并非不公正的控诉。参见 Norman Mailer, *The Prisoner of Sex*。

［3］　Beradt, *The Third Reich of Dreams*, p. 87.

之梦结束的地方，这就是他们发挥政治作用的方式。

223 　　这种脱离政治需要的梦境唤醒了潜意识中与母亲结合的记忆，弗洛伊德称之为"万能感"，它处于浪漫话语的核心。比如，阿德里安娜·里奇在诗中写到的："连接的驱动／一种共同语言之梦""意识的起源和历史"。[1] 融合的冲动在乌托邦小说中或许会得到满意的结局，比如夏洛特·吉尔曼［Charlotte Perkins Gilman］幽默地讽刺男子气和女子气的《她乡》［Herland］[2]。但我所批判的充满回归冲动的激进女性主义文本，并未用作浪漫的梦想，而是作为一个真实的、可实现的未来蓝图，包括玛吉·皮尔西的《时间边缘的女性》。虽然它只是一部小说，人们却仍然严肃地将其作为一种未来景象来看待。在此，我指的是它诗意的作用方式部分地取决于或不取决于作者的意图、读者的心态和社会背景，这种方式预示着危险的政治需求。激进女性主义者仍然不得不认真考虑这个问题，这部分是因为她们的话语对这种方式造成了妨碍。

　　激进女性主义有好几种语言进路：一种是充满了权力、剥削、操纵和暴力话语的粗暴而强硬的语言，另一种是华而不实的存在论语言，它表现了霍布斯哲学唯名论不为人知的另一面。后一流派最好的例证是玛丽·戴利的形而上学或者"元伦理学"的魔鬼学语言。霍布斯对形而上学式语言的反对也许更好，他认为在形而上学式语言中，人们受到了本体论范畴的抑制和渗透。他自己的解决方式很极端：把人还原为运动中的物质。戴利的回归方式

---

〔1〕　Adrienne Rich, *The Dream of A Common Language: Poems 1974-1977*, p. 7.

〔2〕　夏洛特·珀金斯·吉尔曼［Charlotte Perkins Gilman］的 *Herland* 是第一次女性主义浪潮所提倡的女性主义乌托邦主义的完美例证。针对这部情节令人迷惑的小说，安·雷恩［Ann J. Lane］在前言中说，19 世纪和 20 世纪的乌托邦小说是女性主义长期使用的一种表达模式。

是把言辞等同于过度军事化的话语模式。她认为自己创造了一种新语言，不同于完全由男性支配的旧语言，因此分离和异化了每一个必须言说和书写旧语言的女性的"我"。[1]其他可能性就是达到超越语言的领域，达到一种不对参照物进行区分或分类的语言，而是与一些更大的整体融合的媒介。由于这种可能性也坚持旧语言和理性是完全错误的、低劣的和不能接受的，所以也有人再次提出其与法西斯主义在概念上的相似。反民主主义政治完全拒斥人类的话语。语言不必再用作"区分工具"，[2]不再表达多样性和可变性，**就像它必须如此**，否则就不成其为语言。将这种对语言的不信任发挥到极致的也许是戴利：她坚持认为女同性恋必须模仿／学习"没有说话能力"的动物的语言，"它们的非语言交流看上去要优于男性统治的语言"。[3]戴利引用了一些她与动物的谈话，并翻译了其中的几个，不消说，所有动物都分享她的视角，没有哪个动物反对她。

这个恼人的问题最后指向的就是激进女性主义那描述事物的语言，也就是她们描述社会世界和刻画女性的方式，将女性刻画为品质恶劣、被牺牲、畸形和残缺的人，就像一个阴道、一个女巫和一个屁股。描述总是始于一个观点，因此可以进行评价。我们基于那些我们认为相关或者重要的方面，对情景进行描述。在这种方式

---

〔1〕 Daly, *Gyn/Ecology*, p. 19.

〔2〕 莱辛〔Lessing〕放弃了语言，转而称赞心灵感应或非语言交流是更好的沟通方式，见 *The Four-Gated City*，而在 *Briefing for a Descent into Hell* 中这种沟通方式最为明显。首先放弃语言，然后放弃那些使用语言的人，莱辛已经丢弃了整个地球，正在从外太空发送信息。参见 Doris Lessing, *Shikasta*: *Canopus in Argos*: *Archives*, *Re*: *Colonised Planet 5*，转引自 Jean Bethke Elshtain, "Doris Lessing: Language and Politics," *Salmagundi*, pp. 95-114。

〔3〕 Daly, *Gyn/Ecology*, p. 414.

中，我们总是根据特定描述进行评价。[1]描述是为了一个目标，并构成一种评价，这一评价要么将事件展现出来接受来自道德观念的批判性审查，要么削弱我们以这一方式对事件进行探究的能力。对于那些期望以一种方式描述一个情景的思想者而言，在描述的同时进行批判是个真正困难的选择。如果描述语过于温和，比如组装线上的工人不符合"工作要求"，就会丧失道德和政治要义。夸大所描述的情形，比如说这种工人"受到严重奴役，被贬低为机器人"，就可能产生反效果，因为夸张的描述会导致读者怀疑描述者"抱怨太多"，进而认为事情不可能这么糟糕。最棘手的是，一些为了批判而进行描述的女性主义者，有可能在其描述中包含自我贬低的术语。这一点比较复杂，我会尽力予以阐明。

无权力会引发对自我理解的扭曲。奴隶会以主人的眼光看待自己，比如他会接受自己的奴性。与此类似，"那些固执地把自己界定为'被剥削者''受害者'，把自己视为男性所认为的那个样子"的女性，因此可能会寻求获得某种凌驾男性的权力，寻求某种控制方式。[2]这个过程随着每一社会时期男性对女性认知的变化而变化。令人痛苦的是，女性主义话语再三重复女性无助和牺牲的形象。这种再现假设受害者用一种纯粹的声音说：我受苦，因此我道德纯洁。[3]但对这种纯洁的信仰本身就是无权力的效果之一。

激进女性主义对女性的某些描述并非它所独有，它们只是在这个方面非常突出，最令我不安的在于下述倾向：它们的作用就像是不断重复描写的色情内容，糅合进空洞的叙述，使性权力

---

[1] Julius Kovesi, *Moral Notions*, p. 63.

[2] Helen Moglen, *Charlotte Brontë: The Self Conceived*, p. 30. 转引自 Ann Douglas, *The Feminization of American Culture*, p. 10。

[3] Rosenthal, "Feminism without Contradictions," p. 29.

变得残酷无情。布朗米勒的书就是鲜明的例证。我还记得在参加一次新女性主义学术会议时，听到对女性受害情形的事无巨细的反复陈述，而其中一些早已被宣布非法。我发现，自己越来越厌恶很多女性看上去非常陶醉的自虐细节。米奇·德克特［Midge Decter］错失了目标，她完全不理解即使在形式上守法的平等制度中，性别主义也有可能肆意扩展的细微方式，不过她的下述声明包含着一种真理的意味：人们能够在"自我憎恨的表达"中发现很多对女性自由的陈述。她还强调，这种表达在很大程度上具有"绝望的虚无主义"性质。[1] 在如何创造能进行批判性评价且在道德上不沉湎于受害者这类术语的描述性语言上，仍然面临挑战。实际上，女性治学史和女性史学都历时久远，在介绍自由女性主义之前，我要专门简要介绍一下这个领域。

　　长久以来，对于将女性史视为牢不可破的受害者的传说，一直都有另一种说法。1946 年，在《历史中的女性力量》中，[2] 玛丽·比尔德［Mary Beard］认真区分了女性屈从地位的理性化，尤其是嵌入普通法的理性化，和实际的社会实践——女性在其中扮演了重要而有意义的**文化**角色，包括那些后世理解为公共生活的文化。比尔德论证，随着工业化的到来以及中产阶级的增加，出现了一种恶毒的男性支配形式。在其中，女性或者说属于特权阶级的女性，更为明显地变成了丈夫的"财产"及其社会地位的身份象征。

　　不用仔细考究历史证据就能发现，总有一些女性的思想和行为与受压迫的屈从形象不相吻合。比如，大多数女性主义者认为，

226

---

〔1〕　Midge Decter, *The New Chastity and Other Arguments Against Women's Liberation*, p. 212.

〔2〕　Mary R. Beard, *Woman as Force in History*. Sheila Rowbotham, *Women, Resistance and Revolution* 从马克思主义女性主义视角描述了一些卷入 20 世纪革命的女性。

由于骑士、十字军东征、封建主义和反女性神学的存在，中世纪
是个极具**男子气概**的时代。他们认同的意识形态要么把受诅咒的
女性视为夏娃般男人的祸水，要么把女性当作行吟诗人所崇拜的
偶像，这些诗人吟唱纯洁、高雅、优美以及所有其他月光般的韵
文。但在整个中世纪历史中，仍然有大量女性参与了日常经济生
活、土地所有权、财产管理，甚至政治运动。

在中世纪专家艾琳·鲍尔〔Eileen Power〕看来，女性"几乎
从事全部农业劳作"，并在城镇开展各种商业活动。[1]鲍尔强调，
大多数中世纪历史证据都集中于上层阶级，妻子在其中开始成为
私有化和优雅的象征，但这一形象并不能准确反映女性实际做过什
么，即便是在上层阶级中。女性也能够继承和拥有土地和公职。考
虑到作为贵族阶层的男性经常因军事冒险而不在家中，女性经常代
表丈夫并管理封地和庄园。[2]鲍尔断言，嵌入普通法的"女性屈从
地位的教条"，一定是后来才加入女性主义和反女性主义话语的，
它曲解了过去，正如它困扰着当前和未来。中世纪女性"充分分享

〔1〕 Eileen Power, "The Position of Women," in *The Legacy of the Middle Ages*, ed. C. G.
Grump and E. F. Jacob, p. 411. 在我们的时代，女性主义者一直倾向于把在历
史过去时态中男性所做的特定意识形态描述作为历史的真理；因此她们将历
史视作——毫无疑问，正如至少是某些男性希望的那样——一个历史悠久的、
未被破坏的男性至上史。

〔2〕 中世纪遗嘱的收藏品证明：妻子经常被指定为丈夫遗嘱的执行人，转引自
Power, "The Position of Women," p. 419。又见 David Herlihy, "Land, Family and
Women in Continental Europe, 701-1200," *Traditio*, pp. 89-119。赫利希〔David
Herlihy〕指出："在中世纪早期的家庭财产管理中，女性扮演了"重要角
色"（p. 89）。母系或者女性的财产权利从 8 世纪到 11 世纪逐渐普及，这在
植根于土地的社会中可不是一件小事。赫利希断言，"在中世纪早期，时时
处处都可发现'女性'作为土地主、土地管理者，而且明显是家庭的一家
之主，这显示了公平的一致性"（p. 110）。又见 Eileen Power, *Medieval Women*;
Michael W. Kaufman, "Spare Ribs: The Conception of Women in the Middle Ages and
the Renaissance," *Soundings: An Interdisciplinary Journal*, pp. 139-163。

源于土地所有的私人权利和义务，并在工业中扮演相当重要的角色……普通女信徒所受的教育堪与丈夫媲美……在共同体的每个阶级中，已婚妇女的生活给她很大的活动余地，因为……这个时期的家庭是个非常广阔的天地"。[1]更为晚近以来，安·道格拉斯［Ann Douglas］详细描述了 19 世纪美国女性降低到一个特定领域，并信奉这一领域的方式，这一领域在广义上被界定为她们独一无二的特性，并尝试将消极的界定变成积极的使命。[2]

　　在整个历史中，女性一直扮演着多种积极角色并进行着各种文化活动，考虑到这种证据不断增多，人们必定会怀疑强调女性无能、无助、堕落和受害者形象的动机。这是个相当重要的议题，因为对自己和世界的信念是构成社会实践和个体行动的要素。如果告诉她，她是普遍的受害者，事事处处她都在被不共戴天的敌人折磨，她是"客体"，除非变成残酷的好战者或"认同女人的人"，她无法改变目前在这个世界上被建构起来的地位。而且男女之间的相互依存不仅困难而且不可能，那么她就只能质疑，这些曲解服务于谁的利益和需要，谁的公共和私人，因为很显然绝不是在服务于这些宣传所指向的那些女性。

自由主义女性主义：为什么女人不能更像男人？

　　与很多激进女性主义者不同，自由主义女性主义者总是至少将一只脚安全地踏入政治领地，多数自由主义女性主义者常常进

---

〔1〕　Power, "The Position of Women," pp. 423-433.
〔2〕　Douglas, *Feminization of American Culture, passim.*

行特殊的多元行动，比如游说议员支持一项法律、提起诉讼、推动平权修正案运动、参加选举支持自己喜欢的候选人、商讨下一个战略战术动议。自由主义女性主义者在实际行动中的行为举止，与一心想着"效果最大化"的其他利益集团如出一辙。这类群体的最终目标是利用与之关联的福利和奖赏计划，把群体成员整合进现行的政治结构，也即政治领域。事情至多也就如此。比如，当代自由主义女性主义学派的创始人贝蒂·弗里丹［Betty Friedan］，最近让女性主义者在相互肯定中加入她，她把这种肯定称为"新的赞成"。她声称，门已经打开，女性必须一往无前。

229

自由主义女性主义思想，和我在第三章所分析的自由主义的力量和弱点一样，包括公共和私人之间在某些结果和目的上的特定分歧。在此不再重复，但我想强调自由主义女性主义者是在沿着其功利主义先辈的足迹前进，我想到了边沁。他们认为，所有行动原则最终都落脚于个人利益，个人利益的联结在社会整体意义上将促进每个人的利益，或者最大多数人的最大利益。我对自由主义女性主义或改良女性主义的考察，将从分析 19 世纪女性争取选举权斗争的力量和弱点开始，这场运动本质上是一场中产阶级运动，并由于融合了马基雅维利式的准则而专注于围绕公私分野所产生的那些主题。我对女性选举权倡导者所提出的假设和意识形态探究，将作为我思考当代自由主义女性主义思想的历史背景。

19 世纪主张女性选举权者大多参加过为女性争取正式法律平等权的长期而艰苦的斗争，许多人满怀希望，认为那些在占有财产、提起民事诉讼和行使公民权领域歧视女性现状的改良，会马上带来其他领域的变革。我将论证，争取女性选举权者在引发结构变革上的失败，首先可以追溯到他们对自身困境的分析方式，其次可以追溯到他们基于最初理解所提议的救济方案。

　　争取女性选举权者将她们争取正式法律平等的斗争设定在什么条件之上？他们又在什么范畴内分析他们的共同困境并提出救济方案？几乎毫无例外的是，争取女性选举权者至少含蓄地接受了下述既定的主流假定：在权力与行动的公共政治世界与情感和感觉的私人非政治领域之间，存在特定的分歧；他们只是对这些主流意识形态特征的相关价值提出了不同的解释。争取女性选举权者从其反对者的假设出发，或者说直接接受其对手的假设，无意中使许多曲解和那些操纵制度以反对他们的未加检验的假设无限期地存在下去。下面例举反争取女性选举权者的一个典型论点：

> 　　男人主导政府和战争，女人主导国内和家庭事务并照料和培养孩子……这种状况贯穿整个人类历史，因为它符合自然和自然法，并有六千年的经验和理性支撑与确证……家庭的圣坛是一把圣火，女性是主祭的高级女祭司……为了保持她的纯洁，有必要使之远离选举，远离所有苛刻的、受到污染的和令人气馁的职责，这些职责只能委托给更强硬的性别——男性。[1]

　　这一陈述凸显了下述观念：男人和女人本质不同，因此必须拥有各自不同的活动领域（或者说，男人和女人的活动领域之所以不同，是因为他们本质不同）。人们把政治界定为男人的领

────────

[1]　Elizabeth Cady Stanton, Susan B. Anthony, Matilda Joslyn Gage, eds., *History of Woman Suffrage*, 2：145.

域，更不必说女性与政治毫无关系了。只有男人属于那些"苛刻
的……受到污染的……令人气馁的"职责。那些走出私人领域的
女人是"半个女人，在精神上是阴阳人"。女人与男人的领域隔离
但平等。选举权的反对者们如此阐述这一主题：

231
> ……造物主已经分派给女性非常艰苦和责任重大的职
> 责，**绝对不比**那些赋予男性的职责**次要**，虽然它们在特征
> 上完全不同……虽然男人要处理更苛刻的生活职责，但高
> 贵、温柔体贴的真正的女人，却要把**所有时间**用于应对家庭
> 圈子、教会关系以及注定了其命运的、社会分派给她的难以
> 处理的棘手任务。我相信，她们（女人）优于男人，但我认
> 为她们无法适应这个世界的政治工作……经过慎重考虑，我
> 要说我不会通过赋予女性选举权而贬低她们。我在完全意义
> 上使用这个词，因为我相信今天的女人，作为家庭和情感
> 的女王，超越了这个世界上的政治冲突，并且应该永远超
> 越之。[1]

女人是纯洁的、私人的和非政治的，男人是不道德的、公共
的和政治的（因为他属于政治领域），争取女性选举权者对此有何
反应？他们没有拒斥必然产生二元对立的概念体系，而把反选举

---

[1] Susan B. Anthony and Ida Husted Harper, eds., *History of Woman Suffrage*, 4：95, pp. 106-107. 前两句话来自乔治·维斯特［Sen. George Vest］在 1887 年的反选举权演讲，其他部分来自约瑟芬·布朗［Sen. Joseph E. Brown］的一次类似演讲。在 19 世纪选举权运动中活跃着一批激进思想家，包括斯坦顿［Elizabeth Cady Stanton］本人，她当时在抨击宗教。另一个不能仅仅用自由主义名之的思想家是吉尔曼［Charlotte Perkins Gilman］，她在运动晚期比较重要，但是激进的声音最终淹没了一切。我在此讨论的是争取女性选举权者话语中的流行主题。

权者的论点颠倒过来，作为支持选举权之辩的基础。是的，男人邪恶、恶劣，还使政治产物变得肮脏。女人也的确更纯洁，更有德性，看看她们使私人领域受人尊敬的方式！因此，我们的当务之急是把女性带入公共领域，从而为公共领域罩上一层私人领域的道德。女人将会政治化，政治也将突变。并非为"争取女性选举权者"独享的公共语言，由此变得富有情感。

早期争取女性选举权的理论家中最重要的代表，伊丽莎白·卡迪·斯坦顿［Elizabeth Cady Stanton］强烈支持女性至上论。

> 男性元素是一股具有破坏性的力量，冷酷、自私、夸张，热衷于战争、暴力、征服、获得，在不和谐、无秩序、疾病和死亡般的物质与道德世界中培育生长。看看历史揭示了什么样的流血与残忍的记录吧！通过什么样的奴役、屠杀和牺牲，通过什么样的粗暴质问、监禁、痛苦、迫害、"黑人法典"和令人绝望的教义，博爱之魂为此奋战了几个世纪，却用怜悯遮盖了自己的面容，而所有勇气、爱与希望也都已死去！迄今为止，男性元素一直在兴奋地狂欢，从一开始它就相当肆无忌惮，处处压制女性元素，破坏人类本性的神圣品质，直到我们获得了一点点有关男人、女人的真正知识，而对于后者我们所知相对更少，因为直到上个世纪人们才把它视为一股力量……现在需要的不是领土、金矿、铁路或者现金支付，而是一种新的女性福音，以颂扬纯洁、美德、道德和真正的信仰，从而把男性提升到更高的思想与行为境界。[1]

_232_

---

〔1〕 Stanton, Anthony, and Gage, *Woman Suffrage*, 2：351-352.

斯坦顿所阐述的形象认为，男性元素中的破坏性和自私大权在握，女性元素中的爱与善良则处于被奴役和受胁迫的地位。如果想阻止社会混乱，天平必须向女性元素一边倾斜。

随着争取选举权斗争的进展，女性逐渐表明了自己在宗教上的纯洁性，并断言基督本人相信他"和蔼、慈爱和容忍的人性……全部来自女性"。因此，女性"比男性与基督更具共同性"。[1]如果获选公职，女性会"更为有效地维护社会道德和城市清洁"。[2]支持女性选举权者承认女性获得选举权并不能包治社会百病，但他们相信，女性选举权意味着女性负责的政府将更可能保护生命、维护道德。比如，校正酒后驾车的罪恶有赖于女性获得选举权。基督教义的黄金律［Christ's Golden Rule］必将获得社会成功。那些令人伤感的论调让人谅解了有时有些严苛的道德主义倾向。

为什么争取女性选举权者觉得必须颂扬女性的高尚和纯洁？为什么她们如此蛮横地要求投票权，并主张自己有能力在投票权武装下改造公共生活？她们乐于承认自己是"梦想家"（再次采用了一个赞同创造假想美德的绰号）："我们被告知，假设女性有助于净化政治生活，并有助于逐步形成一种更理想的政府，这只能证明我们是梦想家。是的，我们的确是状态良好的梦想家、儒家、佛家、耶稣信徒以及争取大宪章的英国下议院议员……"[3]如果人们记得，一旦主流意识形态宣布了制约政治和私人领域的假设，这些恼人问题的答案就会变得不那么模糊了。拒斥主流意识形态话语的女性，也会拒斥维多利亚版的婚姻和家庭生活，这种生活的主要内容是圣洁的、无性的妻子—母亲形象。19世纪的性摩尼

---

〔1〕 Stanton, Anthony, and Gage, *Woman Suffrage*, 2：785.
〔2〕 Stanton, Anthony, and Gage, *Woman Suffrage*, 1：19-20.
〔3〕 Ida Husted Harper, ed., *History of Woman Suffrage*, 5：126.

教如此根深蒂固，以至于几乎所有争取女性选举权者都没有考虑这种形象服务于加强男性的支配地位。

　　某些学者认为，争取女性选举权者越来越强调她们的优良美德，这暗示在这场运动中支持女性投票权的论辩依据已经从"正义"转向了"权宜"。艾琳·克拉迪特［Aileen Kraditor］主张：早期争取女性选举权者要求政治平等的论据，"与两代人以前男性向其英国统治者要求政治平等的论据相同"[1]。我同意克拉迪特的看法，侧重点的确发生了变化。但我不像她表面上那样强调这是一种重要的质变，相反，对我来说这只是单一传统下侧重点的变化。

　　克拉迪特指出，大多数争取女性选举权者和美国社会的男性支配群体一样，都是土生土长的白人、中上阶级的中坚分子以及盎格鲁—撒克逊新教群体。她认为，提出权宜的论点就是为了吸引这一群体。由于争取选举权者与处于支配地位的男性阶级地位相同，他们也就有了同样的偏见，不过，他们并没有分享他们阶级中的男性政治权力。下列陈述代表了投票支持女性的权宜之计：

234

　　　　与各法院和各州的专断意志相比，你不信任南方的自由民！那你为什么把你的母亲、妻子和女儿推向承载着大众选举的无知无识、未受教育、没有思想的群众？[2]

　　　　我们为种族要求投票……当你让议事会和立法厅排除女人的纯洁、灵性和爱时，这些议事会就往往会变得粗俗野蛮。上帝派我们来帮你在这一短暂旅程中达至一个更美好的地方，

---

[1]　Aileen S. Kraditor, *The Ideas of the Woman Suffrage Movement 1890-1920*, pp. 38-39. 又见 Sheila M. Rothman, *Woman's Proper Place: A History of Changing Ideals and Practices 1870 to Present*。

[2]　Stanton, Anthony, and Gage, *Woman Suffrage*, 3：88.

通过我们的爱和才智促进我们国家的纯洁和高贵……[1]

　　女人的投票对于他人利益而言也是必须的。我们的视野中蒙着一层显然有危险的薄雾。女人可以帮助驱除这层雾……她渴望这片土地上的家庭纯洁而节制；它们会在她的帮助下实现这一目标……[2]

　　这场危险的试验赋予大量犯罪、不节制、不道德和不诚实之人以选举权，彻底否定了很多节制、道德、虔诚和有良心之人的选举权；换句话说，最坏的元素一直放在投票箱中，最好的元素却被拒之门外……[3]

235　　我们列出官方统计数字旨在证明，在美国白人女性多于有色人种的男性和女性总和，在美国本土出生的女性也多于国外出生的男性和女性总和；而女性只占监狱和收容所收押罪犯的十一分之一，她们还构成了教会成员的三分之二以上，而且女性文盲率远低于男性文盲率。因此我们敦促这么大比例的爱国、节制、道德、虔诚和聪明的人口获准通过投票影响政府。[4]

转而强调女性选举权的有利理由进一步证明了主流观点中的曲解对女性的影响。最初的正义论辩在构成方式上就包含了有利理由的种子，因为它意味着争取女性选举权者已经隐含地接受了一套关于她们自己及其社会的信念。其失败在于最初的概念化，这种概念化与处在支配地位的意识形态相关联，并参与塑造了争

---

[1]　Anthony, and Harper, *Woman Suffrage*, 4：39.

[2]　*Ibid*., 4：84.

[3]　*Ibid*., 4：xxxvi.

[4]　Harper, *Woman Suffrage*, 5：77.

取女性选举权者的实践。随着选举权的获得，这一意识形态依然继续掩盖制度的不平等，声明这些不平等是"自然"出现的，因此处在政治领域之外。争取女性选举权者接受了他们的去物质化，这是个性摩尼教的术语。他们希望将"她们的"男人引入这片净土，并把更"野蛮的"下层阶级（他们的"人口超生"对盎格鲁—撒克逊人的统治构成了明显而现实的危险）拒之门外。去物质化是他们的一个性别和社会阶级职能。

争取女性选举权者对与战争、强力和暴力联系在一起的政治权力深恶痛绝，这种权力是她们希望加入进而予以改革的男性公共领域的一个方面。罗丝玛丽·鲁瑟［Rosemary Radford Ruether］指出，截至 19 世纪中期以及争取女性选举权运动初期，公共与私人领域、公共道德与私人道德之间的分歧已经对两个领域造成了破坏性的恶劣影响。道德德性已经变得非常"情感化和私人化，不再具有重要的公共权力"。[1]道德与女性领域融为一体。无秩序的政治世界认为这种道德"不切实际"。政治世界需要"强硬务实的攻击性，没有情绪化，没有说教"。一个男人白天参与这个世界，晚上回到"理想的'家庭'世界，所有道德和精神价值都在家庭中获得界定"。[2]争取女性选举权者接受源于其无权状态的界定，即坚信她们是纯洁的，是蒙难者，这将强化一系列强烈反对女性参政和社会经济平等的假设。[3]

236

---

［1］　Rosemary Radford Ruether, "The Cult of True Womanhood," *Commonweal*, p. 131.

［2］　*Ibid.*

［3］　Rosenthal, "Feminism Without Contradictions," p. 29. 罗森塔尔［Rosenthal］指出，人们"假定"受害者"具有道德权威或道德纯洁，因为他人已经把表述她所受压迫的剥削性术语强加在她身上，她真实的声音已经被压制"。大多数争取女性选举权者，并没有发出真正的声音"打破这种沉默"。相反，依照黑格尔的术语，她们通过赞颂从其所受压迫中产生的品质，制造了一种脱离历史需要的美德。

　　争取女性选举权者坚持把自己的纯洁以及对道德劝诫的依赖作为改革手段，这意味着，他们会避免对政治权力的下述毫无感情的看法：它是什么？如何获得？它用于或能够用于什么目的？在他们对事态发展的设计中，如果女人获得政治权力，这一权力将会自动转化为一种道德力量。女人因此不再必须面对源于含糊情境的议题，在这些含糊情境中，人们必须在不存在清晰的"好""坏"界限的情况下做出政治判断。女性将用投票改变社会，但是投票不会改变女人。

237

　　　　享有投票权之后，女性不会失去任何男性的谦恭与骑士风度，而且在我们历史上最令人担忧和困惑的总统冲突当中，通过参政两院接受来自二十三个州请求保护女性权利的第 16 修正案的方式，已经极好地证明了他们对女性选举权的敬意。[1]

　　　　我要说，女性值得赞扬的是：她没有追求过公职，她不是天生的公职迷，但她渴望投票权……[2]

　　　　女性在美国大小战争中所做的工作表明，"女性比男性更纯净、更高贵，因为她们的道德感和政治本能没有受到自私、商业或者政党因素的影响……"[3]

　　争取女性选举权者假定道德高尚几乎是女性特有的品质，所以他们只会间接地处理或完全不处理下述论点：进入公共生活将会迫使女性改变习惯、态度和标准。女性应该保持自己的坦诚。一旦私人的变成公共的，传统意义上的政治就将不复存在。

_____

〔1〕　Stanton, Anthony, and Gage, *Woman Suffrage*, 3：67.
〔2〕　Anthony, and Harper, *Woman Suffrage*, 4：117.
〔3〕　Stanton, Anthony, and Gage, *Woman Suffrage*, 2：17.

女性受压迫的客观条件，女性对女性受压迫现状合理存续的理想化与扭曲化所做出的回应，设定了争取女性选举权者抗议的形式、语言和模式。比如，这导致了把男性政治地位几乎完全归之于他们**在法律面前**的地位这样的谬误。政治权力被视为法律权力的自然产物。因此，法律变革是通向政治目标之路。争取女性选举权者（除了几个鲜明的例外以外）没能认识到，男人之所以可以这样利用法律，是因为法律本身以外的一系列经济和社会条件，提供了法律适用的环境。

男人实现其目标的权力具有法律成分，但法律本身并不是权力的唯一来源。争取女性选举权者全神贯注于政治权力的虚饰而非实质，最终结果是争取女性选举权者未能获得原初的政治景象。他们说想要现存结构中的平等，但是根据定义，这种结构正是男性支配的结构之一。因此，他们正在拟定以停滞或稳定为前提的变革。很明显，他们没看出他们所赞颂的"女性"理想，恰恰包括了他们所贬损的"男性"思想，而且这些概念必然相互关联。对"女性"和"男性"形象的控制，与一个更大的矩阵即社会结构联系在一起，这些关系在这种社会结构中才有意义。正如温奇〔Winch〕所指出的，我们形成的关于某一物体的思想，包括它和其他物体之间的联系。[1]

争取女性选举权者的最终结论是：私人道德可以适用于公共层面，公共的个人必须由私人领域的严格标准进行判定；男性所展现的公共（不）道德品质也许是男性天生的品质，但是正如女性可以进入公共生活那样，男性也能被改造；女性展现出来的品质是天生的，而不仅仅是强制家庭生活的结果，这些相同的品

〔1〕　Peter Winch, *The Idea of a Social Science and Its Relation to Philosophy*, p. 124.

质将赋予公共领域神圣光环。在争取女性选举权者的未来中，如果一个男人希望成为一个"好"公民，他就不得不披上无私和私人德性的外衣。大多数争取女性选举权者想采用私人领域的标识术语，并通过公共领域分析这些术语。正如安·道格拉斯［Ann Douglas］所辩称的，在大众文化中，"男性和女性所提供的反知识的情感化""大规模挫败了""男性主导的神学传统"。但不幸的是，一个父权制加尔文主义的结局并不需要"达致一种全面的女性主义"。[1]

当投向女性的选票没有获得他们所声称的奇迹时，争取女性选举权者的士气开始消沉。女性可以投票，但各种结构大都没有改变；实际上，支撑这些结构的各种思想、经济以及政治现实都保持了自己的生存能力。女性没有作为一个集团去投票，也没有通过将某些需要转化为利益以组织政治运动来推进她们的"利益"。考虑到女人将坚守纯洁并使政治纯洁的假设，所有这一切都并不令人惊讶。当投向女性的选票没有看到私人道德在公共领域中的胜利时，它导致了对完全的主流意识形态的回归，例外只有一个，即女性可以在不完全失去其"女性气质"或私人美德的情况下投票。然而，投票之外的政治参与的确提出了这样一种危险：对于她们同时代的自由主义继承人而言，多少东西已经发生了改变？

与持多元主义信念的其他人一样，自由主义女性主义者坚信"日常修补"式的增量政治，即坚持不涉及社会制度中的基本福利和奖赏议程的改革。他们与政治科学中那些捍卫现状的主流辩护者分享同一套实证主义假设，这套假设朝着特定的方向和目标界

_____

[1] Douglas, *Feminization of American Culture*, p. 13.

定、划分、建构和调整他们的分析与结论。简而言之，实证主义的信条包括在描述与评价之间、"事实"描述和"价值"描述之间进行区分。价值是私人化的，这暗示个人的偏好和情感同样重要，二者都不服从于理性的辩护或判决。[1]它遵循的是，一个人称什么为"好"取决于价值或偏见，所以他不能提出理性而真实的主张，也不能做出理性的辩护；因此，女性主义者可以尽情控诉偏见或性别主义，以表达想要的或所寻求的好是什么，但却永远无法提出严肃的道德主张并为之辩护。

就像遍及在自由主义思想的早期形式中一样，这些问题也遍布在自由主义女性主义的话语中。人们发现，自由主义分析者在歧视和制度化性别主义的"硬事实"与对女子气的主张和价值的"软诉求"之间来回交替。例如，为了捍卫自己的女性主义立场，伊丽莎白·詹韦［Elizabeth Janeway］只能"诉诸于"对"女子气的主张"和"**我们觉得它们应该是真理**"从而宣称其为真理的信条，以支持其女性主义立场。[2]她本人并不觉得这种事态有多糟糕，因为即便是"最专注的社会科学家"也不可能完全使自己摆脱价值的影响。他们也"发现很难消除某些人类状况优于其他状

240

----

[1]　在政治学中，行为主义者认为：政治生活的事实与人们附加于其上的价值是两个不同的命题，必须分别进行分析。"事实描述"与"价值描述"之间的分歧处于政治分析的核心地带。在这些认识论假设中，描述、评价和刻画什么是与迫切要求必须是什么，是两种完全不同的行为。

[2]　Elizabeth Janeway, *Man's World Woman's Place*, pp. 12-13. 詹韦［Elizabeth Janeway］的革命并不像另一个自由主义女性主义者盖尔·格莱姆·亚特斯［Gayle Graham Yates］那么空洞，亚特斯在 *What Women Want: The Ideas of the Movement* 中的结论就有点失败，"……在最终的分析中，真理就是我们从个人、学术和社会角度所相信的东西"（p. 189）。人们或许会问亚特斯，真诚地相信女性是次等人的性别主义者，或者相信黑人不是人、必须予以压制的种族主义者，或者相信自己的使命就是消灭犹太人的法西斯主义者，或者相信如果他无法不间断地履行一套消磨时间的仪式就会死掉的神经病患者又当何论？

况这样的想法"。[1] 人们原本就可以假设，一个女性主义者所持异议的重中之重就在于对替代选择的诉求，这种选择绝对优于其他选择，包括现存的选择。

我将通过关注个人的形象、政治或公共行为的既定目的，以及在自由主义女性主义话语中赋予私人领域的范围和重要性，聚焦于对自由主义女性主义的探讨。不同于上文所述的激进主义者，自由主义女性主义者相对较少理会关乎男性与女性这一人类本质的问题。如果硬要他们表态，自由主义女性主义的立场就更像是彻底的环境主义。虽然人们认为人生而相同，但随即都在不同的环境中被塑造、受不同环境的影响、以不同的环境为条件、在不同的环境中经历社会化，并被推入存在反差的角色、行为、价值和关系。在这种模式中，人类的核心特征被假定为具有无限的适应能力，因此他们强调"非性别主义角色的社会化"和"积极角色模式"等因素。自由环境主义有时也成了过度决定论，孩子们被视为人类的培乐多（Play-Doh）玩具，按照父母、教师和其他"社会化代理人"这些社会工程师的意愿被塑造。

241   然而，自由主义女性主义坚守的环境论信条并非始终如一，因为倘若始终如一的话，他们就将被迫承认下述观点：当女性放弃以前界定和塑造她们的私人领域，进入非常不同的现在用于界定男性的公共舞台时，她们也将具有适应这一领域的"男性"特质，这一领域认为男人更强硬、更具进攻性、更武断、更积极。很少有自由主义女性主义者想要如下结果：所以人们发现在某一结果和目的上，他们认定女人悲惨的源泉就在于她在私人领域的自我封闭，而且只有走入公共领域才能让她们获得救赎。但是，

―――――――――
[1]　Janeway, *Man's World*, p. 136.

他们又为了其他目标和目的，不明确说明其来源、发展和制度支持就赞颂女人"更软弱的品质"，这将意味女性的自我封闭也有某些利益和价值，也就是说在某些方面是"好的"。自由主义女性主义没能直截了当并中肯地讨论"隔离但平等"的问题，或者"不隔离但平等"的问题，这些问题同样困扰着19世纪争取女性选举权的运动。

如果激进女性主义是通过消除不同领域、关系和行为之间的所有差别，来处理公共—私人和个人—政治的困境，自由主义女性主义就保留了一种含蓄的公共—私人分野，但希望消除他们所认为的传统分歧对女性的有害后果。许多19世纪的争取女性选举权者深信：如果女性操纵政治，政治就会自动向好的方向转变，现在很少有人再相信这样的幻想，也很少有人深信建立评价、评估和解释公共与私人行为、关系的唯一统一标准是可能或者可欲的。那么，到底自由主义女性主义想要沿着公共与私人的维度改变什么？她们热衷于什么价值，以及她们对公共和私人这两个生活领域中的哪一个认识更充分？对这些问题的回答，开启了每个思想家对女性问题的来源与范围的评估，开启了她对一系列价值和可欲的变革结果的辩护。

公共世界并不必然是政治世界，混淆二者，就会混淆制度、行为和目的的政治设定。公共与私人分野的经典版本，包括划分家族或家庭、精神制度以及竞争性商业或经济制度，而在这一竞争性舞台上，是成年男性或**公民**依照他们的政治能力聚集在一起，共同努力达致互利的安排。个人扮演着其他**公共**角色，比如商人、律师、办事员或者教师，但他的**政治**角色是做公民，而且他的政治在手段和目的上都是工具性的。成为一个**公民**，意味着有意义地参与到国家当中，有了声音，有了发言权。

然而，当代自由主义女性主义很少提及**公民或者公民身份**。科尔斯滕·阿蒙森［Kristen Amundson］是个例外，但她也仅仅将公民身份尴尬地恢复为一种像其他资源一样"被平等分配的资源"。[1]这有点像她用于家庭关系的计算法，这些家庭关系成为人们理性追求最大化其满意度的诸多欲望之一。[2]阿蒙森还还原了公民身份的政治特征，并排除了私人世界的所有非工具主义的价值、共鸣及其所保留的意义。一旦剥去了政治体和家庭一直具备的规范意义和正当性，剩下的也就只是一种自由徜徉在社会图景之上的利己主义算计。这驱使某种真正政治的替代选择在实践中变成唯一的"政治"：即在"机会平等""精英""进步"和"解放"的规则下，社会关系进一步破裂。我稍后会在本章更具体地讨论这种**政治置换**。

探究自由主义女性主义话语所用的术语，是进入自由主义女性主义世界的最佳路径：她们如何描述和解释公共与私人现象？她们为女性争取了什么动机、可能性和可欲的结果？当自由主义女性主义者描述人（包括男人和女人）在公共与私人能力方面的特征时，人们马上就会受到他们所使用的去政治化语言的冲击。使用最普遍的术语是"角色"概念。没有人会否认，人们具有在不同时间、出于不同目的、扮演众多不同角色的社会能力，但自由主义女性主义则是排他地关注为社会分析带来重要意义的**角色**概念。

243 在自由主义话语中，人本质上并非母亲、父亲、爱人、朋友、学者、劳动者、怪人、持不同政见者，或者政治领袖，而只

---

〔1〕 Kirsten Amundsen, *The Silenced Majority*, p. 63.
〔2〕 *Ibid., passim.* 这一假设是整个论辩的基础。

是**角色扮演者**。社会是扮演着各种角色的社会原子聚合体。当一个人完全按照角色扮演者的思维进行思考时，社会生活就与人类主体拉平了。在这种拉平也即描述与评价的同质化过程中，每个角色看上去都与另一角色平等。例如，辛西娅·弗茨·爱泼斯坦[Cynthia Fuchs Epstein]认为母职也是一种"角色"，与其他任何角色毫无二致，是一种社会创建和认可的活动，并具有相对固定的运作范围。这种观点的后果是扭曲母职的全部意义。母亲**并非**像档案管理员、科学家或空军飞行员之类的"角色"。做母亲是复杂的、丰富的、矛盾的、痛苦的和愉悦的活动，这种活动是生物的、自然的、社会的、符号的和情感的。它意味着存在深刻共鸣的情感规则和性规则。低估做母亲与拥有一份工作之间差异的倾向，不仅损耗了许多具有重要意义的私人关系，而且还过分简化了能够或者应该做些什么才能为女性改变一些事情，而非女性一遇到问题就要改变自身角色以求解决之道。

自由主义女性主义者对私人领域及其中女性地位的贬低很怪异。一方面，它包含了对当下社会现实的认知，比如家庭是"在一个无情世界中"越来越小的"天堂"及其暗含的全部内容。但是，把母职简化成一个"角色"，将加速并增强对私人领域及其有意义、有价值的社会关系的腐蚀，人们肯定会认为没有什么可以代替母职。另一方面，女性主义者对母职"角色"的讨论，经常伴有对不支持或不评价母职"角色"的社会"价值系统"的愤怒，也因此将母亲置于"交叉压力"之下，这种压力会使她们更难在扮演两种"职业角色"时"充分发挥[她的]潜能"，也令她们更难从母亲"角色"中获得价值。[1]爱泼斯坦认为，不充分发挥一

---

[1]　Cynthia Fuchs Epstein, *Woman's place*. 参见本书第三章的讨论，见第95—133页。

244 个人的潜能是不利的，这是因为，根据爱泼斯坦论信仰自由主义的文章的界定，"发挥一个人的潜能是有益于社会的"，虽然她一再复述但未能为之辩护。

詹韦进而强调对公共领域的去政治化，她同样坚持把公共领域视为人类价值唯一真正可靠的仲裁人。詹韦所说的私人化的女性陷入了一种文化滞迟 [cultural lag]。她们发现别人给自己设定的角色（妻职和母职）与美国的民族精神冲突，詹韦因此感到苦恼。[1] 对女性而言，这个结果是一种失范式的严重打击，詹韦用涂尔干的失范概念指称一个人不接受与"以前存在的判断标准"一致的奖赏时所产生的不安全感。[2] 女人之所以贫困，是因为她们不去争取奖赏；市场标准正在盛行，人们发现私人领域不合标准。

为什么男人过得更好？为了理解詹韦所提出的公共领域的同步去政治化，理解她为什么坚持把公共领域作为替代性价值的核心，有必要先理解她通过"角色"概念所表达的含义。她采用了功能主义的角色定义：角色被视为"行动者在社会制度的功能意义背景中与他人交往时的活动状况"。[3] 她主张，男人过得更好是因其公共角色允许他们接受奖赏，并且"先在的判断标准可以裁定并宣布他们'做得好'"。[4] 与其他自由主义分析者一样，詹韦认为除了把女性排除在外的权力和特权等级以外，社会制度是给定的。因此毫不奇怪，她并不质疑评价男人的"先在标准"，反而赞赏这种标准，并认为这正是消除女性痛苦的良方。那些已经与其所作所为相称的男人，知道在通往自我认同、更加具体化的道路上自己是什么

---

〔1〕 Janeway, *Man's World*, p. 99.

〔2〕 *Ibid.*, p. 74.

〔3〕 *Ibid.*, p. 70.

〔4〕 *Ibid.*, p. 74.

角色。她赞许地强调："男人通过……接受在金钱、地位或者尊重方面的收益参与生活戏剧。**现代经济人明白他的立场，由此……他通过工作所得来评估自己，并希望自己独享这份收入。**"[1]这是对詹韦所使用的"角色"概念的深入观察。随着讨论的继续，某些比较怪诞的事发生了。詹韦最终还是制造了角色、抽象范畴和主体性。她赋予它们权力去从事复杂的社会活动。例如，她认为角色并不乐意受制于变化，人们能够在"**努力忍受与再造同类型的关系中**"发现角色（记住，不是一个人，而是角色本身！），"**在这些关系中，人们首先构想的就是角色**"。[2]

詹韦加入了爱泼斯坦的行列，也建议女性"进入公共领域"，扮演各种新角色，做"角色突破者"，从而可以整合进公共世界的各种标准。"角色突破者"进而成为"角色模型"，这样一来就可以帮助其他人也去"突破角色"。在各种脱离现实的角色相互影响之下，社会结构没有改变，但"角色突破者"向外游离，并在内部向上移动，去追求她们的个人目标和目的。詹韦的女性主义策略是强烈的个人主义式的，她甚至不允许她的角色突破者与他人联合起来形成压力集团，而这正是多元主义政治的存在方式［modus vivendi］。尽管她针对女性主义困境提出的个人主义"解决方案"没有威胁既定的政治现状，詹韦却坚持认为它"威胁了世界秩序"。[3]不幸的是，詹韦从未向我们展示她对角色突破者个体如何挑战世界的论述。

各种角色语言以及在其周围聚合的相关术语和概念，比如功能差异、系统维持、社会越轨、功能紊乱等，都是一种去政治化

---

[1] Janeway, *Man's World*, p. 168.
[2] *Ibid.*, p. 129.
[3] *Ibid.*, p. 124.

的语言。政治视角必须用政治语言表达。詹韦再次成为运用去政
治化语言的典范。她明确拒绝用"平等"这个意义深远的政治术
语描述女性主义运动的目标。她批判说，平等"这个词太小了"，
无法表述她的所思所想。[1] 当然，真正的问题是，对于不寻求也
不渴望真正结构变革的人来说，平等是个过高的诉求。我们已经
看到詹韦的所思所想：故意突破角色，从而获得地位，获得作为
例外的女性本体感，这些女性通过自身行为对世界发起了不确定
的挑战。

　　一些自由主义分析家公开倡导超越詹韦所设定的明确的女性
政治角色。但是，正如争取女性选举权者把伤感主义者的概念作
为正确的政治手段和目的，从而把自己限定在倡导变革的女性主
义幻象表述当中；同时代的自由主义女性主义者面临困境的部分
原因，正在于他们信奉自由主义的下述假设：一切价值、目标和
目的都只是私人价值或者私人价值的各种组合。[2] 自由主义女性
主义与其他多元自由主义者都坚持利己主义的整体社会福利观。

　　以资源流动、获得最大影响、谨慎计算、表达利益集团的主
张、从事奖赏分配等功能贯彻始终的政治，其问题或问题之一不
仅在于它完全缺乏想象力，而且在于它没有能力赢得公民反思性
的效忠和义务性的忠诚。很简单，在利己主义和弱肉强食的个人
主义支配的政治生活中，公民德性可能没有实质意义，也许并不
存在可视为共同生活根基的理想政治共同体。

　　一旦自由主义女性主义者的分析明显变成"政治的"，而不仅
仅是"公共的"，它也就假定了政治目标和目的都是给定的。女性

---

[1]　Janeway, *Man's World*, p. 217.

[2]　Wolff, *Poverty of Liberalism*, p. 197.

主义者的唯一问题在于如何"参加这一行动"。人们认为女性主义的解决方案重点在于形成明确的利益集团。[1]但它将服务于谁的利益？它会服务于"所有女性"的利益吗？各种种族和阶级问题怎么办？当自由主义女性主义者通过"社会分层"这一去政治化标题认识自己的存在时，他们却倾向于忽略或者轻视上述几个议题。不过他们显然从未在任何范围和维度上讨论过贫困与不公正，或许提出这一问题的自由主义分析家阿蒙森也不能确保：**"我们无需对现行经济结构进行过多的变动或激进的变革……就可以设定女性主义议程。"**[2]只要女性主义议程只想把极少数受过良好教育、拥有特权的白人女性（经常如此）整合进现行结构，这种情况就会出现。在自由主义女性主义者的世界中，"平等"和"解放"都来得太容易。要赋予这些词实质意义，就要发动一场与当前自由主义政治无法和解的挑战。

　　自由主义女性主义者倾向于减少对"类型"或"组织"结构这些事件的实质性争论，由此冷却这些争论，这明显体现在乔·弗里曼［Jo Freeman］对待她以不同方式标定的"改革主义者"和"革命"女性主义者的方式上。在弗里曼看来，完全可以证明这些群体之间根本没有什么差异，也没有潜在的彼此冲突或竞争的政治世界观。弗里曼在"类型"这一标题下重新描述了所有差异。[3]冲突既已最小化，真正的争论也就不复存在。弗里曼辩称，这些

---

〔1〕　Jo Freeman, *The Politics of Women's Liberalism, passim.* 弗里曼接受实证主义话语的各种限定，拒绝批判性的深入探究人类及其社会世界。参见 Jean Bethke Elshtain, "Methodological Sophistication and Conceptual Confusion: A Critique of Mainstream Political Science," in *The Prism of Sex*: *Essays in the Sociology of Knowledge,* eds., Julia A. Sherman and Evelyn Torton Beck, pp. 229-252。

〔2〕　Amundsen, *The Silenced Majority*, p. 164.

〔3〕　Freeman, *Politics of Women's Liberation*, p. 9.

女性主义分支的不同行为事实上并非关键问题或者重要问题，它们只是相互不一致。在讨论女性主义群体之间的"策略与优先权异议"时，弗里曼将差异重新描述为要么是"补充性的"，要么是更好一点的说法——"无关紧要的"。[1]

个人主义、利己主义、角色转变，这些都是自由主义女性主义的标志。但是，中产阶级的自由主义女性主义者在许多议题上存在分歧，尤其在公共与私人领域的相对价值和重要性，以及女性在每个领域应该扮演什么角色上。他们拒绝女性被隔离于公共世界提供的或似乎是其提供的许多财富之外，这些财富包括：权力、地位、公共对话机会以及重要的公共责任感。不过，大多数自由主义女性主义者也不愿意让私人领域彻底政治化或公共化，他们把这个领域与更温和的德性，与不受交换关系和利己主义支配的各种价值联系在一起，这并非完全没有道理。因此，他们乐意通过允许女性同时扮演公共和私人角色，使私人领域纯洁化并且更为美好，就好像这不会严重改变他们所珍视的私人价值。问题在于：女性如何平等地参与这两个领域？这样做又是出于什么目标和目的？只有少数人能够实现所建议的角色共享和角色反转。倡导并提供针对两岁（或更小）以上儿童的全职公共日托服务，可以加快一些女性迈入公共舞台参与全职工作的步伐，否则她们就要等到孩子达到入学年龄方可进入公共领域。但是，公共机构接管孩子的抚养，也将剥夺私人领域存在的主要理由以及人类情感和价值的首要渊源。同样，将所有家务外在化使它们变成公共活动，将进一步损害私人领域。"只要有可能，所有人就将会被转变成彻底的公共人，工业化所启动的社会生活形式的分

[1] Freeman, *Politics of Women's Liberation*, p. 231.

离，将通过把私人领域尽量彻底地吸纳进公共领域而最终得以完全实现"，[1]这是自由主义规则所寻求的圆满。但是，一旦获得成功，结果却不是人们所乐见的：孱弱的工具性关系向全部生活领域扩展。在这种替代方案中，毫不奇怪人们会发现自由主义女性主义者怀有下述含蓄的愿望：坚持女子气的传统特征，这也意味着坚持女子气的社会核心。但是，毫无条件地占有同一事物的下述两个方面是不可能的：谴责女性的第二等级地位及其私人化的有害影响，同时又颂扬或赞赏这一女性将要从中"解脱"的那个领域所产生的各种品质。这一切的结果是令人困惑的混合体：注重实际的利己主义的市场语言加上对更温柔的德性的呼唤，正是这种联合让争取女性选举权者非常苦恼。自由主义女性主义者所了解的唯一政治，就在于他们含蓄抑或明确接受的粗糙功利主义，因此他们远未阐明有改革潜能的女性主义的公共与私人理想图景。

　　人们常常把贝蒂·弗里丹［Betty Friedan］引以为女性解放之"母"，她的作品也许是自由主义女性主义概念困境的最清晰例证，我将以此总结这一部分。弗里丹在 1963 年《女性的奥秘》中辩称，女性在战后几十年中遭遇了身份危机：人们相信她们应该感到幸福，并"履行"作为全职妻子和母亲的职责，如果她们追求自己的职业就会有罪恶感，她们并不幸福，她们面临的问题"难以名状"。弗里丹继续指出，女性是自我永存神话的受害者，这个奥秘渗透力极强，女性的生活在无意识中受其塑造和控制。这种破坏性的奥秘的责任人包括：女性杂志、电视、广告、报纸、儿童心理学家、社会学和普及心理分析作家以及玛格丽特·米德

_249_

---

〔1〕　Wolff, "Nobody Here But Us Persons," pp. 140-141.

[Margaret Mead]。最严重的问题在于，这个奥秘渗透力如此广泛强劲，以致女性的自身观念和整个世界的观念都在潜意识中被扭曲和抑制。这一奥秘以及与之相关联的郊区生活方式"妨碍了成长或令人逃避成长"。[1] 弗里丹继续详述这一奥秘对女性的支配所导致的后果：具有"美好思想和炽热情感"的女性，不加批判地接受"性别指导教育家"的信息，逃离"大学和事业"，去"结婚生子"。[2] 如果婚姻生活受挫和不幸，她们就会转向酗酒、离婚和通奸。孩子将和发狂的母亲等人一起饱受漫长痛苦的折磨。

在《女性的奥秘》中，弗里丹所展示出的最强大的力量在于她对当时意识形态的攻击，虽然她并未称之为意识形态，她把这种意识形态描述为"女性的奥秘"。她指出了大量令人苦恼的理论和政治问题：人们如何形成作为道德世界和社会世界成员的观念——这一观念融入了一种无助、过于顺从、不能对抗权威、无力在世界上行动的自我形象？马克思主义者在具体参照了促使无产阶级本身继续受压迫和剥削的行动、思想和行为方式之后，把这个问题称为"虚假意识"。弗里丹叙述中的一个弱点（也是马克思主义思想家共有的一个弱点）在于她没有阐明一种标准，供人们在关于自身和世界的种种观念中，筛选出到底是什么构成了**完全**虚假和扭曲的形象、是什么代表了可能以扭曲形式表现的重要真理、是什么真实地

─────────

[1] Betty Friedan, *The Feminine Mystique*, p. 77. 弗里丹讨论了心理分析理论的扭曲，我在此略而不论。她和很多女性主义者路径的共同问题是，没有花力气从内到外地深入理解就开始谴责一种理论。把理论过分同化进美国已经确立的、医学主导的精神病治疗实践（当然，弗洛伊德反对医学专家接管心理分析）。这一过于简单的谴责拒绝认真对待心理分析理论和美国精神病治疗实践之间可能存在的关系。实践是否真正反映理论抑或严重扭曲了它？另外，还有一个规则在起作用，这种规则关注的焦点植根于反理论的、过度的实用主义和功利主义，自由女性主义尤其如此。

[2] *Ibid.*, p. 173.

表达并代表了关于她自己及其社会定位的真理。

　　弗里丹对女性奥秘的详尽阐述，导致了真假女性形象的肤浅观念，宣告了一种傲慢的精英主义，借此，那些已经通过教育和阶级获得特权的女性，把自己对其他女性的不满强加在这些女性身上，并假设所有女性的感受都和她们一样，或者如果她们可以放弃她们的虚假意识，并剥去女性的奥秘所加注的束缚，她们就**将会**有如此感受。这个问题非常复杂，而且不能单挑出弗里丹充当这个得罪人的角色。很少有社会和政治思想家令人满意地认真对待过这个问题，尽管我将在第六章尝试这样做。

　　弗里丹所做分析的第二个难点在于她或明确或含蓄地在男女之间做出的对比，即与20世纪50年代和60年代早期女性作为女性奥秘的受害者和加害者被迫承受的苦楚相比，在政治和概念层面上，由男性正在做什么以及他们到底如何看待和理解自己所产生的男性苦难与男性奥秘（需要小心的一点是：弗里丹所参照的男性，以及我将在批判其分析时所指的男性，都是上层阶级中受过教育、易于流动的男性。她的考察范围省略了美国社会的工人阶级和下层阶级，或者只是进行一种衍生式的描述）。弗里丹没有进一步延伸她对"奥秘"的分析，没有涵盖男性成功的奥秘，反而把它作为女性奥秘的替代方式。她攻击妻子的居家状态，赞颂丈夫受成功动机驱动的状态，所有"……有能力、有野心的男性"都离开家去了大城市，并且不断"成长"。[1]她的书是一首美国人自己所说的"殊死竞争"的赞美诗：她只是希望女性也投身其中。

　　没有人会不同意弗里丹的下述论断：彻底的家居妻子身份令

―――――――――

[1]　Betty Friedan, *The Feminine Mystique*, p. 201.

人沮丧，在许多方面都很空虚（尽管不能以此描述弗里丹过分等同于"家庭主妇"角色的"母亲"身份，或者只有进行严重扭曲才能做出这种描述）。但如果论证男人的身份在整个美国内部是在家庭之外展开的，所以自然而然地令人兴奋、满足和感到值得，这将会创造出另一个奥秘，即"男子气概的奥秘"，就是说我们放弃一种扭曲，只是为了信奉另一种扭曲。1963 年，因为反对美国公司资本主义的"性别定向"，以及不加批判地接受所谓"进步"观念，弗里丹遭到严厉指责。由于接受男性主导的个人主义社会价值，弗里丹的分析逻辑驱使她鼓吹人事性别反转的观点：由女官员代替男官员，女公司主管取代男公司主管，女将军代替男将军。既然她已经有点放弃这种观点了，我将立即考虑她修正过的立场。

252 　　弗里丹自由主义女性主义杰作的第三个问题是她的过度环境论。与其他自由主义思想家一道，也就是与任何或明或暗地信奉洛克白板学说的人一道，弗里丹假设我们完全由文化塑造，人类身份总是可以完全根据某种外在标准进行解释和识别。这把弗里丹与一个 19 世纪的女性主义群体和争取选举权者联系在一起，并将其与另一个声称在一定程度上男性和女性、男子气和女子气是多元规则、模式或存在方式的群体分离开来。[1] 例如，玛丽·沃尔斯通克拉夫特［Mary Wollstonecraft］的《女权辩》就是一篇为环境论者辩护的早期论文。沃尔斯通克拉夫特赞同女性在她那个时

---

〔1〕　在信奉男性—女性分歧幻象的女性主义者中，比环境"改善"更为深入的是玛格丽特·福勒［Margaret Fuller］，她 1844 年的著名论文 "Woman in 19th Century" 论证：女人不同于男人，她们需要权利来主张自己独一无二的品质。她表达了自己强烈感受到的女性"特殊天赋"论。她宣称"女性身上惊人魅力"的表现正在受到否定，从而为她对现状的抗议注入了活力。参见 Margaret Fuller, *The Writings of Margaret Fuller*, ed. Mason Wade, esp. p. 176.

代是无关紧要的无用之人，她把她们的痛苦定位在使之可怜和愚蠢的教育体系上。她希望女性获得道德勇气和无私的"男子汉德性"，沃尔斯通克拉夫特认为真正的美德保存在男性身上。[1] 如果两性受到同等教育，性别差异就会减少。

弗里丹在环境论上的观点，不仅允许她将身份问题部分地作为身体的身份或具体化的身份进行掩饰，而且使她能够把变革如何发生阐述为一种过于简单和乐观的理论。她称赞教育是打破郊区监狱锁链的关键。只有教育可以将女性从女性的奥秘中解救出来，也只有教育能够导向女性角色和男性角色的崭新结合。她赞同地引用了被称为丹尼斯·福克中学运动的某些事件，这项运动利用"六星期的夏日集中课程，利用思想休克疗法"，把家庭主妇带入"思想主流"。[2] 嵌入这种治疗方法的肤浅心灵哲学仍然足以令读者感到震惊，因为尽管弗里丹挑选出大量附属特质[paraphernalia]作为涉及女性奥秘的首要特征，她还是含蓄地假设人类身份只是表面现象，容易矫正，也容易丢弃。当然，她还假设女性和社会世界所渴望的是女性完全整合进现存结构：因此，成立于 1966 年 10 月的**弗里丹全国女性组织（NOW）**的正式目标，即获得"与男性真正平等的伙伴关系"。

根据 NOW 的权利法案，这种"平等伙伴关系"的一个**必要条件**是：确立**政府资助**、面向所有儿童、全天 24 小时开放的托儿中心以及要求堕胎权：第一项"权利"常常包括针对儿童和育儿的功利主义方式（虽强调"解放女性"，却未充分考虑孩子的健康，也未验证与在家里相比孩子在公共托儿中心的状况会自动

〔1〕 Mary Wollstonecraft, *A Vindication of the Rights of Women*, ed. Charles W. Hagelman, Jr., p. 33.
〔2〕 Friedan, *Feminine Mystique*, pp. 370-371.

"好"起来这样的主张）；正如前述，第二项"权利"表明了一种对工人阶级，以及那些将自我认同和自我价值感与母职高度相连的虔诚女性的漠视。通过认为这些建议是反映或有益于每个女性"真正需要"的纯粹美德和救济方案（尽管许多女性从一开始就说她们完全不需要这些东西），弗里丹的自由主义女性主义运动证明了那些最有力的奥妙之一，即阶级的广泛影响力。

弗里丹的观点发生了什么样的变化？几年前，她号召女性主义者从"旧的'反对'"走向"新的'赞同'"。然而这个新的"赞同"与旧的"反对"有相似之嫌，只有一个例外：她现在坚持女性主义者必须集中精力于家庭而非逃离家庭。在一篇名为《女性主义的新转向》的文章中，弗里丹回顾了女性主义在1970年的黄金岁月，在"首届全国女性争取平等"运动中，几千名女性游行至第五大道，打着各种各样的横幅，包括"24小时托儿服务"。她深刻反思道，她们的议程"如此简单直接"或者看上去如此。单纯强调这次议程提出问题的简单性，这非常令人遗憾：弗里丹的反思并没有反映那些早期需求所蕴含的可能性。

十年后的今天，弗里丹坚持认为："我们的女儿认为她们的人格和平等是理所当然的。"[1]稍后我将集中讨论这一主张。弗里丹经常从个人经验出发支持其论点，我也将如法炮制。我是四个孩子的母亲，包括三个十几岁的女儿，她们的母亲有职业、信奉女性主义。她们都不认为自己的身份或者弗里丹的所谓"人格"是理所当然。我发现，这种诉求令所有年轻女性感到烦恼，觉得欠别人情。如果女性主义就是关于女性对抗和反对先定身份的，为什么弗里丹会假设女儿们应该或者可以不加批判地接受母亲所获

254

---

〔1〕 Betty Friedan, "Feminism Takes a New Turn," *New York Times Magazine*, p. 40.

得的身份，以此作为人们可能称之为新"女性主义奥秘"现象的一部分？她会**剥夺**女儿们为人格所做的奋斗，她早期曾说这是人类身份的**本质**；而且，她忽略了人类身份**总是**支持（和反对）、总是靠近（和远离）的那些证据。如果女儿变成拥有人格的人，没有哪个女儿会简单接受其母亲的身份，无论她是否女性主义者，在一个正在经历变调的年代尤其如此。

对于弗里丹而言，女性主义者的奋斗看上去大部分已经获胜，女性身份已经巩固。女性主义运动甚至因为改善了中年女性的健康状况而获得好评，在弗里丹对女性主义作为的赞美中，人们从未发现对两类恼人证据的讨论，这些证据与女性主义表面上已经确定其身份的年轻女性有关。我查阅了当前社会的流行病，即十几岁的青少年尤其是年轻女性的自杀问题，以及虽然可以控制生育和堕胎却仍然存在的十几岁女孩的怀孕与生育现象。许多年轻女性显然认定这个世界非常混乱、压抑，甚至无法忍受；许多年轻女性，特别是工人阶级和下层阶级的女性，显然**知道**尽管有弗里丹新的"赞同"，美国式成功之路依然将她们拒之门外。因此，她们重申了一种非常好斗的**女性**身份：我是女人。弗里丹因为这些"好"事而获好评，却无法检视这一形象的缺点，这也是为什么她的反思是极为目光短浅甚至矫情的原因之一。

人们对中产阶级女性主义失败的最终评论涉及一些更大的议题，包括考虑我们目前所面临危机的结构性维度，这些维度就在生产力文化的具体实践与政治归责，以及依照民族、阶级、种族和性别所进行的社会分层之中。弗里丹信奉一种我称之为"公司家庭"的家庭观。尽管她号召"重构家庭和工作制度"，但她的重构等于向着公司资本必备条件的全面调适，这一必备条件的确可以顾及到两性，但他们都属于中上阶级的专业主义群体。虽然弗里丹在所有收入阶层都寻求为父母提供更多社会服务，[1]但这一倡导与她所接受的美国人的阶层流动神话紧密相连，并且基于如下信念：如果低收入人群以更符合专业主义（莉莲·鲁宾 [Lillian Rubin] 在考察工人阶级家庭生活的《痛苦的世界》中所说的"人民变革计划"）要求的方式稍稍改变自己，如果她们稍稍接受中上阶级的道德观念、举止和生活方式，她们就也能"步入更有特权的那部分社会"。[2]罗宾证明这是一个严重的错觉。尽管弗里丹反思过，但她依然无视阶级。在允许夫妻双方均行父母之职并都获得成功方面，她所列举的夫妻"达到预定目标"的具体例证全部来自美国最上层的 10% 到 15% 的个体。这个问题，即阶级问题，是马克思女性主义明确阐述的，我现在就转入他们的分析模式。

256

马克思主义女性主义：为什么女性不能更像无产者？

马克思主义女性主义并不存在单一视角，其具体视角取决于以马克思思想的哪个维度用于女性主义之目的，以及为什么。不过，所有马克思主义女性主义分析都认为性和阶级是女性地位的关键决定因素。对一些人而言，这导致了抽象的性阶级概念，与激进女性主义版本一样，这个概念倾向于把"性"和"阶级"这两个范畴交叉使用或者交错混用。但对大多数人来说，性别和阶级在许多方面是与公共和私人相互关联的复杂因素，对女性而言，取决于她们的阶级身份及其与生产方式的关系，还取决于她们的

----

[1] Betty Friedan, "Feminism Takes a New Turn," *New York Times Magazine*, p. 94.

[2] 参见 Lillian Rubin, *Worlds of Pain: Life in the Working-Class Family* 的结论章节。

性别事实。一些马克思主义女性主义者乐观地期望，女性完全进入生产性劳动将最终彻底解放她们。[1]然而，其他人并不这么乐观。一些强硬派的马克思主义女性主义志愿者把"单干"作为一场先锋运动，另外一些人认定这类策略有破坏性，因而呼吁女性团结受压迫的男性，共同争取人类的解放，尽管女性的奋斗带有受压迫这一特殊特征。

　　在整个马克思主义女性主义文献中，公共与私人这对基本概念并非引导性的概念，至少不完全如此。相反，在多数（并非全部）情况下，公共与私人被分别重塑进生产和再生产领域。在这种重塑过程中，公共与私人的意义发生了显著变化。这将是我进行批判的出发点之一。另一个出发点是马克思主义女性主义作为明确的政治视角的不充分性。马克思主义女性主义者与马克思都相信下述趋势：在将来的一些无阶级社会中，作为资本主义社会关系的派生物、附庸或者特征的政治将彻底废除。我将把这些考虑与马克思主义女性主义对男性和女性生活世界的叙述——其分析逻辑阻碍了马克思主义女性主义者轻松地走出困境，同时阻碍了他们将男女各自的特性作为这些多元社会领域存在的根本解释——与他们引发的人类解放事业联系起来。这进而带来了对于什么可以称为"马克思主义女性主义议题"的另一组关注：她是谁，想要什么，将采取什么行动？她能够很好地代表自己说话吗？倘若如此，依照马克思主义女性主义还要问，她说什么语言？如果她的语言被扭曲了，马克思主义女性主义者如何依靠语言提出一种替代性的、未被扭曲的自我身份和自我理解（因为那是唯一可行的方法）？

　　为了探究这些议题，有必要返回到 19 世纪，并在专注"女性

_257_

――――――――

[1]　V. I. Lenin, *The Emancipation of Women: From the Writings of V. I. Lenin.*

问题”的经典马克思主义词典中讨论这个单一文本。马克思本人
关于女性和家庭的著作很少，而且他写的相关作品也含糊不清且
支离破碎。[1]恩格斯接受了女性的挑战，而且他声称自己已经阐
明：如果马克思考虑论及这个问题，那他本人会说些什么。随后
的马克思主义女性主义者或明示或暗示地支持抑或反对恩格斯的
方法和结论，不过《家庭、私有制和国家的起源》则构成了马克
思恩格斯文集与当代马克思主义女性主义者之间的主要概念联系，
这本书值得详细分析。

　　恩格斯发展了一种公共与私人关系理论，并且作为生产和再
生产领域被重新塑造进马克思主义的术语。在恩格斯的“1884年
第一版前言”中，他提出了限定其主张的假设：“根据唯物主义
观点，历史中的决定性因素归根结底是直接生活的生产和再生
产。但是，生产本身又有两种。一方面是生活资料即食物、衣
服、住房以及为此所必需的工具的生产，另一方面是人自身的生
产，即种的繁衍。”[2]他继续追溯他认为普遍适用的文化发展法则，
即越是不发达的社会“……社会秩序看上去就越受性别关系的支
配”。[3]随着基于劳动分工和不断增长的生产力的社会复杂性取代
了基于性别关系的各种社会结构，随着私有财产、交换关系、阶

258

---

〔1〕　参见马克思经常被人忽视的文章 "On the Divorce Bill"，1842 年发表于
　　　Rheiniscne Zeitung，其中马克思反对离婚法的自由化，其依据是，真正的婚姻
　　　所创造的新事物（即家庭）是不能分解的。Max and Engels, *Collected Works*,
　　　1: 307-310，请参见我在第四章的讨论。

〔2〕　Frederick Engels, *The Origin of the Family, Private Property and the State*,
　　　pp. 25-26. 关于对恩格斯的阅读创立了作为对照和比较术语的埃玛·戈德曼
　　　［Emma Goldman］的无政府女性主义，参见 Kathy E. Ferguson, "Liberalism
　　　and Oppression: Emma Goldman and the Anarchist Feminist Alternative," in
　　　Liberalism and the Modern Polity, ed. Michael C. Gargas McGrath, pp. 93-118。

〔3〕　Engels, *The Origin of the Family*, p. 26.

级不平等和对立的出现，"基于性别团体的旧社会突然瓦解"，"代之而起的是组成国家的新社会，而国家的基层单位已经不是性别团体，而是地区团体了。……**成了一个家庭系统完全由财产系统支配的社会**"。[1]

恩格斯的主张起点在于，假设"在历史上出现的最初的阶级对立，是同一夫一妻婚制下夫妻间的对立发展同时发生的，而最初的阶级压迫是同男性对女性的压迫同时发生的"。[2]女性对男性的屈从并不存在于前一夫一妻制、前私有财产制的家庭模式，因此二者都不会导致男性和女性的对立。这一对立随着一夫一妻制婚姻步入社会。恩格斯回到一种"家族相似性"的话语模式，但他拐了一个大弯儿。他的相似性不是从家庭推至政治体，而是相反：从被视为生产领域的公共领域推至再生产领域，即女性领域，政治制度就像不能独立生存的寄生虫那样附着在生产领域上。这一相似性也在如下假设中发挥作用：私人领域的受压迫阶级，即女性，与生产领域中受剥削的工人阶级即无产阶级相似。作为工人阶级的**男性**与所有**女性**均具有一种相似的屈从地位。

循着 L. H. 摩尔根［L. H. Morgan］线性人类学的表述（其中一类有时被称作"闭门造车的人类学家"），恩格斯从一个世俗的伊甸园，一个"最初……男女杂交"的阶段开始，然后依次经过血亲制婚、普那路亚婚［punaluan］*、对偶婚，最终追溯到一夫

259

---

[1]　Engels, *The Origin of the Family.*
[2]　*Ibid.*, p. 75.
　*　普那路亚婚，原始社会中的一种群婚形态。指若干同胞的、旁系的或血统较远的姐妹，与其他集团的一群男子互相集体通婚，这些共妻的丈夫们互称"普那路亚"；同样，若干同胞的、旁系的或血统较远的兄弟，与其他集团的一群女子互相集体通婚，这些共夫的妻子们也互称"普那路亚"（"普那路亚"为夏威夷语，意为"亲近的同伴"）。——译者注

一妻制婚的家庭制度。家庭的进化，与生产方式的进化亦步亦趋地遵循着一系列普适的历史法则；因此，在一夫一妻制家庭或资本主义社会阶段，家庭本身展现了"……对立和矛盾的缩影，分裂成不同阶级的社会在对立和矛盾中……向前发展"。[1]与帕森斯学派功能主义者那般的现代思想家一样，恩格斯假设了一系列家庭制度的"理想型"，这些制度严格地与宏观结构或者生产方式相互依赖。随着生产方式或宏观结构转变成再生产方式或微观领域，因变量也必然与之协调一致。因此，专注于社会均衡的功能主义者与专注于社会变革的马克思主义者有了共同之处，因为它们都是从资本主义功能前提的视角，而不是从社会参与者本身的观点或可以整合他们观点的视角出发，看待包括家庭在内的人类社会关系的所有形式。对于恩格斯和塔尔科特·帕森斯［Talcott Parsons］而言，家庭（私人的，但受一种公共目的论拉动）是社会制度的创造物。在无法逃避的生产领域、宏观结构和公共世界这些必要条件之下，人们不可能抵抗这种极权主义对生活方方面面的控制。

帕森斯和恩格斯都关注干涉家庭的力量，这种力量迫使家庭在内部结构和外部功能上遵从一种更高的模式，但这种模式于社会参与者而言却是难以达致的。家庭的结构和功能由宏观秩序的需要决定：像马克思主义一样，功能主义也或明或暗地包含着一种显见的目的论。对于社会，家庭发挥了必要的社会功能。随着这些必要功能的改变，家庭也适当地发生了变化。例如，工业化之前的理想型家庭强调排他主义和归属问题。但这就把不适当的限制施加在资本对流动劳动力的需要上，因此家庭为了满足这些

---

〔1〕　Engels, *The Origin of the Family*, p. 76.

需要而改变。在帕森斯看来，这或许是因为只有通过独立于广泛的朋友社交网络和亲属关系，才能创造令流动性和无关系性得以发展的人格类型，"社会化的主体性本身不应太彻底地陷入家庭关系"。[1]我不是在质疑嵌入功能主义分析的那些真理性内容。我质疑的是一系列未被检验的假设，这些假设强化了对下述观点的坚持：无论宏观结构或者生产方式何时停下来，家庭都无助于对抗变革，无助于为那些成功的变革提供替代价值，或者无助于创造其社会世界所必需的主体——而非一些毫无自主性、只知蹦蹦跳跳的反应性傀儡。

恩格斯和帕森斯都认为反对结构变革是徒劳的，注定失败，而在恩格斯看来，还应该对之嗤之以鼻。[2]他们都没有质疑**特定**制度**为什么**存在。看来这个答案早已提前给定，即为了满足宏观结构或者资本主义的需要。制度（比如家庭）本身，或者那些社会关系本身并没有什么好与不好。正如功利主义者的观点，无论被表述为工业化、现代化，还是资本积累，"好"存在于事态之中，并且都以冷冰冰的计算方式示人。其结果就是产生了铁笼式

---

〔1〕　Talcott Parsons, "The Family in Urban-Industrial America," in *Sociology of the Family*, ed. Michael Anderson, p. 59. 又 见 Parsons, "Age and Sex in the Social Structure of the United States," in *Selected Studies in Marriage and the Family*, ed. Robert F. Winch and Robert McGinnis, pp. 330-345。

〔2〕　例如，恩格斯攻击人们对"无历史"的自我决定的渴望，即那些没有历史的人与恩格斯的目的论结合在一起，为了拥有一段历史，个人的发展历程就需要朝向资本主义。他和马克思都支持德国对斯拉夫人施加的霸权，支持美国以"懒惰的墨西哥人"为代价的扩张主义，因为恩格斯认为，斯拉夫人和墨西哥人"缺乏对独立的历史需求"。他分配给"所有其他种族和人们〔无论其规模大小（即所有在历史中没有扮演过积极角色的）一切其他种族和人们〕"的"主要使命"是"在革命的浩劫中毁灭"，这些冷酷的词语来自我们可悲的优势地位。引自 Diane Paul, "In the Interests of Civilization: Marxist Views of Race and Culture in the 19th Century."

261 的社会分析进路，正如恩格斯的私有财产、性爱和一夫一妻制的话语一样。

尽管恩格斯把现代个人"性爱"追溯到一夫一妻制的出现，但他否认在 19 世纪资产阶级中存在这种爱，因为他们的婚姻"由当事人的阶级地位决定，因此总是权衡利害的婚姻"。[1]因为私有财产的存在，男性支配成为资产阶级婚姻的不变特征。根据定义，资产阶级中的一夫一妻制就是在财产法则下女性对男性的屈从，不过，不受限于财产的一夫一妻制才是真正的"爱"或"性爱"。他宣布这种状况只存在于无产阶级当中，依照定义，考虑到工人阶级"完全没有任何财产"，在无产阶级的一夫一妻制中，不可能必须由男性支配。对于恩格斯而言，保障私有财产是资产阶级一夫一妻制存在的唯一理由。但他从未讨论过下述问题：如果财产是一夫一妻制的原动力，为什么没有财产的无产阶级并未回到平静的、前私有财产的群婚时代？

无产阶级的一夫一妻制并不完美。只有私有财产消失，"私人家务"彻底转变，并且"儿童的看护和教育"完全变成公共活动，它的完全理想化才有可能彻底实现。届时，再生产将不再是生产的单纯模仿，而是种的繁衍。在没有财产的社会中，性爱不再受财产因素的污染，将会处于最重要地位，彻底的一夫一妻关系也将占据支配地位。与所有乌托邦幻象一样，这一点需要人们不再心存疑虑。请注意，恩格斯坚持认为，男性支配的先决条件是拥有、保障和继承私有财产。恩格斯把源自私有财产的经济法则视为男性支配的动力，这种支配受资产阶级法律保护。然而，在无产阶级中，男性支配已经"失去所有根基"。为了防止误解，恩格斯做了简要补

---

[1] Engels, *The Origin of the Family*, p. 79.

充:"针对女性的野蛮行为随着一夫一妻制的确立变得根深蒂固", *262*
并在工人阶级中持续存在,但他没有解释为什么这一已经失去经济
基础的现象却还应该继续存在。[1]在恩格斯看来,由此可知无产阶
级婚姻只在词源或形式意义上才是一夫一妻制,"但在历史意义上
却完全不是"。他的公式是:一夫一妻制减去财产等于爱情。无产
阶级的一夫一妻制是爱情,不是野蛮或者支配,但由于个体无法单
纯依靠爱情而生存,所以恩格斯把"一切女性"吸纳进公共事业作
为"女性解放的第一个先决条件"。[2]

　　恩格斯忽略了对他封闭式阶梯状人类历史秩序提出挑战的反
证。他对历史变革,对家庭、私有财产和国家相互贯通的描述单
调而机械,只是一种在自我确证中的例行仪式。比如,他认为女
性之所以受压迫,在于她们被排除在生产方式之外,同时又被限
定在再生产领域。当历史法则开始发挥效力,以私人盈利为目的
的生产和阶级对立均已消融,生产领域或者社会(不是国家,因
为届时国家已经消失,即使不是立刻消失,也危在旦夕)完全接
管或者包容再生产功能,女性问题即可获得解决。"国家将必然与
它们[私有财产、阶级对立等等]一起毁灭"。在过去,在所谓私
人领域中(如果没有公共领域作为参照,也许就没有适当的私人
领域,而且这些区分将与政治一起消亡),一种在资产阶级压迫状
态下无法获得的、一夫一妻制性爱的浪漫版本将在纯粹的国家中
大行其道。

　　虽然政治在恩格斯的文本中消失了,但其决定论的政治含义
却非常有活力。在他对过去的叙述、对现在的描述或者对未来的

---

〔1〕　Engels, *The Origin of the Family*, p. 80.
〔2〕　*Ibid.*, p. 82.

赞誉中，人们无法发现复杂的自我反思的人类主体。[1]人类只是刺激反应性的生物。用罗森塔尔的话来说，由于话语本身属于剥削关系史，所以即便是反叛者，也必须"闭嘴作战"。[2]下文将大量讨论马克思主义主体或者无主体的马克思主义问题。现在我从《家庭、私有制和国家的起源》中举一个令人烦恼的例子，来阐释恩格斯道德无涉的结果主义。在他对易洛魁氏族的讨论中，恩格斯吟诵到："我们不要忘记……这种组织注定要灭亡……这个时代的人们，虽然使人感到值得赞叹……但正如马克思所言，他们都仍依存于原始共同体的脐带上。**这种自然形成的共同体的权力必然要被打破，而且也确实被打破了。**"[3]考虑到反对它们的联合力量，恩格斯并不是主张易洛魁人的生存机会微乎其微，也不是谴责对他们的无情杀戮。相反，他坚持这种攻击**必然出现**。易洛魁人必然被毁灭，从而为最终导向无阶级乌托邦的新一轮文明浪潮让路。

人们对事态的痛惜，也许不会多于对狂风过后一个苹果在地心引力作用下从树上掉落的惋惜。通过一种具有历史魔力的行为，并根据在包罗万象的目的论范围内的一系列法则，普通金属的碎屑（"最卑下的利益——无耻的贪欲、残暴的淫欲、卑劣的名利欲、自私自利的公共财产掠夺欲"）都转变成闪闪发光的金

———————

[1]　人们真正发现的是**动物劳动者**，人本质上显然是一种劳作动物。一个涉及劳动的有趣维度是人与自然的关系。恩格斯的方法忽略了人对自然的顺从：他只强调统治。实际上，他将统治作为从猿转变成人、将我们与"低等"生灵区分开来的催化剂。因此人是自然的统治者，人类某种程度上与他们所统治的自然相分离。玛丽·米德格雷［Mary Midgley］精彩的 *Beast and Man*，诙谐又恰当地批判了这种傲慢的认知。

[2]　Rosenthal, "Feminism Without Contradiction," p. 31.

[3]　Engels, *The Origin of the Family*, p. 101.

制品（"新的文明社会"）。[1]恩格斯坚持把肮脏的兽行视为自由、
公正和获得解放之社会的前提，这让我觉得非常不辩证。我将在
第六章回到历史主体、道德界限以及社会变革的问题。现在需要
做个最终评论了。这是约翰·邓恩的评论，他认为无法将马克思
主义作为人类未来充分而一致的叙述。他这样写道：从一开始马
克思主义叙述就打造了一张"回避许可证"，"打算把对人类过去
的悲观历史主义，与对人类未来的没有理由的乐观历史主义合在
一起"。[2]

　　另一个严重的问题在于恩格斯为女性解放所开的药方。他
没有中肯地对待下述可能性：即把女性全部整合进生产领域可能
"使嫉妒和自我中心主义普遍化，这正是马克思主义所界定的资产
阶级文明的社会特征"[3]。理查德·克劳斯［Richard Krouse］所谓
恩格斯的"抽象集体主义"允许他忽略这一问题，然就**孩子**而言，
通过简单假设把孩子移交"社会"照料将会产生人道问题："……
为了把女性从家庭隔离区中解放出来，恩格斯愿意把孩子移交给
国家隔离区（或其后的革命等价物）。但是，说得委婉些，在更具
反思性的马克思主义者的理想版本中，备受珍视的个人自主和自
我意识的各种价值是否会在这种背景下活跃起来，这一点是完全
不清晰的。"[4]恩格斯的这些不足，向马克思主义女性主义者提出
了令人生畏的挑战。她们如何做出回应？

　　正如我上文所述，马克思主义思想者倾向于把公共和私人领
域重塑为生产和再生产领域。考虑到马克思主义者完全或部分地

─────────

〔1〕　Engels, *The Origin of the Family*.
〔2〕　Dunn, *Western Political Theory*, p. 101.
〔3〕　Krouse, "Patriarchal Liberalism and Beyond."
〔4〕　*Ibid*.

致力于描述社会生活和历史特征，所以在这个重塑过程中损失些意义就不被视为严重问题。[1] 由于放弃了私人概念，马克思主义女性主义者（很少有例外）失去了甚至简直就是淘汰了许多相关概念，尤其是那些聚集在家庭意象、情感和关系上的概念。受困于狭隘计量经济学模型的马克思主义女性主义者，只把家庭视为一种基本经济单位，"家庭通过家务劳动的供给和劳动力再生产的循环与资本主义的功能前提发生关联，这种角色"界定了作为基本经济单位的家庭。[2] 那家庭忠诚是什么？亲密是什么？责任感、代际关系、爱和恨又是什么呢？

　　我所能想到的反对马克思主义女性主义把计量经济学术语注入家庭纽带和家庭关系领域最引人注目的例证，是询问任何一位母亲是否会接受将"生产未来的劳动力商品"作为她生儿育女的恰当理由。当母亲和孩子的关系被重塑为"再生产者"和"未来劳动力"的关系，人们对孩子的担心和爱就不再有意义，不再有情感价值。马克思主义女性主义者选择了抽象的还原论语言，从而混淆了日常语言，并回避了人们在尝试表达和检验家庭关系的深度与复杂性时所引发的严重问题。在计量经济学话语边界内，

---

[1] 我不是从女性主义历史学出发分析作品，它们认为马克思主义从概念上强势切入到了女性历史；而我要做的是关注那些提供了马克思主义女性主义政治视角的文本。关于马克思主义的比较政治视角，参见 Heleieth Saffioti, *Women in Class Society*。对所谓"阶级"社会的批判，参见 Heide Scott, *Does Socialism Liberate Women*? 以及 Gregory J. Massell, *The Surrogate Proletariat: Moslem Women and Revolutionary Struggles in Soviet Central Asia 1919-1929*，用以讨论苏维埃中存在的女性次等观念。

[2] Jane Humphries, "The Working Class Family: A Marxist Perspective," in *The Family in Political Thought*, ed. Jean Bethke Elshtain. 经济历史学家哈姆弗瑞斯 [Humphries] 从马克思主义女性主义视角出发，基于历史案例研究，结合她所批判的与计量经济学模式不一致的证据，讨论了工人阶级家庭。计量经济学方法主要关注家庭经济或生产模式是否创造剩余价值。

人们把人类主体及其关系作为出发点时所出现的问题完全消失了。

正统马克思主义女性主义对公共领域问题的处理，既损失了意义，又损失了连贯性。这些分析并不涉及作为一种政治生活的公共生活，以及公民的公共人格。这些分析把公民丢在一边，并排他地根据人与生产方式的关系来界定人。"公民"概念必然是较为抽象的术语。然而，"公民"是由一个人所扮演的政治角色定义的。此类马克思主义术语，比如"劳动力商品""小资产阶级""流氓无产者"或"未来劳动力商品的再生产者"等，并不仅仅是抽象的，而且（根据我能想到的最适当描述）是"整合在一起的"。个人甚至不被当作个体角色扮演者（又一个抽象概念），而被视为在**集体**范畴中做出反应的成员（我将马上探究，批判计量经济学模式的马克思女性主义者是否有足以令其设想出一个主体并使之概念化的替代方案）。权威和法律概念也同时丧失，而且最不幸的是，还丧失了对政治权力的思考：它是如何获得的，可用于什么目的，以及通过什么方式予以控制。尽管我正在批判的、使用抽象语言的马克思主义女性主义者没有讨论这个问题，但作为基础概念的公共和私人显然转向了抽象的计量经济学语言，在这个过程中，这些术语以及所有相关概念都被丢在一边，这不仅使他们作为社会分析者的工作乏善可陈，而且导致他们的变革处方过于乐观。当无人热烈响应时，即当那些作为潜在支持者和主角讲话的人类主体在人们开始呼号之前一直保持沉默时，吹响革命的号角总是比较容易的。

当人们远离正统马克思主义女性主义的僵化时，那些受到间接处理或者完全不在模型内的问题就开始浮出水面。人类的本性是问题之一，我已在第四章有关马克思的部分详细讨论过这个问题。但是，马克思本人并不关心下述问题：男性和女性的不同社会地位以什么方式导致意识或自我认同的差异，同一阶级的男女

266

成员之间甚至也存在这些差异。尽管马克思主义女性主义者，尤其是马克思早期哲学作品的受惠者，努力解决男女的世俗问题、他们各自的自我认同问题以及变革的可能性或策略问题，但却并未远离马克思的基本假设：人类本性如果不是唯一的，也主要是由社会生产关系决定的。考虑到生存压力所导致的扭曲，以及发现人们存在于备受压迫的世界和剥削关系之中（请记住，人类的全部历史就是阶级压迫和冲突的历史），人类本性可以说是异化了。异化"指个人与其生存的社会因素和自然环境，与其思想状况或其自身之间的关系"。[1] 根据史蒂文·卢克［Steven Luke］的总结，异化是一种社会现象，一种个人的思想状况，以及一种针对这二者关系的假设；对于我们的目的而言，最后也是最重要的一点，在于对社会现象与思想状况之间的或然关系或者应然关系所做的设想或暗示。（一般意义上的）人异化于其自身，一旦他不再被异化，就会诉诸他本身。异化使个人堕落、失掉人性，并否定其自然潜能，或者否定这些自然潜能的实现。作为马克思主义女性主义者，如果人们的部分使命是结束女性主体的异化，人们就已经采用了一种隐含的对照模式，这种模式涉及的问题是，一旦女性自由地成为"真正的人"，女人将会是什么？

　　人文主义的马克思主义女性主义者把在资本主义商品体系中被异化和扭曲的人类主体当作其主体，一个例证是希拉·罗伯瑟姆［Sheila Rowbotham］的《女性意识，男性世界》。在罗伯瑟姆看来，只有通过聚焦于"外部的生产世界和内部的家庭与性的世界"，才能理解这一扭曲。需要强调的是，公共世界变成了"外部"世界

---

〔1〕 Steven Luke, "Alienation and Anomie," in *Social Structure and Political Theory*, ed. Glen Gordon and William E. Connolly, p. 195. 又见 Ollman, "Alienation: Marx's Concept of Man in Capitalist Society."

并还原为生产关系，私人世界变成了在外部世界中不恰当的隐私和亲密的内部区域。她继续说，当代马克思主义理论可悲地落后于政治实践，包括"各种新的组织形式"，她举了女性运动、同性恋运动和学生解放运动，这些政治活动表达了"商品生产与其他资本主义生活之间的互动"。资本主义，以及罗伯瑟姆此处所说的含蓄的异化模式，"不仅在工作中剥削工薪阶层，而且降低了男性和女性**在生活的各个领域中充分发展潜能的能力**"。[1] 资本主义消除了什么？一种马克思主义女性主义者的解决方案承诺会恢复些什么？与人的潜能在所有领域中充分发展这种含糊的承诺相比，有没有其他方式能够更简洁、更明确地说明这种恢复？

基于在资本主义社会的特殊社会条件中用于描述人类的那些特征或方面，罗伯瑟姆开始思考人类，尤其是女性。她平实而又生动地描述了成为"活的玩偶"意味着什么，"活的玩偶"描述了成为一个女性的过程，包括马克思主义者所说的具体化的一个深具启发性的实例，即在女性与其眼部化妆品之间的一种客体化过程。"一只狗的生活"详细描述了男性工薪阶层在资本主义下失掉人性的方面，"坐在内尔旁边"描述了缺乏权利的女性所面临的更为糟糕的状况，即罗伯瑟姆所说的"同等剥削"。"一个女性的工作是永远做不完的"，这有效地唤起了家务劳动的"内部世界"，以及无尽的重复感和它所赢得的一点点敬意。

但是，罗伯瑟姆并不满足于描述女性主义者此时实际所知道的：事情如何运作以及为何如此。她写道："我们尚待了解在特定社会形式的特定家庭中，那些特定的小女孩们感知自我的方式。"[2] 女

---

〔1〕　Sheila Rowbotham, *Woman's Consciousness, Man's World*, p. xv.
〔2〕　*Ibid.*, pp. 31-32.

性要让自己变得更为可见，就必须"打破统治集团对知识的占有"，实际上是对语言本身的占有。[1]这将令她理解社会渗入个人意识的方式。她将通过理解"在男性统治的资本主义结构中多种因素的关系"，挑战劳动力的性别分工和主流的"空想秩序"。[2]罗伯瑟姆坚持认为，首先"我们最私人和个人的经验受到外部社会关系的影响"；其次，考虑到这种相互的渗透性，女性主义者必须看到"那些特殊方式，资本主义社会的统治关系正是通过这些方式，渗入所有可以想象的人类生活的'个人'领域"，据此她重申了自己的主张和使命，认为"大部分问题仍待探究"。[3]

269　　　这必然会出现两个问题：首先，私人领域如何完全受公共世界价值统治或者完全融入其中。如果二者的关系不仅仅是非对称的，而且是决定与被决定的，这无疑会令人绝望，因为罗伯瑟姆认为"商品生产"的世界很低劣，而这就是公共世界的核心特征。其次，是考察罗伯瑟姆建议如何完成她的使命，如何兑现她的期票，也就是如何在理论和语言层面发展陷于权力之中并被扭曲的话语、空想和自我身份的替代品。"如果我们只是想终止由统治阶级的政治权力进行补偿的、经济对资本主义社会结构螺旋式的猛烈冲击，**我们就需要设想出一个替代性社会的面貌**。"[4]对于罗伯瑟姆或者任何要将当前状况转变为某种替代秩序的人而言，这项任务的部分工作是，将那些表达了人类某些根本特征的社会生活和关系的方方面面——这些方面要么无法改变，要么不应冒险改变——与那些可以扫到历史垃圾堆里表现为强制关系碎片的方面做出区分。

----

〔1〕　Sheila Rowbotham, *Woman's Consciousness, Man's World*, p. 33.
〔2〕　*Ibid*., p. 122.
〔3〕　*Ibid*., p. 55.
〔4〕　*Ibid*., p. 101.

我将把我对罗伯瑟姆提到的这两个明显问题的回应联系在一起，因为罗伯瑟姆的文本自始至终都致力于，在对公共和私人关系当前状况的描述与她对某种替代生活方式的承诺之间建立关联。这一关联明确地贯穿在语言当中，尤其贯穿在女性必须"打破"和她们必须拥有的语言当中。最后我将论证，她坚持一种彻底的认识论或者相对主义的概念，这损害了她用于解释和论证未来图景的论据之间的一致性。

罗伯瑟姆有时这样描述私人关系：它受到外部社会关系的"影响"，"完全屈从和依赖"于占优势地位的生产方式，受到这一占优生产关系的渗透（渗入"所有可以想象的人类生活的个人领域"），并为外力所"限定"。但这些方式在处理同类现实或者一系列关系上各不相同，在理解现在和达致未来上也有多重含义。受外力"影响"与"完全屈从于"外力相当不同。比如，前者提供了下述可能性：在完全处于防御状态的无情世界中，不可能只是把家庭或我们的私人世界视为天堂，它们还是一个部分自治的竞技场。在这个竞技场内，延续着人们对市场关系和价值的真正替代选择，尽管摇摆不定并且不甚完美。罗伯瑟姆在这些替代选择之间来回徘徊，这取决于她是否正在有效地寻求批判我们当下的选择，或者她正在断断续续地设想替代选择可能是什么。但这种方式并不可行，因为我们用于描述**当下选择**的方式，必定会调整我们对替代方案的期望及其可能性的思考。

罗伯瑟姆有时会生动地描述家庭尤其是工人阶级家庭的重要性，她认为后者"饱受折磨、疲倦不堪、精疲力竭，是与商品生产不相称的情感避难所……人们知道，家庭是他们无论如何都能从中找到持续的爱、安全和安慰的唯一所在"。[1]用马克思主义语

270

---

[1]　Sheila Rowbotham, *Woman's Consciousness, Man's World*, p. 59.

言来说，女性在家庭中创造的是"使用价值"而非市场价值或者交换价值。但是罗伯瑟姆对这一事实既赞美又谴责：赞美它，因为"再生产"的内部世界和家庭生活并没有完全被市场规则吞噬，在市场上事物只有价格没有内在尊严；谴责它，因为尽管女性创造了"剩余价值"（这个主张与她认为家庭并未完全被市场规则吞噬相矛盾），她们仍旧受到贬低：没有市场价格，所以也不承认她们有尊严。也许是考虑到这个问题的复杂性，除了谴责和赞美，罗伯瑟姆别无他法。如果这是事实，就应该将其阐述清楚，而不是像罗伯瑟姆那样，有点临时抱佛脚似的只是把它呈现出来。

271　　罗伯瑟姆对人类情感生活中私人领域的敏感度，最终没有整合成一种有说服力的解释理论，这也许是因为她决心完全用非理论语言阐述己见。有一股强大力量支持使用日常用语，并反对动议尤其是反对以某种权力方式提出动议，因为后者主张使用大多数社会成员不明白的抽象语言表达个人观点。但罗伯瑟姆将理论语言过于简单地视为一种统治工具，这一点必须受到批判，正如她劝说受压迫者控制语言并使之转变成她们自己的，从而表达其现实生活。[1]"理论语言，即远离大众的语言，只表达压迫者所体验的现实。"[2]这当然不可能完全正确，除非她愿意把马克思本人也作为自己控诉的对象：没有哪个普通无产者会用**资本**这一高度复杂的理论化语言描述他所面临的困境。罗伯瑟姆单纯地将语言或理论化的语言视为统治群体手中的武器。但她有时也认为或者似乎认为，日常用语也相当彻底地反映"当权者的话"，以便当权者"为了自身利益而界定和控制现实"。[3]

---

[1]　Sheila Rowbotham, *Woman's Consciousness, Man's World*, p. 32.
[2]　*Ibid.*, pp. 32-33.
[3]　*Ibid.*

当权者的确有更多机会使人们相信自己对社会现实的评价，但并不能就此认为所有语言，包括理论语言在内，都必须源于或只服务于统治者。如果罗伯瑟姆的看法正确，一旦被压迫者获得权力，他们也会把语言作为一种统治工具；他们也会把自己对现实的看法强加于人，除非她愿意倡导她在别处主张的"令人感伤的论调"：即认为受压迫者更纯洁、更高贵，因为她们已饱受苦难。

当罗伯瑟姆要求女性"改变语词的意义"[1]，或者呼吁革命"打破统治集团对理论的把持"时，她表达了一个重要的洞识。但是，单个人或群体并不能使语词**重新**发生变化。意义是经年累月慢慢演化的，它随着社会实践、关系和制度以不同方式渐变，最终导向新的现实（其中一部分正是这一新现实变化了的特征）。罗伯瑟姆却将女性放在与这个过程不一致、不协调的位置上。罗伯瑟姆的论述从把女性排除于"所有现存语言"之外开始，进而认为她们深深地异化于**"任何文化"**[2]，尽管实际上她们也正在使用语言、承载文化并进行自我诠释。女性似乎与语言和文化的出现以及历史传统的代际传承无关。为了强调这一点，需要把女性视为外在于文化的存在，最多是半自然状态的存在。不过罗伯瑟姆在任何地方都没有提出过这种主张，因为她清楚，这种主张会导致对分离主义者的女性文化和社会——这块男性统治领域内的飞地的赞颂，这可没什么好处。[3]但她的论证必定会导向另一个主张：考虑到私人和公共、生产和再生产之间的矛盾，男人和女人相互间的经验的确不透明。由于她将女性看作"剩余价值"的生产者，那她们自己就是无产阶级，就是一个受压迫和革命的阶级，所以她提出的替代方案是将再生产领域

272

---

〔1〕　Sheila Rowbotham, *Woman's Consciousness, Man's World*, p. 33.

〔2〕　*Ibid*., p. 34.

〔3〕　*Ibid*., p. xiii.

转化成变革的战场。她假设在生产和再生产领域存在竞争，这场竞争既是个人的，又是集体的。但她从未阐述过在人类生存的所有竞技场内，有可能终止将人类存在的各个方面过度政治化的竞争方式，所以她只是清除而非保留了她所珍视的人类价值。

罗伯瑟姆就此陷入困境，部分原因在于她的问题很难解决，但这只是一部分情况。另一方面在于下述事实：她的概念推演抵消了自己的很多明确目标。她从折中主义的容忍立场出发，赞颂了一系列女性主义文本，而这些文本的中心议题彼此南辕北辙，其中还包括一些她在另外的场合明确反对过的观点。[1]不过最明显的是，她在讨论弗洛伊德那"相当古怪的思想"所存在的问题时，提到的相对主义认识论，不只是知识理论层面上的相对主义，还流露出一种道德相对主义。这个讨论揭示了罗伯瑟姆方法的一个大问题，稍后我将详加叙述。

除坚持认为弗洛伊德的理论观念古怪以外，罗伯瑟姆在思想领域内对后者的批判建立在彻底的相对主义之上。她从未依据弗洛伊德的文本讨论其思想，只是从弗洛伊德1883年写给他未婚妻的信件中，引用了一份删改的摘录来证明他的古怪，而且这封信最初也是转引自弗里丹的《女性的奥秘》。罗伯瑟姆只是简单重复了最初对弗洛伊德的曲解。[2]但其讨论最重要的维度在于下述

---

〔1〕 Sheila Rowbotham, *Woman's Consciousness, Man's World*, n. 12, p. 9.

〔2〕 弗里丹和罗伯瑟姆找到了那个令人不快的段落：弗洛伊德在一个浪漫的光辉时刻恳请其准新娘"从竞争中抽身回来，参与我们没有竞争的平静家庭生活"。考虑到罗伯瑟姆坚持要在历史情境中考察个人及其想法，而此处的弗洛伊德当然反映了他那个时代的背景，这似乎不足以指责他"古怪"，所以这一指责本身也很古怪，弗洛伊德还因批判约翰·斯图尔特·密尔而获罪，罗伯瑟姆认为批判密尔的姿态"在那个时代是反动的"。但罗伯瑟姆并没有费心于弗洛伊德批判密尔的实质和特性。她似乎的确不知道弗洛伊德将密尔的《论女人的从属》翻译成了德文。参见弗洛伊德在第三章对密尔的评价，本书第158页，注1。

事实：她完全反对她认为属于弗洛伊德的主张，尽管这也是马克思的主张，差不多所有政治和社会理论她都不赞同，即不认为某些概念范畴或思想形式可能具有普适性和超历史性。实际上，她通过恰当地论证这种相对主义导致卡伦·霍尔奈［Karen Horney］（一位反对弗洛伊德女性成长观的心理分析思想家）及其立场支持者都批判弗洛伊德，赞扬了霍尔奈的文化相对主义。[1]由此，罗伯瑟姆陷入了自己都不明所以的困境。任何人，如果由于某位思想家主张某些解释性范畴是跨文化的、超历史的，就站在泛文化、相对主义认识论的立场上对其进行抨击，那这些人也就陷入了自己为别人设下的陷阱。从这样的立场出发提出主张和论证是危险的，除非人们准备明确地探究下述问题：人们用以反对自己不赞成之人的相对主义主张，为什么就不会削弱自己的论证。

　　例如：罗伯瑟姆认为弗洛伊德有下述倾向："……不承认自己是从一种特殊的性和文化观念出发得出一般性结论。"[2]这一主张从其条件来看是不正确的，但更为重要的是，它与罗伯瑟姆文本的其他部分并不一致，包括她的下述主张：通过详述特殊的存在，可以引出对无压迫、无剥削生活的普遍性假设。通过回避其立场所固有的难题，她避免纠缠于怎样才能形成一套具有跨文化适用性的、可用于描述一种特殊现实的概念，即她所认为的：所有社会的所有女性都受到商品资本主义的统治。通过宣告相对主义是个好东西，她发现在对抗自己所反对的观点时，不必基于某些理性标准把自己的视角定义成更为理性、有效并且内在一致的。

　　尽管存在上述问题，罗伯瑟姆的分析仍然是很有力的。她承

---

〔1〕　Rowbotham, *Woman's Consciousness*, p. 10.

〔2〕　*Ibid.*

认人类在受压迫状态中为保留自己的人性所做的斗争，也承认他们仍然保持着反思和批判性的自我意识能力，尽管有些不坚定。她还没有绝对武断到认为个人只是纯粹的反应器或者被动的角色扮演者。她考虑的人类主体具体而不抽象，有主体性而非无法行动。人类主体经历了与同伴的疏离之痛，这种痛苦和不快如果不是直接地也是强有力地表明了：人类的需要在当前社会现实中要么没有获得满足，要么被曲解了。但她没有处理下述棘手问题：人类的需要和潜能有多少是自然的，有多少是给定的，又有多少是社会建构的？人类的不快和担忧有多少只是人之为人的应有之意，又有多少可以归咎于不完美和剥削性的社会形态？这些重大问题催生了大量对公共与私人现实和身份的描述，并且，对于**任何**从令人信服的女性主义视角出发讨论主体问题的人而言，它们都是必要的。

现在我将考察一位非常不同的马克思主义思想家，朱立叶·米切尔［Juliet Mitchell］，她使用罗伯瑟姆认为本质上已经异化的抽象理论语言进行写作和辩论（考虑到她倾向于相对主义，罗伯瑟姆也许不会指责作为女性主义者的米切尔）。在 1971 年的女性主义经典著作《女性的地位》中，米切尔向女性主义者发问，并提出一些马克思主义的答案。这些答案剥离了流行于其他女性主义者视角中的伤感主义，这种伤感主义把受压迫者所表现的特征浪漫化，从而赞美女性受压迫的术语。借助这些开放性的话题，米切尔向激进女性主义者和文化分离主义者提出挑战。

但是，尽管米切尔明确否认激进女性主义的关键范畴和结论，她仍与这些分析家共享同一假设，即认为在自然和文化之间或者"自然—生物"与"文化—历史"之间存在严重分歧。这对她论述女性如何以及在什么条件下才能进入文化，进入她认为与父权制同义的人类秩序（也就是要通过一系列抽象的、非历史的普遍法则冷酷无情地发挥作用）有一定意义。米切尔的法则没有因果效力。它们在形式和应用上是普遍的，并且可以用于解释各种不同文化中一切特殊的、多样的事件和现象。理论、"科学马克思主义"或者"科学弗洛伊德主义"轮流解释着这些法则。罗伯瑟姆深受过度相对主义之苦，米切尔则信奉一系列牢固不变发挥作用的假设。她创造了一种形式主义的普遍性，这种普遍性超越抑或回避过去和现存文化与社会形式的丰富多样性。[1]正如相对主义者把生活方式的多样性视为不可改变的现实，米切尔贬低单纯停留在表面的多样性，要看到多样性下面的一系列"人类社会**必需**的法则",[2]所谓必需意味着所有不同现象之间存在一种永恒的关系，因此与一系列独立于历史特殊性和决定论的法则之间也具有一种永恒的关系。我将论证米切尔的法则都是以这么抽象的术语加以表述的，我们可以发现：那些无法解释法则但为了法则的运作又必须在其解释中呈现的初始条件**总是**适当的。在米切尔的分析中，理论和论据的关系极端松散。她坚持立足于无标准的立场进行解释，从而成就了自己对实证主义社会科学的热忱，但实际上她却明确地将价值判断从科学法则和事实中分离出来。[3]

虽然米切尔的科学理论比她所批判的粗糙经验论更加复杂和

〔276〕

---

〔1〕 在社会科学中，对法则般解释的追求总是假设自然科学和人文科学之间存在可归于或应归于解释逻辑的对称性，在法则般的解释中也存在一种解释和预言的对称性。因此，每种"真实的解释"必定具有预测力。

〔2〕 Juliet Mitchell, *Psychoanalysis and Feminism*, p. xvi. 结构主义方法的进一步例证可见于澳大利亚出版的 *Working Papers in Sex, Science and Culture*，特别参见 Elizabeth Gross, "Lacan, The Symbolic, The Imaginary and the Real," (pp. 12-32) 和 Mia Campioni, "Psychoanalysis and Marxist Feminism," (pp. 33-60)。

〔3〕 米切尔的方法令她可以批判那些过于简单化的经验论，比如 Naomi Weisstein 的理论。后者曾发表在一份多次再版的作品中："Kinder, Küche, Kirche as Scientific Law: Psychology Constructs the Female," *Motive*, pp. 78-85。由于弗洛伊德没有做他从未假装要做的事情而对其进行谴责。米切尔还提供了可重现的、受控制的人类经验，从而与粗糙的求证科学模式的狭窄标准结合在一起。

苛求，但二者都忽略了作为核心关系的个人和社会的**意义**。在这方面，她含蓄地追随而非拒斥恩格斯和功能主义。米切尔的解释，包括她对性别和阶级的处理，忽略了自我反省的人类主体。包含自我反省和自我认同的解释，不可能出现在固定不变的、可如法则一般进行预测的主张当中。在不存在个人及其社会现实的丰富特征的情况下，无法把人类社会制度解释和理解为多样的、充满多重意义和特殊决定论的制度，这样的解释和理解需要一种解释和批判的社会理论。然而米切尔假设**自己能够改进像法则一般的主张，超越对任**

277　**何处在特定文化下、参与确定关系的各种人的研究**，无论他们在多样的社会和个人意义中语言"相同"还是"不同"。

　　我将指出米切尔如何对女性地位进行概念化，及其《心理分析和女性主义》一书如何受过度抽象化的困扰，从而评价她对女性主义公共与私人争议的贡献。米切尔的确得益于那些著名的结构主义思想家，特别是路易斯·阿尔都塞［Louis Althusser］、雅克·拉康和克劳德·列维-施特劳斯，因为米切尔的结构、法则和意识形态的形式与其说是人类本身，不如说是历史的主体。如果可以说人终究还是存在的话，那人也只是现行结构、法则运作和传播的工具。在分析公共与私人问题的竞争性观点时，我要确定是否有理论家加入米切尔的分析，或者从她的视野中抹去了丰富的人类主体观，如此一来，米切尔转向功能主义者的话语就会令自己陷入困境。莫妮克·威蒂格［Monique Wittig］说得很对，马克思主义在历史上通过拒绝赋予受压迫阶级以主体地位，暗示了要防止"所有受压迫者在历史上将其自身建构为主体"。[1]

―――――

［1］　Wittig, "One is not Born a Woman," p. 73. 我将在第六章中把威蒂格的批判作为我理论阐释的替代方案予以探讨。

米切尔所说的个人，无论作为阶级成员，还是作为性别范畴，都被表述为受制于普遍法则的客体化的存在。在《女性的地位》中，米切尔关注如何把女性解释为受客观状况的"复杂整体"——即她所谓"结构"的不同元素的统一体——支配的某种存在。她写道："因为女性状况的整体，任何时候都是以不同速度发展的几种结构的产物，所以它总是'由多种元素决定的'。"[1] 生产、再生产、性和社会化这些焊接在一起的结构，作为专有名词在米切尔的书中都是大写的。女性在每一结构中都扮演了角色，这同时界定了女性的状况。一种意识形态或者"意识形态的形式"呈现出一种既定角色，因此女性的状况不可能获得真正的理解。她们的自我理解是有缺陷的，她们没有意识到：正在发挥作用的深层结构或法则，只有在少数精英能够获得的科学理论条件内方可理解。女性是否正确理解抑或曲解了社会形式最终变得无关紧要，因为结构而非女性本身才是可信的历史主体，尽管米切尔也呼吁女性努力成为历史主体。各个部分都有其"自主的现实"，尽管每一部分"最终……都由经济因素决定"。[2] 各个结构以不同的速度"发展"，并且相互"加强"。有朝一日，它们的矛盾"相互强化到一定程度，会最终合成为革命的条件"，这些结构就会"瓦解"。[3]

米切尔明确坚持把性、再生产和儿童的社会化这些私人领域并入其蓝图，例如，把性这种强有力的、深切引起共鸣的人类行为，当作一种"迅速进化"的抽象结构和链条上最薄弱的一环，[4]

278

---

[1] Juliet Mitchell, *Woman's Estate*, p. 101.
[2] *Ibid.*
[3] *Ibid.*
[4] *Ibid.*, p. 147.

这就把抽象观念当作真实事物从而扭曲了社会关系。这也会让我们失去几个世纪以来私人现实中古老而复杂的语言。考虑到米切尔确信所有结构一定会同时受到攻击（因为它们是统一的整体），她赞成将融入性、再生产和社会化结构的家庭功能通过变革进一步多样化。因此，尽管米切尔表示孩子的抚养需要社会化，并敢于为之辩护，她的结构主义和与其相近的功能主义一样，只能针对当前社会疾病开出药方以期治疗，但同时又不得不预言人类将越来越不可能在私人或公共世界中拥有丰富和持续的社会关系。[1]

米切尔把女性主义斗争的使命界定为：把"科学社会主义者"的分析与自由主义女性主义的需要并置。很显然，在这种信念中，那些包含了平等雇佣权和照料儿童权的需要，将会加深目前秩序内的矛盾，并加速一种决定性断裂的到来。但在米切尔的分析范围内，很难确定为什么应该鼓励一个既是妻子又是母亲的女性，去追寻进一步区分融进其家庭生活的功能，家庭对女性而言即使令人沮丧也是最有意义的社会关系和行为场所，当她一直作为替代方案憧憬的一切被纳入米切尔所（正确！）谴责的生产结构时尤其如此，按照米切尔的观点，这个结构内部充斥着令人沮丧的、受到贬低的，并且就女工人而言报酬很低又不受保护的工薪阶层。大多数女性的真正替代方案都比较有限。撇开她的私人世界不论，忽略目前私人世界中大量的需要、行为和意义的成本也是相当大的。

如果有人告诉女性仍然应该这样做，因为这会加深资本主义社会的矛盾，促使与资本主义融合在一起的各种结构破裂，从而

---

[1] 在这个早期作品中，米切尔对分析儿童在成长期需要不间断抚养的敏感心理的各种理论相当熟悉。

出现一个新秩序，那她就可以很得体地质疑：在没有清晰的、引人信服的未来替代选项的情况下，她被要求接受的是何种没有精神慰藉的宗教信仰。米切尔拒绝转向政治理论，她本来可以从中获得充实、支持和意义，这在其贫乏的分析中很明显。她没有政治共同体观念，没有公民概念，没有清晰地理解人们对家庭、共同体和国家的忠诚与忠心之于人类的意义。最终，在米切尔抽象的马克思主义结构主义中，既没有个人也没有政治。只有结构与功能之间僵化的互相依赖，而男人和女人作为角色扮演者，都不具备对其角色和维持角色的信仰进行自我反思的意识。与帕森斯一样，米切尔也同意完全社会化的人是在扮演角色，而不会变成他所扮演的角色。[1] 对米切尔而言，我们是我们所发挥的功能；实际上，我们是它们的外部特征。例如，"……家庭不仅仅占据了女性：它还制造了女性"。[2]

考虑到米切尔显然是一位把心理分析理论作为一种私人领域　*280*

---

[1] Parsons, "Age and Sex in The Social Structure of The United States," *passim*.

[2] Mitchell, *Woman's Estate*, p. 151. 帕森斯从功能主义的目的出发援引弗洛伊德的观点：小姑娘长大后将成为富于感情的养育者，就像妈妈一样；小男孩将成为工具性的适应者，就像爸爸一样。这与米切尔出于结构主义目的援引弗洛伊德的分歧很小。例如，"小女孩长大后将像她的妈妈，而小男孩长大后将成为另一个父亲"（*Psychoanalysis and Feminism*, p. 170）。正如理查德·博考克 [Richard Bocock] 在对帕森斯的一个批判中所言（这个批判同样适用于米切尔），"在帕森斯过于平滑的社会、结构、文化、人格和组织系统中，所有冲突的迹象都消失了。它们似乎全都彼此整合在一起……而生命则已从帕森斯的系统理论中移除"（*Freud and Modern Society*, p. 54）。尽管米切尔假定各种结构之间存在深刻冲突甚至矛盾，她还是把各种结构整合进一种由多种因素决定的总体之中，从而消除了冲突。然而，对于那些认为多种因素相互作用结果在体系中建立起动态平衡的读者而言，冲突的时刻是难以置信的。米切尔这个具有革命头脑的资本主义社会反对者，与帕森斯这个期望保持均衡的资本主义社会赞颂者分享同一套基本假设和概念，但这并不意味着她们对任何给定的现象都进行相同的解释，尽管此类解释的确存在强烈的整合趋势。

理论或为了私人领域的理论，将之并入女性主义和马克思主义思
想的思想家，她从一种具体化的人类主体中获得抽象性就特别具
有讽刺意味。但是，米切尔的实证主义导致她把心理分析作为适
用于再生产领域的科学法则，类似于她的马克思主义所提供的生
产法则。在弗洛伊德的案例研究中，带着这种丰富复杂性和多重
意义感受出现的人类，被米切尔剥成了抽象、赤裸的骨架，剥成
了作为无意识和被动反应者获得法则的客体。尽管弗洛伊德一再
警告：无意识的思想过程不应具体化，不能物化或法则化，但米
切尔仍把"无意识"描写作为心理分析学的"客体"。就像她的结
构那样，她把无意识而非饱满的、有血有肉、具有能动性的人作
为分析的客体。当弗洛伊德运用法则式的语言时，他是指在人类
精神生活中可能存在的或然性、规则和倾向。他不承认心理分析
可以成为一种预测科学。[1] 但在客观化的无意识和无情的父权制

281 法则之下接受教化，从而融入人类秩序的脱离历史背景的女性面
前，弗洛伊德复杂的人类主体只得让路。尽管米切尔所论述的女
性出现在初始仪式中，但她仍然只是一个无自我意识的初始，只

――――――――

〔1〕 作为科学理论，米切尔的结构主义规则允许她主张心理分析有自己的"规
则"，这些"规则"可以以某种方式"从它们的具体问题"中抽取出来
（*Psychoanalysis and Feminism*, p. xx）。在实践中，这意味着需要解释的主体问
题在这个过程中可以与解释的逻辑相切割，而不会失去任何重点。为了从其
"特殊问题"中抽取心理分析的法则，就要抛弃弗洛伊德所解释的下述现象：
复杂的人类主体、人类思想和人格。弗洛伊德的主体从来不是"无意识"而
是思想，在思想之中无意识精神过程是一系列在描述性的、地形学的、经济
的和结构的维度与关系中发挥作用的动态力量的一个方面。在弗洛伊德的成
熟思想中，他转而将本我、自我和超我设定为思想主体，本我、实质理性和
自我反思的力量得到加强。然而，弗洛伊德的这种能力，没有出现在米切尔
对弗洛伊德令人印象深刻但最终却是线性而抽象的描写中。她坚持认为，理
论本身得以出现的社会—历史母体没有充分解释或批判理论，但她随后继续
从弗洛伊德的理论中排除其主体问题，我们也就不得不为这种缺乏思想的奇
怪状况所迷惑了。

是一个孩子。在成年之后，她仍不具备反思性。她所抱持的父亲法则在无意识状态下展开，这种无意识的运作并不关心它所栖息的人类主体；与其说它是机器中的幽灵，倒不如说它是幽灵中的一架机器。

文化被视为一个不确定的整体，一个庞大而分散的集合体。在经济、生态、历史、宗教、政治、艺术和语言方面的所有"明显"差异之下，一种异常坚硬的、普遍而有规则的深层结构在发挥着作用。所有人类文化共同分享什么？是"父亲法则"，或称父权制。但是，倘若"父亲法则"可以用于解释苏尼人的生活、美国郊区家庭主妇的生活以及英格兰女王的生活，那它归根结底解释了什么？这些女性，以及所有其他女性，都受到米切尔的父权制普遍宣言及其法则的影响。她的证据是什么？简而言之，**根据定义，**作为人类秩序的成员，女性**必须**根据父权制的法则发挥作用。父权制就是**文化**本身。米切尔说："这种秩序的符号法则界定着社会，并决定着每个生于其中的渺小人类的命运。"[1]弗洛伊德对心理上的雌雄同体、对孩子认同父母双方的强调，消失在这种背景当中。俄狄浦斯情结变成了孩子获得"父权社会秩序"的方式。[2]对于弗洛伊德而言，没有什么东西能与"俄狄浦斯情结"相比。世界上有多少人就有多少俄狄浦斯情结，婴儿的性冲突心理可以通过无限多样的方式获得解决。[3]女性主义分析再次假定男人在全能幻想中所梦想的男性生殖器的无可抗拒

282

---

[1]　Mitchell, *Woman's Estate*, p. 391.

[2]　*Ibid.*

[3]　参见 Sigmund Freud, "The Dissolution of the Oedipus Complex," *Standard Edition*, vol. 19, p. 179. 弗洛伊德写道："我毫不怀疑此处所讨论的时间顺序的因果关系……是一种典型类别，但我不想说这类别是唯一的。"

性。一旦米切尔将父权制等同于"人类历史"，她就加入了激进女性主义者的行列，而后者正是由于对父权制的非历史性理解而受到她的批判。在所有这些科学的、牢固的合法性中间，人类主体必须尝试设法攻击父权制和资本主义普遍法则的宏大建筑，它们的作用无所不在，并且至少有一个共同结果：女性的受压迫地位。

米切尔挣脱其结构铁笼的方式是转向列维 - 施特劳斯的主张：女性一直都是交换的普遍客体。[1]奇怪的是，这竟成了一线希望。结果更是奇怪，父权制的法则，包括乱伦禁忌，维持了女性作为普遍交换客体的状态（尽管在人类认真对待他们常常是专横的性与侵犯冲动上，乱伦禁忌的确有其存在理由）。米切尔声称，女性**在**所有文化中都是交换客体，而父权制"描绘了普遍文化"。[2]有关不同生活方式的证据受到忽视，或者与一种纯粹抽象的主张相一致，这是一种"没有根据的目的论，使人想起18世纪的社会契约论"，与人类学和历史学的现实证据不符。[3]埃莉诺·伯克·利科克［Eleanor Burke Leacock］指出，在非对称"交换"这一题目下，列维 - 施特劳斯（然后是米切尔）重新解释了男女之间的全部互惠行为，尽管列维 - 施特劳斯本人的工作事实上提供了对称与互惠关系的证据，在这些关系中女性并不是被交换的商品。与所有其他法则一样，这一"普遍法则"曲解了现实的社会、真正的差异、真正的多样性，以及真正的男女公共与私人动态矛盾的复杂性。

────────

〔1〕 Mitchell, *Psychoanalysis and Feminism*, p. 393.
〔2〕 *Ibid.*, p. 409.
〔3〕 Eleanor Burke Leacock, "The Changing Family and Lévi-Strauss, or Whatever Happened to Fathers," *Social Research*, p. 250.

通过采用既不服从于反事实证据，也不服从于反对性证据的非历史性普遍范畴，米切尔摆脱父权制法则和结构统一体的唯一方法是为普遍的女性交换解围。这导致米切尔提出了最令人难以置信的概念转向和站不住脚的主张：乱伦禁忌，尽管是前资本主义社会所必不可少的，却与并未进行女性交换的资本主义经济"无关"。米切尔称，当代人之所以如此"大张旗鼓"地强调"乱伦禁忌"（事实上，人们根本没听到对它的强调之声，人们只是简单地设想，社会生活和我们最根本、最亲密的关系本质上是否会变成冷酷的剥削关系），是因为根据市场运算法则我们不再需要它。声称自己反对先前女性主义者的曲解，并提出自己对弗洛伊德作品的理解的思想者，应该把人类精神生活中最有力、最可怕和最受压抑的设置，视为寄生或成长于一系列旨在确保男性支配地位的、计算好的用于交换的外在因素之中（因此，要求将乱伦禁忌本身作为一种**有意识选择的处理策略**提出来，以支持这些关系）。这一观点令人震惊。

很显然，如果米切尔前后如一，变革就需要处理俄狄浦斯情结、乱伦禁忌以及女性的女性化。如果乱伦禁忌只是一种交换女性的人造物，而资本主义已经令交换女性成为多余的东西，看上去我们最好的赌注就在于承认这一事实，并且解开套在禁忌身上的父权制合法性的混乱之网。但是，考虑到米切尔将乱伦禁忌与人类文化联系在一起，很难想象什么可以取代它。原始游牧部落？自限性的、多形态的堕落乐园？或者，我们是否可以理性地选择，假装这种禁忌"好像"依然存在，以阻止孩子们受到自己所依赖的大人的剥削？米切尔放弃了对迄今为止已经过剩的乱伦禁忌的大规模抨击。相反，她含糊地提到一种"文化革命"，这种革命将宣告，新的结构和自由的潜能已经形成。她总结说，"这是

284

一个推翻父权制的问题"，但考虑到她的分析所受的冷遇，她认为这个问题虽带有迫切之意，可成功几率就如同推翻重力法则的几率一样微弱。[1]

我会说明，变革的希望，实际上超出了那些挑战世界秩序或者推翻普遍父权制秩序的女性主义作家的估计。我的希望始于对人类主体和社会现实的一种非常不同的理解，这个解释进路要归功于马克思和弗洛伊德。[2]毕竟，一个人不仅仅或者并非排他地（如果不是完全）是客体化的角色扮演者或冷酷法则的抽象客体，而是一个思考并行动着的人，在特殊的历史时刻和地点，参与与他人的特殊关系。为了将公共和私人融入各种普遍法则与抽象结构，需要抽象的男人、抽象的女人和抽象的儿童。在这个无差别的纯净王国中，人们对容易辨认的个人和易于改进的政治的追寻徒劳无功。[3]

---

[1] Mitchell, *Psychoanalysis and Feminism*, p. 416. 具有讽刺意味的是，米切尔也以同样的决定主义和极权主义下结论，而她曾经把这两点作为激进女性主义分析的特征严加批判。在 *Women's Estate* 中，她评论说，父权制的激进女性主义版本"遍及各个方面：它穿越了阶级差异、各种社会和历史时期。它的主要制度就是家庭：有着最不稳定的生物基础……不同的社会从未提供真正的替代选项……'父权制'随之成为男性建立权力并维持控制力的性别政治。所有社会以及其中的所有社会团体都是'性别主义的'……在更为根本的意义上，他们的全部组织，在每个层面上，都以一个性别对另一性别的支配为根据。**一般事实比特殊变异更有意义**"（*Women's Estate*, p. 65）。

[2] 两篇源于马克思思想的文章尝试把米切尔所逃避或拒斥的问题作为关键。见 Dorothy E. Smith, "A Sociology for Women," in *The Prism of Sex*, ed. Julia A. Sherman and Evelyn Torton Beck, pp. 135-188; 以及 Virginia Held, "Marx, Sex, and the Transformation of Society", in *Women and Philosophy*, ed. C. Gould and M. Wartofsky, pp. 168-183, 详见我最后一章的讨论。

[3] Joan Landes 在博士论文 "The Theory Behind Women's Liberation" 中，首先把米切尔所说的女性界定为一种抽象的女性。

心理分析女性主义：性别、身份和政治 *285*

在美国，也只是在最近五年，人们才开始认真思考当代女性主义思潮的最后一个主要范畴——心理分析女性主义。人们也许会认为：女性主义思想者们最初尝试把内部/外部、我/非我以及男性和女性身份议题概念化时，就会求助于心理分析理论。不幸的是，考虑到人们对弗洛伊德厌女情结的看法，以及据说可以追溯到弗洛伊德本人的美国精神病学的反女性共谋，心理分析式思考成了女性主义者的禁区。激进的、自由主义的和马克思主义的女性主义者，几乎都拒绝心理分析，从大多数人经常采取的出发点来看，他们其实还没理解心理分析理论就加以拒斥。[1]具有讽刺意味的是，在这场拒绝弗洛伊德的运动中，女性主义者体现了美国社会和政治科学的流行趋势，而不是站在其对立面，这一趋势设定了更为粗糙的经验主义和反理论的社会议题进路。对"心理分析转向"负责任的女性主义思想者，不仅必须认真对待非常复杂的思想主体，而且必须同时与自己同事的无知和敌意作战。

转向心理分析的成果是什么？在这一点上的记录尚不完整，因为这个领域尚处于动荡不安之中。我将从与心理分析进路合拍

---

[1] 参见，例如 Friedan, *Feminine Mystique*, p.77; Firestone, *Dialectic of Sex*, Chapter 3; Rowbotham, *Woman's Consciousness, Man's World*, p.10。再举一个例子就足以说明问题：在符合人们期望的对弗里丹文章摘录的精确理解之后，巴巴拉·戴卡德［Barbara Deckard］以令人惊讶的肤浅消解了心理分析。她试图"把弗洛伊德及其理论作为令人反感的玩笑予以消解"（*The Women's Movement*, p. 17）。还应该提及当代女性主义思潮另一个颇为吸引人的发展，即法国女性主义所涌现的浩繁文献转向了心理分析，因为这本来就是个自行其是的领域。我已经决定，在我自己的讨论中继续坚持这块当代美国人更为熟悉的阵地。

的政治思想者的立场出发做评论，并同情地转向这一进路。人们
把心理分析用于理解社会中的个体，尤其是女性个体，用于评估
在特殊的或者"普遍的"历史形式下，个人与其社会世界之间的
286 内部联系，这一评估比聚焦于"外部性"视角下的可能性更为充
分。我将简单提及多萝西·丁内斯坦〔Dorothy Dinnerstein〕和南
茜·乔多罗〔Nancy Chodorow〕这两位心理分析取向的思想者，
她们具体参考"育儿"过程中女性的控制力，把当代"性别安排"
的本质作为自己的批判分析主题。丁内斯坦和乔多罗拒绝用生物
决定论模式解释人们所认为的普遍方式：女性的首要责任是照料
孩子，她们反思为什么我们的公共与私人状况还是老样子，某些
方面还经久不衰；既然她们和全部女性主义者发现这种状况在整
体或部分上都无法接受，我们能够或应该做些什么以求变革，以
及这种变革会产生什么影响。如果她们的论证意图在政治上有说
服力，那么**在私人社会安排的本质与公共后果之间的关系必须相
对牢固，并得以具体说明，二者都是解释什么是错的以及描述必
须改变什么的必经之路**。

心理学家丁内斯坦预言：如果不马上有所行动，迅速"打破
女性在儿童早期独自承担抚养责任的状态"，文明本身就真的会终
结了。[1]丁内斯坦恰切地评论道："……我们性别安排的私人与公
共两方面不可分离，二者没有主次之分。它们的心理根基都是单
纯的童年状况。"[2]但这一作为规则和信条提出的主张是否能一以

---

〔1〕 Dorothy Dinnerstein, *The Mermaid and the Minotaur*, p. 33.
〔2〕 *Ibid.*, p. 159. 但是，"……单纯的童年状况"是个非常抽象的概念，而且必然
会导致下述问题：无论一位享受福利待遇的四个孩子的母亲，与中上阶级的
两个孩子的已婚母亲之间的社会经济差异如何，母职是否在任何情况下都是
独特的状态，尽管丁内斯坦并未提出这个问题。

贯之呢？她说，"一旦这一状况不复存在"，我们的公共与私人安排"也将消失"。[1]为了探究她的主张，有必要首先展示一下丁内斯坦在性别差异中专门设定的问题。丁内斯坦假设了一种私人—公共安排：女性育儿这一私人心理规则自始慢慢灌输，向上和向外流动，并在成人生活中导致女性"不平衡地"依赖"指向情感满足的爱，因为她们在公共领域中的活动受到了阻碍"，与此同时，"男性不平衡地依赖于对公共领域的参与，因为他们对爱的表达受到了限制"。[2]"在女性主导的童年早期就融入这种男女人格互补的模式"，其造成的结果就是必然的。[3]男性的特权和女性的受压迫（"女性受到普遍的剥削"）就植根于这些模式。为什么？因为考虑到女性排他性的育儿角色（我把丁内斯坦所论证的模式浓缩为无系统的、怀旧的、直觉的而又有理论根基的），及其对男婴和女婴同样的压倒性权威（但对二者产生了不同结果），女性的权力如此强大、如此危险，以至于"由母亲抚养长大的人"总是很难"认为女性权威完全正当"。[4]

我并不打算尝试在心理学事实层面反对丁内斯坦的论证，部分原因是我发现她的论证有很多令人信服之处，部分是因为这样做将需要寻找临床证据来支持反证。但是，我打算质疑的是她所提出的替代方案及其所预见的结果。在丁内斯坦那里，而且必然在所有感激心理分析理论的女性主义思想者那里，都有这样一种矛盾情绪：为了获得很多男性所拥有的东西，女性要放弃什么？丁内斯坦并没有清晰阐述和面对这种矛盾情感，这使她的思考出

---

〔1〕 Dorothy Dinnerstein, *The Mermaid and the Minotaur*.
〔2〕 *Ibid*., p. 70.
〔3〕 *Ibid*., p. 210.
〔4〕 *Ibid*., p. 179.

现了一道深深的裂痕，削弱了其思想作为一种可行的女性主义政
治甚或政治基础的力量。

　　请允许我说得更具体些。丁内斯坦对公共世界的描述是完全
抽象和非难性的。她从未对公共领域的不同活动做出区分，也没
有阐明这些活动哪些可以恰当地视为"政治"事务，哪些是别的
什么。换句话说，她没有对公共世界进行政治论述。对一位政治
理论家而言，这从一开始就是个严重的缺憾。但是丁内斯坦还有
一个问题。她认为公共世界在创造历史、"攻击自然"，实际上，
于她而言，创造历史是与那些她所谴责的对自然的攻击联系在一
起的。女性不得创造历史，也被禁止扼杀自然。丁内斯坦这样
写道：

　　　　女性被排除在攻击自然的历史部分之外，她们（肯定也
　　有一些惊人例外）比男人更不想做猎人、凶手、自然母亲奥
　　秘的探究者，不想做掠夺她的财富、用欺骗的方式约束她的
　　人，原因很可能不仅是她们所承受的实际生育负担，还有特
　　殊的内疚［她所指的内疚是女性与"母亲"之间必然发生的
　　特殊关系］。当然，**人们似乎可以合理假设，如果男性总是觉
　　得自己更认同双亲中的第一抚育者，并且时间允许我们在照
　　料儿童的安排中做出必要改变，那我们现在就不会如此接近
　　于无法回头的自然谋杀者。**[1]

　　这一段文字有几条规则在起作用。丁内斯坦首先愤怒地指责
了将女性排除在外的、创造历史的公共世界；其次，她坚持认为

----

〔1〕　Dorothy Dinnerstein, *The Mermaid and the Minotaur*, p. 103.

如果女性没有被排除于公共世界之外，公共世界就不会到现在仍然势不两立。她的理由在于下述基本假设：如果接受女性是历史的创造者，如果本该如此，那就需要一种必要和（差不多）充分的前提条件，即打破"女性独担婴儿早期看护职责的状态"。

如果女性和男性同等承担"母亲"之责，并且完全平等地参与公共世界，就将一举改变公共与私人的状况。孩子们不再受到扭曲，自然也不再受到攻击。丁内斯坦认为这个结果即可欲又完全可行，因为它只需要两个条件：第一，心理学条件（前已述及）；第二，技术条件。也就是"使父母身份真正可以选择，使成年人的工作生活真正获得足够的弹性，以便男女平等参与家庭和公共生活"的技术条件。她坚持认为，某些条件"已经可以实现"，比如重构孩子的抚养方式，如果我们真想改变就可以改变。[1] 在这条通往性别平等的康庄大道上，丁内斯坦提出了一些有趣的观点：她特别提到了一系列涉及美国政治经济结构的重要思考（上述丁内斯坦所谓的"可能性"出现在某页底部的一个简短注解中），而且将之界定为"技术的"而非政治或经济的因素。我们发现这种倾向让丁内斯坦在思考她所谴责的公共世界维度时，把重要的人类和社会议题还原为技术问题，并假设我们可以找到迅速的技术疗法解决几乎每一件事情。但可以肯定的是，她的解决方案所要求的公共条件不是技术性的，而必然深藏于政治之中。然而，丁内斯坦完全无法处理这些议题，因为她完全没有政治分析。

丁内斯坦的视角还有一个严重问题，即与她描述当下时的绝望相比，她的药方和预言都过于乐观。她进入未来的方式过于温和，有时候也能打动人并十分有趣。当然，即便我们的性别安排

---

[1]　Dorothy Dinnerstein, *The Mermaid and the Minotaur*, p. 256n.

在一夜之间重构，在父母抚养孩子上实现了男女平等，也没有人可以预言心理结果和社会结果。一方面，这个问题是个令人兴奋的重要问题；另一方面，它又是乌托邦式的问题，因为政治的前提条件，包括女性本身的意识和自我认同，妨碍了这种戏剧性或创伤性的详尽考察。但这不是最重要的批判。我向读者重提丁内斯坦的下述主张：多年来，不曾做过猎人、凶手、母性掠夺者的是女性。她们没做过，是因为她们的生育行为，**考虑到丁内斯坦希望推翻的正是这一性别安排**，这也是因为她们与"母亲"也即与所有女人的特殊关系。如果你愿意，可以回忆一下丁内斯坦在开出性别革命处方后所预言的完美平等状况，所有当下的致命性、掠夺性、剥削性和她恰切谴责的对自然的攻击统统都会消失。她之所以预言这一结果，是因为男性将不再受制于女性在育儿过程中的强大权力，也不再感到迫切需要控制"女性"作为历史创造者的公共角色。

但是，女性身上将会发生什么呢？看上去，她们将在获得公共角色、权威和权力的同时，"一如既往地甜美动人"。她们显然不会再融入她们以前所拒绝的任何男性品质（在丁内斯坦看来，她们拒绝的**原因在于**她们与**母亲**的亲密关系），包括控制母亲的必要性。在通往未来的大路上，一些东西已经退出了丁内斯坦的等式。污秽的东西已经消失。我不是在暗示丁内斯坦的论证完全不可信。我坚持认为，从政治视角来看，它很天真；从心理学视角来看，它不可信，尤其是在心理学并未探究人性更黑暗的一面是什么及其原因的情况下。丁内斯坦给了一个过于简单和轻松的非政治解决方案。这部分是因为心理分析给予了个人主体性而非社会整体性**必要**的关注。如果受惠于心理分析的思想者打算像丁内斯坦那样提出有关公共世界的主张，她对这个世界的描述就必须比丁内斯坦更加丰富。

另一个受惠于心理分析的重要女性主义思想家是南茜·乔多罗，她是社会学家，她和丁内斯坦同样关心照料孩子这一几近女性专有的责任。在《重建母职》中，乔多罗通过检验男性支配与劳动的性别分工之间的关系，向其所谓"性别社会学"靠拢。乔多罗借鉴了自我心理学的后弗洛伊德学派和对象关系理论，提出了理由更充分的性别身份，这种身份导致特殊社会角色尤其是母职的再生产（"女性变成母亲，是因为女性抚育了她们"）。[1] 乔多罗断言，"父职和母职的这种社会机理不仅产生了角色差异，还导致了性别不平等"。与丁内斯坦一样，乔多罗坚持认为，考虑到女性必然与"男性统治"相关联的育儿职责，我们的公共与私人身份及行为在童年的早期成长阶段就已经设定了。乔多罗说："心理学家已经明确指出，正是被女性抚育这一事实，使男性在男子气概、男性支配心理与比女性优越的需要之间产生了冲突。"[2] 乔多罗引用人类学家的跨文化研究来支撑她的心理分析主张，证据是"父亲（或成年男性）在家庭中越是缺席，男子气概与惧怕女性之间的冲突就越严重"。[3]

乔多罗的分析直接提出一个反事实主张：在儿童由男性而非女性、至少不是专由女性抚养长大的社会中，男性占优势的心理不会落地生根，优于女性的需要也不会被视为男性生活的规则。考虑到这样的世界从来就不存在，乔多罗必须转向她所分析的不容变通的性别身份和行为多少有点改善的社会情境。比如，她认定，如

291

---

〔1〕 Nancy Chodorow, *The Reproduction of Mothering: Psychoanalysis and the Sociology of Gender*, p. 211.

〔2〕 *Ibid.*, p. 214.

〔3〕 *Ibid.*, p. 213.

果母亲在"女性和朋友"支持网络中展开活动，"如果她拥有有意义的工作和自尊"，她将"教化出有养育能力和强烈自我感的女儿们"。[1] 乔多罗没有说明白的是：在这些绝不体现其理想的环境中，男孩子身上将会发生什么？但是，乔多罗所发现的某些社会所存在的断断续续的改良维度，没有也不可能在"资本主义工业发展"条件下存在。也就是说，在我们这样的一些社会中，资本主义的发展已经削弱了女性"做有意义的生产工作、与成年同伴共同行父母之职以及与其他成年人有满意的情感关系"的条件。[2] 也就是说，这意味着她们更有可能在孩子身上过度投入。

我们已经说明了目前对两性和孩子所做安排的重要性和缺陷。乔多罗提出了极为有力的例子，以解释张力所在之处及其再生产方式。但是，优先处理与"资本主义工业发展"相联系的发展，而非认为这些变化乃现代性本身的地方病，这如何令人信服呢？女性拥有乔多罗所提到的有意义的生产工作（并未具体说明什么是有意义的工作），以及亲属关系和紧密社会网络关系的社会实例，要么是在某个前资本主义时代，要么是在与我们的社会或任何风险自负的工业社会相比更为简单的部落社会。比如，当代俄国社会的学生常常指出受到了多余的过度保护，以及更不幸的、发生在苏联的、乔多罗所谓的对孩子的"投入"或"过度投入"。

如果人们开始将乔多罗过度同化进资本主义模式的许多问题，视为伴随现代性而来的一系列社会变革的重要部分，那么她在讨论中没有提及的一系列政治和理论议题也就浮现出来了。这包括我在本书开头所提出的那些令人烦恼的问题。考虑到我们不

[1] Nancy Chodorow, *The Reproduction of Mothering: Psychoanalysis and the Sociology of Gender*, p.213.
[2] *Ibid.*, p. 212.

能回到那个活力较小的年代（流动性受到阻隔、更紧密的亲属和邻居网络均为其既定社会现实），我们就必须要问，我们所继承的哪种社会安排和制度代表了强加给我们的"人造物"，我们可以也应该改变之，以便成为另一种个人或者社会；哪种社会安排和制度又具体表达了我们冒险放弃或者操控的必要或重大的人类目的？乔多罗与其他心理分析取向的女性主义者都承认，幼儿期极为重要，为孩子的成长和顺利通过冲突阶段提供安全可靠的抚育组织也极为重要。我们通常把这种组织称为家庭。但她对我们当前模式的替代方案的讨论一点都不清晰：她没能说明目前的政治状况，也拒绝阐明她暗示我们应该开始着手仿效的替代模式的政治含义。

　　在详细阐述性别身份出现的作品中，我们需要有浅显的政治叙述例证。在文章结论部分，乔多罗开始将女性的母职和女性的解放联系起来。她把"更加集体化的儿童抚育"作为当代美国社会的替代方案。她还特别指出，在以色列、中国和古巴所做的研究表明，"与西方核心家庭培养出来的孩子相比，这些地方的孩子更为团结，更加忠于集体，更少个人主义和竞争性，更不易形成强烈排他的成人关系"。[1] 乔多罗含蓄地把美国社会中的性别身份与所谓社会身份联系起来，尽管它不是一种明确的**政治**身份；同时，乔多罗故意将之描述为贬义性的，因为它的成果是"个人主义……（和）竞争性"。这些描述她所批判的性别安排之产物的术语至关重要。其他观察者在利用乔多罗所引用的许多研究成果时，也许会提及作为我们儿童抚育安排良性运作的结果：（孩子们将）"成为一个个体"或

---

[1] Nancy Chodorow, *The Reproduction of Mothering: Psychoanalysis and the Sociology of Gender*, p. 217.

者具备"道德自主"感。那样的话，我们的反应就会非常不同，因为我们都不会欢迎个人主义，它的名声已经坏了。由于它经常以贪婪的面目示人，不欢迎它也很正当。但是，我们所有对漠视人类自由和责任持保留意见的人，都希望孩子在最好的意义上成长为**个人**，成长为具有道德责任感的个人，可以为他们自己的行为负责。

乔多罗的替代方案是什么，它们可以创造出没有个人主义的个人吗？当然，关注自由和责任的政治理论家在古巴可能会觉得不舒适。如果我们依然关注个人和道德发展，这个过程即便无法保障也会考虑到**批判性**的政治良心和意识出现的可能性，如果需要的话，它允许个人加入反对国家的队列，而不是简单地捍卫她，而在古巴振臂高呼忠于菲德尔，就会成为令人烦忧的景象。里奇这样的激进女性主义者的下述观点也就值得担忧：照料儿童之事应由国家控制。尽管乔多罗并未引用她坚持认为的，在以色列、中国和古巴会导向她所欢迎之结果的研究（顺便说一下，在这样一份证据充分的记录中，这是个奇怪的疏漏），但至少有一项研究提出了以色列的基布兹［kibbutzim］*问题，而且允许我们阐述走向"更集体化的儿童抚育安排"的政治意蕴。我指的是布鲁诺·贝特尔海姆［Bruno Bettelheim］的《梦中的孩子》。

贝特尔海姆根据他对以色列基布兹儿童抚育的研究，提出了一些令人吃惊的信息和令人不安的推测。从积极的一面看，他发现，在有点像大家庭的完全社会母体中长大的孩子安全感很强。作为一个整体，以色列基布兹代表着"供给、控制、教育"：基布兹是一位集体母亲。[1] 没有孩子会挨饿，抑或缺乏基本的照料。

---

[1]　Bruno Bettelheim, *The Children of the Dream*, p. 70.

*　基布兹，即以色列集体农场。——译者注贝特尔海姆发现，基布兹保持着一个水平线，不允许有人落到水平线以下。与我们的社会不同，孩子在农庄里不会受到悲惨的、无法原谅的"严重忽视"。[1]

但是，这种集体主义也是有代价的。所有孩子都倾向于受到同等对待，而不考虑在应对发展压力时的个体差异。贝特尔海姆发现，一些基布兹盲目遵从对孩子不利的计划。紧密团结的共同体提供了乔多罗所期望的亲属支持网络，也导致异议受到阻碍或压制，导致行为古怪者或持不同政见者被放逐。良心之声是一种集体超我：道德与合作需求联系在一起，并与同龄群体保持一致。考虑到每天的生活强度和匆忙，孩子们"必须形成高度控制力来抑制情感，必须筛选出更细微的差别"；因此，建立亲密关系的能力，与某人保持亲密关系的能力，保护隐私的能力，均未得到充分发展甚至无法出现。[2]社会制度的同质性，吞噬了基布兹中孩子们通过移情想象来认同与己不同者的能力。贝特尔海姆了解到，基布兹中的年轻人发现自己无法打开心扉接纳他人的视角，即便是在想象中也不可能。

当贝特尔海姆让他们设想别人的生活或者自己在别处生活时，他发现，对于"如果……我的生活会像什么"这个所有创造性思想的基本问题，基布兹中的年轻人似乎无法说明，或是认为该问题太过危险而不去思考。[3]如果他们中有谁表达了一个不同意见，他马上就会辩解说："这只是个玩笑"，"我不是认真的"。换句话说，出现多样视角的可能很小，因为没有供其产生的土壤；实际

295

---

〔1〕　Bruno Bettelheim, *The Children of the Dream*, p. 297.
〔2〕　*Ibid.*, p. 123.
〔3〕　*Ibid.*, p. 172.

上，接受多样性所需要的思想品质并未形成。因此，贝特尔海姆建构出来形成并捍卫自身观点的个人主义受到阻碍，也就不足为奇了。反叛的年轻人会遭到群体的排斥。生活意义和目的都是给定的，无须质疑。结果就是：安全与**责任感、服从义务**如此强烈，以致基布兹为以色列源源不断地输送官兵（在贝特尔海姆做研究时，4% 的以色列人口住在基布兹，但基布兹却提供了 40% 的官兵），而且在以色列的战争中阵亡的人员也多来自基布兹（在 1967 年的战争中，以色列每死亡 800 人，就有 200 人〔25%〕来自基布兹）。为了战斗士气和军人的团结，让来自特定基布兹的人在同一部队服役看起来非常有效。他们勇猛作战，毫不畏死。但是，贝特尔海姆发现，以色列的基布兹及其"更为集体化的儿童抚育"，没有产生创造性的思想者、革新者和批评家。

我认为：如果我们想走乔多罗的路线，最好清楚我们在做什么，我们可能变成哪种人。贝特尔海姆令人不安地断言，以色列基布兹的最初目标没有达成，而且永远不可能达成。他写道："本质上，他们希望孩子们可以获得完全的平等和高度的个性。"他断言，很难意识到这两种价值"相互矛盾"。[1] 纵然有人断定贝特尔海姆夸大其词，乔多罗其实也仍然没有充分叙述自己的论点。她反对那些在儿童抚育模式中出现的她认为有害的特质（个人主义……竞争性），但却没有处理她所钟爱的模式中的棘手问题。如果她更为具体地把性别身份与政治身份放在一起考虑，不仅探讨小女孩如何以及为什么成为母亲，小男孩如何以及为什么成为压制母亲的男人；而且探讨小女孩和小男孩

〔1〕 Bruno Bettelheim, *The Children of the Dream*, p. 319.

如何以及为什么认为自己是美国人、俄国人、英国人或者爱尔兰人，她的研究所暗含的政治议题便会更为明确。在其结论的含义方面，还有一点乔多罗没有坚持到底：她一再坚持，在没有父亲的家庭中，小孩子在自己的男子气概上会感到严重冲突，更有可能惧怕和轻视女性。但是，对于当代美国正在经历的各种儿童抚育和家庭安排，乔多罗并没有得出明确观点，即基于女性主义性别政治的单性家庭（即全女性公社或家庭）也许会弄巧成拙、空忙一场。

迄今为止，心理分析女性主义作品令人感兴趣之处在于如下事实：心理分析内在的概念范畴，比如财富、投射、置换、退化和迁移之类的动态概念还从未充分用于女性主义目的。我想"女性主义的目的"首先包括阐释否定古老二元论的心灵哲学，这种二元论令我们依然赞同将心灵与身体、理智与情感整合进对人类主体性和身份的叙述，还包括创造引发外在和内在现实的女性主义行为理论。女性主义的第三个目的，也是女性主义对心理分析可以做出的主要贡献，即丰富作为意义和真理的、作为对女性经验的一致性理念进行阐述的语言理论。如果心理分析女性主义开始朝着这些方向转变，它将沿着整套公共和私人的可能性，与语言、身份和行动建立联系。然而，在这一点上，当心理分析女性主义者尝试从由社会强制力支持的私人规则中推导出一切时，她们自相矛盾地、无意识地创造出一丝反抗政治的或者反抗对"政治的"进行思考的火花。政治史与家庭动力学和家庭史过度同化。而他们在过去和现在向支持自己结论的前工业社会的转向，更是促进了这一趋势，因为他们的社会世界更少复杂性、更少差异性，作为他们所谈及的那些社会中的诸多事件之一，家庭与"公共"之间直接而明确的

297

联系（无论是否纯属政治问题）也更趋显著。尽管作为一种政治叙述，女性主义分析理论有这些缺点，但它仍然是当前女性主义思潮中最有前途的发展之一。

　　如同西方政治思想的传统一样，当代女性主义充满了看待和比较公共与私人之现实形象的矛盾方式。在最后一章，当我转向女性和政治的批判理论时，我仍将继续忠于这产生于女性主义和西方政治传统的替代方案的复杂特质。

第六章 走向女性与政治的批判理论：公共与私人的重建

它为和善者而鸣，它为仁慈者而鸣
它为人类心智的守护人与保护者而鸣
它为受尽挫折却不出卖灵魂的画家而鸣
我们凝望自由的钟声在空中齐奏 *

——鲍勃·迪伦

我们每个人都背负着自己的流放地、罪行和创伤。但我们的任务不是把它们弃在这世上，而是在我们自身与他者中与之战斗。

——艾伯特·加缪

我给自己设定的任务相当令人气馁。在把女性主义规则带入对西方政治思想传统的批判性探究中，在继续把政治理论的洞识与关注点设定为女性主义事业的中心时，我或明确或含蓄地表明可以提供替代方案，以照亮过去、指导现在并预见重构未来的方式，打造西方传统与女性思想之间的联系。我现在需要兑现我的诺言。在我们这个不好对付的时代，只是评判什么重要与否是不够的，尽管那项任务也许真的至关重要。作为见证人，政治思想家如果打算

吸引别人的目光，就必须设想一个有价值的未来，必须为重新安排我们的公共与私人世界提供前后逻辑一致的建议。比如，对马克思主义政治的一个咄咄逼人的批判，就是指责它"只是一味强化对当前事态的道德厌恶，而对于理解（甚至认真考虑）有望取代当前的未来社会秩序的因果条件却缺乏决心"[1]，这一批判恰好地瞄准了许多当代女性主义政治现象：过多地抨击现在，对未来的建议却无一以贯之的详细说明，彼此之间也未达成一致，未确立共同奋斗的目标。她们描述了胡乱幻想的未来，但从可怕的现在走向她们所提供的未来天堂的道路却并不令人信服。[2]

我没有什么天堂可以提供，这也许是因为我尚未在日常现实中，发现许多女性主义者在当前社会安排和经验中所看到的无药可救的地狱。是的，的确有许多现象不合理急需矫正。很多现象是丑陋的、肮脏的、暴力的、悲惨的、可怜的并且令人绝望。有些事让人恐惧、愤怒和怀疑。有些现实的确鼓励犬儒主义、冷漠和绝望。有时，人们会被身居高位的疯狂和腐化淹没，就像一个怒气冲冲意欲复仇的神会推翻世俗的神殿，号令闪电击向与纯真者的性命打赌的不正义和羞耻的傲慢者，并毁灭这个机会主义的冷酷世界，不论它号称民主、社会主义、革命抑或神圣。在这一刻，似乎没有什么比复仇更甜美、没有什么比冷酷的愤怒更恰切、没有什么比"现代启示录"更令人憧憬着迷。也正是在这些时刻，为了把自己从犬儒主义的逃避现实和死亡与光荣的堕落错觉中拯救出来，政治想象必定活跃起来，道德情感也会从冬眠中苏醒，

[1] Dunn, *Western Political Theory*, p. 97.
[2] 考虑一下戴利的女巫政治，布朗米勒在性与战争上两性平等的军事化斯巴达，费尔斯通的控制论美丽新世界，甚至是更加冷静的丁内斯坦的改变父母抚育和性别安排建议。

它也将同时作为个人经验与**公共规则和责任感**而复苏。

我们这一世纪尸骨累累：左（斯大林主义）与右（法西斯主义）致命政治的牺牲品，以及不那么直接致命最终却膨胀成为贪恋自由与漠视仁慈的否定生命的政治牺牲品。政治想象的任务必然是见证那些为最终解决方案、历史结局以及日常政治所剔除、操控、贬低抑或否定的牺牲者，而同时又不能落入感伤他们的牺牲并一再重复贬低他们术语的政治身份、语言和实践模式。从《圣经》的训诫"以剑为生者必死于剑下"，到摇滚乐队所表达的后革命时期工人阶级的犬儒主义，"遇到的新老板／与旧老板一样"，社会变革者及其未来的受益人已经收到警告，要避开暴力与高压的政治，要怀疑虚假的承诺，要不断质疑大胆假设却不小心求证的主张。作为人，女性主义者及其政治支持者与他人一样，都没能免于先锋主义的诱惑或者骗人信念的虚假安慰。

我反思未来的道德路标，包括了那些距离我们不远的伟大见证者，如加缪、朋霍费尔［Bonhoeffer］和薇依［Weil］。正是从他们当中，从我作为学生、作家、教师、学者、女性主义者、旅行者、行为者、妻子、四个孩子的母亲、我父母的孩子以及我兄弟姐妹的姐妹的广泛经验中，我学会了批判建立包罗万象的世界观的理论建构工作，这种世界观正如弗洛伊德所言："回答了所有问题，穷尽了各种方法。"那些需要绝对把握的人，必须把难以处理的人类资料硬塞进他们傲慢的模式，以使生活与抽象相结合。对所谓"整体"的追寻令人不快地接近于本世纪这一十足的政治错误：极权主义。生活如此多彩，多样性又如此珍贵，以致无法把生活抛给单一的定义或目的。尽管有那些足够自大或足够危险的人在尝试，但都没有最终解决方案。我在一种理论框架和有限政治的范围内呼吁重建公共与私人，不是因为我只能设想来自政治

301 的有限可能性，而恰恰是因为我知道政治太容易变成具有无限破坏可能的发动机，就像戴着刽子手面具的利维坦。意欲拯救其灵魂的女性主义，面对**需要**祭品才能实现的新秩序完全无计可施。

我们必须积极敦促个体朝着有价值的共同目标一致努力。我们必须坚定而明确地反对那些不足取的、以**未来**正义或自由之名摧毁当下之人的目标。我们没有幻想，也不悲观厌世。至于悲观主义的指控，我服膺加缪的回应："认为悲观主义哲学必然令人气馁，这种想法幼稚可笑。"[1]这种努力包括对下述问题的反思：我们当下的悲惨和不幸是否完全源于有缺陷的、剥削性的社会形式，因此必须予以改变；抑或，是否大部分不幸源于人对自己终有一死这个简单事实知之甚少。正如维特根斯坦提出的，在此类问题上，"光是逐渐照亮整体的"。每个努力要看得更清楚的反思性个体都明白这句话的真谛所在。只有个人不断坚持，光芒才会破晓。

以下讨论将分成两个部分，我将试图从贯穿女性主义和政治思想的立场出发，发现并阐明一些争论不休的、互相关联的困惑和问题。在第一部分，我指出了女性主义理论以及创造反思性女性主义话语方案的问题。理论活动确实与视觉有关。[2] *Theorein*，这个希腊词汇源于我们自身，意指注视或者观看。"看"是一种复杂行为，与思想一样随时间而变化。虽然不太可能为他人精确地再造一个人的观看过程，但我将通过先观察理论本身的活动来做一尝试。在本章的第二部分，我设想了公共与私人的重建模式，从而在想象上从特殊转向普遍，从具体转向抽象，从公共转向私人。

我在本章中所穿越的地带，不是与政治理论**有关**，就是政治

---

〔1〕 出自 Camus, *Notebooks*，转引自 Jacobsen, *Pride and Solace*, p. 145。
〔2〕 Gunnell, *Political Theory: Tradition and Interpretation*, pp. 136-139.

理论本身，是关于政治理论当代意蕴的实例。政治理论领域的学者们，太过频繁地完全投入到探究有关"父亲"的各种文本之中。结果就是频繁地制造对祖宗成法表示景仰的作品，却不对我们当前所面临的政治问题进行创造性反思。我并不想鼓吹我们应该抛弃"父亲们"，而是要求我们承认，我们不可能永远留在父亲们的房子中。林肯说得很好："平静的旧日信条已不适用于天翻地覆的今天……面对前所未有的局势，我们必须有新思维、新行动。**我们必须解放自己。**"[1]虽然于我们的先辈而言，在政治理论方面，过去绝不是平静的；但于我们而言，面对今日的风暴，过去的信条反而成了我们的避难所。所以，我才呼唤解放。

政治话语及其不满

这是我们所需要的：我们需要一种在自我理解中融入女性主体的女性解放叙事，这种自我理解正是整个女性解放叙事解释逻辑的必要特征；我们需要能够令人信服地说明创造女性公共与私人身份的基础和步骤；我们需要一条沿着公共与私人方向探究女性言论和语言的路径；我们需要创造一种政治思维模式，帮助女性从允许并支持批判性反思的有利视角重述社会现实；我们需要把那些看似合理的替代选择概念化；我们需要避开被迫重复历史的巨大引力，包括避免在新的伪装下一遍遍感伤女性的经历和不断复述她们所受的压迫。任务实际上相当艰巨。

没有包罗万象的解释逻辑可以为我们解决一切问题。一元论

[1]　引自 *The Collected Works of Abraham Lincoln*, ed. Roy Basler, 1: 488; 5: 537。

303 者们在人类生活的全部多样性问题上把解释与说明混在一起，并在"解释"人类生活时否定或取消这一多样性。我们有时需要在女性的特殊社会位置上检验个体女性的主体性，探究其内部和外部现实；有时又需要把个体女性的主体性融入一些集合概念，比如性别、种族和阶级，因为我们的理论目标是解释整个社会秩序的制度或结构特征。心理分析理论对资本主义条件下女性政治经济地位的说明，并不比马克思主义经济理论对女性心理和自我认同感的一贯理解更多。

对女性主体性的探寻，同时也是在沿着公共与私人方向，寻找旨在解释、理解和批判的考察形式。这意味着理论家必须毫不犹豫地拒绝任何要求或者认可把理论家自己的观点强加于女性主义的解释模式，涉及的问题包括：她是谁、她想要什么以及在探究女性主体的自我理解之前她应该具备什么。每个批判性的女性主义思想家，都要考虑如何在不支持、不操控、不扭曲的情况下把人作为政治考察的对象。正如弗洛伊德的讽刺性提醒，那些抽象形式的嗜好者们，起劲地把包括人类在内的真正"对象"视为抽象物；好像是抽象物而非人类，在世界上具有实在的存在、能动作用和价值。[1]人们不可能从一个遥远的学术距离考察人类种族，并宣称已经为那人们从未真正认真对待的，所有没有名字、没有面孔的抽象物发现了真理；也不可能继续为我所呼吁的女性解放提供解释。

人们必须首先把女性主体**定位在**创造一种**为了**她并**关于**她的女性主义政治理论上。[2]在下述情况下人们必须拒绝接受女性的政

---

〔1〕　Freud, "The Unconscious," p. 204.

〔2〕　比较史密斯［Smith］引发争论的文章，"A Sociology for Women,"（pp. 135-188）。我把史密斯对社会学主体的重建作为我讨论的一个"问题点"。

治沉默：要么把她们传统上特殊的、地方性的具体社会地位视为理所当然；要么给这些地位贴个标签然后转向其他更"重要"之事。人们必须研究女性主体在当代如何看待自己，或者愿意如何看待自己，以及社会是否赋予其发言机会申明自己的存在。女性主义政治思想家的目标是以重要的方式改变女性的行为准则及其社会世界。这需要将女性定位为政治和社会调查的主体，而不是当代众多社会科学领域所呈现的空洞社会力量的抽象"产品"。[1]必须把作为调查对象的女性主体，视为具有强烈人格的直观生活世界的积极行动者。

当女性主体探究她的生活世界时，以前受制于禁口令的日常存在维度将公开接受审查。对政治分析家而言，这种意识动力带来了一个严肃的问题，即在她人的自我发现过程中，分析家本身应该如何扮演积极和介入的角色？女性主义社会学家多萝西·史密斯［Dorothy Smith］写道："我们可以尝试为女性发展出关于其状况、日常世界以及与之关联的在较大社会经济组织中的日常生活决策的分析、描述和理解。"这说明她在一系列选择中把自己最终定位为活跃分子。[2]女性主体无法独立承担这项任务，因为正是女性的私人化和特殊化这一类术语，使其无法与史密斯欲为之发展的概念建立联系。

史密斯的路径避免了下述自大的假设：分析家不必看到或听到其主体就能准确描述她们的世界。她阐述了我将提到的从部分到整体、再从整体到部分的解释学，这种解释学的探究始于主体

─────────

〔1〕 丹尼斯·朗恩［Dennis Wrong］对无实体主体的批判仍然很重要，参见 "The Over-Socialized Conception of Man in Modern Sociology," in *American Sociological Review*, pp. 183-193。

〔2〕 Smith, "A Sociology for Women," p. 173.

的自我描述，只有打破沉默才能进行对话。随后便是分析家对那些自我描述的解释，分析家把它们融入使之在更抽象的理解层面也具有解释力的理论框架，从而使之更为宽泛、明白易懂。我还提出第三步建议（尽管史密斯没有），即基于主体自我诠释的概念形式应该与主体共享，以此探究，在他们看来这个分析是否看上去可以理解、可以信赖，抑或是否被某种严重或最为不幸的贬低方式曲解了。这引发了许多问题，包括主体基于对自我理解的曲解，或者简而言之，基于为自己"辩护"的需要而进行**反抗**的力量。这是他们必须面对而不能否认的难题。[1]

史密斯暗示但又避而不答的最后一个难题在于：为什么应该把个人化、地方化和特殊的女性主体带入更抽象、更理性化和更普遍的模式中？可以肯定的是，我在此要重塑的私人特殊领域与更宽泛的社会组织存在确定关系，而不论私人主体是否认可这一点。但是，私人世界也释放出自身的价值和规则，这部分是因为它**是**特殊性与日常具体意义的舞台。如果这种模式完全受到压制以便有利于满足分析抽象人格的需要，有利于理性化、技术化和普遍化，那谁还会关注维持生活意义的悲欢小世界呢？换句话说，史密斯或者任何一位女性主义政治思想家，是否真想替换普遍的官僚主义社会—经济规则条件，从而重新定位女性主体，重新建构其传统身份的母体；如此一来，随着女性获得公共身份，她们是否会失去这个他者世界、失去彻底嵌入其中的价值？

如果我们可以接受将我们的思想转向这个问题，也许就会看到，或许正是在同情许多女性对女性主义运动和人们所提议的生存方式持有的恐惧和矛盾时，亲身体验到的不快或者阵阵懊悔，

[1] Robin 的 *Worlds of Pain* 是我此处描述的动力机制的生动例证。

将有助于她们的解放，有助于将她们从家庭牢笼中"解放"出来。
这也许可以帮助我们理解那些好战的活跃分子一门心思想要否定
的东西：有得必有失；对既定秩序的攻击，既会触及使生活有价
值、多样和迷人的一面，也会触及令生活带有剥削性和不公正的
一面。事实上，没有人可以预测重要社会变革的成果，尽管社会
变革者都希望他们的潜在支持者只关注最乐观的可能。

306

相对于探究性模式而言，还有一种启发性模式，它把女性的
自我理解作为核心、方法和目标，促进女性在整个积极参与过程
中形成自我意识。这就是著名的世界变革者西蒙娜·德·波伏娃
［Sinmon de Beauvoir］在其女性主义经典作品《第二性》中所采用
的社会分析形式。乍一看，波伏娃和我似乎在进行同一种活动：
我们都关注社会中的现代女性，我们都希望女性改变她所继承的、
在某些方面对其自身构成限制或破坏的观念，我们都希望变革向
着使女性世界更加美好的方向发展。但是，波伏娃的分析立场颇
为长远，塑造了一种令人不安的抽象模型。一旦波伏娃选择萨特
的范畴作为自己进行社会描述和分析的中心术语，**为了**女性的政
治探究和波伏娃**关于**女性的理论之间也就有了明显差异，萨特的
那些范畴在日常对话中没有任何意义，社会参与者本身也无法加
以利用。当然，依靠波伏娃长篇巨作指路的女性也可以学会"内
在性［Immanence］"和"超越性［Transcendence］"这类语言。但
是，如果她希望向他人陈述自己的状况，劝说他人接受自己的观
点，而不是以出众的知识打击他人，她就**必须**能够以个人的、政
治的和社会的这些众所共享的术语来阐述自己。

波伏娃没有从女性主体的自我理解出发，而是通过把女性
主体固定在她所说的"内在性"这一黏合剂上来标识她们，内在
性这个变量指涉萨特的自在的存在［Being-for-itself］（顺便说一

307 下，不是存在本身 Being-to-be）。与萨特一样，波伏娃将女性等同于自然、实践—惰性和"内在性"的领域。日常生活世界首先被视为一种抽象物，随即被谴责为困境、泥沼和非文明。波伏娃将"内在性"与所有那些明亮、有价值和文明的东西（以及男人的工作！），也就是"超越性"的领域（萨特的自为的存在，肯定是存在本身）进行对比。波伏娃在地方性和特殊性的网络中刻画她的主体，但她没有从主体自我理解的视角构建她的分析，而把她们与在"超越性"领域中进行"自由设计"的男性做了不恰当的对比。虽然波伏娃以演绎推理的方式（一种与女性的社会身份没有任何联系的形而上的建构，一种与现象性实在分离的本质范畴）宣布女性是自由和自主的，但却把她们置于一个声称是已经确定了的、完全缺乏自主性的区域。[1]

波伏娃以解放之名对她的主体发起攻击。人们总是把女性和男性进行不公平的比较。例如，波伏娃赞许地引用了一位男作家的看法，此人偶然发现：男性的身体有自己的完整性，离开女性"也有意义"；然而，女性的身体，即萨特所谓女人那"不幸的构造"，是一种"看上去自身缺乏意义"的身体。[2]这种自恋的男性观点，让人想到了那些将女性视为非婚生男人、并非完整之人的希腊厌女主义者，波伏娃却把它当作严肃的至理篇章加以重复，而不是将其作为男性的"自卖自夸"进行追问。

由于获准进入"超越性"领域需要付出代价，波伏娃的女性主体必须脱离其女性身份。波伏娃宣称，成为男性或男人是文明化的必要部分，而女性处在硬币的另一面，外在于文明又无关紧要。这

---

〔1〕 de Beauvoir, *The Second Sex*, p. 642.
〔2〕 *Ibid*., p. xvi.

种形式是对"必要条件"和"重要组成部分"这种亚里士多德式类型学的存在主义重塑。那些认为波伏娃只是简单描述了"是什么"而反对我对其进行批判的人是不恰当的，他们没有正确领会波伏娃在整本书中所论证和例证的坚决主张，描述从来都不是中立的。相反，描述可以从道德的或批判的观点进行构思，这种观点允许我们质疑并探究"是什么"；抑或可以从一种以解放人类为明确目标的抽象而全知的观点出发进行构思，不过这种构思的过程却贬低或损害了人类的尊严、自我认同以及我们人性的社会基础。

对于她认为陷入"内在性""自身缺乏意义"的女性身体而言，波伏娃所选择的描述语具有道德和政治含义。她所采用的一套术语可以事先让大多数女性三缄其口，抑或给她们一种暗含强制性的替代选择。她们可以用"内在性"的语言说话，继续在文明之外唠唠叨叨，这在某种程度上源于她们所处的困境；她们也可以用文明的声音说话，这是一种男性的声音，为男性所建构，供男性使用，并与男性有关。考虑到这些替代选择，波伏娃命令女性扔掉"内在性"的面纱，进入"超越性"的世界，变成萨特式的男人，宣称世界是她们的，她们可以按照自己的意愿对待世界。[1]波伏娃所提出的，不是女性自我发现和反思其生活世界之条件的缓慢过程，而是世界历史图景的诱惑，以此迫使女性承认其自身存在的渺小。她宣称：

————————

[1] 对把萨特式的男人作为抽象的个人主义幻象予以重塑和进行军事化的应用，以及把人类解放作为宏大自我的人类解放的批判，参见 Jean Bethke Elshtain, "Liberal Heresies: Existentialism and Repressive Feminism," in *Liberalism and the Modern Polity*, ed. Michael C. Gargas McGrath, pp. 37-41。玛丽·米德格雷写道："存在主义的真正可怕之处……在于它的进程，它认为这个世界只有两个方面：死的物质（东西）和完全理性的、受过教育的成年人，就好像世上再也没有其他生命形式。"（*Beast and Man*, p. 18）

我们所说的伟大男性，就是以某种方式承担世界重任的那些人，不论他们做得好坏，不论他们成功再造了它还是最终归于失败，他们首先已经承担了巨大的负担……**为了把世界视为某个人的……这个人必须属于特权阶层、属于那些要通过改变世界来证明世界合法性的人……**[1]

309　当波伏娃敦促女性像现在"忙碌的男性"那样"工具"地利用"性"时，她完全是把男性模式视为了标准的先进模式。她写道，一个忙碌的女性，"一个消耗自己能量、有责任感、知道努力与整个世界的反对作战的那么艰难忙碌的女性，与男人一样，不仅需要满足身体欲望，而且要享受愉快的性冒险所提供的轻松和不同"。[2]然而，人们要求女性始终保持她们的高贵。

这种对男性英雄、性工具主义和男性界定的身份模式的赞颂，构筑在一本以呼吁"女性彻底的经济和社会平等"作为结论的著作之中；而平等的前提条件是女性的"内部蜕变"。问题在于波伏娃提前知道这一蜕变的轨迹。与柏拉图承认女性护卫者所依据的条件一样，波伏娃要求女性进行自我否定。

波伏娃对女性自我否定的屈从在《第二性》开篇讨论"生物学数据"时过于明显、令人不快。她坚持与女性的具体化保持距离，就好像对她而言那令人不快并且相隔遥远。女性被描述为"受害物种"。男性被描述成充满了男性支配感，这种支配感甚至延伸至再生产生命（例如，男性的生命在精子中获得"超越"等）。女性主体，只因生为女性，就要受尽异化之苦，这种异化不像马克思所说

---

〔1〕　de Beauvoir, *The Second Sex*, p. 671.

〔2〕　*Ibid*., p. 646.

的那样植根于受压迫、受剥削的社会结构和安排，而植根于她生育孩子的生物能力。怀孕被描述为女性异化于她自身的预兆（与男性通过精子得以超越不同，女性不能通过她的生殖能力获得超越）。

婴儿被描述为一个"房客"，一个依附于母亲存在的寄生虫。月经可怕而令人厌恶。抚育只会让母亲精疲力竭，波伏娃绝不承认抚养或任何其他女性生育抚育行为**对于**和**为了**主体本身能有什么意义或者深刻的情感价值。有一项特殊声明揭示了波伏娃投射在所有女性身上的极度厌恶。她把女性的乳房称为一堆"乳腺"，"在女性的个人经济中没有什么用处：**它们可以在生命的任何时间切除**"。[1] 一个男内科医生，如果如此漫不经心地忽视女性因乳房切除术所受折磨的敏感而表达上述观点，肯定会因为他的性别主义而受到抨击。没有哪个分析家当他的主体在特别关心的事务上（对女性而言，这些事务通常包括——正如成千上万女性在意识觉醒中所学得的——反思一个人的身体和一个人在社会上所感受到的与身体相关的羞耻感或者矛盾心态，以及如何通过自我肯定而非否定获得生物意义上的完整感）开始打破沉默之际，从心不在焉、暴躁和蔑视的立场出发（一如波伏娃所表现的那样），能够真正看待和聆听她们。

对于把女性主体的自我理解作为核心问题的人而言，拒绝波伏娃的方法，在本质上并不会告诉我们政治话语的目标所在。政治话语作为一种本质特征，如何能够具体地表达手段和目的，以及一种达致自我和他人之间变化的知识过程：真理是否并非一种抽象表达的自在之物，而是两个或更多人之间意义的积极创造？[2] 无论是不

---

〔1〕　de Beauvoir, *The Second Sex*, p. 24.

〔2〕　Wolfgang Loch, "Some Comments on the Subject of Psychoanalysis and Truth," in *Truth, Consciousness and Reality*, ed. Joseph R. Smith, p. 221.

是女性主义的，如果对真理和意义的探索不是去复制那些让被动的主体简单接受专家或梦想家所揭示的"真理"的方法，那这种探索就必须是对变革和重构知识的动态的社会探索。

这暗示了另一个有趣的方法，对于女性主义者，尤其是那些将女性主义当作一个过程或一种手段和目的的女性主义者而言，可以利用心理分析的话语，这一话语实际上根源于将表达和探寻真理的道德与理论规则具体化的理论。例如，心理分析家和哲学家沃尔夫冈·洛赫［Wolfgang Loch］把真理描述为积极建构有意义的东西，并认为主体有赖于这些真理以过一种完全清醒而非梦游式的生活。要达致这种对政治话语和政治行为有深刻影响的真理，就必须进行一种特殊的对话，这种对话本身就是最终出现的真理的一种特性。追求真理的手段不能脱离真理建构的目的。对于洛赫而言，这种对话的主旨是主体本身自发自为地达致真理，但对话必须在非强制交流的社会框架内进行，正如在希伯来传统中人们可以站在岩石上畅所欲言。[1]这一动态过程包括但不仅止于诠释，即抽取一种隐藏的含义；它还把主体与分析者（或类似的政治思想家）都牵涉进建构与重构以未来为目标的真理中。

这意味着旨在建构新的意义、让主体变得更加容易理解的政治话语，必定会在人类言论或话语反思不受支配、不受强制、不受操控的场域内，即一种近似尤根·哈贝马斯所谓"理想话语的情境"内出现。[2]对于女性解放的批判性叙述而言，这种理想的卓越之处在于，它为从主体个人的观点出发、把"解放"建构为人们所

---

[1]   Wolfgang Loch, "Some Comments on the Subject of Psychoanalysis and Truth," in *Truth, Consciousness and Reality*, ed. Joseph R. Smith, p. 237. 转引自 Freud, "Constructions in Analysis," *Standard Edition*, 23: 255-270。

[2]   Jürgen Habermas, *Legitimation Crisis*.

积极追寻的意义和目的提供了动机。如果发生在操控、强制或沉默的环境中，这种寻求就会扭曲。政治话语的含义只是：旨在发现"真理"的政治思想者必须在她的工作中，使心理分析对话的非强制性条件尽可能接近"理想话语"的情境。政治话语的"理想话语情境"的相关特征包括：摒弃羞耻和罪恶导向的说教，并且不做抽象评价。对于那些坚持认为我的说法会让政治话语几乎不可能的人，我的回应是：这种"理想话语情境"是一种有价值的现实图景，是一种用于评估我们自身是否努力的标准。尽管我们无法完美地实现"理想话语情境"，但我们通过政治话语去建构变革之意义，需要这样一种理想作为一种探究的模式和最终的目的。

那些将女性主体的自我理解作为政治探究的核心特征，并继续将非强制性的人类话语理想确定为分析女性是否受压制之标准的女性主义分析者们，在理想上有能力进行批判性的探究，比如探究美国的反堕胎生命权运动。这场运动鼓舞了成千上万从未参与过政治的女性，积极发起组织、游行、散发传单、请愿、大谈政治、守夜、静坐、游说国会，甚至是激烈地质问和袭击（尽管这远不及生命权主张者从自己先入为主的精神中所声称的女性主义目标）。许多女性主义者，或者对"支持堕胎"或"主张人工流产合法化"持同情态度的人（这些人被指自视优越，而且被刻板地描述为反动派和右翼分子、天主教会的无知受骗者、狂热分子，以及受到误导，认同男性的，站在进步、启蒙和所有理性与良善对立面的人），一直都在攻击主张生命权的女性。一位女性主义者最近写了一篇文章论述"支持生命"运动，把这些人称为"新法西斯主义者"。

我并不是在暗示女性主义者及其支持者所提出的控诉不是事实。我所述问题的关键在于：如果我们不允许主张生命权的女性按照自己的理解说出真理，不从尊重她们通过非强制对话创造意义的人之为人的可能性这一立场出发吸引她们——这种对话要求研究者同情、开放并愿意接受和探索她并不赞同的替代选择，那我们就将继续扭曲、专横和偏执地对待她们（在那些将生命权论者刻画成唯命是从的教会奴才的、"主张人工流产合法化"的人中，存在一种反对天主教的偏见）。

同情地看待和聆听主张生命权的女性，并把她本人的认知作为批判性探究的起点而非终点来理解她的立场，为理论考察提出了另一个建议。通过判断女性主义者是否赞成保障堕胎权的罗诉韦德案[1]对堕胎的论证，有助于为探究女性主义在堕胎问题上的正统观念提供启发意义。这种探索式的考察将探究女性主义者对堕胎问题的自我理解；而无论这种自我理解是一种把人类当作切断了与共同体或传统之纽带的纯粹自我的幻象，还是一种对于激进隐私观的恪守——这种隐私观削弱了从他人的个人观点不能对我们施加任何要求的宽容的道德观出发提出的所有严肃的政治主张。我认为，支持堕胎和生命权的立场都可能比较草率，并因此需要探究和探索式的重新检视。我进而认为，目前这种使两个女性群体彼此竞争并成为难以和解的仇敌的**政治**局势，让理想话语情境的镜像得以具体化：这个环境充满强制、操控和压制因素，每一方都指责对方一方面反对解放、正义、平等、选择和自由，另一方面反对道德、人类共同体、家庭关系和家庭价值，反对重新确定人类生命或者其他生命的神圣与价值的不容质疑性。

最终，人们必须找到从自我理解、现实和意义的社会建构走向批判的一以贯之的方式。布赖恩·费伊［Brian Fay］为女性解

—————

〔1〕　*Roe v. Wade*, 410 U.S. 113（1973）.

放的批判性叙述提供了一系列标准。我汲取其中一些观点为我所用。[1] 费伊的论证比较晦涩，我将浓缩其核心特征。首先，他论证了思想有助于我们和我们的社会世界保持原貌。其次，他主张任何人类行为都有动机，都可以解释。再次，与第二点相关的是，人类彼此之间正是通过行为展示自己，费伊强调的是**政治**行为，他假定在人类之间彼此展示的各种活动中，政治对我们有某种首要要求；因此，对于变成并被他人视为一个人而言，政治行为必不可少。第四，我们的行为、思想以及所衍生的活动可能或轻或重地被混搅、扭曲或者混淆了。第五，也是费伊的立论基础所在，存在一些真正的人类需要、希望、目标、意图和欲望；这些需求都有原动力；它们可能会被扭曲和破坏；即使被扭曲了，它们也是必不可少的。最后，它们堪称**任何**社会存在形式和社会变革可能性的基本前提假设。

正如我对波伏娃的批判那样，为了完成他那艰巨的任务，费伊一开始就坚持批判性思想者的知识诉求必须基本上可以转换成日常语言，而且这些主张必须能够以人类主体的自我理解为基础，即便人们的批判目标最终是说服这些主体以不同方式设想自己及其处境。[2] 费伊坚决拒绝将先锋主义作为一种立场，这种立场在从道德观出发的批判性冒进上占有一席之地。他的批判姿态既不包括强制，也不包括操控那些他致力于改变的人的生活。费伊所说的社会理论家是一种教育家，他将"理想言语情境"与各种强制和操控模式进行比较，并进一步把理解和批判与人的可能性和民主目标联系起来。

---

〔1〕　Fay, *Social Theory and Political Practice, passim.*
〔2〕　*Ibid.,* 特别是第五章，包括 pp. 92-110。

我将更为严格地检视费伊叙述维度中的"意识形态批判"这一概念，这种批判是暴露自我理解受到曲解的各种模式，并探究其主体自我认同的各种扭曲形式的过程。在费伊为女性解放的批判理论所拟定的议程中，意识形态批判是一根顶梁柱，任何此类理论都必须阐明，性别主义的社会秩序破坏并扭曲女性个体的方式，进而阐述她们和社会秩序得以改变和解放的可能性得以实现的方式。[1]

费伊的意识形态批判中最具煽动性的维度是，他坚持认为意识形态从不只是一种扭曲或谎言，就像神经症状之于心理分析学者那样，意识形态的表达是一种复杂结构的线索和特征，由明显的和潜在的、表面的和深层的迫切需求组成。像处理无序状态那样把一种症状作为完全虚假的信念表达（例如，病人深信他的左耳掉了，尽管他的耳朵还明显长在他的头上）予以忽视的分析者，不会成为优秀的分析者。就像我们所有混淆、不一致、不连贯、不可思议或者纯粹误传的信念一样，这种表达是我们进入根本动机、真实需要以及较少扭曲的自我和他人观念的敲门砖。政治理论家必须认真倾听，并移情地关注个体所做、所说的每件事，或者他们认为重要并有意义的每件事。这种对真理的揭示，或较少的意义扭曲以及意识形态的批判是一种矫正过程。

举一个实例即可说明这一关键所在。许多女性，尤其是女性主义者，都认为一种自称为"完整女人气质"的现象令人震惊、相当愚蠢甚至非常反感，这种"气质"表达了女性的一种"错误意识"。这一运动的创始人是马拉布尔·摩尔根［Marabel

---

[1] Fay, *Social Theory and Political Practice*, p. 100. 这种批判的例证，参见 Jean Bethke Elshtain, "'Thank Heaven for Little Girls': The Dialectics of Development," *Politics* 10: 139-148。

Morgan], 他在 1973 年写了一本名为《完整女人》的书，成为 70 年代十大畅销书之一（截至 1979 年底，这本书已发行了 103000 本精装本和 270000 本平装本）。"完整女人"运动看上去征募了成千上万焦虑、不快、无聊、困惑、不满和愤怒的女性，鼓励这些女性"说出"她们的不幸，之后她们就会得到一份结束其痛苦的处方。从批判性的女性主义视角来看，这种治疗很可疑，看上去这副大剂量处方首先要让女性变得悲惨。这项运动要求女性变成"快乐的家庭主妇"和诱人的魅力女性，要求她们用理解的微笑、暖心的声音和无限地无私来处理所遇到的每一种烦恼（我的描述语显然已经表明了对这一现象的批判立场）。用我的话来说，社会思想者所忽略的，女性主义者所谴责的，我们只能冒险做出似乎合理的推测的问题在于：**为什么**这么多女性乐意报名变成"完整女人"，这场运动提供了何种她们以前受到否定的意义，它如何帮助她们获得可以作为其生活基础的自我认同。

对"完整女人"的批判性探究有助于从参与这个运动的女性身上发现她们的动机，也就是她们参与这场运动的驱动力。如果"完整女人"的意识形态受到**彻底**贬低，这就不仅是一个糟糕的起点，会阻碍移情式聆听参与者的立场，而且是一种自以为是的社会理论研究方式。如果我们支持费伊的看法，把意识形态视为根本意义和真理的线索，调查"完整女人气质"就可以帮助我们分析希望、恐惧、欲望、目标、焦虑、厌倦、无目的、困惑或者绝望，这些感受刺激了如此多的女性希望变成"完整女人"。这些通过对话和探索揭示的信仰与态度将会受到认真对待。最终，有可能说服她接受她所支持的"完整女人"信念本质上存在矛盾或冲突，这部分是因为现代社会生活本身就存在矛盾冲突，所以没有任何女性会实现"完整女人"的理想，或者为她自己及其社会身份找到一处安全所在。我说过这有可能，但作为第一步，它需要鼓励主体**扩展**自我理解，从其自身社会地位中抽取一些方面。通过这种方式，我们可以看到她的家庭及其自身的结构压力，以及这些因素如何牵涉她所感受的不幸和她想要改变自我的愿望。

在用言语进行自我揭示，并同时在获知现代社会中持有不同女性观的另一个人的自我揭示之后，如果她断定，"完整女人"和当代社会生活组织所要达成的意义根本不一致，她那焦虑不安的心理负担就将转向考虑导致其困顿的那些社会力量。[1] 如果她并未从自我理解转向批判，理论家也就没有特权以任何方式迫使或者操控她。尽管根据连贯的、内部一致的和似乎合理的标准，政治思想者可以提供更好的选择，但如果那些生活世界和自我认同旨在解释、说明并转向变革的主体不接受这种选择，强制同意就将巧妙且无可挽回地削弱批判性思想者必须保有的手段与目的关系。人们可以想起尤金·奥尼尔［Eugene O'Neill］的"送冰的人来了［The Iceman Cometh］"，想起希基［Hickey］顽固而狂热地坚持让他那为幻想所困的同伴学会面对他们自身及其状况的痛苦现实。结果却是灾难性的。有时幻想也许必要，对于某些人而言，在某些时候，幻想只是为了生存下去。[2]

317

---

[1] Fay, *Social Theory and Political Practice*, p. 101.

[2] Freud, "Introductory Lectures on Psychoanalysis," *Standard Edition*, vols. 15 and 16. 弗洛伊德对心理分析治疗的道德困境和直接介入人们精神生活的叙述产生了疑问，后者从来就不只涉及精神生活，而是包括了整个社会网络。案例涉及一位年轻女性，她有时以"生病"为由来逃避丈夫对其需要的漠视，逃避妻子和母亲的负担与责任。考虑到病人客观上缺乏选择，并且事实上她绝对无法打破她对丈夫的经济和情感依赖，弗洛伊德发现，更好的方法是允许这位女性"在病中逃避"，而不是让她面对她周期性无力的自私本性。

重建公共与私人

我请读者在脑海中想象理查德·E.李基［Richard E. Leakey］和罗杰·卢因［Roger Lewin］在《起源》中所描述的那个很久以前的遥远场景。在当前的混乱与喧哗之中，或许下面这段话可以作为一种衡量标尺。

> ……在伊拉克扎格洛斯山麓的沙尼达洞……**大约六万年前**的一个六月天，**一个男人**在不同寻常的环境中**被埋葬**。
>
> 洞穴的湿度很不利于保存这个男人的尸骨，但花粉粒在这种环境下却保存完好。在法国巴黎人类博物馆内，化验沙尼达男尸周围土壤的研究者发现，**陪葬的是一些不同种类的花**。花粉粒在尸体化石周围有序地摆放，花显然是有意安放的，而非在埋葬尸体时随意扔进墓地的。看上去是这个男人的家人、朋友或许还有他部落中的成员，去地里采集来的一束束西洋蓍草、矢车菊、巴纳比蓟、千里光、麝香兰、木马尾，以及一些锦葵属植物。[1]

李基和卢因将这种带有非功利主义意识和微妙特征的有计划的埋葬，描述为生存者"显示他们强烈的自我意识和关注人类精神"的行为。李基和卢因认为，人类的社会性就像一根重要的线，从我们非常古老的起源贯穿至今。他们宣称，人类是"一种有独

318

---

[1] Richard E. Leakey and Roger Lewin, *Origins: What New Discoveries Reveal About the Emergence of our Species and its Possible Future*, p. 125.

特理由过群体生活的动物"。[1] 所有这一切不仅意味着我们是社会
性的动物，而且意味着我们是具有某种精神和身体渴求的深奥的
动物。我们生而需要作为**能力**的权力，去发现和创造意义。

我从几个假设开始我的最终反思，尽管这些假设并不具有任
意性，在抽象逻辑上也不是正式推演的最终产物，但他们有可能
被视为公理。首先，人类有一种与他人一起生活并在他人中间生
活的需要，这种需要与一种穿越时空的具体特性相关。我的第二
个假设是：人类需要发现、理解和创造意义，弗洛伊德称之为认
知本能，相关证据从史前一直延续至今。这种动力也可能受到损
害和歪曲，并且在这个意义上我们不再是完整的人。显然，我们
的祖先在收集蓟、麝香兰、木马尾和千里光的种子时，并没有功
利算计；他们不打算吃这些花和种子，或者拿来喂养动物。他们
没有那样想，他们只是按次序将这些纪念品撒在他们所爱之人的
墓地里。这个人是家庭成员，是部落成员，是他们中的一员。只
有参照我的假设或者类似的理由才能解释这种行为，这些假设或
者理由也许能够合理地构筑人类道德和社会存在的基础。

319　　在思考现在并重塑未来的过程中，人们发现，一些女性主义者
认为过去的时代完全是人类的浪费，也许只是一个父权式恐怖或者存
在普遍阶级冲突的冷酷故事。他们将创造一个未来，对他们而言，这
个未来无论如何都不会再制造长期堕落的人类历史，不会像今天这样
无条件向敌人开战。我并非这些人中的一员。围绕传统所进行的斗争
（传统是什么，我们应该如何看待它）是重建公共与私人概念的核心
所在。我不认同一些人的看法，他们认为历史没有任何权利对我们提

---

〔1〕 Richard E. Leakey and Roger Lewin, *Origins: What New Discoveries Reveal About the Emergence of our Species and its Possible Future*, p. 157.

出要求。另外一些人则认为传统是神圣的具体表现，它具有无可质疑的权利对我们提出要求，还可视为逃避现在的避难所。我的理想既不是完全拒绝现在，也不是怀旧地寻求回到过去，而是处理更为困难的任务：即评估历史对我们所提出的要求。一种特定的社会形式，比如家庭，可以追溯到史前以及所有书面历史，并且存在于我们所知的所有社会，这一事实是否构成对我们的一项重要要求，因为可以假定它表达了人类非常根本的东西，以至于对它的否定不是愚蠢就是疯狂？人们无法抽象地回答这个问题。相反，人们必须向过去取证，就像沙尼达洞穴的葬礼那样，把这些证据作为通向巨大而令人生畏的神秘物的线索，在一系列替代方案的一端，这些神秘物具体表现了真正的人类法则，即作为本次考察出发点的那些基本观念。

斯图尔特·汉普希尔为反思人类及其世界勾勒了一个非功利主义的起点（我已经引用了其中一个线索：六万年前，人类的动机不可能归于功利范畴或者算计），即**每一种生活方式**都将以下述道德观念为基础，它包括："在某些极为不同且明确标识的行为领域中对行为的禁止和阻止，依据一个特定社会的法律和习俗来规定人类生活、性功能、家庭的责任和义务，还有司法……以及道德至少是规范生活和性关系的准则。"[1] 每一种生活方式都会在其社会形式中使一套基本观念具体化，因为**任何生活方式的**创造和维持首先就需要道德基础。如果没有这一系列道德规则和禁令、基本观念和符号形式，**人类**社会也就不会存在。

费尔斯通和戴利等女性主义者的文本所呈现的人类生活的自由画卷，提出了一个抽象的未来社会计划，而这一计划却不是由一系列把我们与过去现在联系起来的基本道德观念与禁令编制起来

_320_

---

[1] Hampshire, *Morality and Pessimism*, p. 12.

的。因此，他们现在与未来的画卷都变成了关于社会和人类现实的修辞；一切都塑造得过于抽象，至于人类是什么、关于什么和以某些方式保留了什么这些具体问题，则流于幻想和平庸。政治想象力的发挥，必须扎根于作为可敬生活方式之标准的道德概念和范畴，人们的思考也在这些道德概念和范畴之中展开。这意味着，人们必须摒弃认为可以完全克服过去的修辞性主张，还必须摒弃下述声明：为了保持道德重估中的复杂性，必须在对**所有**生活方式而言所必需的观念、规则及禁令，与那些具体体现**一种生活方式之特定理念**的观念、规则及禁令之间做出区分。比如，人们发现必须在公共与私人领域区分男女之间的关系，这在一定程度上是具有破坏性的，是与理想的生活方式不相容的，如果社会生活要以任何形式存在下去，男女之间必要的关系是绝对必需的。

为了做出这些区分，人们必须首先接受一些限制性的条件；人们必须承认，在我们的想象中，我们并非完全自由自在，尽管我们可能自我放任地接受我们的确完全自由自在这一观念。假若我们对嵌入生活方式理念的道德要求可以进行多种多样的评估，藉此，人们就不仅可能发生冲突，而且要接受冲突是不可避免的。女性主义空想者和革命者经常不是倒掉孩子的洗澡水，而是经常倒掉孩子而非洗澡水。也就是说，他们专注于自己所认为的女性为了获得"自由"而必须改变的事情，却把创造未来必不可少的所有限定条件都当作垃圾丢掉了。他们不会容忍异议，因为异议展现的是"男性身份"的有害思想。然而，牵涉道德主张的冲突是人之为人的部分意义所在。结束所有此类争论，正如一些女性主义者希望通过阐述一个包罗万象的真理磁石解决所有问题那样，这将会削弱创造意义的无尽动力，而创造意义正是人类精神正在进行的冒险。

因此，当我们思考公共与私人及其重建时，如果我们打算避免专横和抽象的思考，就要考虑各种道德主张，考虑涉及理想生活方式应该如何的竞争性人类价值。这种冲突是不可避免的。只有我们如此彻底地摧毁人类存在的基础时，我们才愿意参与激进和破坏性的社会外科手术，唯此方能实现目的、结果、德性与身份的和谐。在我们的世纪，纳粹和斯大林主义的实验一直是最破坏这种和谐的例证。[1] 如果人类存在的每个基础、每个规则和禁令，包括乱伦禁忌在内都"很容易实现"，那么那些不择手段的攫取者就将继承这个世界，而我们就将不再拥有继承这个世界的权利。

这种思考的结果在于：承认每一代后来者都必须尊重某些基本道德，都必须有一些"理所当然"的规则，否则，即便是推动我们的史前祖先在其所爱之人的墓地放置鲜花这一人类存在的最小方面也会遭到损害。传统的确有权对我们提出要求，历史也的确限制着我们。但在人类存在相互矛盾的**各种理念**上，可能也应该产生道德争论，因此也就是政治冲突：只要争论指涉并寄望于必要的道德基础，这些理念就可以争论、反思和拒绝。法西斯主义的可怕之处在于它彻底推翻了所有基本禁令。法西斯主义恐怖的最大标志也即所有此类恐怖和傲慢的象征，就是死亡集中营。

基于我承认限制性条件的存在，承认道德规则在人类生存基本领域中的必然性，以及我对人类的社会性和创造意义之需要的假设，我首先转向重建理想的私人世界。我不像工具主义者那样，把私人视为其本身并无用或者并不重要，而只是其他理想或者目标的必要条件；不会认为私人是理所当然的，也不会将之当作为

322

---

〔1〕 参见 Hampshire, "Public and Private Morality," and "Conversation with Bernard Williams," in *Modern British Philosophy*, ed. Bryan Magee, pp. 150-165。

了达到理想的全面社会正义而需要克服的某些东西，而是把它看作人类行为、道德反思、社会与历史关系、意义创造以及具备自身完整性的身份建构的一个场域。

在当代美国社会背景下讨论理想的私人世界，就是要讨论家庭。家庭在所有未来替代方案图景中都是关键，经常被改革和颠覆。女性主义者必然经常会把家庭制度拿出来作为女性受压迫的关键因素。[1] 尽管现在正在发生转变，但女性主义处理家庭问题所呈现的影像，仍然反映了女性主义正在寻求治疗的社会病的扭曲症状。我们当前社会病的一个主要症状，即我们的公共与私人社会制度及其意义和价值的普遍消失，这也正是我们的"合法性危机"。女性主义者和其他社会批判者在打破旧意识形态伪装上扮演了重要角色，这种伪装赞颂母职，却诋毁女性；赞美理想的私人生活，却不接受父母为了过庄重而有尊严的生活所使用的手段。

但是揭露意识形态的扭曲，并不等于建构自身不包含压制效应的替代方案。重建什么样的私人理想方可替代过去浪漫的意识形态，这种浪漫的意识形态要求并合理化了女性活动那尽管必要却处于次等地位的图景；以及，重建什么样的私人理想才能替代当前的女性主义意识形态，正是它在缺乏任何可行替代方案的情况下，推动着私人家庭生活的衰败和贬值。要设想这种理想的私人世界，人们就必须从几个层面来检视这个问题。首先，因为有一些人顽固地坚持家庭不是人类生活的必要特征，所以人们必须逻辑严密地阐明，家庭存在的某种形式是社会存在的前提性特征之一。其次，人们必须继续阐明一种家庭生活的**特定理想**，这种

323

————

[1] 我承认没有什么事物像"家庭"这样，但这个主题有多种变量。然而，在讨论必须融入**所有**家庭形式之中的规则以发挥其教化功能时，我认为只谈论"家庭"未免有过多的经济学味道。

理想不会重复过去女性受压迫和受剥削的条件。我将首先讨论最根本的层面，因为它是对这个问题进行任何反思性和理性探究的基础。

请读者再次回到过去，回到18世纪和19世纪早期。当时的学者和哲学家继承了启蒙运动思想，他们均非怯懦之辈。这些人毫不畏惧地提出了最根本的问题：人的本性是什么？正如我们所看到的，这一问题不容许简单地以人生来就是深受文化影响的动物来回应。人们如何从人的社会本性中条分缕析出他的自然本性？人们很少有机会直接观测，很少有机会实现科学家所谓可以再现自身的"可控试验"（尽管在某种意义上，家庭及其包括制度化在内的替代项不断提供带有可观测结果的有力证据）。一些人坚持认为自然状态中的人就是卢梭式的"高贵的野蛮人"，内心纯洁，充满爱心，尚未受到败坏社会的玷污；一些人认为脱离了人类的社会关系就没有任何"人类"本性可言，二者之间产生了激烈论争。"le jeune sauvage de l'Aveyron"，即亚维农野男孩事件，曾经有望帮助人们一劳永逸地解决人的本性问题。

1800年，亚维农野男孩在法国西南部被抓获。他多次逃跑又多次被抓回，一位自然主义者在这个过程中对他进行了详细描述，这些资料被保存至今。野男孩最终被安置在巴黎聋哑人研究所，受阿贝·西卡尔［Abbé Sicard］的监护。阿贝·西卡尔是聋人再教育权威，并且是对该案例特别感兴趣的人类观测者协会成员。该协会认为这个野男孩会帮助他们解决对人类本性、先天状态与后天抚育之间的关系以及是否有先天思想等哲学推测。

阿贝本人很快绝望地放弃了这个野男孩。这个男孩开启了人们的好奇和热情，却又很快让人失去兴趣并感到厌烦。因为，他并非卢梭所谓高贵野蛮人的化身，观测者发现，他只是一个"受抽筋和经常性痉挛影响的、令人讨厌的脏孩子，他像动物园里的某些动物那样不停地来回摇晃，会抓咬那些对抗他的人，对照料他的人也没表现出任何情感。简而言之，他对一切都无动于衷、漠不关心"。[1]

关键时刻，一位非凡的年轻人，二十六岁的让－马克－加斯帕德·伊塔尔［Jean-Marc-Gaspard Itard］医生参与进来。1800年，他接手负责野男孩的教育工作，他制订了适用于三岁起就被剥夺群体生活的、十二岁左右孩子的严格计划。那些像阿贝·西卡尔一样放弃野男孩的人，都坚持认为他被留在野蛮之中，是因为他是个白痴。伊塔尔的立场完全相反：他认为野男孩之所以是个白痴，是**因为**他被留在野蛮之中。尽管最终还是绝望，但伊塔尔不辞辛苦、煞费心思地努力教育和教化这个亚维农野男孩，是那个时代留给我们的最动人的历史。

伊塔尔发现，在人类社会关系之外，切断语言的组织结构，人类最基本的光觉、触觉和听觉都将无法专注、无法整合，结果就只有味觉了。他不得不分别关注维克托（为野男孩起的名字）的每一种感觉形态，首先激发或者开发它们，然后组织它们。但是，随着青春期的来临，所有这些努力都戛然而止。那种无法专注又不受控制的性欲如此强烈，早期努力统统落败，这个男孩重新回归到"野蛮"、不合群并且无法接触的状态。伊塔尔最终放弃努力。维克托被转交给一个研究所，他在那儿度过了他无人性存在的剩余时光。这个不寻常的故事强烈暗示了：在人类抚育的边界之外，人类不像野兽，它们在其居住地范围内是熟练灵巧的行

325

---

[1] Jean-Marc-Gaspard Itard, *The Wild Boy of Aveyron*, p. 4. 转引自 Harlan Lane, *The Wild Boy of Aveyron, passim*。

家里手，不过他们却是无人性的人类。我们就连最基本的感觉区分也有赖于抚养。

脱离了人类社会和语言，我们既无法识别客体，也不能建立范畴，不能参与社会关系。但是，读者肯定会挑剔说，没有哪个当代社会的批评者曾建议我们回到史前状态或者新的自然状态。也许没有人挑剔，至少不是以此类术语挑剔。但是，过去十五年来，我们已经看到了许多单亲家庭或丁克家庭，即非传统家庭现象，这种非社会存在备受赞颂。这些现象有好几种形式，包括没有生物性的核心家庭，所有个体，包括孩子在内，都将"自由"寻找最佳的契约交易从而安排自己的生活。比如，费尔斯通籍由专家进行的技术统治式抚养孩子的策略，通过赞颂孩子这一概念尚不存在的"美好过去"，过分否定孩子对他人的任何正当道德要求或者成年人对孩子的道德义务。当然，人们也可以补充说，在那个"美好过去"中，孩子们承担极其繁重的体力劳动，受到系统剥削和压榨，身心俱受蹂躏，却被视为理所当然、无须关注，因此孩子们人之为人的潜力生来就受到阻碍。费尔斯通认为贫民窟的黑人儿童可以不像白人儿童一般过备受压制的生活，这是在粉饰贫民窟的生活。当然，这是自然状态的当代版本，这个版本参照那个孩子"不受"成年人"约束"的神话般的黄金时代，以基于种族主义类型化的支持态度，在今天黑人受到压制的美国城市贫民窟中发掘出一种自然聚居状态，而贫民窟中的大量少数族裔同胞正因为失业、福利依赖、边缘化存在和劣等教育而受到谴责。[1]

终结家庭意识形态的第二个变量产生于 20 世纪 60 年代反文

---

[1]　Firestone, *Dialectic of Sex*, p. 101.

化的公社运动，许多社会反抗者将之视为核心家庭的替代品而转向它。这一转向主要是为了重建男女间的关系，并从缺乏道德关注和反思的立场出发，假定这些变革必然"有利于孩子"，因为孩子将成为"所有人的孩子"，而非"两个人的财产"。这种意识形态的力量在对反文化儿童进行的研究中是显而易见的。那些研究者"全面描述了几乎受到一致忽视、掠夺和折磨的孩子们；很多孩子缺乏教育、没有秩序、躁动不安；普遍令人讨厌、郁郁寡欢、营养不良。在这种令人伤感的描述之后，研究者们令人震惊地断言：在公社中抚养孩子是成功之道，因为公社消除了物质主义和竞争"。[1]尽管这种主张逻辑很不严密，却让我们想起乔多罗所坚持的看法：据推测，公社式替代方案更适于私人家庭的儿童抚育，因为它所产生的"个人主义"更少。

社会批判家在消除家庭或进行激进变革方面的另一主张和目标是工具主义的，即为了达成其他政治目的。其想法是，献身于家庭和私人关系及目的，不仅会削弱变革的根本任务（人们喜欢用"拉拢"这个词来描述和贬损），而且意味着以家庭为其结构支撑的社会迫使个体进行服务。言外之意，这里存在一个反事实的论证：**倘若没有任何可行的私人生活，公共生活将会变得更美好。**我在本章结尾会将公共与私人联系起来，届时我再讨论这一主张。

我在此重申：建立人类最低限度的基础即社会存在，离不开家庭关系和儿童抚育模式。我们所说的人类能力在家庭模式之外不可能存在，对人类而言，发扬光大特定的家庭理念是必要的。我马上就会直面这一挑战。但作为一种道德法则，家庭的地位首

327

---

[1] Alice S. Rossi, "A Biosocial Perspective on Parenting," in *Daedalus*, p. 16. 罗西［Rossi］讨论的是罗斯柴尔德和沃尔夫［Joan Rothschild and S. B.Wolf］的著作 *The Children of the Counterculture*。

先源于它在古今所有已知社会中普遍的泛文化存在。我们正在讨论的不是一种离题而松散的文化形式，而是一种永恒的形式。我们要做的是说明家庭关系的一种可能状态，论证它们对于我们在最低限度上成为人是必需的，而不是事无巨细地阐述人性可能被创造与滋养的具体形式。亚里士多德以降的所有政治理论家都强调政治的首要位置，把人（至少是指男性，如果不是指一般意义上的人的话）视为明显的政治动物，同时贬低私人领域，或者只是对私人领域做主观估计，他们这种严重曲解应该受到批判。正是家庭"渗透了我们对社会现实的全部认知"。正是家庭建构了我们的"共同人性"，因为我们对语言这一人性基础的使用源于各种家庭形式。这使家庭"成为人类文化的普遍基础……正如语言构成了人之为人的本质，而非理性的本质，因此正是家庭而非社会秩序使人成为人"。[1]

那些主张教化和身份建构也可在非家庭关系中完成的人，忽略了一些关键的反证，这些反证正是来自被抛弃、被忽视或被虐待的孩子，很多这样的孩子只存在于形式意义上的家庭牢笼里，还有

328

---

[1] Stuart Hampshire, "Joyce and Vico: The Middle Way," *New York Review of Books*, p. 8. 一些人也许会主张杀婴与人类历史一样古老，从而提出反证。按照我的逻辑，这是否意味着存在支持杀婴主张的推定？作为一种实践，杀婴的确很显见。但这种实践总是要进行赎罪或辩护的。关于在什么条件下，什么类型的婴儿将会被抛弃存在一些详细的规定。这种实践不会使生活本身或者生活方式的理想成为可能的道德法典，而是社会在参与其中的同时良心败坏，因此需要辩护和否定性实践。废除这种实践通常被视为道德进步的标志，此外，它一度表明如果情境诱因，特别是直接的经济紧张情况得到缓解或消除，更"自然"的人类本性就不会抛弃而会照料婴儿。参见 Maria W. Piers, *Infanticide, Past and Present*. 又见 George B. Forgie, *Patricide in the House Divided: A Psychological Interpretation of Lincoln and His Age*，这本书精彩地讨论了家庭隐喻和符号与 19 世纪中期美国政治和文化之间的联系。转引自 Jean Bethke Elshtain, "Family Reconstruction," *Commonweal*, pp. 430-431。

来自那些完全在各种机构中长大的孩子们、来自因为战争或社会灾难而在成长关键期与其家庭分离的孩子们、来自在不"抑制"其在反文化公社中发展的伪装下被漠视的孩子们，以及来自历史、人类学、社会理论和心理分析的案例研究所提供的大量证据。可以确定的是，女性主义政治思想家必须筛选出：非女性主义或反女性主义思想家所理解的家庭"装"的到底是些什么东西。然而，如果想把家庭形式中的两性关系改造得更加平等而忽略这些证据，就有可能导致出现一种令人生畏的、盲目乐观的未来景象，这一景象充满了对当前的曲解，并压制对重要道德法则的讨论。这让人想起19世纪争取女性选举权者觉得自己需要扮演社会反抗者和"女士"的双重角色，对他们所提出的问题进行辩论同样受到压制。直到最近，女性主义者才倾向于像反女性主义者那样，或者至少像针对异性恋关系和性爱倾向所进行的怀疑、开放和反思性的讨论那样，看待作为目的而非单单作为手段的孩子们的需要和身份，以及对为人父母的规范意义和对之进行的丰富阐释。

如果孩子们遭遇忽视与疏离之痛，他们的人性会受到伤害，并引发他们在生物心理层面天生即感受到的冒犯。如果假定人们不需要具体、特定和持续的依恋，**那么即使该依恋关系不存在，他也不会遭受扭曲和伤害之苦**。正如马克思的异化理论假设了一种理想的人类存在，这种理想（会）认为，如果不存在破坏性的剥削和压迫性的社会结构，我们目前所知的孩子们如果**缺乏对具体成年人强烈的早期依恋**将会发生什么，这允许我们断言我们正在讨论人类存在的一个必需的道德律令。

要想让孩子们将来在道德和社会上承担责任，并有可能成为自我反思的成年人，就必须在充满高度情感的环境中抚育他们，必须以建立基本信任的方式关爱他们。这需要具体施爱者持续在

场。只有通过与具体的他者、父母或者他们长期而非临时的代理
人建立有力的情感关系，才可能允许以通过父母的照料和关心，
建构起并调节孩子创造自我和他者关系的方式来抚养和保护孩子。
只有通过孩子将具体的他者内化，她或他以后才能认同家庭成员
以外的人。这些有力的早期关系堪称良心的模板，使卢梭所说的
成年人的移情、怜悯和同情品质成为可能。与柏拉图和费尔斯通
相反，这些关系不可能出现在抽象而分散的非家庭环境中。在缺
乏特定具体关系的情况下，家庭情感不可能融入或取代更为广泛
的整个社会网络。孩子将失去人类认同的能力。并非每个受到忽
视和虐待的孩子都变成了查尔斯·曼森［Charles Manson］，但每
个查尔斯·曼森都是受虐待和忽视的孩子。查尔斯·曼森大声呼
号道："监狱就是我的父亲。"对我们而言，将这些作为一个疯子
的喊叫而忽略，就是禁止对所有最基本事物进行道德反思。为了
拥有一部社会史，人们需要一部家庭史。正如斯坦利·豪尔瓦斯
［Stanley Hauerwas］所言：

　　……家庭作为我们连接时间的唯一手段，于我们的存在
而言，它在道德上是决定性的。没有家庭及其中的代际关系，
我们无法知道作为历史的存在意味着什么，结果就是我们的
历史决定了我们，而非相反。没有家庭，没有一个自己所有、
自己所享的故事，要在这个世界上动身前行，我们就只会为
今天居于统治地位的意识形态所俘获。[1]

弗洛伊德曾经做出过如下评论：儿童的无助感是道德动机的

---

〔1〕　Stanley Hauerwas, "The Moral Meaning of the Family," *Commonweal*, p. 435.

330 第一动因。剥夺婴儿深刻的情感关系，必然无法挽回地伤害我们以后创造并维持人类关系与社会关注的能力。如果这些能力无法在人生的早期获得发展，就再也无法拥有了。可怜的亚维农野男孩是个极端的例子，但任意一个十二岁的少年毫无悔意地谋杀他人则彰显了下述事实：被遗弃的痛楚导致儿童无法缓和她或他的攻击性冲动，无法找到"为爱所认可的替代表达模式"。[1] 塞尔玛·弗雷伯尔［Selma Fraiberg］写道："被遗弃之痛的显著特征在于，他／她无法建构人类关系……这类人的另一个惊人特征是，他们的情感世界相当贫乏。没有欢乐，没有悲伤，没有负罪感，也没有忏悔。没有人类关系，也就不可能形成良心；甚至连自我反省和自我批判也不会形成。"[2]

彻底制度化的儿童抚育模式，或者自称为家庭的模式，其复制家庭关系的方式只是空洞伤感地重复"兄弟""姐妹"和"家庭"这些家庭关系术语，而不是认真尝试再造和调整真正的代际关系（而非单纯同辈或者具体的代内关系），这会对儿童产生源于被遗弃之痛的破坏性影响。主要在制度化结构中抚育儿童的儿童抚育模式，也许与家庭一样都发挥着一种从属作用，这种模式可以避免某些被遗弃的痛楚，但更有可能造就顺从并过分社会化的规则遵从者，这样的人会绝对履行其"职责"，而且不会挑战成年人的权威。考虑到任务的程式化、日程的设定以及最初支撑这些安排的群体主流价值，过早让孩子们置身群体之中，会导致更多

---

〔1〕 Selma Fraiberg, *Every Child's Birthright*: *In Defence of Mothering*, p. 46. 可惜的是，一些女性主义者一直抨击这本书只是"母职意识形态"的再生产。与此相反，这本书从理论和临床角度论证了儿童的需要和权利，而且并不需要或要求女性的屈从。

〔2〕 *Ibid.*, p. 47.

适应遵奉者的压力而非相反。在制度化结构中长大的孩子们移情地认同他人的能力通常比较弱，因为他们"内化了"一种抽象而分散的权威，这种权威不服从现实检验，即不接受父母和兄弟姐妹情感中纷乱的"异同"和"爱恨"。

如果认为通过彻底消除生物性的家庭关系或在相当不同的社会安排中"再造"这种关系，便可以很容易地区分人们认为内在于家庭生活的"好的方面"与"坏的方面"，这就会彻底导致事实的混乱和混淆。如果把某种抽象结构或志趣相投的松散集合称为非血亲同辈"家庭"，就会草率地将我们最基本的人类关系视为单纯的历史偶然或者压迫关系的废弃物，没有深刻的内在逻辑，没有意义，也没有自己的目的。"人类关系进化至少要确保与一个实施抚育的人"或人们"之间保持长期的亲密关系"。[1]弗雷伯尔以一个严肃的评论作结："但在很大程度上，为每个婴儿确保稳定的人类伙伴关系就可以根除疏离的痛楚（无依无靠综合征）。如果我们认真对待这一证据，我们就必须认为一个被剥夺了伙伴的婴儿处于致命危险之中。这是一个被人掠走人性的婴儿。"[2]同样，女性主义政治思想家必须要问：如果完全拒绝以人类婴儿的身体和精神为代价获得的那些胜利，那她为自己或其他女性获得这个世界付出的代价是什么？如果女性主义现在不以这种反思为中心，就会置身于丧失其灵魂的危险之中。

关注理想私人领域重建的女性主义者，必须从申明孩子们与具体个体建立长期基本关系的本质需要开始。只有这样，才能通过在这一道德基础上追求自己理想的创造，走向第二个层次的探索与

---

[1] Selma Fraiberg, *Every Child's Birthright: In Defence of Mothering*, p. 56.
[2] *Ibid.*, p. 62.

挑战。第二个层面开始于阐明对当代社会现实丰富而具体的描述。着眼于"真实世界"的美国女性主义者发现，在我们的社会中，家庭对抚育孩子负有最重要责任。我熟悉的统计数字有时候被人引来*332* "证明"只有 7% 或 14% 的美国女性生活在"理想的核心家庭当中：丈夫挣钱，妻子不挣钱，两个孩子需要照料"。如果拿这些数字来证明家庭即将消亡，就会误导人。说它们误导人，是因为它们暗示，女性拿工资挣钱的家庭在某种意义上根本不是家庭；还因为它们暗示符合福利制度苛刻条件的单亲家庭不是家庭；最后，是因为它们把**所有**女性作为运算基数，几百万依然生活在父母家中的未婚年轻女性也包括在内了。而且，引述有争议的统计数字与提出认真的替代选项不同。人们经常兴奋地把这一家庭解体的"证据"拿来"证明"家庭瓦解，就好像这对未来只好不坏。即使这些统计数字无可质疑，人们也可以据以解释，当代资本主义社会已经非常严重地破坏了我们对最深刻的人类需要发挥作用的潜力或者能力，而对许多想获得代际关系的人而言，它已经使维系丰富而长久的代际关系变得困难或不可能。[1]

于是，注重反思的女性主义者从下述重要事实开始其思考：美国人依然热衷于家庭生活，而且这种热情需要强大的社会强制与操控才能摧毁。热衷于此的既有儿童也有成年人。无家可归、被抛弃或受忽视的孩子寻找"母亲们"和"父亲们"，是人们所能想象的家庭需要和家庭图景的深刻情感活动中最令人心碎和最动人的描述之一。罗伯特·科尔［Robert Coles］和迈拉·布卢邦德－兰纳［Myra Bluebond-Langner］之类的观察者所做的研究表

---

[1]　参见肯尼思·凯尼斯顿［Kenneth Keniston］与儿童问题卡内基委员会的 *All Our Children: The American Family Under Pressure*，其中令人惊惧地报告了不成比例地施加于一些美国家庭的不平等压力。

明，"家庭"是一种无处不在的力量，无论是作为日常现实还是作为人们的梦想，他们同时为这种对家庭的信奉提供了有力证据。[1]

333

美国儿童生活的具体现实、自我理解和社会理解，包括了一种对家庭理想的献身，这种家庭理想有时会令他们陷入自我批判之中。但需要强调的一点是，可以肯定这种理想不是单亲家庭或丁克家庭或无家庭的理想，而是一种更可取的家庭的理想。注重反思的女性主义者必须像关注女性主体那样，关注孩子们的具体存在和自我理解。其理论化及其提出的替代方案必须把这种关注放在核心位置。

与草率的激进正统观念相反，要想肯定并实现作为教化之所的理想家庭生活，就要对当前的社会结构和安排施加压力，而非断言它是合理的。因为一定程度上，公共世界连同其全部的政治、经济和官僚体系强力侵入并贬损了私人领域，正是它而非私人世界应该成为社会反抗和女性主义批判的靶子。为了推动能进一步削弱私人领域中的那些术语，以及人类生活中充斥的市场定义的替代政治，就要压制有关公共政治议题的话语，即便人们同时将这一破坏性影响的症状视为激进变革即将来临的"好兆头"。

这不是母职或者身为父母本身的行为和人性法则，而是在男性主导的意识形态和社会结构条件下对女性的孤立和贬低，人们必须与之斗争。母职经常被过分等同于女性主义者所称的"粗

---

〔1〕 此处我参考了罗伯特·科尔出版于 1977 年的不朽的五卷本巨献：*Children of Crisis*，卷五。迈拉·布卢邦德－兰纳的 *The Private World of Dying Children* 一书敏感地探究了绝症儿童的生活世界，以及他们及其家人经历这场悲剧的方式。还有赫伯特·加特曼［Herbert G. Gutman］的 *The Black Family in Slavery and Freedom 1750-1925*，该书记录了在极度的非文明环境下，受奴役者创造家庭关系和纽带的动力。当然，奴隶主的目标是腐蚀和破坏这些关系及其所提供的道德养料和勇气。

活"。在"解放"伪装之下，母亲受到贬低。在许多女性主义早期

论述中，母职被描述为导致女性心理和社会终极衰退、彻底自我

334　否定、身体恶化和缺乏自尊的一个因素。在美国男性的成功风气

之下，女性已经成为那种诋毁她们社会身份的形象的受害者，现

在她们又发现自己受到想要解放自己的那个群体的抨击。"我只是

一个母亲"，我从很多未就业女性口中听到过这句话，这反映了她

们的自尊在社会上注定会降低。

　　记得在 20 世纪 60 年代晚期，由于身陷母亲、研究生、未来

人类学家和政治理论家这些多重身份之中，我和一位朋友决定参

加一个尚在形成之中的女性主义团体，它标榜自己以转变思想和

行动为宗旨。在第一次会议中，她们要求我们分别讲述想到那儿

去的各种理由，并简述这次是怎么来的。轮到我朋友讲话时，她

开始说她在公共与私人价值、义务和目的上所遇到的冲突，她的

负罪感以及她的困惑：那种追求究竟是反映了受男性支配的社会

价值，还是对模糊状况的真正回应。刚刚说到这儿，一位"辅导

员"突然打断并当众羞辱了她："我们不讨论尿布问题，我们在这

儿是为了讨论女性解放。"我的朋友和我起身离开了那里，我们无

法把我们的孩子当作抽象物，当作讨厌的东西去克服，或者作为

我们向父权制投降的可悲证据。值得庆幸的是，我们后来发现了

意识觉醒小组，并成为它的成员，加入它不需要脱离我们的道德

敏感，不需要否定我们多样并且偶尔冲突的公共与私人目的。我

们能够以特殊而有力的方式"讲真话"了。有趣的是，除了一些

"极端分子"之外，现在许多女性主义者都否认女性主义的普遍力

量一度在于反对家庭，她们倒认为此类主张是反女性主义的。这

种对不久前刚发生事件的轻易遗忘令人伤心，这使这些女性主义

者与那些想把越战和其他冲突"置于脑后"的人毫无二致。这是

压迫的另一种说法，是压制争论的另一种方式。

要确认一种私人家庭领域的景象具有内在尊严和目的，就要
坚持令社会关系的特定体验和特定领域体现其自身价值和目的，
并具有通过其他领域或在其他领域内无法获得的结果。要主张这
些关系以及令其重燃活力的特定观念有必要延续下去，就要承认
如果所有生活只限定在一套术语之内，那我们的生活就太过乏味
了。所以就需要采纳与柏拉图认识论相反的一套版本，即呼吁与
在日常人类生存之上的、至高无上的且强而有力的观看方式不同
的方式：一种受压制的，不夸张地说是被放逐的或者被当作次等
的观看方式。

我呼吁**日常生活的救赎**，呼吁接受它的欢乐与烦恼、价值与
目的及其在人成长过程中的地位。我相信乔治·斯坦纳所谓"我
们每个人心中的'个人辞典'"，它"必然会使各种定义、内涵和
语义转换能够在公共话语中大行其道……共同体的语言尽管统一
了其社会外延，但却是那些无穷无尽的最终不可再约简的个人意
义语言单元的多元集合。语言中的隐秘因素使关键的语词功能成
为可能，尽管很少人理解……很明显，我们为了交流而说话，但
也为了隐藏而沉默"。[1]一个无法遁形的世界，就像在纳粹法则下
"毫无庇护"的世界，没有躲藏之地，没有庇护之所，没有任何慰
藉，亦没有替代这个公共领域强大力量的选择，那将是一个引发
野蛮或贫瘠的世界，或者两者兼而有之。埃莱娜·西苏［Hélène
Cixous］主张，女性的"政治要务"必然是"关注那些看上去不
重要、无意义但却众所周知、都很熟悉的事情……"[2]与波伏娃世

---

［1］ Steiner, *After Babel*, p. 46.

［2］ Hélène Cixous, "Poetry is /and (the) Political," in *The Second Sex—Thirty Years Later*, p. 37.

界历史图景中专横的权力相比，这似乎没什么价值。但"似乎"不等于"就是"，"似乎如此"这一事实表明，我们仍然痴迷于某种男性所创造、支撑和赞颂的公共法则，而这正是我们声称要谴责或激烈改变的东西。

正如卡罗尔·吉利根［Carol Gilligan］所论证的，如果女性的道德语言的确不同，它强调关注他人、责任感、关心和义务，并因此与根据绝对原则界定的正式而抽象的道德模式完全不同，那我们就必须小心保护这一使此类道德责任感成为可能的领域，并将其法则扩展到男性那里。[1]如果吉利根发现女性的内在生命更为复杂，了解到女性认同他人、维持多种个人关系并从中获得真正互惠的能力更强，且将这些品质和能力定位在女性对家庭和保护人类生活的投入上，我们就必须思考，如果私人领域进一步受到侵蚀，抑或如果我们寻求彻底改变我们的亲密关系，我们将会失去什么。

建立一种整合而非分离女性、利用现存之物并继续予以弥补和更正的道德与政治法则，将是女性主义者对嵌入价值和涵盖了萨拉·鲁迪克［Sara Ruddick］所谓"母性思考"观看方式的公共话语模式所尽的义务。[2]这种思考不需要也绝不会陷入深深损害争取女性选举权者话语的令人伤感的情绪。一些女性将保护脆弱和易受伤害者的生存确定为政治话语模式的基础，并将为其繁荣发展创造条件作为有价值的政治活动；一些女性坚决反对"情绪化"或"伤感化"的哭喊，同时拒绝陷入伤感地描写源于"母职"

---

〔1〕　Carol Gilligan, "In a Different Voice: Women's Conceptions of the Self and Morality," *Harvard Education Review*, pp. 481-517, *passim*.

〔2〕　引自 Christine de Stefano, "Legitimation Crisis Reconsidered: Women, Personal Identity, and the State," pp. 54-57.

的价值和语言，正是她们预示了巨大的重构潜力。这将需要女性主义者接近目前倾向于与男人一起被划入"他者"之列的女性。女性主义者应该首先承认，与作为母亲的女性所体验的感受一样，那些肩负防御之责、觉得自己不够格的个体会以防御甚至反动的方式做出反应，除非别人在与她们打交道时，开始把她们当作以自身为目的的人而非游戏中的棋子或者战争中的敌人。

当然，正如我以前所提出的，这一景象存在一种刺激因素，也就是说，为了向其孩子提供信任和安全感，父母本身必须在彼此关系及其与"外部世界"的关系中首先体验信任和安全感。那些因受挫和贬低，而在工作生活和公民身份中产生依赖和无助的父母，难以灌输这种基本信念和家庭内部的生存方式。源于"外部"的冲突进入"内部"，即有可能深入家庭情感存在的中心。例如，我们知道，殴打妻子和孩子的事件在失业和经济衰退期间会增多。这是我们当前经常发生的现实。这意味着致力于家庭重建模式的政治思想者，包括女性主义者在内，无法开展他们最为重要的任务，除非美国生活发生结构性变革。"政治和家庭"的中心不在于把我们最亲密的关系过度政治化，也不在于把家庭变成需要契约解决的所有人对所有人的战争，而在于与侵蚀、消耗并妨碍我们最基本家庭关系发展的工作压力作战。理查德·森尼特〔Richard Sennett〕认为，"强大公共生活的侵蚀……会扭曲人们全身心投入的亲密关系"。[1] 我现在要转向讨论公共生活及其重建的可能性。

我将稍微讨论一下公共概念的重建，因为在女性主义政治话

337

---

〔1〕 Richard Sennett, *The Fall of Public Man*, pp. 6-7. 森尼特认为公共与私人是"并存的人类表达模式，存在于不同的社会环境下……可彼此矫正"（p. 91）。

语中，与我们周围的私人领域相比，它更不需要辩护和重申。公共与私人之间的特殊分离状态过去一直存在，但至今也不为女性主义视野所接受，一些女性主义者在处理这种状态时，考察了各种替代性社会，以弄清它们如何使公共与私人相互关联抑或彼此作对。人类学家在这方面做出了表率，我也将简要讨论一下米歇尔·罗萨尔多［Michelle Zimbalist Rosaldo］所阐述的人类学主张。然后我会转向政治理论传统，检验我认为有必要拒绝和重申的内容。我将用一种"具有可能性"的政治设想做结论，并把这一可能性称为"伦理政体"。

338　　　罗萨尔多以"家庭的"指称围绕母亲们和孩子们所组成的制度和行为模式，以"公共的"指称在通常包罗万象的更大框架中"将特殊的母子群体连接和组织起来，予以其分等或归类"的"行为、制度及联系的形式"。[1]罗萨尔多坚持认为，对这一对场域的检验，为评估男性和女性的社会角色提供了"必要框架"。作为政治思想者，我也认同这一观点。罗萨尔多的人类学模型促使她断言，"在那些严格区分家庭活动和公共活动领域的社会中"，女性的地位"是最低的，在那样的社会中，女性相互孤立并在家中受制于一个男人的权威"，我也同意这一结论。但她又补充说："也许这样的社会才是最平等的社会：公共与家庭领域之间只有微弱差异，男性和女性都不能要求很多权威，而且社会生活本身的焦点就是家庭。"[2]她随后断言，平等的社会风气将会促使男性

---

［1］　Michelle Zimbalist Rosaldo, "Women, Culture and Society: A Theoretical Overview," in *Women, Culture and Society*, ed. Michelle Zimbalist Rosaldo and Louise Lamphere, pp. 23-24. 又请参见罗萨尔多对这一立场的反思，"The Use and Abuse of Anthropology: Reflection on Feminism and Cross-culture Understanding," *Signs*, pp. 389-417。

［2］　Rosaldo, "Women, Culture and Society," p. 36.

承担她所界定的那些家庭角色。最后，她不恰当地把美国社会与一个仍在进行猎头活动[*]的部落进行了比较："然而，与易隆高人［Ilongot］不同，事实上美国社会是通过创造并利用公共与私人、家庭与社会、男人和女人之间的根本差异而组织成的。"[1]

我要质疑的不是罗萨尔多人类学描述的精确度及其部落对比模型的特征，而首先是这个模型的应用。需要指出，易隆高的男性全部或者部分是猎头者，但女性都不是；同时考虑到罗萨尔多所称赞的易隆高社会家庭生活的同化和公众生活的形式，这种猎头行为的确以一种主张"男性"和"男性差异"为其根本动机的方式表征了人类可能具有的破坏性。即使人们忽略了上述明显事实，部落也不可能给我们可行的模式。因为在文明化过程中，人类的社会形式和人类的思想变得更加复杂，更加具有细微差别，更加结构化，充满了多元的认同和设想（思想），以及多元的可能性和角色（社会形式），这必然带来公共与私人表达和行动模式的改变，所以人们不可能以回归到更简单的生活方式作为严肃的替代选择。[2] 在坚持将易隆高作为我们自己的两性安排更可取的对比模式时，罗萨尔多的论证逻辑令她在对待我们和易隆高人的生活方式时，既轻视了二者之间量的差异，又没去重视它们**性**［*qualitative*］的差别。

339

克尔凯郭尔［Søren Kierkegaard］曾经评价，现代政治岌岌可危，并注定消亡，因为现代主体变得太过复杂，已经不能简单地代表。这种从部落形式向我们弥散的、巨大的且完全令人难以置

---

* 即砍下敌人的头，保存起来作为战利品的风俗。——译者注

[1] Rosaldo, "Women, Culture and Society,"p. 42.

[2] 参见伊莱·萨冈［Eli Sagan］在 *Cannibalism*: *Human Aggression and Cultural Form* 中对道德转变的有力论述，*passim*。

信的技术、工业和政治经济社会秩序的转变是**质性**的，并非单纯量变。从克尔凯郭尔谈论罗萨尔多的形式来看，可以说我们已经变得过于复杂，不能建立一套**简单**的平等条件来区分劳动力和交换。我们对私人与公共的区分，包含了一整套在易隆高人中不可能获得的意义，而且肯定还包含一套具体施爱者随时随地经年累月的养育与看护婴儿的泛文化基本法则。

哄骗、警告、指导和称赞我们的那些儿童抚养专家很危险、有阴谋，这样一套复杂认知充斥着我们的私人或者家庭观念。易隆高女性并不需要斯波克医生那被翻旧了的副本，但美国当代的父母们需要它或者类似的协助与支持。易隆高社会没有产生致力于鼓励和支持女性母乳喂养孩子的团体。这个社会不需要整个现代医药体系；不需要人们因为这个体系失去人性且掠夺女性的生育过程而反对它；不需要为了让亲属、至少是丈夫在女性生育期间陪伴女性、支持生育，而成年累月地抗议和鼓动；不需要由女性反抗者（包括女性主义者但并不排斥其他人）带头抗议，争取女性在生育后把孩子留在自己身边而不是送去保育中心；也不需要法院判例和社会斗争来支持父亲对家庭事务的权利。易隆高人所体验的"平等"，与最终描述我们社会中男女关系的任何概念都没有太大关联，这让我怀疑维特根斯坦是否会认为二者之间存在"家族相似性"。

如果我们无法"重新部落化"，我们能够重新政治化吗？回答这一问题需要考虑重新政治化的各种条件。让我们迅速回忆一下西方政治思想中的替代方案：柏拉图所说的原始类型代表的不是重新政治化，而是去政治化，要创造这样一种世俗世界：没有异议，护卫者可以撒谎，因为他们所知更多。我知道许多人会觉得无法接受这一点，因为柏拉图是个深奥的思想家、一位伟大的作家、一个有远见的人，但是，不管柏拉图有何理由，事实是护卫者撒谎是为了欺骗公众，或者阻止公众因怀疑而受到不必要的煽动或折磨。不管柏拉图有何动机，很少有人会怀疑，频繁参与现代政治但不那么深刻的实践者只有一个目标：保留并维护自己的权力，把成年公民当作婴儿对待，哄骗或者欺骗他们说这是"为了他们着想"。这就是所谓"要旨"。如果亚里士多德和基督教政治思想家可以忽略，马基雅维利主义的"交易"一词则必须受到批判，因为它粗略地影响着公共与私人的生活。尽管所有人都试图表明，马基雅维利所指的比所说的更少，或者所说的比他所指的更少，但其要旨虽然转弯抹角，可最终仍然是欺骗。阿拉斯代尔·麦金太尔粉碎了马基雅维利的伤感化论调：

> 人们做了很多努力来证明，与伊丽莎白时期的剧作家相反，尽管马基雅维利臭名昭著地赞美恺撒·波吉亚，但他人并不坏。这部分是因为他显然很有个人魅力，人们总是普遍认为一个人无法同时既是坏人又有魅力，尽管这种感觉并不对。但更重要的原因在于，马基雅维利的个人倾向当然是支持民主（作者按：以他的意义就是**扩大**有限的统治者范围：小雇主与大商人共享权力，佣人和无财产的男性当然不在此列——我还要加上女性，尽管麦金太尔未提及这一点）……但议题不允许有任何混淆。对于马基雅维利而言，社会和政治生活的目的是既定的。也就是获得并限制权力，维护政治秩序和普遍繁荣，之所以维护后者，至少部分原因在于如果不维护它们就无法继续拥有权力。道德规则就是关于达到这些目的之手段的技术规则。[1]

341

---

〔1〕　MacIntyre, *Short History of Ethics*, p. 127.

接受或者选择"马基雅维利式交易"的人们都沉迷于虚无主义，包括那些将"马基雅维利的时刻"吸纳为自身核心问题的女性主义者在内，如阿特金森论述的本体敌人与性别战争，布朗米勒论述的军事化斯巴达，以及学习一些"不光明的斗争方式"。马基雅维利主义的邪恶之处不完全或不仅仅在于其公共生活图景，而且在于这种图景的传播的确催生了非常具有破坏性的马基雅维利方式。比如，像最近美国总统的做法那样，把对手当作敌人，把任何政治辩论或冲突都等同于个人对国家的攻击，这导致尼克松政府出于玩世不恭和完全卑劣的目的，不光彩地援用"国家理由"和"行政特权"。此外，我们对公共与私人评价中所暗含的对马基雅维利主义的信奉，也意味着许多公民最终会原谅或掩饰尼克松对美国宪法完整性根基的攻击，以及他掩盖、撒谎和妨碍司法公正的罪行，因为"这个男人已经受够了苦"，因为他曾经"心怀善意"，或者只因为运气糟糕才被"抓住"，尽管有压倒性的反证。

342　　当揭示出总统肯尼迪与除妻子之外的许多女性有染时，一些人就将此作为证明"他与尼克松一样坏"的"证据"，这显然是将公共与私人的目的、条件和道德混为一谈。肯尼迪的小过错被定位为关乎美国民主社会形势未来的重要且严肃的问题，与尼克松制造敌人名单、秘密调查员、秘密警察部队，掠夺公共基金和破坏宪法等行为没有区别。这一混淆也可以解释后来埃德加·胡佛［J. Edgar Hoover］同时专注于马丁·路德·金牧师领导的南方基督教领袖会议可能渗入"共产主义者"和金博士的性生活细节，把这两者同等作为诋毁金并声称他不值得公众信任的理由。需要强调的是，一套狭隘且目光短浅的基督教道德主义经常使用马基雅维利式的"交易"这样的术语，可这绝非天作之合。在把道德带入政治的伪装之下时，这一"交易"只是把道德主义带入了政治人物的私人生活，却完全忽略了公共道德。正如森尼特所言："……公共生活与亲密生活之间一直存在混淆，人们正在根据个人情感处理那些只有通过非个人意义法则才能恰当处理的公共事务。"[1]

自由政治理论需要一种更为复杂、含糊的反应。这表明：在自由主义思想和实践中塑造的公共与私人的区分及其**特殊**术语，不能用作重建思想的基础。它们过分排斥私人领域，又很少承认政治本身通过不负责任的公共权力（主要是经济权力）进行的强势入侵，这种入侵是对自由主义声称自己信奉的政治的嘲弄。正如马克思所挖苦的，自由主义的公共与私人分裂，否认真正的社会区分，人为地划分政治和经济，它们的双人舞（有人会称为死亡之舞）一直是加尔文主义胜利以来西方社会的主要特征。

但是，借鉴自由主义进行重构的理想也需要罗纳德·德沃金[Ronald Dworkin]的所谓"认真对待权利"。[2]那些激进的社会批判家和活动家运用他们似乎从无过失的眼睛，寻找迅速抵消其目的的有效方法，他们太过经常地把"权利"称为资产阶级意识形态虚假的理性化，或是有害的个人主义最后的避难所。然而，没有对权利坚定而有力的理解，我们就不可能行动，除非我们准备接受下述危险假设：个人不过是社会强力的产物，没有尊严、意义，也没有反抗公共权力滥用的内在力量。女性主义的政治话语需要在重建公共领域框架内为权利辩护。女性奋斗了那么久依然无法融入权利运作的范围，也即人们对人权的理解范围，也正因如此，她们亦愈加不愿意摒弃把权利当作没有实质价值和意义的纯粹意识形态的"权利"。最终，自由主义不甚完美地孕育了这样

343

---

[1] Sennett, *Fall of Public Man*, p. 5.
[2] 参见 Ronald Dworkin, *Taking Rights Seriously*。在其中，德沃金阐述了法律实证主义和自然法理论等的替代选择——实体法理论。

一种信念：生活由多种有价值的行为和目的，以及那些必须不为政治权力支配的东西（例如艺术）组成。

卢梭的矛盾遗产为我们提供了一种公共生活，它既是公民身份充满活力的核心，又是人类的最高理想所在，还是一幅令人不安的画卷，这幅画卷充满无法逃避的**不可抗力**、人的性欲以及与之相伴的情感。黑格尔提供了一套自我意识的辩证法作为调解私人意义与公共意义的动态连接。我们不必接受他对家庭、公民社会和国家的精确描述，因为最终他给了国家过多的关注，却未能认真对待公民社会的有害影响，而且他还把家庭视为通向普遍伦理以及把女性留驻在阴暗王国的垫脚石（这正是他阐述思想和具体化的自我时所用的术语）。我们从马克思那里找不到多少有关明确政治图景的内容，但我们可以更多地了解在多样化的社会领域和意识形态被扭曲的普遍影响力之间存在的联系，后者证明了剥削和不平等社会关系的合理性。

344　　人们可根据不同的重建目的使用马克思的"阶级"范畴。作为一种强大的社会分析工具，一种批判性评价社会现实的必要范畴，阶级必不可少。但作为当代美国政治替代理论的基础，阶级的批判价值比较有限。美国人不认为自己主要是一个阶级的成员，尽管他们意识到了在更大的社会秩序和他们的生活中有马克思所谓的"阶级划分"。马克思主义女性主义者如果真正对在政治内和通过政治获得潜在支持感兴趣，而非单纯在"言辞中"创造理想秩序，就必须重视支持者的自我界定。一旦这样做了，就会发现通过法令或强化的几年马克思主义政治教育不可能根除美国人作为"个人"的最底层的普遍感受。我赞同莫尼克·威蒂格认为马克思主义者牺牲了历史主体的批判，而且赞同她认为个人必须作为主体、作为自己命运的行为主体从而构成他们自己。正如加缪所呼吁的，绝不能把他们简约为历史条件。[1]我们能够而且应该努力消除个人主义掠夺性的一面，但是牺牲**个人**的概念将提前宣判人们重建理想的失败，并引发无法控制的政治恐慌。阶级没有也不可能在政治方面将个人描述为公民，因为透过阶级的镜头，个体被视为抽象集体范畴中非个人化的成员。呼吁把阶级专门用以界定个人进入公共生活的条件，将限制和约束人们关注本阶级中受尊敬的成员，并且忽略其他各种"共同利益"视角。然而，如果阶级分析导致需要建立一种重新注入活力且更加平等的政治体，在其中，公民可以在相较于广泛的阶级不平等所主张的尊敬与待遇平等更胜一筹的基础上讨论公共事件，那它就可以用于我所设想的重建目标。

美国人的社会身份不仅是深刻的个人性的，它还与下述信念紧密相连：成为一个美国人，意味着或者应该意味着"某些东西"。它意味着人们可以反抗一个拒绝以敬意对待自己的社会，意味着这个国家在历史上曾经代表过某些有价值的理想。在1962年，当学生争取民主协会就影响自己生活的决定向公共世界提出挑战时，他们按照美国人的方式这样做了，他们敦促他们的同胞为共有的社会风气注入活力，承担公民的真正责任，从而充分实现我们的理想。他们回顾了杰斐逊、林肯和约翰·杜威的思想。在1962年，他们没有陷入自我放纵和嫌恶社会的自暴自弃，也没有陷入后来与"德国式亚美利加［Amerika］"*这一"猪的社会"为敌者的愚蠢自大之中。马丁·路德·金和他所代表的伟大社会运动为了特定而具体的美国梦发起了最有力的抗争，他主张他们作为美国人在人的尊严、

345

---

[1]　加缪的 *The Rebel* 整本书都致力于探讨这个主题。
　*　指美国社会法西斯主义或种族主义的一面。——译者注

尊重与待遇上享有平等权利。奇怪的是，除了无力的工具主义意义
（"如何得到你的东西"）以外，很少有女性主义者用意味着做一名
"美国人"或一名"公民"的话语来表达他们的政治图景。女性主
义者与马丁·路德·金博士的"我有一个梦想"有何相似之处？女
性主义者的梦想代表着谁的利益？

有趣的是，那些女性主义者更为频繁地为那些支持平等权利
机会和信奉传统女性气质的"普通女性"分类和归档，而正是这
些普通女性提出女性主义者是特殊的美国人，并同时要求美国应兑
现它对人权和平等公正的义务。我们为之奋斗的，正是我们革命先
辈在美国革命早期所做的事情；是奴隶和废奴者在黑暗、悲惨然而
又是深受尊敬的内战时期所做的事情；是工人阶级的男性和女性在
争取"体面工资"和"公平交易"时所做的事情；是奴隶的后代们
和许多美国年轻人包括女性主义者，在 20 世纪 60 年代坚持加缪的
"他们爱祖国，也爱正义"时所做的事情。在所有这些案例中，个
人一直是行动的基本单位，正如政治的理想是人人分享。基督教的
社会信条，在美国人的意识和历史中是一种潜在力量，它也为这一
理想注入活力，因为它不把个人视为消失在某些集合中的抽象存
在，而是作为具有不可剥夺之人类尊严和不朽灵魂的独一无二、无
法替代的存在。作为新生政治话语的一部分，坚定而非乏味的反动
主义或道德主义的基督教社会语言将符合我所坚持的观点：这种话
语的术语既不抽象也不是非历史的，而是具体的，是社会参与者可
获得的，包含了一种变革的可能性和至关重要的敏感力。

我早先信奉的那些亚里士多德思想依赖下述法则：人们要与
他人共同行动、追求一致的目的，这是一种有价值的人类生活形
式。我将简单复述一下亚里士多德的"时刻"。不幸的是，亚里
士多德用以进入公民身份和"公共空间"讨论的最普遍方式包含

了对希腊传统的伤感化描写。更为重要的是，它要求将巨大的虚无，即人们在比较公民身份的"所有次级"形式（包括民主公民身份）时，所缺乏的某些东西（一个希腊的"公共空间"），放置在人们政治图景的中心。无论如何，希腊方式的浪漫观念所颂扬的"公共空间"从未出现过，而这个空间充满的是希腊社会存在的各种条件，包括私人化，以厌女症的方式对待女性，存在受到鄙视但却"必要的"奴隶和下层阶级，将非希腊人贬低为"巴巴卢［*barbaroi*］"，即被统治、被掠夺或者被损害的欠文明化的人。正如人们在穿越被浪漫薄雾模糊了的亚里士多德的希腊时洒下的一缕光辉，重要的是要记住，"公共空间"的大多数辩论都与伟大和崇高的目标无关，但却与下述事件很有关系：以欺骗方式获得地位和钱财，"不择手段"地敛财，以及确信会成为英雄才会参与战争，阿伦特曾称颂过这样一个勇士，他在同伴面前袒露心迹，表示一个人必须死于英年，从而流芳后世。

对这种怀旧轨迹的追寻，会导致"公共空间不复存在"，或者我们的"公共空间"受到感染进而受到各种社会关注的侵蚀。惋惜"公共空间"的缺失（甚至"空间"的概念都传达出些许原始的排他性，表现为一种对日常生活关注的漠视和疏离），成为一种自我实现的预言，也是一种自我放纵的怀旧情绪。这意味着，人们对自己社会中公民身份的真实情况视若无睹。这暗示人们是在纯净的温室中培育"公民"概念，从而令其不受当前竞争的污染。[1]公民身份，就像一种坚定的社会信条，必须在当下的任务

347

---

[1] 对于阿伦特而言，围绕废除学校种族隔离的斗争是社会议题不当"政治化"的例证。Hannah Arendt, "Reflections on Little Rock," *Dissent*, pp. 45-55. 另请参见大卫·斯皮兹和图明［David Spitz and Melvin Tumin］在相同问题上对阿伦特立场的批判。

面前弄脏自己的双手。它必须赞同林肯的看法，"解放自己"；它必须放弃设想毫无私心地讨论最终目的的高尚形象。我不赞同人们一再坚持并重申的：那些政治概念就是指"公共空间"，而"公民"就是生活在公共空间里的人等观点。或许我可以采用的最令人信服的反对方式就是声称它不适用于当前的现实，正如我早先批判过的部落类比那样。公共法则、相互抵触的公共诉求、公共道德、公共职责、责任和利益，是一个"公共空间"吗？不！我所重建的图景主张公共世界就**在**这个世界**之中**并**属于**这个世界，而不是在与这个世界相分离的、自成体系的假设中，也不依赖那些所谓必要但这个世界却认为不名一文的领域。

在我们的时代，我们已经看到美国的残疾人是身心漂泊、失去安全感、人类生存基本维度（尊严、工作权、公共交通和建筑使用权、教育权、隐私权）受到剥夺的少数群体，他们将自己组织起来形成一股有效的政治力量，以打破公共漠视与私人厌恶的无形高墙，打破我们强加在他们身上的沉默、羞辱、无助和依赖等污名的樊篱。这些人难道不是公民吗？当他们在公共场所游行或静坐示威抗议之际，一些人坐着轮椅，一些人拄着拐杖，一些人目不能视，一些人肢体不全，难道他们不是在创造一种政治以获得他们群体的目的，并触动他人认同他们作为个人和公民的身份吗？他们的运动超越了利己主义政治，因为它在实践中代表了强有力的共同分担的理想，并具体表达了更少具有排斥性的道德与政治共同体定义。残疾人的运动在民主政治教育中是一次实践。拉尔夫·纳德［Ralph Nader］及其最初催生并打了头阵的消费者运动怎么样？这场运动从一开始就是一场草根运动，它围绕地方和国家关注的议题组织起来，而且不能简约为利己主义或自我膨胀的政治。这些人不是公民吗？难道他们不是在创造一种政治吗，

348

不是在创造由真正忙碌的人而非有自我宣传癖的勇士居住的"空间"吗？

一旦我们这些政治思想者摆脱公共集会的铁笼，我们就可以像解释一种宗教理念那样宣称："不论人数多寡，哪里有公民聚集在一起，以一致行动为名，推动他们在公共场合所争论和阐明的目标，哪里就有公民身份。"四肢瘫痪的人希望能比较容易地进出所有人均可进出的公共建筑物，就像二十年前希望坐在便餐馆享受服务的黑人青年，或者为受到同等尊敬而奋斗的女性，都是另外一种模式的英雄，他们不是武装起来的公民，不是把世界视为"己有的"世界历史领袖，而是不同于希腊人的适合另外一种模式的个人。

女性在这一切当中都利害攸关，因为希腊方式和它怀旧式的重塑排斥并贬低了她们，因为希腊方式的维持意味着大多数女性的传统关注点、情感和责任感将落在"公共空间"体系之外。必须从女性切身利害出发激活她们共同分担的能力，然后充分解释这些利害关系，并把这些利害关系带入一个转变了的政治共同体理想。我所说的公民图景包容而不排斥，它扩展适用于年轻人、老年人和弱者，它在这些人的人性得以保障的平等基础上支持所有人，它反对在肯定参与平等的社会中存在的不平等主义。女性在这种理念中再次具有重大的利害关系，正如人们会认为这是突破特定法律所必要的，这种理念必须容纳强烈的、崇高的非暴力愿景。这种非暴力愿景坚持人们必须光明磊落地公开制定道德法则，不能偷偷摸摸，不进行公共辩论和公共审查。用马丁·路德·金的话来说，即：

一支非暴力的队伍有一种高尚的普遍品格。加入一支以暴力方式训练其士兵的军队，你必须达到一定年龄。但是在

349

伯明翰，在给予最高评价的步兵中，一些人就只是青少年，从初中生到十几岁的高中生和大学生，应有尽有。致人伤残和死亡的战争要求人们必须身体健康、四肢健全、视力精准。但在伯明翰，瘸腿、跛足和残障人士皆能报名加入队伍，而且也的确加入了。阿尔·希布勒，这位失明的歌手，不会被美国军队或任何国家的军队接受，但他在我们的队列中却是指挥官。[1]

将不可剥夺的尊严授予重建人类及其日常生活、政治义务和目的等各种理想，鼓舞非暴力参与的公民们组成了自己的队伍，这在理想上很适于女性加入。加缪呼吁，我们也许不能阻止一个儿童受到折磨的世界，但是我们可以减少受折磨儿童的数量：如果你不去做这些，那谁又会去做呢？[2] 考虑到女性社会生活世界的具体现实，她们独一无二地被放在认可这一规则并使之约束他人的位置上。最终，重建理想必须反抗复仇的迷人诱惑以及愤怒这种有害的破坏力。马丁·路德·金不屈地表现出道德愤怒，但他从未对其他人发过火，因为他希望把他们引入他的道德与政治梦想。不允许男女之间发生转变的女性主义政治是极端虚无主义的，它并不真正相信有可能转变，也不相信真正相互依存的理想。[3]

同情式政治或许不是引领我们批判敌人或确保我们自身与反对者公正作战的要素，但它的确考虑到了善良信仰的可能性，并

---

[1] Martin Lunther King,*Why We Can't Wait*, p. 38.

[2] Albert Camus, "The Unbeliever and Christians," in *Resistance, Rebellion and Death*, p. 73.

[3] 弗吉尼亚·赫尔德［Virginia Held］在其文章 "Marx, Sex and the Transformation of Society" 中从不同的路线得出了这个结论。

确实承认不可能在普遍的去人性化和对他人的毁灭中产生善的因素。憎恨很容易，唤起同伴们退化的冲动和本能仅仅需要一点点恨意；困难在于，在我们的时代，政治设想最令人畏首畏尾的任务是抵抗仇恨的诱惑，特别是当它以革命的名义出现在我们面前之际。

同情式政治试图从他人身上获得重新致力于一套道德和政治理想的精神，一个最佳例证是：在印第安纳州印第安纳波利斯市的黑人社区，森·罗伯特·F. 肯尼迪对马丁·路德·金逝世的噩耗所做的即席评论。肯尼迪首先承认他的听众会感受到悲痛、仇恨和复仇的欲望，承认作为一个国家，我们可能正在走向黑白两极分化。他向听众表示，在他的老大哥遇刺以后，"我内心的感受和你们一样，对这种不正义行为充满［仇恨和猜疑］"。在首先承认而且既不否定也不贬低这些强烈冲动和反冲力量之后，他把听众带入一种理想："超越这些艰难时刻"，坚信我们所需要的不是仇恨或暴力，"而是爱与睿智、彼此同情，以及针对我们国家依然在受苦的人的正义感，不论他们是白人还是黑人"。[1]

为了不至于让事情变得比它们原本更容易或更简单，他提醒他的同胞，困难时刻还在前方，他们还没有看到暴力和混乱这个结果。最终，绕了一个圈，他又重申了已逝者的理想，肯尼迪说："让我们致力于许多年前希腊人所记述的内容：驯服野蛮人，让这个世界的生活变得温和。让我们致力于此，并为我们的国家

---

［1］　Robert F. Kennedy, "Statement by Senator Robert F. Kennedy on the Death of the Reverend Martin Luther King, Rally in Indianapolis, Indiana, April 4, 1968," in *An Honorable Profession: A Tribute to Robert F. Kennedy*, ed. Pierre Salinger, Edwin Guthman, Frank Mankiewicz, and John Seigenthaler, p. 7.

和人民祈祷。"[1]那些认为在这些话中只能看到玩世不恭的政治利益或软弱地拒绝面对可怕现实的人，已经陷入了绝望和愤世嫉俗之中，而同情式政治必须坚定而顽强地抵抗这种绝望和愤世嫉俗，因为我们不能对其诱惑心存任何幻想。

没有人生活在我所说的"伦理政体"之中。但是我们可以设想它的可能性。而且如果我们的思想拒绝屈服于强制性的条件、拒绝受到恩惠或威吓，如果我们拒绝陷入乌托邦空想，或者拒绝在威逼之下草率行动，我们的反应也许能成为未来社会世界之重构图景的一部分，这个世界崇尚谦恭与复杂性。这个世界将需要私人领域提供它自身固有的尊严和目的，这些尊严和目的与道德和审美的需要以及密切存在于他人之中的生活感触相连。为了生存，复杂的私人领域需要免受来自一些万能公共规则的约束，但为了公共世界本身的发展，它必须培养和维持一套伦理规则，这包括人们尽私人之能去支持、保护和捍卫人类的义务，并允许男性和女性基于尊严和平等共享公共领域的利益。在伦理政体内部，积极公民肯定是献身公共、道德责任和目的整全之人，这与公民身份和公民德性的理想不同，后者的特征在于公民个体坚定承担其集体责任，或者一群公民精英置身"公共空间"，这个空间与包括我们大多数人在内的世界是脱钩的。

我的理想是在多样化的领域与相互竞争的理想与目标之间保持一种张力。下述危险一直都存在：即过于强大和自大的政治体将会吞没个人，而且在我们这种丧失了合法性的政治体中，生活将使我们丧失文明性。也就是说，随着我们不断用私人愉悦和自

_352_

---

[1] Robert F. Kennedy, "Statement by Senator Robert F. Kennedy on the Death of the Reverend Martin Luther King, Rally in Indianapolis, Indiana, April 4, 1968," in *An Honorable Profession: A Tribute to Robert F. Kennedy*, ed. Pierre Salinger, Edwin Guthman, Frank Mankiewicz, and John Seigenthaler, p. 8.

私心性替代公共参与和对他人的义务，我们时代的危机就可能侵蚀我们拥有公民美德的可能性。在伦理政体中，个人将可能同时展开许多事情。个人的主要形象将会成为对公共与私人行动的目的和手段具有自我反思能力的人。这样的人将容忍公共规则与私人规则、思想与行动以及美学标准和伦理原则之间根深蒂固的张力。他或者她，能够把那些人类共有的情形、事件或状况，比如悲伤、死亡损失、自然灾难和肉体腐烂，与那些人为的、可矫正的或者人们能够努力补救的不公正事态区分开来。首先，伦理政体中的人从不假设矛盾和冲突某一天会终结，因为他或她理解这样的矛盾和冲突是过反思性生活的源泉，凌乱的现实充实着我们，这是我们的命运。在激发真正的公共生活和伦理政治时，必须厘清我们需要什么样的理想和义务：权威、自由、公法、公民美德和公民理想，所有这些信仰、习惯和品质都是必需的。

只有像加缪一样拒绝屈从苦难，我们才能信守道德承诺，并确保我们的人性。我们必须信奉有限政治，有些事情我们千万不要去做，因为如果做了，我们不仅使目前脆弱的人类关系变得更加廉价，而且会破坏我们想要追寻的人道主义目的。我们每个人都有责任就政治设想的竞争性图景做出判断，有责任在世界这一社会背景里，从那些把满足我们的需要与求助的最早记忆当作其指导模式的图景中，排除那些激起原始愤怒的图景。只有通过这种方式，对私人与公共世界中希望与同情的展望才能保持活力，这是从我们的世界中剔除盛怒的喧嚣景象的理想方式。当然，我们政治诉求的语言，包括新兴的女性主义因素，都不足以通过获得一种可选择的、可变的和可能的辩证法（这一辩证法以驳斥绝对的确定性及其应用所带来的破坏性为信念），胜任统一物质与精神、公共与私人的任务。

如果文明没有毁灭殆尽，如果仍然可以进行免于极权主义侵

扰和意识形态控制的、并且目的极为严肃的有趣实验，完成政治
想象的任务就是可能的。因为就在性别平等和社会公正观念尚未
实现而看上去遥遥无期之际，自由正维护着实现两者所必需的人
类对话。某一天，当我们的孩子，或者他们的孩子，或者他们孩
子的孩子在花园漫步，在公共场合辩论，或好奇地寻找破败文明
的遗迹时，他们也许不会称呼我们为神所赐福之人，但他们也不
会因此诅咒我们的记忆：我们默默容许万事万物归于尘土，宛如
一场梦。

后 记

　　总有些事情，人们在将来做时会做得有所不同。如果我在今天写《公共的男人，私人的女人》，那么，我会防止出现一些句式和表达上的不当。比如，我怀疑我是否还会指责亚里士多德"厌女"，我现在理解了，而十年前并没有理解到，在他那个时代和处境的框架中，这个标签是没有根据的，我曾经批评他的"自鸣得意"亦是如此。我后悔没有给予亚里士多德的《伦理学》以足够的关注，因为如果我那样做了，也许曾经被我认为是自满的东西可以被更好地看作表现了中道气质的一些特点，而这种气质在我们所生活的这个越来越粗俗的时代中受到了围攻。涉及希腊生活中对女人的"剥削"和"孩童化"，我也不会去用那些刺耳的话，并且把原来的关注点代之以希腊悲剧所赋予的强大女性榜样。这是我后来在安提戈涅的故事中（并通过这个故事）开始写的，当然这是相当有争议的，因此对于这一过失我已经做了些弥补。[1]希腊的"本土性［autochthony］"或经过城邦机构确认的、男性公民出身的形象（如果有什么区别的话），在现在看来似乎更加有问

---

〔1〕　　Jean Bethke Elshtain, "Antigone's Daughters," *Democracy* 2 (April 1982): 46-59, and "Antigone's Daughter Reconsidered," in Stephen K. White, ed., *Life-World and Politics: Between Modernity and Postmodernity* (Notre Dame, Ind.: University of Notre Dame Press, 1989), pp. 222-235.

题而不是相反，因为它已经为这样一种观念铺好了路，即我们应该把我们真正的生活归于城邦，由此把我们专一的忠诚归于城邦，可这种观念在 20 世纪的后果是十分危险的。

在我对基督教道德革命的讨论中，我将深化并扩充基督教教义里"日常生活的救赎"这部分，这些教义在过去和现在都是反对、蔑视知识的。联系到这段讨论，我更加支持汉娜·阿伦特的论述，在《公共的男人，私人的女人》整本书中的不同地方都会出现她尖锐的批判，她强调把生育的隐喻当作新开端的剧情，事实上是当作这些新开端的奇迹，由此赋予了宽恕以政治的重要性。[1]也许，如果在我对阿奎那的讨论中更多地谈谈"私人"行动的社会结果，那样会更有用，因为，在当代的美国社会，我们就面临了我们自己版本的这个难题。比如，这个难题在间或激烈的争论中显露出来，这些争论将权利抛到了责任的对立面上，目前这个难题会与作为政治思想家和公民的我们融洽得多，这使我们回到平衡权利与责任的观点上，其中，责任是拥有一个自由社会必不可少的重要部分。在过去的几十年中，权利绝对主义已经更加有力且更有热度地登场了，而我们似乎并没有准备好去处理这个争论，此时我们政治概念的列表却越来越贫乏，部分原因在于我们的社会变得越来越不安全，越来越脱离充满生机与活力的社会环境。

在第二章，处理路德的那部分，在我关于"替代政治"的讨论中，对政治的去政治化有所暗示，我描述了一种"不稳定的和

---

[1] 我后来在 "Reflections on War and Political Discourse: Realism, Just War, and Feminism in a Nuclear Age," *Political Theory* 13 (February 1985): 39-57, 和 *Women and War* (New York: Basic Books, 1987) 中处理了这些阿伦特式的主题，特别是结束的一章 "Neither Warriors nor Victims: Men, Women and Civic Life"。

危险的"政治。[1] 替代政治点燃了一种怨恨的政治，当现有的制度和规范处于巨大的变动时，这种政治就得以发展，现有的制度和规范被剥去了标准的内涵和权威，而且没有任何清晰确立的公共选择能获得保障。紧接着，这就会导向政治的私人化，同时，个人的迫切需要和个人身份便会在公共领域中登场。

　　过去的十年里，我们在当代美国的社会中目睹了这种现象的加剧和扩展。这种政治生活的私人化经常被称为"身份政治"，在其最强的表达方式中，它认为万事万物都是政治的。它的推论就是：对于每种不满、对于一切不满，包括内心压力的一切变化，都必定存在一种政治的解决方式。进一步的推论是实际上并没有私人领域；事实上，一个人的私人生活，或者私人身份（无论性别、人种、宗教，还是种族），其本身并且是自动地成为了政治的唯一基础和政治上善或恶的唯一决定因素。那些不同意某个人的"政治"的人，因而就会变成此人身份的敌人。礼［civility］丧失了，公民身份［citizenship］也丧失了，而公民身份是一种公共的身份/认同［identity］，最初和最终都不能简化成一个人的生平。

　　政治中不仅需要隐藏还需要揭露，不仅需要定罪还需要公正，这种需要在公开的怒视下、在对"自我的政治［politics of self］"的要求下退却了，这种"自我的政治"不知限制为何物。我要重

357

----

［1］　在路德和权威的问题上，我会部分地收回我的论断。我指责路德没有"毫不含糊"地去做一名人类的"解放者"，但是这种情况确实对我们所有可能的解放者［would-be liberators］都是真实的。比如，关于无阶级社会的梦想，马克思给后人留下的不仅仅是多数人的政治梦想，而且还有长长的泪痕。回过头来看，我认为我把路德"去社会化"了，我应该着重探讨他自己对"言"［the word］的强调。我会请读者参看我在 *Meditations on Modern Political Thought*: *Masculine/Feminine Themes from Luther to Arendt*（New York: Praeger, 1986. Reissued by the Penn State Press, 1992）中对路德的讨论。

复我在这本书第一版中写过的话：如果政治无所不在，政治就无处存在。拆毁个人的领域将其并入政治的领域，从认识论来看这是过分简单化的，从历史来看是天真的，从政治上来看则是危险的。这样一种观点在政治中清除了反讽，因此也就失去了我早些时候在某些女性主义思想者和活动家的观点中指出的反讽，他们的观点拥护——而不是挑战父权制理论，这一理论正体现了个人与政治之间彻底的、全面的同一。[1]

1992年1月，我和得克萨斯工业区基金会的组织者在一起待了一个周末，这个基金会是西南部最有影响力的团体之一，致力于全体公民基本公平和平等的事业，我得知他们不允许任何私人生活混乱的人担任他们团体的领袖。为什么？他们认为对男人和女人来说，有必要使自己的私人生活"安顿下来"（不是以一种绝对的方式，而是以一种清晰的方式），由此这个人才不会对政治提出它满足不了的要求：整体性［wholeness］、一种完全的自我认同、一种统一的目的。要把个人的迫切要求和激情狂热绘制在这个世界上，这就是要把政治的首要条件一起清除掉：需要以一种本质上是公共的标准为基础的判断。

当黑格尔给女人装配了"天然的自我认识"的直观时，他同时也剥夺了她们拥有公共生活和政治判断的可能性。如果任何类型的空想家在一种公民理想中，或者通过一种公民理想来攻击有关政治地位的观点，而公民身份又不能被还原为某个人私人存在的条件，那么他们就会提议废除政治，用行政或一个完全透明的共同体幻想取而代之，在这个完全透明的共同体中，所有分隔我

---

［1］　换句话说，我在这里强调了我早期对那些激进女性主义形式的批判，这些形式摧毁了公共和私人，导致了对政治的过分个人化。特别参见本书第五章关于激进女性主义的讨论。

们的东西都被消除掉，或者，在其中我们的区分变得显而易见，并且"毫无妥协"。

关于政治共同体，女性主义思想内部的斗争提供了一种具有说服力的、可信的观点，民主公民权的观念深藏在政治共同体中，这种斗争还和十年前一样紧迫。女性主义者太过经常地在女人身上加诸了关于未来完美世界、看似真实的景象，它的实现会要求我们生活的世界和他们所幻想的世界之间完全分裂开，他们幻想的世界经常是充满了全然的和谐，或完美的秩序，或彻底的和平，在那里，家庭和一切其他人类关系的某种"更高"形式都会得到保障。男人和女人在身份和表达上永远不能获得彻底的透明。可惜的是，信念的这种飞跃使得人类在其时代和处境中有可能做到的事情显得令人厌烦和廉价了。

这使我转到自由主义这个问题：自由主义传统比我在本书第三章和第五章中讨论所虑及的内容更加丰富多样。无疑，我应该集中篇幅讨论约翰·洛克的道德情操理论，而不是单单去强调"古典自由主义关于抽象个人的观点"，这样可以梳理出一个更为亲切而温和的洛克。然而，我会接着认为：要把激情从利益中一起剔除出来，就等于通过把我们的公共世界与我们社会存在的其他维度断然分离而把政治掏空。如何才能让这些与我对政治过度个人化的指控相一致呢？在某种程度上，我的想法是这样的：用如今人们耳熟能详的迈克尔·桑德尔［Michael Sandel］的话来说，古典自由主义理论对那些我们受到阻碍的道路关注不足。[1] 比如，洛克对爱国主义漠然置之。在古典自由主义论证的语言之源中，

359

---

[1] Michael Sandel, *Liberalism and the Limits of Justice* (Cambridge: Cambridge University Press, 1982).

很难将政治认同进行压缩，特别是把它推入到一个历史的时刻和
处境中。相似的是，经过密尔对权力的私人领域的净化，他把一
份有问题的遗产转交给了后来的女性主义思想，把男人和女人从
过去分离出来，把女人塑造成本能的牺牲品，她们唯一的选择就
是加入技术进步的壮观队伍。

据说有一种对社会的自由主义的描述，称其并不是一种狭隘
的个人主义的传统，无疑，我应该对此加以纠正。我批判了那些主
张扩大选举权的人，他们并没有带来"结构性的变化"，按照我现
在的观点，这意味着我的批判似乎过于苛刻了，提出了过于强烈的
要求，以至于不能在任何时候用来要求任何团体，特别是那些自视
为民主革命分子的人，其改革的目标主要是获得平等的政治地位。
当然，关于一旦扩大选举权获得保障之后就能达到的事情，如果主
张扩大选举权的人用一种过分乐观的语言来修饰的话，那么他们下
一步就会迈向平等。无论过去还是现在，都没有任何政治改革会带
来一种"妇女的新福音"。无疑，主张扩大选举权的人经常为过分
感伤于公共语言和过分感怀扩大选举的可能性而感到愧疚，但是他
们对公平和法治的投入会继续重现他们的这种行为。

自这本书初版以来，重要的争论已经超越了女性主义和政治
理论：差异与平等对立，正如正义与关爱［care］对立一样。关
于政治暴力、私人与公共的问题已经吸引了越来越多和越来越强
烈的注意力。无须详述我自己对这些讨论的参与，似乎最好保持
那些已经讲出来的，并且转向关于德性和政治生活与私人生活价
值的一些思索，以及一些比我感觉在第六章"走向女性与政治的
批判理论：公共与私人的重建"中更加有把握的主题。这里我不
能弥补大的缺口——我并没有涉足关于战争和主权，以及在发动
战争与公民权之间紧密的历史联系等主题。在我的书中，国家的

抱负和要求已经变得越来越引人注意。关于这个问题，请读者查阅我的另一本书《女人与战争》。[1]我在这里想要做的不仅是修正我对一种"伦理国家"的呼吁，而且要修正我在"限制的政治"[politics of limits]问题上的主张。

我之前已经写过，目前关于"普世"标准或真理的争论，我反对（而且在这期间这一批判已经越来越强烈）假设存在一个阿基米德的支点，有了这个支点，一切的人类生活和目标都能得到测量、检验和判断。这是比较简单的部分。目前更为困难的是这个问题：一个人是否能更适当地假设什么可能被称为伦理和政治生活历史上独特的基本法则。如果有足够的空间和时间的话，这是今天我将要进行讨论的方式，或者也许这样说更好，这其中提示了更为充实的论证会要求些什么。

我将会通过一种方法把身份问题包含进来，这种方法让政治思想家得以剖析存在者生物的、性别的、社会的和政治的维度，一方面，不是把每个维度破坏掉而并入其他维度，另一方面，也不是假设政治能够在"个人"认同的掩盖下实现无害化。正如十年前一样，有些政治哲学家对身体有明显的敌意，其他人则对身体及其声称的要求表现出近乎懦弱的顺从，现在这些仍让我非常震惊。这些关于身体的不同看法充实了对政治体的刻画，不管是清晰的还是模糊的：它是抽象的、合法的、契约性的、无实质的，而且是漂亮的，但却空洞得像一座完美的没有旅客的旅馆吗？或者，它仅仅是、完全是对一个人自己身体的反映和折射吗？这个政治体是"一个整体"[at one]还是完全相反？一个国家的民主

---

〔1〕　另见 Jean Bethke Elshtain, " Sovereign God, Sovereign State, Sovereign Self," *Notre Dame Law Review* 66: 1355-1384。

361 梦想也许最容易被《圣经》的训谕俘获：身体是一，但却有很多组成部分。我认为这包含了一种可能性：虽然公民可能和其他人"共同"行动，但是他或她的个性却始终得到了珍视和保留。政治不能仅仅通过差别而获得繁荣，正如我们不能完全靠自己而变得有所不同一样。在这个他者的世界中，什么是"共同的"？他们有共同的游戏规则或其他更多的东西吗？换句话说，我们共同热爱的是什么？

我们栖居于一种什么样的政治共同体中？假设我们拥有一个秩序井然的文明世界，在那里基本的事情就是工作，而且差不多是可以预知的，那么是否对秩序、权威和合法性就会没有足够的关注呢？对我而言，这个假设看上去越来越脆弱，就要被压垮了，一如头条新闻每天都充斥的丑闻政治，一如幻觉或者表里不一的政治，在这种政治中，出于某种意图和目的，私人性是完全不可侵犯的，但是出于另一些意图和目的，那些具有彻底欺骗性的和可有可无的东西却占据了主导并且得到了深化。当女性主义者玩起两面派的花招时，它就表现得支持私人性，把私人性视为如同权利绝对论者关于堕胎问题的论证那样绝对，甚至可以化约为身体的所有权。然而，如果问题是这种"私人的"困难，比如夫妻打架或在自己家中看色情文学，私人就没什么神圣性可言，也不会受到任何制裁，而国家的恢恢天网可以并且必须进入私人生活并监管私人生活。像这样的两难问题并没有简单的解决方案。但是，人们不能在两个方面都模棱两可。认可私人化或鄙弃私人化都需要有原则的辩辞，而不能是简单或单纯只是一种策略性手段。

要"预见一个再造的未来""构想一个还过得去的未来"，或者实际上"为重新安顿公共和私人世界而提出条理分明的建议"，这些都涉及政治的想象力。"生活过于多样化，而多样性的代价又太高，以至于不能把它交给一种单一的定义或目的。"我早些时候就是这样写的，而此处又进行了重申。为什么呢？任何严肃的政治思想家都能意识到政治是多么容易变坏并且要有牺牲品，对于我们是否有能力控制事件并且塑造和重塑我们国家的生活以及我们自己的生活，他们必须抱有一种必要的悲观态度。因而，政治行动的本质就在于冲突是不可避免的：无休止的政治。

20世纪60年代末，我还在读研究生，当时流行模仿以赛亚·柏林来对很多"积极自由"观念中蕴含的危险发出警告，如这些观点展示了关于人性具有可完美性的天真观点和对政治之可完美性的感情用事的观点。柏林被指责为"自由主义的叛徒"、一个胆小的妥协分子。但是妥协并不是从事政治的一种平常方式，而是从事民主政治的**唯一**方式，它本身就是一种冒险。它缺少革命暴力的虚饰。它可能并没有用一种"绝不妥协"的方式让人热血沸腾，但是它却预示了一个过得去的未来。在任何民主政治中，要做的选择总是同时包含得与失。这里我又来引用乔治·艾略特的话那是再好不过了，本书的第二部分我也是按照它来设计的："改革者、殉道者和革命家从来就不只反对邪恶，他们也与善这一违之必有所害的正当规则相对立。"

道德主张上的冲突是意味着人之为人的东西的一部分。一种再造的理想受惠于社会的自由主义，也归功于负有责任的权利传统，如果我们希望不仅使共同生活中的而且使个人生活中的那些歧义性和意见相左重新获得欣赏，那就必须把这种理想提升为核心的理想。于是这种再造的理想被剥去了多愁善感，它支持这样一种信念：政治生活是互不相容的善［goods］之间的永恒斗争。正如近来一位观察者写的那样：

362

　　柏林说出了一个真理，它与如今的潮流格格不入，它一直都完全流行不起来，而且一直保持了根本的重要性。……[他]从那些基要派自由主义学说（诺切克或哈耶克的自由主义，罗尔斯或阿克曼的自由主义也差不多）的下面切掉了它的基础，这种学说假设道德和政治生活与自由本身之间的不可通约性可以靠应用某些理论而消除，或者通过一些符咒就能将其驯服。……柏林的自由主义与那些在近世享受着时代错乱般复苏的乐观派自由主义相比，二者的区别在于后者采取了不可通约的立场，而且把激进的选择视为人类境况的基本特点。和这些理论不同，柏林的理论是一种论战性的自由主义，一种包含了失落和悲剧的斯多葛式的自由主义。仅仅出于这个原因，如果今天还有什么自由主义是可以进行自我辩解的话，那么它就是柏林的自由主义。[1]

　　同样地，如果有哪种女性主义是可以进行自我辩解的，那么这种女性主义就会习惯于不确定性和对礼的需要，并致力于保持公共与私人生活之间的张力，因此这是一种有能力与冲突共存、不会终结的女性主义。我要指出的是"杂乱无章的现实是我们的命运"，而且，在这个时刻我唯一能做的就是补充一句"阿门"。

　　我们生活于这样一个时代，在其中，当我们十分吃惊地目睹了半个世纪中崩溃和垮掉的政治现实时，旧有的政治范畴对我们已经不再适用。民主的剧情、冲突与妥协的剧情，激发出了我们做出区分和进行判断的能力。也激发出了我们的一种共识：那

_363_

---

〔1〕 John Gray, "The Unavoidable Conflict," *Times Literary Supplement*, July 5, 1991, p. 3. 格雷〔Gray〕评价柏林的书是 *The Crooked Timber of Humanities* (New York: Vintage, 1992)。

些源于私人关系的行为规则——忠贞、亲密、忠实并不能全部转化到公共关系中，在公共关系中要求有不同的标准，包括临时建立联盟的能力——没有永恒的敌人，没有永恒的朋友。如果我们想要避免使政治灾难性地过度日常化，那么我们需要更多地去教育我们自己和孩子，以了解对公共生活和私人关系的不同规则负责任意味着什么。投身政治意味着受到召唤，意味着超脱，意味着进入陌生的领域。在我心中，政治身份是彼此相关、相互依赖的，不过也是负有责任和需要自己做决定的。继而，这是一个复杂的伦理世界，一个正义和仁慈的世界，一个自治和互相关照的世界，一个有着特殊纽带和普遍期望的世界。自我很大程度上是一种现代认同，一旦得到承诺却发现这是对一切承诺的反讽和限制；它准备好了去牺牲，但却对一切这样的召唤保持警惕。[1] 大体上，这种认同是反英雄的。当这种认同反英雄的时候，英雄事迹就成了一种"这就是我的立场，我不能选择别的立场"［Hier ich stande. Ich kann nicht anders］的现代形式。强调的重点在"我"［Ich］上，而且假设了不应该要求任何人为之牺牲一切。但是要生活在一个世界上，其中没有人这样为牺牲做好了准备，没有这样的我再构造出来，而且没有什么值得为之牺牲，那么人们就会生活在一个道德贫瘠得超乎我们可怜的想象力的世界中。

这已经变成了某种对公民的说教，尽管我相信这还不是非常专横的一种说教。无疑，我们需要一个新的而且是相当不同的尼布尔［Reinhold Niebuhr］。我提名的完美人选是瓦茨拉夫·哈维尔［Václav Havel］，这里有对哈维尔推翻那些旧政治范畴的思考，旧

364

---

［1］　Jean Bethke Elshtain, "Sovereignty, Identity, Sacrifice," *Social Research* 58 (Fall 1991): 545-564, and Charles Taylor, *Sources of the Self: The Making of Modern Identity* (Cambridge, Mass: Harvard University Press, 1989).

的政治范畴服务于比之更老的真理和认识，而且我也认为我要结束这篇后记了，这样至少会暂时地结束那些占据这本书并且还继续出现在我工作中的一些主题。哈维尔所带来的对民主政治、女性主义和权利的思考是这样的：他提醒我们，继续思考右派／左派，进步／倒退这些继承下来的范畴，用他的话说，这给人"来自上个世纪深处的感觉"。他写道："对我来说，这些完全属于意识形态的、并且很多时候是神秘莫测的范畴，似乎已经离题很远了。"[1] 这些稳固的政治标签并不能抓住社会生活的复杂性，而且没能接近我们实际信念和行动的内容。

语言触及了当代对差别和多元的意识与强调，却从来没有放弃对共同性［commonalities］的希望，哈维尔认为，在语言中，在他所谓"后极权主义体系"与所有"多元、多样性、独立的自我构成以及自我组织"的生活之间，横着一道"裂开豁口的深渊"。不论后极权主义体系中政治的自我定义是什么，它总是在"在单一的秩序中"推动着"把一切事物都绑在一起"。哈维尔称之为"社会的自动极权化"［social auto-totality］，这个体系依赖于去道德化，而且如果没有去道德化就不能存活。[2]

新的民主运动和市民社会理论与一种复兴的、充满反讽的自由主义，以及当代女性主义话语的某些立场有相同的地方，那就是想要避开旧的范畴，并且拒绝给予国家及其主权者特权。如果有人希望可以把国家当成一种巨大的工具，并且毫不含糊地用于

365

---

〔1〕Václav Havel, et al., *The Power of the Powerless*: *Citizens against the State in Central-Eastern Europe* (Armonk, N. Y.: M. E. Sharpe, 1985), p. 59.

〔2〕*Ibid.*, p. 72. 这一段和接下来一段摘自我的文章 "The Power and Powerlessness of Women"，载 Jean Bethke Elshtain, *Power Trips and Other Journeys*: *Essays in Feminism as Civic Discourse* (Madison: University of Wisconsin Press, 1990)。

我们的美好目的和意图，那么这种想法是天真的，而且非常吊诡的是，这种愿望对摧毁一种具有历史意义的女性主义的民主内核表示支持。

这些运动和理论还认为要以一种行动的风格为核心，拒绝愤世嫉俗的低贱方法，为的是完成一个人的计划，继而否定这个人所反对的那些人的存在。一个人应该总是这样发问：接下来的是什么？人永远不会独自下棋，棋盘上总会有其他的行动者，有其思想和行动的独立轨迹。认识到"在我之前存在他人"这个不可改变的事实，这种认识与一种政治观点有关，这种政治观点承认一切新开端（包括政治的新开端）都是脆弱的，并且承认新的开端需要得到培育。这仿佛是一支脆弱的、成问题的芦苇秆，但是我相信它是我们应该开始的起点，单单是从那里开始，我们就进入了无穷无尽的政治冲突和争论之中。

参考书目

Allen, Christine Garside. "Plato on Women. "*Feminist Studies* 2
　　（1975）: 131-138.

Amundsen, Kirsten. *The Silenced Majority*. Englewood Cliffs, N. J.:
　　Prentice-Hall, 1971.

Anthony, Susan B. and Harper, Ida Husted, eds. *History of Women
　　Suffrage*, Vol. 4. Indianapolis: Hollenbeck Press, 1902.

Aquinas, St. Thomas. *The Political Ideas of St. Thomas Aquinas*.
　　Edited by Dino Bigongiari. New York: Hafner Publishing,
　　1953.

Arendt, Hannah. *The Human Condition*. Chicago: University of
　　Chicago Press, 1958.

——. "Reflections on Little Rock. "*Dissent* 1 (Winter 1959):45-55.

Aristotle. *Metaphysics*. Translated by Richard Hope. Ann Arbor:
　　University of Michigan Press, 1968.

——. *The Politics*. Edited and translated by Ernest Barker. New York:
　　Oxford University Press, 1962.

——. *The Student's Oxford Aristotle*. Vol. 5: *Ethics* [*Ethica Nicomachea*].
　　Translated by W. D. Ross. London: Oxford University Press,
　　1946.

Atkinson, Ti-Grace."Theories of Radical Feminism. "In *Notes from the Second Year: Women's Liberation,* edited by Shulamith Firestone. N.P.,1970.

Augustine. *City of God.* Edited by Etienne Gilson. Garden City, N. Y.: Doubleday, 1958.

——. *City of God.* Edited by David Knowles. Baltimore: Penguin Books, 1972.

——. *The Political Writings of St. Augustine.* Edited by Henry Paolucci. Chicago: Henry Regnery, 1967.

Barber, Benjamin R. "Rousseau and the Paradoxes of Imagination. " *Daedalus* 107(Summer 1978): 79-95.

Basler, Roy, ed. *The Collected Works of Abraham Lincoln.* 9 vols. New Brunswick, N. J. : Rutgers University Press, 1975.

Beard, Mary R. *Woman as Force in History.* New York: Collier Books, 1972.

Beauvoir, Simone de. *The Second Sex.* Translated by H. M. Parshley. New York: Bantam Books, 1968.

Bentham, Jeremy. *The Principles of Morals and Legislation.* New York: Hafner Publishing, 1965.

Beradt, Charlotte. *The Third Reich of Dreams.* Chicago: Quadrangle, 1966.

Berlin, Isaiah. "The Question of Machiavelli. "*New York Review of Books,* 4 November 1971, pp. 20-32.

Bettelheim, Bruno. *The Children of the Dream.* London: Collier-MacMillan, 1969.

Blanchard, William H. *Rousseau and the Spirit of Revolt.* Ann Arbor:

University of Michigan Press, 1967.

Bloom, Allan. "The Education of Democratic Man: Emile. "*Daedalus* 107(Summer 1978): 135-154.

Bluebond-Langner, Myra. *The Private Worlds of Dying Children.* Princeton: Princeton University Press, 1978.

Bocock, Richard. *Freud and Modern Society.* London: Thomas Nelson and Sons, 1977.

Bodin, Jean. *Six Books of the Commonwealth.* Translated by M. A. Tooley. Oxford: Basil Blackwell, 1956.

Bonhoeffer, Dietrich. *Letters and Papers from Prison.* Edited by Eberhard Bethge. Rev. ed. New York: Macmillan, 1967.

Brown, Norman O. *Love's Body.* New York: Vintage Books, 1966.

Brownmiller, Susan. *Against Our Will: Men, Women and Rape.* New York: Simon and Schuster, 1975.

Butler, Melissa A. "Early Liberal Roots of Feminism: John Locke and the Attack on Patriarchy. "*American Political Science Review* 72 (March 1978): 135-150.

Calvin, John. *On God and Political Duty.* Indianapolis: Bobbs-Merrill, 1956.

Campioni, Mia. "Psychoanalysis and Marxist Feminism. "*Working Papers in Sex, Science and Culture* 1(November 1976): 33-60.

Camus, Albert. *The Rebel.* New York: Vintage Books, 1956.

——.*Resistance, Rebellion, and Death.* New York: Alfred A. Knopf, 1961.

Cassirer, Ernst. *The Question of Jean-Jacques Rousseau.* Bloomington: Indiana University Press, 1967.

Castoriadis, Cornelius. "From Marx to Aristotle, From Aristotle to Us." *Social Research* 45(Winter 1978): 667-673.

Chapman, Richard Allen. "Leviathan Writ Small: Thomas Hobbes on the Family. "*American Political Science Review* 69 (March 1975): 76-90.

Charvet, John. "Individual Identity and Social Consciousness in Rousseau's Philosophy. "In *Hobbes and Rousseau*, edited by Maurice Cranston and Richard S. Peters. Garden City, N. Y. : Doubleday Anchor Books, 1972.

Chodorow, Nancy. *The Reproduction of Mothering: Psychoanalysis and the Sociology of Gender*. Berkeley: University of California Press, 1978.

Cîxous, Hélène. "Poetry is/and (the) Political." In *The Second Sex— Thirty Years Later: A Commemorative Conference on Feminist Theory*. Mimeographed. New York: Institute for the Humanities, 1979.

Coles, Robert. *Children of Crisis*. 5 vols. Boston: Little, Brown, 1967-1977.

Cooke, Joanne; Bunch-Weeks, Charlotte; and Morgan, Robin, eds. *The New Woman*. Greenwich, Conn.: Fawcett, 1969.

Copelston, Frederick J.,S. J. *A History of Philosophy*,vol. 2, *Medieval Philosophy*. Garden City, N. Y.: Doubleday, 1962.

Daly, Mary. *Beyond God the Father*. Boston: Beacon Press, 1973.

——. *Gyn/Ecology.The Metaethics of Radical Feminism*. Boston: Beacon Press, 1979.

Dante. *Monarchy and Three Political Letters*. Translated by Donald

Nicholl and Colin Hardie. New York: Noonday Press, 1954.

Deckard, Barbara. *The Women's Movement*. New York: Harper and Row, 1975.

Decter, Midge. *The New Chastity and Other Arguments Against Women's Liberation*. New York: Berkeley Medallion Books, 1972.

Demos, John. *A Little Commonwealth: Family Life in Plymouth Colony*. New York: Oxford University Press, 1970.

De Stefano, Christine. "Legitimation Crisis Reconsidered: Women, Personal Identity, and the State. "Graduate seminar paper, University of Massachusetts, Amherst, 1979.

Descartes, René. *Meditations on First Philosophy*. Translated by Lawrence J. Lafleur. New York: Bobbs-Merrill, 1960.

Dillenberger, John, ed. *Martin Luther: Selections from His Writings*. Garden City, N. Y. : Doubleday Anchor Books, 1961.

Dinnerstein, Dorothy. *The Mermaid and the Minotaur*. New York: Harper Colophon, 1976.

Douglas, Ann. *The Feminization of American Culture*. New York: Avon, 1977.

Dover, K. J. *Greek Homosexuality*. London: Duckworth, 1978.

Duncan, Graeme. *Marx and Mill: Two Views of Social Conflict and Social Harmony*. Cambridge: Cambridge University Press, 1973.

Dunn, John. *Western Political Theory in the Face of the Future*. Cambridge: Cambridge University Press, 1979.

Dworkin, Ronald. *Taking Rights Seriously*. Cambridge, Mass. :

Harvard University Press, 1977.

Elshtain, Jean Bethke. "Against Androgyny. "*Telos* 47(Spring 1981): 5-21.

——. "The Anti-Feminist Backlash. "*Commonweal*, 8 March 1974, pp. 16-19.

——."Doris Lessing: Language and Politics. "*Salmagundi*, no. 47-48(Winter-Spring 1980): 95-114.

——. "Family Reconstruction. "*Commonweal*, I August 1980, pp. 430-431.

——. "Liberal Heresies: Existentialism and Repressive Feminism. "In *Liberalism and the Modern Polity*, edited by Michael C. Gargas McGrath. New York: Marcel Dekker, 1978.

——. "Methodological Sophistication and Conceptual Confusion: A Critique of Mainstream Political Science. "In *The prism of Sex: Essays in the Sociology of Knowledge*, edited by Julia A. Sherman and Evelyn Torton Beck. Madison: University of Wisconsin Press, 1979.

——. "Moral Woman/Immoral Man: The Public/Private Distinction and Its Political Ramifications. "*Politics and Society* 4(1974): 453-473.

——. "Review of *Against Our Will*. "*Telos*, no. 30(Winter 1976-I977): 327-342.

——. "The Social Relations of the Classroom. "*Telos*, no. 27 (Spring 1976): 91-110.

——. "'Thank Heaven for Little Giris': The Dialectics of Development." *Politics* 10(November 1975): 139-148.

Engels, Frederick. *The Origin of the Family, Private Property and the State*. New York: Pathfinder Press, 1972.

Epstein, Cynthia Fuchs. *Woman's place*. Berkeley: University of California Press, 1971.

Fay, Brian. *Social Theory and Political Practice*. London: George Allen and Unwin, 1975.

Ferguson, Kathy E. "Liberalism and Oppression: Emma Goldman and the Anarchist Feminist Alternative. "In *Liberalism and the Modern Polity*, edited by Michael C. Gargas McGrath. New York: Marcel Dekker, 1978.

Feuer, Lewis S. *Marx and Engels: Basic Writings on Politics and Philosophy*. Garden City, N. Y. : Doubleday Anchor Books, 1959.

Figes, Eva. *Patriarchal Attitudes*. Greenwich, Conn.: Fawcett, 1970.

Figgis, John Neville. *The Political Aspects of St. Augustine's City of God*. Gloucester, Mass.: Peter Smith, 1963.

Filmer, Sir Robert. *Patriarcha and Other Political Works*. Edited by Peter Laslett. Oxford, Basil Blackwell, 1949.

Firestone, Shulamith. *The Dialectic of Sex*. New York: Bantam Books, 1972.

Forgie, George B. *Patricide in the House Divided: A Psychological Interpretation of Lincoln and His Age*. New York: W. W. Norton, 1979.

Fraiberg, Selma. *Every Child's Birthright: In Defense of Mothering*. New York: Basic Books, 1977.

Freeman, Jo. *The Politics of Women's Liberation*. New York: David McKay, 1975.

Freud, Ernst L., ed. *The Letters of Sigmund Freud*. New York: Basic
 Books, 1975.

Freud, Sigmund. *The Complete Psychological Works of Sigmund
 Freud*. 24 vols. London: Hogarth, 1975. Hereafter called
 Standard Edition.

——. "A Child Is Being Beaten. "In *Standard Edition*, vol, 17.
 pp. 179-204.

——. *Civilization and Its Discontents*. In *Standard Edition*, vol. 21.

——. "Constructions in Analysis." In *Standard Edition*, vol. 23,
 pp.355-370.

——. "The Dissolution of the Oedipus Complex. "In *Standard Edition*,
 vol. 19, pp. 173-179.

——. *The Ego and the Id*. In *Standard Edition*, vol. 19.

——. "Introductory Lectures on Psychoanalysis. "In *Standard Edition*,
 vols. 15 and 16.

——. *New Introductory Lectures on Psycho-analysis*. In *Standard
 Edition*, vol. 22.

——. "On the Sexual Enlightenment of Children. "In *Standard Edition*,
 vol. 9, pp. 129-139.

——. *The Psychopathology of Everyday Life*. In *Standard Edition*,
 vol. 6.

——. *Three Essays on the Theory of Sexuality*. In *Standard Edition*,
 vol. 7.

——. "The Unconscious. "In *Standard Edition*, vol. 14, pp. 166-204.

Friedan, Betty. *The Feminine Mystique*. New York: W. W. Norton,
 1963.

——. "Feminism Takes a New Turn. "*New York Times Magazine*, 18 December 1979, p. 40.

Fuller, Margaret. *The Writings of Margaret Fuller*. Edited by Mason Wade. New York: Viking Press, 1941.

Gass, William. *On Being Blue*: *A Phenomenological Inquiry*. Boston: David R. Godine, 1976.

Gilligan, Carol. "In a Different Voice: Women's Conceptions of the Self and Morality. "*Harvard Education Review* 47 (1977): 481-517.

Gilman, Charlotte Perkins. *Herland*. Introduction by Ann J. Lane. New York: Pantheon, 1979.

Goldberg, Steven. *The Inevitability of Patriarchy*. New York: William Morrow, 1974.

Goodall, Jane Van-Lawick. *In the Shadow of Man*. Boston: Houghton Mifflin, 1971.

Gornick, Vivian and Moran, Barbara K.,eds. *Woman in Sexist Society*: *Studies in Power and Powerlessness*. New York: Signet, 1971.

Greer, Germaine. *The Female Eunuch*. New York: McGraw-Hill, 1970.

Gregor, James. *The Fascist Persuasion in Radical Politics*. Princeton: Princeton University Press, 1974.

Griffin, Susan. *Woman and Nature*: *The Roaring Inside Her*. New York: Harper and Row, 1978.

Grimsley, Ronald. *Jean-Jacques Rousseau*. Cardiff: University of Wales Press, 1961.

Gross, Elizabeth. "Lacan, The Symbolic, The Imaginary and The

Real. "*Working Papers in Sex, Science and Culture* l(November 1976): 12-32.

Gunnell, John G. *Political Theory: Tradition and Interpretation.* Cambridge, Mass.: Winthrop Publishers, 1979.

Gutman, Herbert G. *The Black Family in Slavery and Freedom 1750-1925.* New York: Vintage Books, 1976.

Habermas, Jürgen. *Legitimation Crisis.* Boston: Beacon Press, 1973.

Hampshire, Stuart. "Joyce and Vico: The Middle Way. "*New York Review of Books*, 18 October 1973 , p. 8.

——. *Morality and Pessimism.* Cambridge: Cambridge University Press, 1972.

——. "Public and Private Morality. "In *Public and Private Morality,* edited by Stuart Hampshire. Cambridge: Cambridge University Press, 1968.

——. *Thought and Action.* New York: Viking Books. 1960.

Harper, Ida Husted. *History of Woman Suffrage*, vol. 5. New York: J. J. Little and Ives, 1922.

Hart, Herbert Leonidas. *Women's Suffrage and National Danger: A Plea for the Ascendancy of Man.* London: Alexander and Shepheard, 1889.

Hartmann, Klaus. "Hegel: A Non-Metaphysical View. "In *Hegel,* edited by Alasdair MacIntyre. Garden City, N. Y. : Doubleday Anchor Books,1972.

Hauerwas, Stanley. "The Moral Meaning of the Family." *Commonweal*, l August 1980, pp. 432-436.

Hegel, G. W. F. *Aesthetics: lectures on fine art.* Translated by T. M.

Knox. Oxford: Clarendon Press, 1975.

——. *The Phenomenology of Mind.* Translated by J. B. Baille. New York: Harper and Row, 1967.

——. *Philosophy of Right.* Translated by T. M. Knox. London: Oxford University Press, 1973.

Held, Virginia. "Marx, Sex, and the Transformation of Society. "In *Women and Philosophy: Toward a Theory of Liberation*, edited by Carol Gould and Marx Wartofsky. New York: G. P. Putnam, 1976.

Henley, Nancy. *Body Politics: Power, Sex, and Nonverbal Communication.* Englewood Cliffs, N. J. : Prentice-Hall, 1977.

Herlihy, David. "Land, Family and Women in Continental Europe, 701-1200. "*Traditio* 18(1962): 89-119.

Hinton, R. W. K. "Husbands, Fathers and Conquerers: I. "*Political Studies* 15(1967): 291-300.

——. "Husbands, Fathers and Conquerers: II. "*Political Studies* 16(1968): 56-67.

Hirschmann, Albert O. *The Passions and the Interests.* Princeton: Princeton University Press, 1978.

Hobbes, Thomas. *Leviathan.* Edited by Michael Oakeshott. New York: Collier Books, 1966.

Hodge, John L. ; Struckmann, Donald K.; and Trost, Lynn Dorland. *Cultural Bases of Racism and Group Oppression.* Berkeley: Two Riders Press, 1979.

Humphries, Jane. "The Working Class Family: A Marxist Perspective." In *The Family in Political Thought*, edited by Jean Bethke

Elshtain. Amherst: University of Massachusetts Press, 1981.

Itard, Jean-Marc-Gaspard. *The Wild Boy of Aveyron*. Englewood Cliffs, N. J. : Prentice-Hall, 1962.

Jacobsen, Norman. *Pride and Solace: The Functions and Limits of Political Theory*. Berkeley: University of California Press, 1978.

Janeway, Elizabeth. *Man's World, Woman's Place*. New York: Delta Books, 1971.

Jerusalem Bible. Edited by Alexander Jones. Garden City, N. Y. : Doubleday, 1969.

Kaufman, Michael W. "Spare Ribs: The Conception of Women in the Middle Ages and the Renaissance. "*Soundings: An Interdisciplinary Journal* 16(Summer 1973): 139-163.

Keniston, Kenneth and The Carnegie Council of Children. *All Our Children: The American Family Under Pressure*. New York: Harcourt Brace Jovanovich, 1977.

Kennedy, Robert F. "Statement by Senator Robert F. Kennedy on the Death of the Reverend Martin Luther King, Rally in Indianapolis, Indiana, April 4, 1968. "In *An Honorable Profession: A Tribute to Robert F. Kennedy,* edited by Pierre Salinger, Edwin Guthman, Frank Mankiewicz, and John Seigenthaler. Garden City, N. Y. : Doubleday, 1968.

Keohane, Nannerl O. "The Masterpiece of Polity in Our Century: Rousseau on the Morality of the Enlightenment. "*Political Theory* 6(November 1968): 421-456.

Kessen, William. "Rousseau's Children." *Daedalus* 107(Summer 1978): 155-166.

Kieckhefer, Richard. *European Witch Trials:Their Foundation in Popular and Learned Culture, 1300-1500.* Berkeley: University of California Press, 1976.

King, Martin Luther, Jr. *Why We Can't Wait.* New York: New American Library, 1964.

Kovesi, Julius. *Moral Notions.* London: Routledge and Kegan Paul, 1967.

Kraditor, Aileen S. *The Ideas of the Woman Suffrage Movement 1890-1920.* Garden City, N. Y. : Doubleday Anchor Books, 1971.

Krouse, Richard W. "Patriarchal Liberalism and Beyond: From John Stuart Mill to Harriet Taylor. "In *The Family in Political Thought,* edited by Jean Bethke Elshtain. Amherst: University of Massachusetts Press, 1981.

Lakatos, Imre and Musgrave, Alan, eds. *Criticism and the Growth of Knowledge.* Cambridge: Cambridge University Press, 1970.

Landes, Joan. "The Theory Behind Women's Liberation: Problems and Prospects. "Ph. D. dissertation, New York University, 1975.

Lane, Harlan. *The Wild Boy of Aveyron.* Cambridge, Mass.: Harvard University Press, 1976.

Lawrence, D. H. *Stories, Essays and Poems.* Edited by Desmond Hawkins. London: Dent Everyman's Library, 1973.

Leacock, Eleanor Burke. "The Changing Family and Lévi-Strauss, or Whatever Happened to Fathers." *Social Research* 44(Summer 1977): 235-259.

Leakey, Richard E. and Lewin, Roger. *Origins: What New Discoveries Reveal About the Emergence of our Species and its Possible Future*. New York: E. P. Dutton, 1977.

Lenin, V. I. *The Emancipation of Women: From the Writings of V. I. Lenin*. New York: International Publishers, 1966.

Lessing, Doris. *Briefing for a Descent into Hell*. New York: Bantam Books, 1972.

——. *The Four-Gated City*. New York: Bantam Books, 1970.

——. *Shikasta: Canopus in Argos: Archives, Re: Colonised Planet 5*. New York: Alfred A. Knopf, 1979.

Loch, Wolfgang. "Some Comments on the Subject of Psychoanalysis and Truth. "In *Truth, Consciousness and Reality*,edited by Joseph R. Smith, M. D. New Haven: Yale University Press, 1974.

Locke, John. *Two Treatises of Government*. Edited by Peter Laslett. New York: New American Library, 1965.

Lukes, Steven. "Alienation and Anomie. "In *Social Structure and Political Theory*, edited by Glen Gordon and William E. Connolly. Lexington, Mass. : D. C. Heath, 1974.

——. *Individualism*. New York: Harper and Row, 1973.

Luther, Martin. *Three Treatises*. Philadelphia: Fortress Press, 1960.

Machiavelli, Niccolò. *The Prince and The Discourses*. New York: Modern Library, 1950.

MacIntyre, Alasdair. *A Short History of Ethics*. New York: Macmillan, 1971.

Magee, Bryan, ed. "Conversation with Bernard Williams. "In *Modern British Philosophy*. New York: St. Martin's Press, 1971.

Mailer, Norman. *The Prisoner of Sex*. New York: New American Library, 1971.

Malcolm, Norman. *Ludwig Wittgenstein, A Memoir*. London: Oxford University Press, 1972.

——. *Problems of Mind*. London: Allen and Unwin, 1972.

Marcuse, Herbert. *Studies in Critical Philosophy*. Boston: Beacon Press, 1973.

Marx, Karl. *Capital*. Edited by Frederick Engels. 3 vols. New York: International Publishers, 1975.

——and Engels, Frederick. *Collected Works*. 10 vols. New York: International Publishers, 1975.

Massell, Gregory J. *The Surrogate Proletariat: Moslem Women and Revolutionary Struggles in Soviet Central Asia 1919-1929*. Princeton: Princeton University Press, 1974.

Masters, Roger D. "Jean-Jacques Is Alive and Well: Rousseau and Contemporary Sociobiology. "*Daedalus* 107(Summer 1978): 93-106.

——. *The Political Philosophy of Rousseau*. Princeton: Princeton University Press, 1968.

McMurty, John. *The Structure of Marx's World-View*. Princeton: Princeton University Press, 1978.

Midgley, Mary. *Beast and Man: The Roots of Human Nature*. Ithaca: Cornell University Press, 1978.

Mill, John Stuart. *Auguste Comte and Positivism*. Ann Arbor: University of Michigan Press, 1973.

——. *Autobiography*. Indianapolis: Bobbs-Merrill, 1957.

———. *On Liberty*. Chicago: Henry Regnery, 1956.

———. *On the Subjection of Women*. Greenwich, Conn. : Fawcett, 1970.

Millett, Kate. *Sexual Politics*. Garden City, N. Y. : Doubleday, 1970.

Mitchell, Juliet. *Psychoanalysis and Feminism*. New York: Pantheon, 1971.

Mitchell, Juliet. *Woman's Estate*. New York: Vintage Books, 1973.

Moglen, Helen. *Charlotte Brontë: The Self Conceived*. New York: W. W. Norton, 1976.

Nietzsche, Friedrich. *The Birth of Tragedy and The Case of Wagner*. Translated by Walter Kaufman. New York: Vintage Books, 1967.

———. *The Genealogy of Morals and Ecce Homo*. Translated by Walter Kaufman. New York: Vintage Books, 1969.

O'Faolain, Julia and Martines, Lauro, eds. *Not in God's Image*. New York: Harper Torchbooks, 1973.

Okin, Susan Moller. *Women in Western Political Thought*. Princeton: Princeton University Press, 1979.

Ollman, Bertell. *Alienation: Marx's Conception of Man in Capitalist Society*. Cambridge: Cambridge University Press, 1973.

O'Shaugnessy, Brian. "The Id and the Thinking Process. "In *Freud: A Collection of Critical Essays*, edited by Richard Wollheim. Garden City, N. Y. : Doubleday Anchor Books, 1974.

Parsons, Talcott. "Age and Sex in the Social Structure of the United States. "In *Selected Studies in Marriage and the Family*, edited by Robert F. Winch and Robert McGinnis. New York: Henry Holt, 1953.

——. "The Family in Urban-Industrial America. "In *Sociology of the Family*, edited by Michael Anderson. Baltimore: Penguin Books, 1971.

Pateman, Carol. "Sublimation and Reification: Locke, Wolin, and the Liberal Democratic Conception of the Political. "*Politics and Society* 5 (1965): 441-467.

Paul, Diane. "In the Interests of Civilization: Marxist Views of Race and Culture in the 19th Century. "Paper presented at the 9th Annual Meeting of the Northeast Political Science Association, November, 1977.

Piercy, Marge. *Woman on the Edge of Time*. New York: Fawcett, 1978.

Piers, Maria W. *Infanticide, Past and Present*. New York: W. W. Norton, 1978.

Plato. *The Laws*. Translated by Trevor J. Saunders. Baltimore: Penguin Books, 1970.

——. *Meno*. Translated by W. K. C. Guthrie. Baltimore: Penguin Books, 1956.

——. *The Republic of Plato*. Translated by Allan Bloom. New York: Basic Books, 1968.

——. *Statesman*. Edited by Martin Ostwald. Translated by J. B. Skemp. Indianapolis: Bobbs-Merrill, 1957.

——. *The Symposium*. Translated by Walter Hamilton. Baltimore: Penguin Books, 1973.

Pocock, J. G. A. "Languages and Their Implications: The Transformation of the Study of Political Thought. "In *Politics*,

Language and Time, edited by Melvin Richter. New York: Atheneum, 1974.

———. *The Machiavellian Moment*. princeton: Princeton University Press, 1975.

Power, Eileen. *Medieval Women*. Cambridge: Cambridge University Press, 1975.

———. "The Position of Women. "In *The Legacy of the Middle Ages*, edited by C. G. Crump and E. F. Jacob. Oxford: Clarendon Press, 1948.

Rapaport, Elizabeth. "On the Future of Love: Rousseau and the Radical Feminists. "In *Women and Philosophy: Toward a Theory of Liberation*, edited by Carol Gould and Marx Wartofsky. New York: G. P. Putnam, 1976.

Rich, Adrienne. *The Dream of a Common Language: Poems 1974-1977*. New York: W. W. Norton, 1978.

———. *Of Woman Born: Motherhood as Experience and Institution*. New York: W. W. Norton, 1976.

Rosaldo, Michelle Zimbalist. "Woman, Culture and Society: A Theoretical Overview. "In *Woman, Culture and Society*, edited by Michelle Zimbalist Rosaldo and Louise Lamphere. Stanford: Stanford University Press, 1974.

———. "The Use and Abuse of Anthropology: Reflections on Feminism and Cross-cultural Understanding. "*Signs 5* (Spring 1980): 389-417.

Rosenthal, Abigail. "Feminism Without Contradictions. " *Monist* 51(January 1973): 28-42.

Rossi, Alice S. "A Biosocial Perspective on Parenting. "*Daedalus* 106(Spring 1977): 1-32.

Roszak, Betty and Roszak, Theodore, eds. *Masculine/Feminine*. New York: Harper Colophon, 1969.

Rothman, Sheila M. *Woman's Proper Place: A History of Changing Ideals and Practices, 1870 to Present*. New York: Basic Books, 1978.

Rousseau, Jean-Jacques. *The Confessions*. Translated by J. N. Cohen. Baltimore: Penguin Books, 1954.

——. *Emile*. Translated by B. Boxley. London: J. B. Dent and Sons. 1956.

——. *Emile or On Education*. Edited and translated by Allan Bloom. New York: Basic Books, 1979.

——. *The First and Second Discourses*. Edited by Roger D. Masters. New York: St. Martin's Press, 1964.

——. *Government of Poland*. Translated by Willmoore Kendall. Indianapolis: Bobbs-Merrill, 1972.

——. *On the Social Contract, with Geneva Manuscript and Political Economy*. Edited by Roger D. Masters, New York: St. Martin's Press, 1978.

——. *Politics and the Arts: Letter to M. D'Alembert on the Theatre*. Translated by Allan Bloom. Ithaca: Cornell University Press, 1960.

——. and Herder, Johann Gottfried. *On the Origin of Language*. Translated by J. Moran and A. Gode. New York: Frederick Unger, 1966.

Rowbotham, Sheila. *Woman's Consciousness, Man's World*. Baltimore: Penguin Books, 1973.

——. *Women, Resistance and Revolution*. New York: Vintage Books, 1972.

Rubin, Lillian. *Worlds of Pain: Life in the Working-Class Family*. New York: Basic Books, 1976.

Ruether, Rosemary Radford. "The Cult of True Womanhood." *Commonweal,* 9 November 1973, pp. 127-132.

Rupp, E. G. and Drewery, Benjamin, eds. *Martin Luther*. London: Edward Arnold, 1976.

Saffioti, Heleieth. *Women in Class Society*. New York: Monthly Review Press, 1978.

Sagan, Eli. *Cannabalism: Human Aggression and Cultural Form*. New York: Harper Torchbooks, 1974.

——. *The Lust to Annihilate: A Psychoanalytic Study of Violence in Ancient Greek Culture*. New York: Psychohistory Press, 1979.

Salkever, Stephen G. "Rousseau and the Concept of Happiness." *Polity* ll (Fall 1978): 27-45.

Schochet, Gordon. *Patriarchalism and Political Thought*. New York: Basic Books, 1975.

Scott, Heide. *Does Socialism Liberate Women?* Boston: Beacon Press, 1974.

Seigel, Jerrold. *Marx's Fate: The Shape of a Life*. Princeton: Princeton University Press, 1978.

Sennett, Richard. *The Fall of Public Man*. New York Vintage Books, 1978.

Shanley, Mary Lyndon. "Marriage Contract and Social Contract in Seventeenth Century English Political Thought. "*Western Political Quarterly* 32(March 1979): 79-91.

Shklar, Judith N. *Men and Citizens*. Cambridge: Cambridge University Press, 1969.

Simon, Bennett. "Models of Mind and Mental Illness in Ancient Greece: I. The Platonic Model. "*Journal of the History of the Behavioral Sciences* 8(October 1972): 398-404.

Singer, Peter. *Animal Liberation*. New York: Avon, 1975.

Slater, Philip E. *The Glory of Hera*. Boston: Beacon Press, 1968.

Smart, J. J. C. and Williams, Bernard. *Utilitarianism For and Against.* Cambridge: Cambridge University Press, 1973.

Smith, Dorothy E. "A Sociology for Women. "In *The Prism of Sex: Essays in the Sociology of Knowledge,* edited by Julia A. Sherman and Evelyn Torton Beck. Madison: University of Wisconsin Press, 1979.

Solomon, R. C. "Hegel's Concept of Geist. "In *Hegel: A Collection of Critical Essays*, edited by Alasdair MacIntyre. Garden City, N. Y.: Doubleday Anchor Books, 1972.

Sontag, Susan and Rich, Adrienne. "Feminism and Fascism: An Exchange. "*New York Review of Books,* 20 March 1975, pp. 31-32.

Spinoza, Benedict de. *A Theologico-Political Treatise and Political Treatise*. Translated by R. H. Melwes. New York: Dover Publications, 1955.

Stanton, Elizabeth Cady; Anthony, Susan B.; and Gage, Matilda

Joslyn, eds. *History of Woman Suffrage.* 3 vols. Rochester: Charles Mann, 1881-1891.

Steiner, George. *After Babel.* London: Oxford University Press, 1977.

Stern, J. P. *Hitler, The Fuehrer and the People.* Berkeley: University of California Press, 1975.

Tanner, Tony. "Julie and'La Maison Paternelle': Another Look as Rousseau's *La Nouvelle Heloise. "Daedalus* 105(Winter 1976): 23-45.

Taylor, Charles. *Hegel.* Cambridge: Cambridge University Press, 1975.

Tiger, Lionel and Fox, Robin. *The Imperial Animal.* New York: Holt, Rinehart and Winston, 1970.

Tocqueville, Alexis de. *Democracy in America.* Edited by Phillips Bradley. 2 vols. New York: Vintage Books, 1945.

Unger, Roberto Mangabeira. *Knowledge and Politics.* New York: Free Press, 1975.

Walzer, Michael. *Regicide and Revolution: Speeches at the Trial of Louis XVI.* Cambridge: Cambridge University Press, 1974.

——. *The Revolution of the Saints.* New York: Atheneum, 1973.

Warrior, Betsy. "Man as an Obsolete Life Form. " *No More Fun and Games: A Journal of Female Liberation* 2 (February 1969): 77-78.

Weil, Simone. *The Need for Roots.* New York: Harper Colophon, 1952.

Weisstein, Naomi. "Kinder, Küche, Kirche as Scientific Law: Psychology Constructs of the Female. "*Motive* 29(March-April 1969): 78-85.

Whyte, Martin King. *The Status of Women in Preindustrial Society*. Princeton: Princeton University Press, 1978.

Williams, Bernard. "Are persons bodies?"In *Problems of the Self*. Cambridge: Cambridge University Press, 1976.

——."Bodily continuity and personal identity. "In *Problems of the Self.* Cambridge: Cambridge University Press, 1976.

——. "The Idea of Equality. "In *Moral Concepts*, edited by Joel Feinberg. London: Oxford University Press, 1970.

Wilson, Edward O. *Sociobiology: The New Synthesis*. Cambridge, Mass. : Harvard University Press, 1975.

Winch, Peter. *The Idea of a Social Science and Its Relation to Philosophy*. London: Routledge and Kegan Paul, 1958.

——. "Man and Society in Hobbes and Rousseau. "In *Hobbes and Rousseau*, edited by Maurice Cranston and Richard S. Peters. Garden City, N. Y. : Doubleday Anchor Books, 1972.

——. "Understanding a Primitive Society. "In *Rationality*, edited by Bryan Wilson. New York: Harper Torchbooks, 1970.

Wittgenstein, Ludwig. *On Certainty*. Edited by G. E. M. Anscombe and G. H. von Wright. New York: Harper Torchbooks, 1979.

——. *Philosophical Investigations*. Translated by G. E. M. Anscombe. New York: Macmillan, 1978.

Wittig, Monique. "One Is Not Born a Woman. "In *The Second Sex— Thirty Years Later: A Commemorative Conference on Feminist Theory*. Mimeographed. New York: Institute for the Humanities, 1979.

Wojtyla, Karol[Pope John Paul II]. *The Acting Person*. Translated by

Andrej Potocki. Dordrecht: D. Reidel, 1979.

Wokler, Robert. "Perfectible Apes in Decadent Cultures: Rousseau's Anthropology Revisited. "*Daedalus* 107(Summer 1968): 107-134.

Wolff, Robert Paul. *The Poverty of Liberalism*. Boston: Beacon Press, 1969.

——. "There's Nobody Here But Us Persons. "In *Women and Philosophy*, edited by Carol Gould and Marx Wartofsky. New York: G. P. Putnam, 1976.

Wolin, Sheldon. "Political Theory as a Vocation. "In *Machiavelli and the Nature of Political Thought*, edited by Martin Fleischer. New York: Atheneum, 1972.

——. *Politics and Vision*. Boston: Little, Brown, 1970.

——. "The Rise of Private Man. " *New York Review of Books*, 14 April 1977, p.19.

Wollheim, Richard. "Identification and the Imagination. " In *Freud*: *A Collection of Critical Essays*, edited by Richard Wollheim. Garden City, N. Y. : Doubleday Anchor Books, 1974.

——. "Psychoanalysis and Women. "*New Left Review*, no. 93(September-October 1975): 61-70.

Wollstonecraft, Mary. *A Vindication of the Rights of Women*. Edited by Charles W. Hagelman, Jr. New York: W. W. Norton, 1967.

Wrong, Dennis. "The Over-Socialized Conception of Man in Modern Sociology. "*American Sociological Review* 26 (1961): 183-193.

Yates, Gayle Graham. *What Women Want*: *The Ideas of the Movement*. Cambridge, Mass. : Harvard University Press, 1975.

Young, Iris Marion. "IS There a Woman's World?—Some Reflections on the Struggle for Our Bodies. "In *The Second Sex—Thirty Years Later: A Commemorative Conference on Feminist Theory*. Mimeographed. New York: Institute for the Humanities, 1979.

索 引

（所标页码为本书边码）

译后记

让·柏斯克·爱尔斯坦是美国艺术与科学学院院士，在宗教学、政治学、伦理学等领域均享有盛名，一生所获荣誉无数，其中包括"古根海姆学者"，美国政治学会的"古德诺奖"。她生前是芝加哥大学神学院社会与政治伦理学洛克菲勒讲席教授，同时还在芝加哥大学政治学系任教。

爱尔斯坦的研究领域很广，涉及主权理论、民主理论、政治认同、女性主义、战争理论、奥古斯丁研究、简·亚当斯研究等。此外，她还是一位公共知识分子，经常为 *The New Republic, First Things, The Weekly Standard, Commonweal, Books and Culture* 等期刊撰文，也经常接受广播和电视媒体的采访，还为美国及欧洲的各种政府委员会提供政策咨询。她一生著作颇丰，而《公共的男人，私人的女人：社会和政治思想中的女性》正是她的成名作。

本书初版于 1981 年。它的诞生背景是冷战中美国社会的政治冷漠，以及 20 世纪 70 年代女性主义的激进发展。"二战"后，美国社会呈现出一种恐惧政治、逃避政治的趋势。对此，思想家如汉娜·阿伦特特别强调公民政治参与的必要性，因为公民退回到私人领域只是回避了现实问题，并不能解决问题。一方面，爱尔斯坦在很大程度上同意这一观点；另一方面，她也看到对政治冷漠的回击有走向另一个极端的趋势，也就是私人领域可能会全面政治化，这正是极端女性主义以及各种身份政治所暗含的危险。用爱尔斯坦的话说，这一危险就是"如果政治无所不在，政治就是无处存在"。爱尔斯坦指出，当代对两性关系在公共和私人领域中的定位并非凭空而来，因为我们正在使用的概念、理论框架都来自西方政治和社会思想的传统。不过，她的意图并非要调和各种观点之间的冲突，而是要将这一讨论的曲折发展及其复杂性充分地呈现出来。

本书的翻译初稿完成于 2008 年，译稿修订于 2017 年，其中第五章、第六章由陈雪飞翻译，其余部分由葛耘娜翻译。

当然，由于爱尔斯坦学识渊博，本书又涉及许多学科和语言，译者才疏学浅，译文如有欠妥，敬请读者批评指正。

葛耘娜

2018 年 7 月